Mike Power

DEIN CRACK IST IN DER POST

MIKE POWER

DEIN CRACK IST IN DER POST

WIE DAS INTERNET DIE WELT DER DROGEN REVOLUTIONIERT

Übersetzung aus dem Englischen
von Markus Bennemann

EICHBORN

Dieser Titel ist auch als E-Book erschienen

Eichborn Verlag in der Bastei Lübbe AG

Titel der englischen Originalausgabe: »Drugs 2.0. The Web Revolution That's Changing How the World Get's High«

Für die Originalausgabe:

Published by arrangement with Portobello Books 2013, 2014
(revised edition)

Für die deutschsprachige Ausgabe:

Lektorat: Tina Spiegel, Frankfurt
Redaktionelle Mitarbeit: Timo Feldhaus, Berlin
Umschlaggestaltung: Christiane Hahn, www.christianehahn.de
Satz: Dörlemann Satz, Lemförde
Gesetzt aus der Weiss Antiqua
Druck und Einband: GGP Media GmbH, Pößneck

Printed in Germany
ISBN 978-3-8479-0573-8

5 4 3 2 1

Sie finden uns im Internet unter www.eichborn.de
Bitte beachten Sie auch www.luebbe.de

Für Sasha Carolyn Dunn

Inhalt

Zum Umgang mit Quellen

Ich habe mich im gesamten Buch nach besten Kräften bemüht, meine Quellen zu anonymisieren, besonders bei Personen, die mich ausdrücklich darum gebeten haben. Beim Zitieren aus Onlineforen wie denen von erowid.org habe ich die Namen der Teilnehmer und ihre Beiträge so wiedergegeben, wie sie dort gepostet wurden.

Vorwort

Die einzige Konstante in der Internet-Drogenszene ist der Wandel – ein Wandel, der sich so rasant vollzieht, dass er schwer zu begreifen und unmöglich zu beherrschen ist.

Seit dieses Buch im Mai 2013 in Großbritannien erschienen ist, haben die symbiotischen Prozesse, die sich auf den Gebieten der Chemie, der Technologie und der Gesetzgebung abspielen, nicht aufgehört, evolutionären Druck aufeinander auszuüben. Überall in Europa und den USA haben die Behörden weiter versucht, den Chemikern, Konsumenten und Hackern auf den Fersen zu bleiben, und in Großbritannien hat das dazu geführt, dass viele, wenn nicht sogar die meisten der Drogen, die in diesem Buch erwähnt werden, mittlerweile verboten sind oder zumindest vorläufig in den Katalog der kontrollierten Substanzen aufgenommen wurden.

Doch wie in jener ersten Ausgabe beschrieben (und vorhergesagt), hat es jedes Mal, wenn eine Droge der absurd langen Liste chemischer Substanzen hinzugefügt wurde, deren Einnahme gesetzlich verboten ist, nur ein paar Tage gedauert, bis ein neuer legaler Ersatzstoff auf dem Markt erschienen ist. Statt die Menschen dazu zu bringen, keine Drogen mehr zu nehmen, haben die staatlichen Reaktionen im Gegenteil dazu geführt, dass der Markt nur noch anpassungsfähiger und experimentierfreudiger geworden ist.

In ihrem jüngsten Weltdrogenbericht haben auch die Vereinten Nationen das ungewöhnlich schnelle Wachstum des Problems bestätigt: »Während schon immer mit zuverlässiger Regelmäßigkeit neue schädliche Substanzen in der Drogenszene aufgetaucht sind«, heißt es dort, »zeigt sich das internationale System zur Suchtstoffkontrolle von der Geschwindigkeit und Kreativität des Phänomens erstmals überfordert.«

Heute sind mehr legale Drogen auf dem Markt, als man sich

beim Abfassen der ersten weltweiten Drogengesetze je hätte träumen lassen. In den entsprechenden UN-Konventionen von 1961 und 1971 sind nur 234 verbotene Substanzen aufgeführt, während allein in den vergangenen vier Jahren insgesamt 243 neue legale Rauschmittel von den Behörden erfasst wurden. 56 dieser Substanzen sind zwischen Januar 2013 und Oktober 2013 aufgetaucht, als die Aktualisierungen für diese neue Ausgabe des Buches bereits abgeschlossen waren.

Eine weitere bedeutende Entwicklung in diesem Zeitraum hat mit Silk Road zu tun, jener Schwarzmarktplattform im Internet, auf der Dealer und Konsumenten aus der ganzen Welt in verschlüsselter Form miteinander kommuniziert haben, um mithilfe der anonymen Onlinewährung Bitcoin und des internationalen Postversands ihre Drogengeschäfte abzuwickeln.

Im Kapitel *Dein Crack ist in der Post* berichte ich als erster Autor von einer längeren Reise entlang jener »Seidenstraße«, doch im Oktober 2013 wurde die Website geschlossen und ihr mutmaßlicher Betreiber verhaftet. Wie nicht anders zu erwarten war, ging wenige Wochen später eine neue, schwerer zu überwachende Seite in Betrieb, zusammen mit ungefähr einem Dutzend neuer anonymer Drogenumschlagplätze.

In dieser überarbeiteten Ausgabe des Buches folgt auf dieses ein neu hinzugefügtes Kapitel, das die aktuellen Entwicklungen nachzeichnet und auch ein exklusives Interview mit dem Betreiber der neuen Silk-Road-Website enthält. Höchstwahrscheinlich wird jedoch auch das nicht genügen, um mit den Ereignissen mithalten zu können, und bis dieses Buch gedruckt und an die Buchhandlungen ausgeliefert ist, wird sich in der Beziehung wohl noch einiges getan haben.

Wir haben uns heute alle damit abgefunden, dass das Internet unseren Alltag und unser gesellschaftliches und seelisches Leben in einer Weise verändert hat, die die unvernetzte Vergangenheit wie einen weit zurückliegenden Traumzustand erscheinen lässt. Gleichzeitig müssen wir aber einsehen, dass das digitale Zeitalter zu grundlegenden Veränderungen im weltweiten Drogenverhalten geführt hat und dass die herkömmlichen Modelle zur Drogenbekämpfung unter den heutigen Umständen nicht mehr anwendbar und sogar kontraproduktiv sind.

Eine rationalere Antwort auf den Konsum von Drogen würde darin bestehen, die vorhandenen Verbote nicht noch stärker auszuweiten, sondern stattdessen die Schäden zu minimieren, denen Drogenkonsumenten ausgesetzt sind. Wir müssen das Internet – und seine Gründungsprinzipien der Zusammenarbeit und Kommunikation – vielmehr zur Entwicklung von neuen Ideen und Strategien nutzen, mit denen sich der nicht zu gewinnende Krieg gegen Drogen beenden lässt.

Mike Power
London
Februar 2014

Einleitung: Drogen in den Zeiten des Internets

Im Jahre 2011 sind 49 brandneue psychoaktive Drogen erfunden und im Internet zum Verkauf angeboten worden, wo sie auf vollkommen legale Weise von neugierigen Kunden erworben wurden. 2012 gab es 57 neue Drogen, die man im Onlinehandel kaufen konnte. Die empfohlene Dosierung war nicht immer genau angegeben und manchmal wesentlich geringer als bei den Partydrogen, die die Käufer sonst zu sich nahmen; die Wirkung war nicht erforscht – und trotzdem gab es kein Gesetz, mit dem sich der Verkauf dieser Drogen verhindern ließ. Kaum mehr als zehn Jahre zuvor sind neue psychoaktive Drogen noch nicht auf diese Weise erhältlich gewesen. Es handelte sich dabei um ganz andere Drogen als jene, die Konsumenten bisher gewohnt waren – wie Heroin, Kokain und Ecstasy. Ihre Namen bestanden aus verwirrenden Abfolgen von Zahlen und Buchstaben, wie 6-APB, 5-MeO-DMT oder 3-MeO-PCP, die nicht nach Partydrogen, sondern eher nach Laborchemikalien klangen. Doch sie wurden von ganz normalen Leuten genommen, und auf der ganzen Welt tauschte man sich auf ebenso unverhohlene Weise über die eigenen Erfahrungen mit den Stoffen aus, wie sie verkauft wurden.

Wie nahezu jede andere Branche ist auch der Drogenhandel durch das Internet revolutioniert worden. Für eine wachsende Zahl von Menschen stellt es heute den ersten Anlaufpunkt dar, wenn es darum geht, an Freizeitdrogen oder an Informationen über solche Drogen zu gelangen – besonders wenn sie angesichts der rasanten Vermehrung neuer Substanzen den Überblick verloren haben. Chemiker, Konsumenten und Kriminelle verwenden allesamt das Internet, um riesige Informationsmengen miteinander auszutauschen und die Möglichkeiten globalisierter Herstellungsprozesse für sich zu nutzen. Die in der Regel vollkommen unerprobten Substanzen sind Teil eines internationalen Onlinemarkts, dessen Abläufe zu schnell und zu komplex geworden sind, als dass sie von irgendeinem Staat der Erde noch wirklich kontrolliert werden könnten. Willkommen bei Drogen 2.0, der schönen neuen Welt der unkontrollierbaren Substanzen – einem anarchisch freien Markt, auf dem die Gesetzgeber dem Einfallsreichtum der Drogenköche und Internethändler immer einen Schritt hinterher sind. Wie ist es zu alldem gekommen?

Zu einem gewissen Teil wurde die Entwicklung durch eine Story beschleunigt, die ich 2009 in der britischen Presse herausbrachte. In meinen Artikeln berichtete ich als Erster über das Aufkommen und die Ausbreitung von Mephedron, einem Ersatzstoff für Ecstasy und Kokain, der aus der alternativen Drogenszene hervorgegangen war, die sich im Internet gebildet hatte. Mephedron wurde zur ersten neuen Droge seit Ecstasy, die in den Schlagzeilen der Weltpresse landete und sowohl im britischen und amerikanischen Parlament als auch in vielen anderen Ländern zu Anfragen führte.

Illegale Drogen, einschließlich LSD in den 1960ern, Heroin in den 1980ern und Ecstasy in den 1980ern und 1990ern, sorgen immer wieder für Beunruhigung in der Öffentlichkeit, wobei die mit ihrem Konsum verbundenen Freuden und Gefahren für gewöhnlich dazu führen, dass sich Konsumenten und Gesetzgeber in einander entgegengesetzten Lagern wiederfinden. Mephedron jedoch war vollkommen legal. Toxikologen zufolge war die neue Droge »zwei winzige chemische Veränderungen von Ecstasy entfernt«. Diese Veränderungen waren absichtlich vorgenommen worden, nämlich zur Umgehung der Drogengesetze. Mephedron stellte alle gewohnten Hierarchien auf den Kopf und sorgte bei vielen Konsumenten für beträchtliche Verwirrung, weil sie aufgrund der Legalität der Droge annahmen, sie müsse harmlos sein.

Die mühelos erhältliche und enorm populäre Substanz stellte in dem Sinne die erste Massendroge »zum Downloaden« dar, dass sie anfänglich ausschließlich übers Internet bezogen werden konnte, was für einen Massenartikel ungewöhnlich ist. Sie verbreitete sich auf die gleiche Weise wie ein virales Video, eines jener amüsanten YouTube-Filmchen, das man durch einen Mausklick weiterleitet – nur handelte es sich in diesem Fall um eine Designerdroge. Durch das Aufkommen der Substanz wurden die Karten in jeder Hinsicht neu gemischt. Mephedron war der Scheidepunkt, an dem sich die lichtscheue Onlinedrogenszene plötzlich mit weit aufgerissenen Augen und vom Konsum verspannten Kiefern mitten auf den Straßen Großbritanniens wiederfand, von wo sie sich in die ganze Welt ausbreitete. Das schnelle und über jede politische Etikette hinweggehende Verbot der neuen Droge in Großbritannien bewirkte keineswegs, dass sie dort, im Rest der EU oder in den USA verschwand; es sorgte einfach nur dafür, dass das Geschäft von Gangstern übernommen wurde, die die Droge nur zu gern in ihr Sortiment aufnahmen, und trieb die heimlichen Drogenchemiker zu weiteren Erfindungen an.

Aufgrund der großen Medienaufmerksamkeit, die Mephedron auf sich zog, und der dadurch ausgelösten Massenhysterie dauerte es nur ein paar Wochen, bis auf sämtlichen Kanälen über den neuen Drogentrend der sogenannten »Legal Highs« berichtet wurde. Die Zeitungsredakteure und Abgeordneten waren schockiert, doch die Situation war ebenso absehbar wie unausweichlich gewesen – wenn man wusste, wo und wonach man suchen musste, und wenn man schon lange genug mit der Suche beschäftigt war.

Die Onlineszene um die »Research Chemicals« bildet den Ausgangspunkt dieser Geschichte, und aus ihr ging auch Mephedron hervor. Während Ecstasy, Kokain, Amphetamine, Marihuana und Beruhigungsmittel seit Jahrzehnten, Jahrhunderten oder, im Fall von Cannabis, seit Jahrtausenden von Menschen konsumiert werden und bereits häufig Gegenstand teurer Tierversuche und klinischer Studien waren, gibt es bei Research Chemicals keine oder höchstens eine verschwindend kurze Tradition menschlichen Gebrauchs. Diese neuen Drogen wirken in der Regel bereits ab winzigen Dosen, die sich im einstelligen oder zweistelligen Milligrammbereich bewegen (zum Vergleich: Eine übliche Dosis Ecstasy wiegt ein Achtel Gramm, also 125 Milligramm).

Bis ungefähr zum Jahr 2007 wurden solche Substanzen nur von ein paar Tausend selbst ernannten »Psychonauten« konsumiert, die sie zur Erforschung ihres »inneren Raums« einsetzten. Diese Kenner stöberten in wissenschaftlicher Literatur oder warfen manchmal auch nur einen Blick auf molekulare Strukturformeln, um mehr über die Wirkung der Stoffe herauszufinden, und tauschten sich dann in Onlineforen über ihre Erlebnisse aus. Heute werden Research Chemicals vermutlich von mehreren Hunderttausend Menschen konsumiert. Mephedron hat gezeigt, wie unter den richtigen sozialen, kulturellen und technischen Bedingungen eine dieser neuen und vollkommen unerprobten Substanzen aus der Sphäre der Psychonauten in den Mainstream hinüberschwappen kann, um dort Millionen begeisterte, wenn auch wesentlich schlechter informierte Konsumenten zu gewinnen.

Am Sonntag, dem 17. Juni 2012, postete ein Teilnehmer namens Clapham Boy im Drogenforum der Londoner Szenewebsite urban75.com unter der Überschrift »6-APB-Pulver und etwas MXE« folgende Zeilen:

»Was ich so unglaublich finde, ist, dass man heute einfach nur ins Internet gehen muss, sich dieses Zeug vollkommen legal bestellen kann (ich habe gerade noch zehn Gramm MXE bekommen, bevor Einfuhr und Verkauf verboten wurden, und in ein Gramm 6-APB investiert, nachdem ich [hier] einen Beitrag darüber gelesen hatte) und es am nächsten Tag mit Zustellbescheinigung geliefert bekommt. Das macht das Ganze so viel einfacher, als wenn man sich erst einen halbwegs anständigen Dealer suchen muss, der einen nicht komplett verarscht, wie es in meinen jüngeren Tagen der Fall war. Lustigerweise hatte ich schon vor ein paar Jahren von »Legal Highs« gehört, aber gedacht, sie würden nichts taugen, und mich nicht weiter damit beschäftigt. Erst als ich vor ein paar Monaten einen Artikel in der i-Zeitung* gelesen habe, dachte ich: ›Das hört sich spaßig an‹, und habe auf Google danach gesucht ... Die ganze Situation erscheint total verrückt und lässt die Drogengesetze ganz schön alt aussehen ... Ich gehe davon aus, dass 6-APB bald verboten wird, daher werde ich vorher besser noch einen kleinen Vorrat anlegen und mich dann zurücklehnen und abwarten, welche neuen Legal Highs hergestellt werden, um die verbotenen zu ersetzen.«[1]

* Die Kompaktausgabe der britischen Tageszeitung *The Independent*.

Die lockere, fast schon ex-und-hopp-artige Haltung, mit der Clapham Boy an den Konsum von neuen, wirkstarken Drogen herangeht, ist heute weitverbreitet, dennoch ist es eine Sichtweise, mit der die Vertreter von Polizei und Politik nur selten in Berührung kommen. Durch die zentrale Rolle, die soziale Netzwerke im Alltag der neuen Generation von Drogenkonsumenten spielen, werden herkömmliche Studien und staatlich finanzierte Umfragen zu Einstellungen und Konsummustern in ihrer Aussagekraft immer mehr durch die unvermittelten Stimmen der Konsumenten selbst infrage gestellt.

Die von Clapham Boy erwähnten chemischen Substanzen, MXE und 6-APB, sind erst seit wenigen Jahren auf der Straße erhältlich, und beide wurden im Internet zum Leben erweckt. MXE steht für Methoxetamin, das eng mit dem illegalen Anästhetikum Ketamin verwandt ist: Ein paar kleine Veränderungen an der Molekülstruktur von Ketamin haben genügt, um daraus eine Substanz zu machen, die in den meisten Ländern legal ist. Beide Drogen sind in der Lage, die Konsumenten auf eine bizarre innere Reise zu schicken und sie in imaginäre Sphären abtauchen zu lassen, in denen sich Geist und Körper voneinander trennen und die Grenzen der gemachten Erfahrungen nur durch die eigene Vorstellungskraft definiert werden. Methoxetamin mag vielleicht körperlich nicht zur Abhängigkeit führen, kann jedoch so verlockend auf die Psyche wirken, dass manche Konsumenten in Onlineforen davon berichten, wie sie sich mehrere Tage am Stück damit berauscht haben, mit verheerenden Folgen. Die Substanz wirkt bereits ab einer sehr kleinen Dosis von nur zehn Milligramm. Jedes Gramm des Stoffes enthält also bis zu 100 wirksame Dosen und hat bis zum Verbot der Droge im Jahre 2012 knapp 15 Euro gekostet – was auf einen Preis von umgerechnet 15 Cent pro Trip hinausläuft. Von 2010 bis 2012 wurde Methoxetamin vollkommen legal auf Hunderten von Websites zum Verkauf angeboten.

Die andere Droge, 6-APB, ähnelt MDMA, dem Wirkstoff von Ecstasy. Sie kostet ungefähr 40 Euro pro Gramm und führt einen weitgehend ähnlichen Zustand wie Ecstasy herbei – sie wirkt leicht halluzinogen, euphorisierend und emotional entgrenzend; die Konsumenten fühlen sich fröhlicher und offener und können Musik besser genießen. Jedes Gramm enthält etwa zehn wirksame Dosen. In Großbritannien war die Substanz, die wie Methoxetamin zuvor praktisch noch nie in der menschlichen Geschichte Verwendung gefunden hatte, bis Mitte 2013 vollkommen legal. Auch in Deutschland wurde sie erst im Juli 2013 dem Betäubungsmittelgesetz unterstellt.

Bis dahin brauchte man nicht mehr als eine Internetverbindung und eine Kreditkarte, um diese Drogen zu kaufen – und dabei handelt es sich bei den bisher erwähnten nur um zwei der potenten legalen Rauschmittel, die seit dem Verbot von Mephedron im Jahre 2010 auf den Markt gekommen sind. Die Chemiker lassen sich so schnell neue Stoffe einfallen, dass die Gesetzgeber schlichtweg nicht hinterherkommen: Aufputschmittel, Beruhigungsmittel, psychedelische Drogen, Cannabis-Substitute, Substanzen mit heroinähnlicher Wirkung – die chemische Büchse der Pandora steht sperrangelweit offen.

Wo sind diese und die Hunderte anderer neuer Drogen hergekommen? Wie wurden sie erfunden und hergestellt? Wie können so vollkommen unerprobte und unregulierte Substanzen den gesetzlichen Verboten entgehen? Wieso sind die Menschen bereit, sie zu nehmen? Und was passiert, wenn das menschliche Bedürfnis nach veränderten Bewusstseinszuständen auf die virtuellen Einkaufsmöglichkeiten des Internets trifft? Vor vier Jahren habe ich mich auf die Suche nach den Antworten zu diesen Fragen gemacht.

Mein eigenes Interesse an Drogen ging auf viele vergnügliche Erfahrungen zurück, die ich mehr als 20 Jahre zuvor gemacht hatte, als in Großbritannien zum ersten Mal Ecstasy auf der Bildfläche erschien. Meine Reaktion auf die Droge und die dazugehörige Kultur, wie auch die von allen Menschen, dich ich kannte, wich deutlich von dem ab, was in den Medien darüber berichtet wurde. Was die Redakteure der Boulevardblätter als moralische Bedrohung betrachteten, sahen wir als positive moralische Entscheidung: Von der aggressiven und frauenfeindlichen Atmosphäre geschmackloser Nachtclubs abgestoßen und von einer Politik enttäuscht, der zufolge so etwas wie eine Gesellschaft nicht existierte*, tanzten wir auf Wiesen und in Lagerhallen zu Musik, deren Texte oft zu Einigkeit und Frieden aufriefen. Solche utopischen Wunschvorstellungen waren wohl kaum extremer und sicherlich weit weniger fragwürdig als die kulturelle Gegenposition, die suggerierte, Gewalt und trunkene Rüpelhaftigkeit seien nicht nur akzeptabel, sondern alldem sogar vorzuziehen.

Wie ich herausfand, war in den seither vergangenen Jahrzehnten die Drogenkultur wesentlich komplexer geworden, weiter verbreitet – und auch sehr viel gefährlicher. Das Bild, das die Medien von Drogen und ihren Konsumenten zeichneten, war jedoch immer noch genauso grell und fehlerhaft wie zu meiner Jugend, und ich hielt mich für qualifiziert, mir die Drogenkultur und ihre Geschichte genauer anzusehen und über meine Erkenntnisse zu berichten, um so ein getreueres Bild der Wahrheit zu zeichnen.

Um diese Welt zu erkunden, diese alternative Untergrundszene in der Welt der Drogenkonsumenten, die selbst schon eine Subkultur darstellte, habe ich mich in Dutzenden dem Thema Drogen gewidmeten Onlineforen angemeldet. Ich habe so herausgefunden, welche neuen Substanzen auf dem Markt waren und wo sie herstammten, in chemischer, historischer und geografischer Hinsicht. Ich habe nach Bezugsquellen für diese Drogen gesucht und sie überprüft. Ich habe mich in Interviews und langen Gesprächen mit Konsumenten und Dealern über die Wirkung der Drogen informiert. Ich habe mich mithilfe von verschlüsselten und anonymisierten Internetverbindungen in zwielichtigen Onlineforen herumgetrieben und mich als international agierender Großeinkäufer für Drogen ausgegeben, die mal legal, mal illegal waren. Indem ich so tief in jene Welt vordrang, konnte ich Informationen sammeln, die in der herkömmlichen Berichterstattung über Drogen in der Regel fehlen – und die *immer* fehlen, wenn es um die neuen Drogen und die damit verbundene Szene geht.

---

* Anspielung auf einen Ausspruch Margaret Thatchers, die 1987 in einem Interview sagte: »There is no such thing as society.«

Auch mit Dutzenden von Toxikologen, Ärzten, Krankenpflegern, Chemikern und Polizisten habe ich mich getroffen oder Gespräche geführt, um zu erfahren, wie sich das Phänomen auf ihr Leben und ihre Arbeit auswirkt.

Während ich diesen neuen gesellschaftlichen Trend in den vergangenen vier Jahren beobachtete und dokumentierte, zeichnete sich immer deutlicher ab, dass ich Zeuge der Anfänge eines grundlegenden Wandels im Verhalten vieler Drogenkonsumenten wurde. Kürzer formuliert: Der Verkauf und Konsum neuer Drogen nimmt zu, und es gibt keine Anzeichen dafür, dass sich daran etwas ändern wird. Dieses Buch schildert die Umwälzungen, zu denen es in der Drogenkultur gekommen ist, und macht ihre Ursachen und Folgen deutlich. Es verfolgt die Ereignisse bis zum ersten bekannten Drogenkonsum der Weltgeschichte zurück, erläutert die historischen Wurzeln moderner Drogenverbote, beschäftigt sich mit dem dramatischen Erscheinen psychedelischer Drogen auf der Bildfläche, als Drogen zum ersten Mal die Popkultur veränderten, und erklärt, wie in jüngerer Zeit das Internet für vollkommen neue Verhältnisse gesorgt hat. Ich untersuche, wie es zu dieser seltsamen Situation gekommen ist – in der hochpotente Drogen legal im Internet verkauft werden –, und zeige, wie neue Netztechnologien es sogar möglich machen, verbotene Drogen wie Heroin, Crack, Crystal Meth, LSD und Ecstasy auf geheimen Websites zu kaufen, ohne sich dabei ernsthaft sorgen zu müssen, entdeckt zu werden. Und schließlich stelle und beantworte ich die Frage, ob die Drogen den Krieg gegen Drogen gewonnen haben.

Seit 2009, als Mephedron immer beliebter wurde, haben sich viele Teile des Drogenmarkts abgespalten und verkleinert, und durch diese neue Vielfalt entstehen viele neue Gefahren sowie die dringende Notwendigkeit zu handeln. Es gibt keinen sicheren Weg in die Zukunft – aber die Möglichkeit, zum vorherigen Zustand zurückzukehren, besteht schlichtweg nicht mehr. Der Geist ist sozusagen aus dem Reagenzglas entwischt.

Doch zumindest auf diesen Seiten können wir ein wenig an der Uhr drehen und zunächst ein Stück in die Vergangenheit reisen, zurück zum ersten verbürgten Moment der Weltgeschichte, an dem ein Mensch mithilfe von Drogen absichtlich seinen Bewusstseinszustand verändert hat. Denn wenn auch die Kultur und die gesellschaftlichen Gegebenheiten sich wandeln mögen, die Neuropharmakologie sowie das menschliche Bedürfnis nach Transzendenz, geistiger Anregung – oder Betäubung – bleiben im Grunde unveränderlich.

1. Vom Feld ins Labor

Die Frau befand sich irgendwo im Bezirk Pang Mapha, 50 Kilometer vom Flusslauf des Saluen entfernt, als die Wirkung der Droge einsetzte. Ungefähr im Jahre 9000 v. Chr. kaute in der im Nordwesten Thailands gelegenen Phimaen-Höhle, deren Name »Geisterhöhle« bedeutet, eine Ureinwohnerin der Region auf einer Mischung aus Betelnüssen, Betelblättern und gelöschtem Kalk herum, schob sich den bitter schmeckenden Klumpen in die Backe und nahm über ihr Zahnfleisch die stimulierenden Alkaloide auf, die er enthielt. Die durchgekauten Reste spuckte sie schließlich aus, und genau auf diesen Klumpen ausgelutschten pflanzlichen Materials stieß der amerikanische Archäologe Chester F. Gorman, als ihn Mitte der Sechzigerjahre eine Expedition in das Gebiet führte. Fast 11000 Jahre später also wurde so das früheste Beispiel für den Konsum psychoaktiver Substanzen entdeckt, das aus der Weltgeschichte belegt ist.[1]

Um zur ersten verbürgten psychedelischen Erfahrung zu gelangen und damit gleichzeitig zum ersten Fall, in dem sich überhaupt jemand in schriftlicher Form zur Wirkung von Drogen äußert, müssen wir etwa 6300 Jahre in die Zukunft springen. Irgendwann um das Jahr 2700 v. Chr. nämlich hielt der chinesische Kaiser Shennong seine Erfahrungen mit der Einnahme von Cannabis fest: »Medizinisches Cannabis. Hör auf zu essen. Lass los. Iss mehr. Du wirst weiße Geister umherwandeln sehen. Und wenn du genug davon isst, wirst du wissen, wie man mit den Göttern spricht.«[2] Der Kaiser Shennong, dessen Name »Göttlicher Bauer« bedeutet, ist ein Held der chinesischen Mythologie, der auch heute noch von den Vertretern der traditionellen Medizin des Landes verehrt wird. Er gilt als Vater der chinesischen Heilkunst und Arzneikunde und soll den Chinesen den Ackerbau beigebracht haben. In seinem oben zitierten Arzneibuch wird pflanzliches Cannabis auch als Heilmittel aufgeführt. In der Forschung wird die Stelle allgemein als frühste

Erwähnung der medizinischen Eigenschaften der Hanfpflanze betrachtet.

Der experimentierfreudige Herrscher beschränkte sich bei seinen Selbstversuchen aber nicht auf Cannabis. Um ihre Giftigkeit zu erproben – oder, anders gesehen, ihre Kräfte –, verzehrte Shennong ebenso Hunderte anderer Pflanzen, und einmal soll er sogar 70 verschiedene Gifte an einem einzigen Tag eingenommen haben. Doch was er mit seinem Geist und seinem Körper anstellte, interessierte die damalige Obrigkeit nicht. Das angeborene Bedürfnis des Menschen nach dem Genuss von Substanzen, die ihm bei der Erforschung seines Geistes, der Entspannung oder dem Sammeln neuer Erkenntnisse und Erfahrungen helfen, wurde nicht immer durch Gesetze reguliert.

Geschichtliche Belege für den Konsum von Pflanzen und Naturstoffen mit bewusstseinsverändernder Wirkung gibt es praktisch in jedem Winkel der Welt. Tee, Kaffee und Koka, Tabak und Betel, Guarana und Kath sind allesamt natürliche Stimulanzmittel, die auf das zentrale Nervensystem wirken, und sie alle werden bereits seit Jahrtausenden zu diesem Zweck konsumiert. Zur Herbeiführung veränderter Bewusstseinszustände – ob diese nun psychedelischer, sedierender oder rauschhafter Natur sind – haben die Menschen schon Dutzende von verschiedenen Pilz-, Marihuana-, Kakteen-, Samen- und Rindenarten verwendet, ebenso wie den Milchsaft, der in den Fruchtkapseln mancher Blumen enthalten ist. Seit den Anfängen der Geschichte hat man Pflanzenspezialisten und Medizinmännern aufgrund ihres Wissens um die Wirkung solcher Substanzen besondere Achtung entgegengebracht, vor allem in vorindustriellen Gesellschaften. Bei ihrer Arbeit vermischten sich die modernen Tätigkeiten eines Psychiaters oder Allgemeinmediziners mit denen des Priesters und Magiers.

Heute herrschen in den meisten Ländern der Erde strenge Verbote, was den Gebrauch von bewusstseinsverändernden Substanzen angeht, dennoch nehmen etwa fünf Prozent der Weltbevölkerung solche als illegal eingestuften Drogen zu sich. Die Reise, die uns an diesen seltsamen Punkt der Geschichte geführt hat, war erstaunlich kurz: Gesetze zur Regelung des Drogenkonsums gibt es erst seit weniger als 150 Jahren. Die meisten Stoffe, die heute als Party- oder Freizeitdrogen konsumiert werden, dienten irgendwann einmal seriösen Zwecken. Die um 1900 besonders beliebten Drogen Kokain und Opium etwa wurden damals noch hauptsächlich als Arzneimittel verwendet, und die ersten Drogengesetze wurden verfasst, damit die Menschen nicht von diesen Arzneimitteln abhängig wurden oder sich aus Versehen damit umbrachten. Die Zahl der Drogen, die an der Wende zum 20. Jahrhundert missbräuchlich konsumiert wurden, war verschwindend gering, und diese Drogen waren durchweg pflanzlicher Herkunft. Psychedelische Drogen lagen zu jener Zeit ausschließlich in Form von natürlichen Erzeugnissen vor: Marihuana, psilocybinhaltige, »magische« Pilze sowie, in Übersee, Meskalin, wie es im Peyote-Kaktus und in anderen Kakteenarten zu finden ist. Die beiden letzteren Drogen wurden in den Agrargesellschaften Lateinamerikas hauptsächlich zu religiösen oder rituellen Zwecken verwendet; sie wurden selten in fremde Länder ausgeführt oder überhaupt als Handelsware angeboten und waren daher keinesfalls leicht erhältlich. Diese Tatsache spiegelt sich auch in den Drogengesetzen jener Zeit wider: Der größte Teil der frühen Drogengesetzgebung zielte nicht auf die Unterbindung des Gebrauchs als Genuss- oder Rauschmittel ab, da dieser damals noch nicht in bedeutendem oder bedrohlichem Ausmaß existierte.

1929 erließ das Deutsche Reich das erste umfassende Drogengesetz. Dieses »Opiumgesetz« verbot den Handel mit Opium, Morphin, Heroin, Kokain, Ekgonin und Indischem Hanf. Bereits 20 Jahre zuvor hatte die internationale Opiumkonferenz in Shanghai stattgefunden, wo auf Initiative der USA und Großbritanniens die Einführung eines Opiumverbots debattiert wurde, das diese beiden Länder dann auch frühzeitig einführten. So wurde das erste Antidrogengesetz Großbritanniens bereits im Jahre 1908 verabschiedet.

Das Deutsche Reich jedoch nahm an dieser Konferenz nicht teil, und so war dort bis zum Ersten Weltkrieg der Handel mit Drogen nicht geregelt. Im Zuge des Versailler Vertrags musste das Deutsche Reich aber nach seiner Niederlage die Internationale Opiumkonvention von 1912 ratifizieren, und 1920 trat eine entsprechende Verordnung in Kraft.[3] Die Initiative hierzu stammte von der »Internationalen Vereinigung für den Kampf gegen das Opium in Peking und England«, und das Gesetz sah Gefängnisstrafen von bis zu sechs Monaten und Geldstrafen von bis zu 10000 Mark vor. Doch erst das Greifen des Opiumgesetzes von 1929 entzog Ärzten und Apothekern die Möglichkeit, Opium sowohl zu medizinischen als auch zu Genusszwecken auszugeben. Erstmals wurde der Gebrauch von Kokain und auch Cannabis sanktioniert. Der Besitz dieser Stoffe zum Eigenverbrauch, wie auch der von Opiaten, war zu diesem Zeitpunkt allerdings noch nicht strafbar.[4]

Die britische Dangerous Drugs Act von 1920 ging noch weiter als das deutsche Gesetz und machte für die Herstellung, die Ein- und Ausfuhr, den Besitz, den Verkauf sowie die Abgabe von Opium, Kokain und Morphium eine amtliche Zulassung nötig. Zu jener Zeit war das Abfassen von Drogengesetzen ein Kinderspiel und erst recht ihre Durchsetzung. In juristischer Hinsicht ist das Verbieten einer ausschließlich in pflanzlicher Form vorliegenden Droge eine einfache Sache, selbst wenn manche Menschen ein solches Verbot vom philosophischen Standpunkt aus für schwer zu rechtfertigen halten. Doch dieser Zustand war nicht von Dauer, da sich die Herstellung von Drogen bald unauflösbar mit den Möglichkeiten der organischen Chemie verbinden würde.

Opium, Magic Mushrooms, meskalinhaltige Kakteen, Marihuana und, zu einem geringeren Grad, Kokain sind ihrem Wesen nach allesamt natürliche Drogen. Sie werden aus pflanzlichen Quellen extrahiert oder aufbereitet, und abgesehen von Kokain ist zur Herstellung von keiner dieser Drogen der Einsatz von Laborgeräten nötig. Der Wirkstoff von Kokain wird aus Kokablättern extrahiert, dieses Extrakt wird erst verdichtet und dann mit einer Säure kombiniert, die für eine schnellere Aufnahme durch den Körper sorgt, wobei sich die molekulare Zusammensetzung des Wirkstoffs jedoch kaum verändert. Alle anderen oben aufgeführten Drogen werden einfach gesammelt und dann gegessen oder geraucht. Sie können allerdings nur unter bestimmten geografischen und klimatischen Bedingungen ohne größeren Aufwand angebaut werden, und ihre Verarbeitung findet meist in den Anbauländern statt.

Synthetische Drogen hingegen werden in Laboren hergestellt, und bei jeder von ihnen besteht stets die Möglichkeit, eine Variante zu erschaffen; das macht es schwierig, umfassende Verbote gegen sie auszusprechen, da immer wieder eine leicht veränderte und damit neue Struktur hervorgebracht werden kann. Organische Chemiker, die mit auf Kohlenstoff basierenden Verbindungen arbeiten, können beinahe jede natürliche Verbindung kopieren, einschließlich all jener Wirkstoffe, die in traditionellen pflanzlichen Drogen enthalten sind.

Im frühen 19. Jahrhundert glaubte die Forschung nicht daran, dass es möglich sei, auf künstlichem Wege chemische Stoffe zu erzeugen, die in lebenden Organismen vorkommen. Diese Annahme wurde jedoch im Jahre 1828 durch den deutschen Chemiker Friedrich Wöhler widerlegt, als ihm die synthetische Herstellung von Harnstoff gelang, einem natürlichen Bestandteil des menschlichen Urins. »[D]iese Untersuchung hat das unerwartete Resultat ergeben, dass bei der Vereinigung von Cyansäure mit Ammoniak Harnstoff entsteht, eine auch insofern merkwürdige Tatsache, als sie ein Beispiel von der künstlichen Erzeugung eines organischen, und zwar sogenannten animalischen Stoffes aus unorganischen Stoffen darbietet«, schrieb er in den *Annalen der Physik* und läutete damit die Geburtsstunde der organischen Chemie ein.[5]

Sämtliche synthetische Strukturen der organischen Chemie werden heutzutage auf die gleiche Weise im Labor zusammengesetzt, wie ein Bauherr ein Haus errichtet. Grundlegende chemische Bausteine – die Elemente – werden im Labor zusammengefügt, indem sie unter kontrollierten chemischen und physikalischen Bedingungen dazu gebracht werden, mit anderen Stoffen zu reagieren. Dabei werden Hitzegrad, Säuregehalt, Mangel oder Überschuss an Wasser oder Luft sowie hundert andere Zustände und Verfahren eingesetzt, um neue Verbindungen herzustellen. Vom späten 19. und frühen 20. Jahrhundert bis zum heutigen Tag haben pharmazeutische Chemiker stets dieselben Gesetzmäßigkeiten genutzt, um aus vorhandenen Medikamenten Varianten mit noch besserer Wirkung und geringeren Nebenwirkungen abzuleiten, jedoch auch, um Mittel herzustellen, auf die noch kein Patent besteht und die sich deshalb vermarkten und mit Profit verkaufen lassen. Als der Chemiker Charles Romley Alder Wright 1874 im Londoner St.-Mary's-Krankenhaus zum ersten Mal Diacetylmorphin künstlich herstellte (heute als Diamorphin oder Heroin bekannt), war er auf der Suche nach einem Mittel zur Entwöhnung von Morphiumsüchtigen. Er brachte Morphin mit einem Reaktanten namens Essigsäureanhydrid zusammen und ließ beides für ein paar Stunden köcheln. Durch die dabei erfolgende Reaktion wurde dem tragenden Morphingerüst eine neue chemische Gruppe, eine sogenannte funktionelle Gruppe, angehängt.

Es gibt viele funktionelle Gruppen in der organischen Chemie, und jede wirkt sich anders darauf aus, wie der Körper eine Droge verarbeitet und welche Empfindungen damit einhergehen. Im Falle des Morphins machte das Anfügen von zwei Strukturen, die jeweils aus zwei Kohlenstoff-, drei Wasserstoff- und einem Sauerstoffatom bestehen und als Acetylgruppe bekannt sind, die Droge besser fettlöslich, wodurch der Wirkstoff leichter die Blut-Hirn-Schranke überwinden konnte. Die Blut-Hirn-Schranke schützt das zentrale Nervensystem vor fremdartigen und somit potenziell schädlichen Substanzen und hält so für das Gehirn ein stabiles Milieu aufrecht. Große Moleküle können diese Schranke nur schwer passieren, und auch das Eindringen von Molekülen mit hoher elektrischer Ladung wird durch sie gehemmt. Moleküle, die nicht fettlöslich sind, lässt die Barriere überhaupt nicht zum Gehirn durch. Die Potenz einer Droge verhält sich proportional zu ihrer Affinität und Wirkstärke, also dem Maß, wie gut sie sich an einen bestimmten Hirnrezeptor bindet und eine Reaktion in Gehirn und Körper hervorruft. Durch den Zusatz dieser funktionellen Gruppe erschuf Alder Wright eine Droge mit völlig neuer Wirkung: Heroin, das schneller ins Gehirn vordringt und stärkere Glücksgefühle auslöst als sein Ausgangsmolekül Morphin. Auch zur Abhängigkeit führt die neue Verbindung schneller.

Indem man die chemische Formel von Drogen verändert, und sei es auch nur auf scheinbar unbedeutende Weise, kann man ihre Wirkung justieren, verstärken, erweitern, abschwächen oder sonstwie modifizieren, und die Potenz einer Substanz lässt sich erhöhen oder verringern, indem man ihr funktionelle Gruppen anfügt. Dieser chemische Prozess nennt sich Ringsubstitution, da dabei fremde Elemente mit den chemischen Ringstrukturen der Ausgangsdroge verknüpft werden (siehe Seite 60–63). Die dadurch entstehenden Drogen nennen sich Derivate, analoge Drogen, Analogstoffe oder einfach nur Analoge und sind im Grunde nichts anderes als legale Versionen von verbotenen Drogen, die durch das bewusste Anfügen oder Entfernen von chemischen Bausteinen so verändert wurden, dass sie wieder zum Verkauf angeboten werden können.

Dieser Prozess des Erfindens oder Aufstöberns von legalen Varianten verbotener Drogen setzte praktisch zeitgleich mit der Schaffung der ersten länderübergreifenden Drogengesetze ein. Die Tinte auf dem 1912 unterzeichneten Internationalen Opiumabkommen war kaum trocken, da kamen schon Dibenzoylmorphin und Acetylpropionylmorphin auf den Markt – legale Alternativen zu den neuerdings nur noch unter strengen Auflagen erhältlichen Stoffen Morphium und Heroin; sie können als die ersten Designerdrogen der Geschichte betrachtet werden oder auch als die ersten Analogdrogen zu verbotenen Rauschmitteln.

Im präpsychedelischen Zeitalter blieb der Drogenkonsum in Europa und den USA einer Subkultur aus Junkies, Proleten, Künstlern und Adligen vorbehalten und fand kaum Eingang in die Allgemeinkultur. In den 1940ern und 1950ern jedoch traten neue Halluzinogene auf den Plan, bald gefolgt von neuen Stimulanzien; beide Stoffarten sollten starken Einfluss auf die Populärkultur haben und dafür sorgen, dass Drogen im Mainstream ankamen. Gleichzeitig wurde es durch die Rolle, die das Labor bei ihrer Herstellung spielte, viel schwieriger, Gesetze gegen ihren Gebrauch zu erlassen.

Psychedelische Drogen tauchten plötzlich, unerwartet und auf dramatische Weise in der westlichen Kultur auf, und ihr Aufkommen zog lang anhaltende Folgen nach sich.

Am 16. April 1943 traf der Schweizer Wissenschaftler Albert Hofmann die eigentümliche Entscheidung, ein weiteres Mal einen Stoff zu synthetisieren, an dem er bereits fünf Jahre zuvor in den Laboren des Sandoz-Konzerns in Basel geforscht hatte. Im Jahre 1938 hatte der Chemiker eine Reihe von Verbindungen hergestellt, die mit den Alkaloiden des Mutterkorns verwandt waren, von denen sich manche als nützliches Mittel zur Minderung des Blutverlusts bei der Geburt erwiesen hatten. Das Mutterkorn ist eine Art Pilz, der Getreidearten wie Roggen befallen kann, und sein Verzehr kann zu Krämpfen, deliriumsartigen Zuständen, Irrsinn und dem Absterben von Fingern und Zehen führen, weil sich durch das Gift des Pilzes die Venen verengen und die Extremitäten von der Blutversorgung abgeschnitten werden. Im Mittelalter wurden solche Vergiftungen als göttliche Strafe betrachtet und nicht als schlichte chemische Folge des Verzehrs von verdorbenem Brot.

Mit seiner Forschung an diesen Alkaloiden versuchte Hofmann, ein sogenanntes Analeptikum zu entdecken, das zur Anregung des Atemzentrums genutzt werden könnte, und wie es auf dem Gebiet üblich ist,, stellte er zahlreiche leicht unterschiedliche Varianten des Ausgangsstoffes her – in diesem Fall Lysergsäure –, wobei er ein Verfahren namens Struktur-Wirkungs-Beziehung anwendete. »Ich hatte die Synthese dieser Verbindung mit der Absicht geplant, ein Kreislauf- und Atmungsstimulans (Analeptikum) zu gewinnen. Vom Lysergsäurediethylamid konnten die Eigenschaften eines solchen Anregungsmittels erwartet werden, weil es im chemischen Aufbau Ähnlichkeit mit dem damals schon bekannten Analeptikum Nicotinsäurediethylamid (›Coramin‹) aufweist«,[6] schrieb der Chemiker.

Hofmanns erste Erfahrung mit der neuen Droge war keineswegs beabsichtigt: Er nahm versehentlich eine mikroskopisch kleine Menge des Stoffes über die Fingerspitzen auf. Da er sich seltsam fühlte, verließ er das Labor und fuhr mit dem Fahrrad nach Hause. In der folgenden Woche beschrieb er das Erlebnis wie folgt:

»Vergangenen Freitag, 16. April 1943, musste ich mitten am Nachmittag meine Arbeit im Laboratorium unterbrechen und mich nach Hause begeben, da ich von einer merkwürdigen Unruhe, verbunden mit einem leichten Schwindelgefühl, befallen wurde. Zu Hause legte ich mich nieder und versank in einen nicht unangenehmen rauschartigen Zustand, der sich durch eine äußerst angeregte Fantasie kennzeichnete. Im Dämmerzustand bei geschlossenen Augen – das Tageslicht empfand ich als unangenehm grell – drangen ununterbrochen fantastische Bilder von außerordentlicher Plastizität und mit intensivem, kaleidoskopartigem Farbenspiel auf mich ein. Nach etwa zwei Stunden verflüchtigte sich dieser Zustand.«

Im Unklaren darüber, wie die Substanz in ausreichender Menge in seinen Körper gelangt sein könnte, um solche außergewöhnlichen Wahrnehmungen hervorzurufen, wiederholte Hofmann ein paar Tage später das Experiment gezielt und hielt seine Erfahrungen in seinem Laborjournal fest. Im Eintrag vom 19. April 1943 beschreibt er, säuberlich mit Uhrzeiten versehen, den Verlauf seines Selbstversuchs:

»19. IV./16.20: 0,5 cc. von 1/2-promilliger wässeriger Tartrat-Lösg. v. Diethylamid peroral = 0,25 mg Tartrat. Mit ca. 10 cc. W. verdünnt geschmacklos einzunehmen.
17.00: Beginnender Schwindel, Angstgefühl. Sehstörungen. Lähmungen, Lachreiz.«

Die von Hofmann präparierte Lösung enthielt die nicht gerade kleine Dosis von einem Viertel Milligramm LSD, und wie der Chemiker später berichtete, konnte er die letzten Worte des Eintrages nur noch mit großer Mühe niederschreiben: »Schon jetzt war es mir klar, dass Lysergsäurediethylamid die Ursache des merkwürdigen Erlebnisses vom vergangenen Freitag gewesen war, denn die Veränderungen der Empfindungen und des Erlebens waren von gleicher Art wie damals, nur viel tiefgehender.« Wieder fuhr er mit dem Fahrrad nach Hause, ließ sich diesmal zur Sicherheit aber von seiner Laborantin begleiten.

Mit Hofmanns Einnahme des geschmacklosen weißen Pulvers begann die psychedelische Ära, ebenso wie die Ära des Konsums von synthetischen Spaß- und Freizeitdrogen, die bis heute andauert. LSD ist eine so potente Substanz – wirksam schon ab einer Dosis von nur einem Zehntel Milligramm –, dass sie einen Drogenkonsum ungekannten Ausmaßes möglich machte. Ein einziges Gramm genügt, um 10 000 Menschen auf den Trip zu schicken. Abgesehen von kulturellen Aspekten war es diese Potenz und das sich daraus ergebende Potenzial für glänzende Profite, die maßgeblich für den großen Aufschwung sorgten, den die Drogenkultur später erleben sollte.

Zunächst wurde Hofmanns Schöpfung jedoch von Psychiatern eingesetzt, die überzeugt waren, mithilfe von LSD ließen sich die Geheimnisse des menschlichen Bewusstseins entschlüsseln, insbesondere die von geistigen Erkrankungen, einschließlich der Schizophrenie. Tatsächlich leitet sich der erste klinische Begriff, mit dem die Wirkung von psychoaktiven Drogen beschrieben wurde – psychotomimetisch –, von der Annahme ab, die Substanzen würde eine vorübergehende Psychose auslösen. Zu jener Zeit konnten die Forscher in Europa und den USA diese potenten neuen Stoffe nach Belieben an psychiatrischen Patienten ausprobieren, denn da sie nicht als normale Medikamente galten, mischten sich die Behörden nicht ein. In Großbritannien zählte der 2010 verstorbene Psychiater Ronald Sandison zu den frühen Pionieren in der klinischen Anwendung von LSD. Nachdem er 1952 die Sandoz-Labore in der Schweiz besucht hatte und dabei auch Hofmann begegnet war, nahm Sandison eine Stellung am Powick-Krankenhaus in Worcestershire an und begann dort mit radikalen, von der Regierung finanzierten Versuchen zur klinischen Wirksamkeit des Stoffes. Insgesamt wurden 683 Patienten der Klinik rund 13 000 Mal mit LSD behandelt, wofür viele von ihnen im Jahre 2002 Entschädigungszahlungen vom National Health Service, dem britischen Gesundheitssystem, erhielten.

In den USA experimentierten die Army und die CIA im Rahmen des abscheulichen, über Jahrzehnte dauernden Projekts MKUltra mit LSD als Wahrheitsserum und setzten nichts ahnende Probanden unter Drogen, um in jenen Zeiten des Kalten Krieges die Herrschaft über ihren Geist zu gewinnen.

Anfangs waren psychedelische Drogen nur einer kleinen Elite aus Forschern, Reisenden und neugierigen Abenteurern zugänglich. In der Mitte des Jahrhunderts begannen dann Künstler und

Intellektuelle, sich für die bewusstseinserweiternden Substanzen zu interessieren. Zunächst befriedigten sie ihren Erlebnishunger mit pflanzenbasierten psychedelischen Drogen. Später benutzten sie dazu Laborerzeugnisse.

Autoren der Beat Generation wie William Burroughs und Allen Ginsberg befreiten – oder verzerrten – ihren Geist mithilfe von LSD wie auch mit jeder anderen chemischen Droge, die sie auftreiben konnten, einschließlich Peyote, Meskalin und dem in Urwaldlianen enthaltenen DMT, das zu den außergewöhnlichsten Halluzinogenen der Welt zählt. In Burroughs' und Ginsbergs Buch *The Yage Letters* beschreibt Burroughs seine Suche nach der mysteriösen Yage-Liane, von der er gehört hatte, sie könne von der Heroinsucht heilen und verleihe telepathische Kräfte (sie vermag keins von beidem). Burroughs hatte in einem Aufsatz von Richard Evans Schultes, dem Vater der modernen Ethnobotanik, von den Kräften des aus der Pflanze hergestellten Gebräus gelesen. Er hatte im Grunde keine Ahnung, worum es sich bei der Droge handelte, machte sich jedoch mutig auf den Weg nach Lateinamerika, um mehr darüber herauszufinden. Seine Odyssee begann im Januar 1953 mit einer Hämorrhoiden-OP im schwülen Panama City; einen Monat später reiste er in ein vom Regen geplagtes Bogotá weiter, wo er den Universitätsprofessor Dr. Schindler aufsuchte (Burroughs' Deckname für Schultes in dem Buch). Schindler schickte den Autor nach Putumayo, in den Süden des Landes, wo er einen *curandero*, einen Schamanen, aufsuchen sollte. Seine weitschweifige Route führte ihn nach Cali, Armenia, Popayán und in die an der Grenze zu Ecuador gelegene Stadt Pasto, in der er über die Leprakrankheit nachsann, sowie nach Puerto Limón, in der Nähe von Mocoa, wo er seinen Informationen zufolge einen *brujo*, einen Medizinmann, aufstöbern konnte. Er hüpfte in ein Kanu nach Puerto Assis, wo ihm bei einem Stelldichein im Urwald von einem jungen Mann die Unterhose gestohlen wurde. Danach wurde Burroughs verhaftet und zurück nach Bogotá geschickt, da sein Touristenvisum aufgrund eines Tippfehlers abgelaufen war. Unbeirrt kehrte er auf seiner abenteuerlichen Suche einmal mehr in den Urwald zurück, und es dauerte noch bis zum 15. April, bis er nach einem Malariaanfall Ginsberg endlich schreiben konnte: »Bin wieder in Bogotá. Habe eine Kiste Yage bei mir.«[7]

(Wenn Burroughs sich heute in den N,N-Dimethyltryptamin-Himmel schießen wollte, denn so heißt der in der Liane enthaltene Wirkstoff, müsste er nur die folgenden Worte googeln: »DMT Liane kaufen«, und er würde sie schon ein paar Tage später in den Händen halten können. Und wenn der Autor in irgendeiner alternativen Quantendimension heute noch am Leben wäre und die Dinge ausnahmsweise mal etwas vorsichtiger angehen wollte als sonst, könnte er sich der Aufmerksamkeit der Behörden einfach dadurch entziehen, dass er auf eines der potenten DMT-Analoge ausweicht, die man in den USA im Internet kaufen kann und von denen viele dort nicht ausdrücklich als kontrollierte Substanzen gelten. Er könnte online bezahlen, dann würde die Droge schon am nächsten Tag in seinem Briefkasten landen. Und wenn er seine offenkundige lebenslange Todessehnsucht befriedigen wollte, hätte er bis zum Januar 2011 eine noch potentere Substanz aus derselben Familie namens 5-MeO-DMT bestellen können, die bis dahin in den USA noch legal war: Ein paar in einer Glaspfeife gerauchte Milligramm hätten genügt, und er hätte den dem Tode ähnlichsten und vom Bewusstsein der Leere erfülltesten Zustand erlebt, der möglich ist, ohne dass man tatsächlich seinen letzten Atemzug tut.)

Das Jahr 1955 markierte einen weiteren Meilenstein in der Geschichte der psychedelischen Drogen. Am 23. Juni jenes Jahres bekam der für J.P. Morgan arbeitende amerikanische Investmentbanker R. Gordon Wasson in einer kleinen Lehmhütte im mexikanischen Bundesstaat Oaxaca von einer *cuandera* – einer Schamanin – namens Eva Mendez ein Dutzend kleiner Pilze in die Hand gedrückt (später kam heraus, dass sich hinter dem Decknamen die bekannte Heilerin María Sabina verbarg). Wasson aß die Pilze. Was der Banker nicht wusste: Die *cuandera* hatte ihm Psilocybin gegeben, eine chemische Substanz mit dem Namen 4-Phosphoryloxy-N,N-dimethyltryptamin oder, knapper ausgedrückt, 4-PO-DMT. Die natürlich vorkommende Substanz Psilocybin wird von Hunderten verschiedenen Pilzarten in vielen Breiten der Welt produziert. Ihr Ausgangsstoff, Tryptamin, bildet die Grundlage für eine der zwei großen Gruppen chemischer Substanzen, die psychedelische oder visionsartige Erlebnisse beim Menschen auslösen können. Geschickte Chemiker können aus der Grundform des Tryptamin Tausende verschiedene Varianten herstellen.

Die Wirkung von Drogen, die mit Tryptamin verwandt sind, ähnelt grob gesagt den Erlebnissen, die durch den Verzehr von Magic Mushrooms hervorgerufen werden. Zu den typischen Effekten zählen mit offenen oder auch geschlossenen Augen wahrgenommene Halluzinationen, in denen oft geometrische Muster vorkommen, Heiterkeit, Verblüffung, verzerrte Höreindrücke sowie bei einigen wenigen Unglücklichen in endlosen Gedankenschleifen auftretende existenzielle Ängste und blanke Panik. In einem Artikel der Zeitschrift *Life* vom 13. Mai 1957 sagte Wasson, seine Expedition zu den Magic Mushrooms habe für ihn den Höhepunkt seiner lebenslangen Suche nach einer Antwort auf die Frage bedeutet, welche Verbindung zwischen der Mythologie und Giftpilzen besteht. Was auch seine Absichten gewesen sein mögen und was seine ursprünglichen Motive (Verschwörungstheorien gibt es zu diesem Punkt zuhauf), es ist ihm auf glänzende Weise gelungen, Millionen von Menschen zu überzeugen, sich ebenfalls auf diese natürliche psychedelische Erfahrung einzulassen. Er schrieb:

»Wir waren so hellwach wie noch nie und sahen Traumbilder, ob unsere Augen geöffnet oder geschlossen waren. Sie traten aus der Mitte unseres Blickfeldes hervor und entfalteten sich dabei, in einem Moment rasend schnell, im nächsten langsam, stets genau in dem Tempo, den unser Wille ihnen befahl. Sie leuchteten in lebhaften Farben, die jedoch stets miteinander harmonierten. Zunächst erschienen künstlerische Motive, wie sie Teppiche, Textilien, Tapeten oder das Zeichenbrett eines Architekten schmücken. Dann verwandelten sich die Muster zu Palästen mit Höfen, Arkaden, Gärten – strahlende Paläste, die über und über mit bunten Steinen bedeckt waren.

Dann sah ich ein der Sagenwelt entsprungenes Ungeheuer, das eine königliche Kutsche zog. Später war es, als hätten sich die Wände unseres Hauses aufgelöst und mein Geist sei ins Freie geströmt. Ich schwebte in der Luft, unter mir bergige Landschaften, über deren Hänge Kamelkarawanen gemächlich dahinzogen und die sich dann Stufe für Stufe bis ganz hinauf in den Himmel auftürmten.»[8]

Solche psychedelischen Erlebnisse unterschieden sich beträchtlich von den meisten durch Drogen herbeigeführten Zuständen, die den Menschen aus den westlichen Gesellschaften bis dahin zugänglich gewesen waren. Opiate und Kokain haben eine beruhigende oder euphorisierende Wirkung und verleihen ein Gefühl der erhöhten Energie und Zuversicht. Bei der Einnahme von bewusstseinserweiternden Drogen hingegen kommt es zugleich zu einer ontologischen Ex- und Implosion. Ihre Wirkung auf den Geist ist nicht leicht in Worte zu fassen und lässt sich tatsächlich nur wirklich verstehen, wenn man sie selbst erlebt hat. Und die Erlebnisse mit solchen Drogen scheinen dazu anzutreiben, diese Erfahrungen zu beschreiben, zu dokumentieren, mitzuteilen und mit anderen zu besprechen, in der Regel, weil sie so neuartig und verblüffend waren. Die Drogen machen nicht körperlich abhängig, haben aber eine so tiefgehende Wirkung, dass viele Konsumenten diese erneut erleben wollen.

Wasson etwa war so überwältigt, dass er nur drei Tage später zurückkehrte, um die Erfahrung zu wiederholen:

»Ich wiederholte das gleiche Erlebnis im selben Zimmer mit derselben *cuandera*, statt Bergen sah ich Flussmündungen, klares Wasser, das durch endlose Schilfflächen in ein grenzenloses Meer floss, beschienen vom weichen Licht der niedrig stehenden Sonne. Diesmal erschien mir eine menschliche Gestalt, eine Frau in Eingeborenenkleidern, die aufrecht am Ufer stand und übers Wasser blickte, rätselhaft, schön, einer Skulptur ähnlich, nur dass sie atmete und in bunten Farben gewobene Gewänder trug. Mir schien sich eine Welt darzubieten, zu der ich nicht gehörte und zu der ich mir keine Kontaktaufnahme erhoffen konnte. Dort war ich nun und schwebte im Raum, ein geisterhaftes Auge, unsichtbar, körperlos, sehend, doch selbst ungesehen.«

In jenem Jahrzehnt übte die psychedelische Droge Meskalin eine große Faszination auf viele Intellektuelle, Chemiker und andere wissbegierige Menschen aus. Ihr Wirkstoff wurde im Jahre 1897 zum ersten Mal von dem deutschen Pharmakologen Arthur Heffter aus dem Peyote-Kaktus isoliert. 1919 gelang dann dem österreichischen Chemiker Ernst Spath die künstliche Nachbildung im Labor. Meskalin, mit wissenschaftlichem Namen 3,4,5-Trimethoxyphenethylamin, ist jene Droge, die den Autor Aldous Huxley dazu bewog, *Die Pforten der Wahrnehmung* zu schreiben, einen 1954 erschienenen Klassiker der psychedelischen Literatur. Ihr chemisches Rückgrat besteht aus Phenethylamin, der Grundsubstanz der zweiten großen Gruppe von Stoffen, die Halluzinationen und mystische Erfahrungen bei Menschen auslösen. Phenethylamin kann durch einen erfahrenen Chemiker ebenso leicht verändert werden wie der Grundstoff Tryptamin, und auch von dieser Substanz können zahllose andere halluzinogene Stimulanzien abgeleitet werden.

Meskalin, das von Eingeborenenvölkern seit Langem zu religiösen und wahrsagerischen Zwecken eingesetzt wird, kommt in der Natur in Hunderten verschiedenen Kakteenarten vor, die überall auf dem amerikanischen Doppelkontinent und in weniger großer Vielfalt auch auf den Inseln der Karibik wachsen. Durch das Anfügen von anderen chemischen Stoffen an das Grundgerüst von Phenethylamin verändert dies seine subjektive Wirkung und verursacht bei Menschen, die es sich zu sich nehmen, Halluzinationen sowie eine Vielzahl außergewöhnlicher Empfindungen. Oft wird in diesem Zustand die natürliche Welt, wie auch beinah alles andere, als etwas Wunderbares und Erstaunliches wahrgenommen, der Umgang mit Freunden wird als vergnüglicher und vertrauter empfunden, und in der Endphase der Wirkung stellt sich ein Gefühl des inneren Friedens ein, das häufig mit tiefer Nachdenklichkeit einhergeht.

Die Gesetzgeber der Welt haben dafür gesorgt, dass den meisten Menschen diese Erfahrung versagt bleibt, obwohl Meskalin bereits seit Jahrtausenden verwendet wird und seine Wirkung auf traditionelle Nutzer in verschiedenen Langzeitstudien untersucht und als größtenteils harmlos oder sogar heilsam eingestuft wurde.

Eine der ersten und unterhaltsamsten Veröffentlichungen zum Gebrauch von natürlich vorkommendem Meskalin erschien 1898 in *The Contemporary Review*, einer der ältesten Zeitschriften Englands, gegründet im Jahre 1866. Havelock Ellis war ein britischer Arzt und Sozialreformer, der für seinen radikal objektivistischen Ansatz in der Sexualforschung bekannt wurde. In seinem ersten medizinischen Lehrbuch ging es um Homosexualität, und obwohl manche seiner Positionen aus heutiger Sicht anachronistisch oder sogar anstößig erscheinen – so schreibt er zum Beispiel vollkommen teilnahmslos über Beziehungen zwischen Knaben und erwachsenen Männern und trat später als Eugeniker auf –, bieten seine Schriften doch einen unerschrockenen Blick auf die verborgenen Aspekte des bürgerlichen Lebens im Viktorianischen Zeitalter. Er bewegte sich in Kreisen, aus denen später die Fabian Society hervorging, Englands erster politischer Thinktank.

In seinem 1898 im *Contemporary Review* veröffentlichten Essay, »Mescal, a New Artificial Paradise«[9], setzte sich Ellis auf ähnlich moderne und unvoreingenommene Weise mit der Welt der psychoaktiven Drogen auseinander. Er beschäftigt sich darin zum ersten Mal mit dem Thema Meskalin und liefert eine plastische Beschreibung der Erfahrung, die Aldous Huxleys Gedanken zu der Materie um beinah ein halbes Jahrhundert vorausgehen. Als Forschungslabor setzte Ellis seinen eigenen Körper ein, und seine Arbeit war weder illegal, noch spielte sie sich im Verborgenen ab. Am Karfreitag des vorhergehenden Jahres hatte Ellis in seiner Wohnung im Londoner Gerichtsviertel um ungefähr halb drei Uhr nachmittags mehrere der knollenartigen Triebe des Peyote-Kaktus ausgekocht und das bittere Gebräu getrunken. Bald darauf begann er zu halluzinieren.

Er beschrieb, wie in sanfter Weise freundliche und edelsteinartig glänzende Traumbilder auf ihn eindrangen. Fremdartig verschlungene Blütenblätter und durchscheinende Schmetterlingsflügel legten sich wie Blumengebinde über seinen Blick, entfalteten und verformten sich vor seinen Augen, aber auch dahinter, denn wie er sagte, machte es keinen Unterschied, ob seine Augen offen oder geschlossen waren. Jede Farbe des Spektrums war vorhanden, in verschwenderischem Überfluss, und noch während er sich an dieser glorreichen ästhetischen Überdosis erfreute, verwandelten sich die Traumbilder aufs Neue, wurden zu Porzellan und Spitze, zu jenen kunstvoll geschnitzten Holzgittern, die in den alten Gebäuden Kairos als Fenster dienen, zu hoch aufragenden Urformen der Architektur, wie man sie von den Maori kennt.

Als die Zeit verging und die Wirkung der Droge nachließ, konnte er keinen Schlaf finden und beschäftigte sich wie besessen mit seinen Beinen und den Schatten an der Wand. Dreizehn Stunden später schlug er sein Notizbuch zu, nachdem er sämtliche Erlebnisse des Tages darin festgehalten hatte. Bald machte er Freunde mit der Droge bekannt, die von erstaunlichen Visionen und »einem sehr ausgeprägten Gefühl des Wohlbefindens« berichteten.

Fast sechzig Jahre später, am Freitag, dem 2. Dezember 1955, zur Mittagszeit, hatte ein angesehenes Mitglied des britischen Establishments ein ähnliches Erlebnis wie Ellis. Zwei gut gekleidete Männer mit so geschliffen sauberer Aussprache, dass man Glas damit hätte schneiden können, saßen in einem karg eingerichteten britischen Nachkriegswohnzimmer. Für einen der Männer sollte das auch so bleiben. Der andere Mann jedoch war kurz davor, Zeuge einer erlesenen ästhetischen Verwandlung und einer verblüffenden Verzerrung der Zeitwahrnehmung zu werden, die seine Weltsicht über viele Jahrzehnte hinaus verändern würde. Zwischen den Männern stand ein Mikrofon, und vor ihnen hatte ein Fernsehteam seine Kameras aufgebaut, um das Ereignis für die *Panorama*-Magazinreihe der BBC festzuhalten. Die Sendung markiert den Zeitpunkt, an dem psychedelische Drogen aus dem Labor und der Klinik den Weg hinaus in die Mainstreamkultur fanden.

Der zur damaligen Liberal Party gehörende Parlamentsabgeordnete Christopher Mayhew legte die Fingerspitzen zusammen und lehnte sich mit schrecklich anzusehendem, unbehaglichem Elan im Sessel zurück, während die Kameras der BBC jede seiner Bewegungen aufzeichneten. Er bereitete sich darauf vor, eine hohe, 400 Milligramm starke Dosis puren Meskalin-Hydrochlorids verabreicht zu bekommen. Der Zeiger der Uhr rückte auf Mittag. »Ich fühle mich gegenwärtig in bester körperlicher Verfassung und vollkommen bei

Verstand. Und jetzt werde ich die Droge nehmen«, verkündete Mayhew in seinem steifen weißen Kragen, das Haar ordentlich mit Brillantine zurückgekämmt. Eine Stunde später war die Substanz ins Hirn des Politikers vorgedrungen, und seine Vorhänge, einst von nüchternem Blau, schienen sich in ein blühendes, prachtvolles Wirrwarr ineinanderfließender Farben verwandelt zu haben. Der Abgeordnete fand den Anblick sehr hübsch. Auf seinem Gesicht, eben noch eine angespannte Grimasse gespielter Selbstbeherrschung, erstrahlte ein freudiges Grinsen, dem er nicht recht Herr werden konnte. Jener Freund, der ihm die Droge gegeben hatte, trug den fabelhaften Namen Humphrey Fortescue Osmond und war ein Psychiater mit progressiven Ansichten, der sich seinen Platz in der Geschichte der Drogen sicherte, indem er das Wort »psychedelisch« erfand, das aus dem Altgriechischen übersetzt »die Seele offenbarend« bedeutet und von Osmond in einem Briefwechsel mit seinem bekannteren Bruder im Geiste Aldous Huxley geprägt wurde. Heute würde man Osmond als Drogendealer einstufen, doch zu jener Zeit waren die Trips, die er andere schmeißen ließ, legal.

Man betrachtete sie auch nicht als Trips, sondern als Medikamente: In den 1950ern behandelte Osmond viele Alkoholiker erfolgreich mit LSD, bis die Droge verboten wurde. Mayhew befand sich also in besten Händen, auch wenn Osmond dann ein bizarres Interview mit ihm führte, in dem der Abgeordnete unter dem Einfluss der Droge überzeugt war, durch die Zeit zu reisen. »Da, jetzt bin ich wieder fort«, sagte er. »Auf meiner Zeitebene. Ich bin über lange Zeiträume fort, aber Sie werden nicht merken, dass ich fort war.«

Ähnlich wie man einen Geisteskranken nach dem Namen des amtierenden US-Präsidenten oder Premierministers fragen würde, um seinen Zustand zu überprüfen, bat Osmond Mayhew immer wieder, den folgenden mysteriösen Satz zu wiederholen: »Um zu gedeihen, benötigt eine Nation eine sichere und verlässliche Versorgung mit Holz.« Der Abgeordnete bekam den Satz nicht sehr oft hin, und während die Zeit fortschritt (und fortschritt und fortschritt), wirkte Mayhew sehr zufrieden mit sich, wenn er ihn doch einmal richtig aufsagte. Sich ein noch seltsameres Erlebnis für einen

Erstkonsumenten von Meskalin auszudenken, würde nicht wenig Zeit und Erfindungsreichtum erfordern.

Der Blick des Abgeordneten war abwechselnd wachsam und wie verzückt, und selbst in der alten Schwarzweißaufnahme ist zu erkennen, wie seine Augen angesichts der Pracht seiner Umgebung immer wieder erstaunt aufleuchten und ein Ausdruck heiterer Verwunderung auf Mayhews Miene tritt, als es ihm nicht gelingen will, ein paar einfache Zahlen zu addieren. Besonders bezaubernd ist mitanzusehen, wie er mit dem schüchternen und doch strahlenden Grinsen eines bei seinem Spiel gestörten Jungen reagiert, als die Realität sich vor seinen Augen aufzulösen beginnt und er gleichzeitig hundert minus drei rechnen soll. In einer späteren Phase des Interviews richtet sich Mayhew direkt an die Kamera, seine Pupillen matte, gespenstisch ausdruckslos wirkende Kreise von tiefstem Schwarz, und wechselt auf zermürbende Weise zwischen vernünftigen Sätzen und verwirrtem Gefasel hin und her, während er über Raum und Zeit philosophiert. »Es gibt keine absolute Zeit, keinen absoluten Raum, das sind nur Dinge, die wir der Umwelt aufzwingen«, sagt er in beschwörendem Ton, als sei er kurz davor, entweder zu einer wichtigen psychedelischen Erkenntnis zu gelangen oder aber komplett den Verstand zu verlieren.

Es dürfte sich um einen der eigenartigsten Fernsehbeiträge handeln, der je aufgenommen wurde, doch leider wurde er nie gesendet, wenn auch später die schottische Technoband The Shamen Teile davon verwendete. Die BBC holte sich Rat bei einer Auswahl von Priestern, Philosophen und verschiedenen anderen Denkern und Mystikern, die Mayhews beseligende Einblicke in die Ewigkeit als wertlos abtaten. Mayhew selbst nahm ihre fehlerhaften Argumente auf brillante Weise auseinander und verteidigte den Vorrang des persönlich Erlebten, als er sich in dem Dokumentarfilm »LSD: The Beyond Within« später noch einmal mit dem Experiment auseinandersetzte. »Die Psychiater und auch der gesunde Menschenverstand, sie alle haben danach gesagt: ›Das ist Unsinn. Du kannst diese Erfahrungen [der sich zur Ewigkeit ausdehnenden Zeit] nicht gemacht haben. Wie der Film zeigt, war nicht genug Zeit dazu. Du hattest nicht genug Zeit, um sie zu machen.‹ Und die Psychiater haben ihr Urteil abgegeben, und ich habe es akzeptiert. Sie haben gesagt, ich hätte einfach die Symptome dessen gezeigt, was sie die Auflösung des Ego nennen, und auch das habe ich so hingenommen. Gleichzeitig hatten sie diese Erfahrung ja nicht gemacht.«

Der psychedelische Ausflug des Abgeordneten stellt einen der ersten live geschilderten »Tripberichte« dar, bei denen Konsumenten von psychoaktiven Substanzen ihre Erlebnisse darlegen, um andere zu informieren, zu warnen oder auch nur zu amüsieren. Kein Labor kann da mithalten und auch kein in der Petrischale gezüchtetes Hirngewebe – der Geist ist das Reagenzglas, in dem die Reaktion stattfindet, und Mayhews Erfahrungen bereiteten vielen anderen Neugierigen den Weg, die es ihm gleichtaten. Die Tatsache, dass ein angesehener britischer Politiker und ein international anerkannter Forscher zu dieser haarsträubenden geistigen Expedition aufbrachen, sagt sehr viel darüber aus, wie weit sich das dysfunktionale Modell der Drogenbekämpfung, das heute weltweit vorherrscht, von der offeneren offiziellen Haltung früherer Zeiten entfernt hat.

Nach seiner Erfindung blieb LSD mehr als 20 Jahre lang legal, weil es vorwiegend von Psychiatern, Forschern und anderen seriösen Wissenssuchenden eingesetzt wurde. Die frühen Konsumenten der Droge, begonnen mit James D. Watson und Francis Crick, die im März 1953 den Basiscode des Lebens knackten, als sie sich mit einer kleinen Dosis LSD im Blut die Doppelhelix des DNA-Moleküls vorstellten, haben die Gesellschaft auf eine Weise geformt, die vor dem Aufkommen der Substanz undenkbar gewesen wäre.

Nachdem es in den 1940ern und 1950ern seinen Weg aus den psychiatrischen Kliniken und anderen medizinischen Einrichtungen gefunden hatte, wurde LSD in den 1960ern zur ersten Substanz, die im Westen den Drogenkonsum auch den Massen ermöglichte. Das von Ellis verzehrte Meskalin war natürlichen Ursprungs gewesen und mithilfe echter Peyote-Kakteen hergestellt worden. Das von Huxley, Osmond und Mayhew verwendete Hydrochlorid stammte zwar nur aus dem Labor, war aber dafür synthetisch – und die Dosis lag bei 400 Milligramm. LSD begann bereits ab 100 Mikrogramm zu wirken – was bedeutete, dass jedes Milligramm zehn wirksame

Dosen enthielt und jedes Gramm des Pulvers ungefähr 10 000. Ein einziges kleines Labor konnte genug LSD produzieren, um Millionen von Menschen auf den Trip zu schicken.

In den USA hatte die Droge ihren Weg aus den Kliniken auf die Straße auf ähnliche Weise gefunden wie in Großbritannien. Der Autor Ken Kesey und die Harvard-Professoren Timothy Leary und Richard Alpert gehörten zu den Apologeten der Substanz, von der sie glaubten, sie würde das menschliche Bewusstsein in ein neues Zeitalter führen. Owsley Stanley, der anspruchsvollste und produktivste LSD-Koch der Welt, der in den 1960ern den größten Teil der amerikanischen Westküste mit LSD versorgte, hat behauptet, er habe keineswegs so viel Acid hergestellt, weil er die Welt verändern wollte, sondern weil es nahezu unmöglich sei, keine enormen Mengen der Droge zu produzieren, wenn man erst einmal mit ihrer Synthese begonnen habe. Der Zeitpunkt war gekommen, an dem künstliche, im Labor hergestellte Drogen pflanzenbasierte Stoffe von ihrem Platz als meistgenutzte Freizeitdrogen verdrängten – mit der Ausnahme von Marihuana.

Marihuana stellte in den 1960ern sowohl für die Konsumenten als auch für die Gesetzgeber die ultimative Einstiegsdroge dar. Im frühen 20. Jahrhundert war die Droge vor allem innerhalb der neuen schwarzen städtischen Unterschicht der USA verbreitet gewesen und später dann innerhalb der weißen Gegenkultur der Beatniks, die mit ihrem Konsum verbundene Denk- und Verhaltensweisen aus der Jazzära übernahmen. Gegen Marihuana gerichtete Gesetze waren in den USA ursprünglich aufgrund des Zustroms mexikanischer Einwanderer um die Jahrhundertwende entstanden, die die Pflanze als Freizeitdroge nutzten. Die begeisterte Aufnahme der Droge durch weiße, gebildete Jugendliche und Studenten aus der Mittelschicht sowie ihre gedankliche Verknüpfung mit der sich vor Vietnam und dem Kriegsdienst drückenden Gegenkultur der Hippies trugen jedoch dazu bei, dass das Establishment zur der Überzeugung gelangte, der Konsum von Drogen stelle eine hochgradige Bedrohung für die Gesellschaft dar.

In der zweiten Hälfte der 1960er-Jahre wurden die Straßen und Radiofrequenzen mit psychedelisch inspirierten Eindrücken und dem dazugehörigen Sound praktisch überflutet. 1965 brachten die Beatles eine Anspielung auf ihre erste LSD-Erfahrung in ihrem Nummer-eins-Hit *Help* unter, und zwar in der sonderbaren Textzeile: »Now I find I've changed my mind and opened up the doors.«* Der größte Teil der englischen Bevölkerung hatte keine Ahnung, worum es sich bei der Droge handelte oder dass sie überhaupt existierte oder dass die Beatles sie konsumiert hatten. Den Beatles ging es ursprünglich genauso, da ihnen ihr Zahnarzt die Droge bei einem Abendessen ohne ihr Wissen in die Drinks gemischt hatte.[10] Doch LSD fand schon bald Eingang in die Kultur, machte den genussmäßigen Gebrauch von Drogen in jener Zeit und darüber hinaus zu etwas Weitverbreitetem, wenn nicht sogar Normalem, und revolutionierte auf beiden Seiten des Atlantiks die Jugendkultur, die Geschlechterrollen, die Musik und die Kunst. Wie es Bob Dylan in seinem berühmten Song ausdrückte: Die Zeiten änderten sich. In Westeuropa und in den USA waren Drogen im alltäglichen Leben plötzlich allgegenwärtig.

1966 wurde LSD in den USA und Großbritannien verboten, 1971 auch in Deutschland (trotzdem ist die Substanz in der Bundesrepublik auch heute noch das am häufigsten konsumierte Halluzinogen). Während der britischen Debatte zu dem Verbot bewiesen selbst die biederen Lordrichter ein eigenartiges Interesse an der Droge, und der ehrenwerte Lord Saltoun etwa erkundigte sich: »Darf ich den edlen Lord fragen, ob es sich bei LSD-25 um die Droge handelt, durch die man sich daran zu erinnern vermag, was bei der eigenen Geburt passiert ist?«[11] Er erhielt eine markige Replik von Lord Stonham: »Meine Lords, meiner Meinung nach verhilft einem der herbeigeführte halluzinatorische Effekt nicht dazu, sich auf solche Weise an Vergangenes zu erinnern, sondern bewirkt vielmehr, dass man vergesslich wird und sich einbildet, man sei anders und befinde sich woanders, als es den Tatsachen entspricht. Nun ist

* In der konventionellen Lesart: »Jetzt merke ich, dass ich meine Meinung geändert und die Türen geöffnet habe.« In der LSD-Version: »Jetzt merke ich, dass ich mein Bewusstsein verändert und die Pforten der Wahrnehmung geöffnet habe.«

natürlich LSD nicht die einzige Substanz, die zu derartigen Sinnestäuschungen führen kann: Ich habe Leute gekannt, die nach vier Gläsern Bier gedacht haben, sie könnten fliegen.« Die Lords brachten keinerlei evidenzbasierten Gründe für das Verbot der Droge hervor; sie bezogen sich lediglich auf Zeitungsberichte über Fälle, in denen Menschen nach der Einnahme von Häusern oder in Seen gesprungen waren, sowie auf einen Meinungsbeitrag aus dem *British Medical Journal*, in dem es hieß, die Droge sollte genauso verboten werden, wie es bereits bei Amphetamin geschehen war.

LSD, Meskalin und Psilocybin wurden allesamt in jenem Jahr verboten, obwohl es nur wenige Beweise für ihre gesundheitliche Schädlichkeit gab – Bier hingegen blieb legal. In den USA wurde LSD bundesweit mit der Verabschiedung der Staggers-Dodd Bill im Jahre 1968 verboten, mit der der Food, Drug and Cosmetic Act ergänzt wurde.

In den 1960ern war eine weitere synthetische Droge in einem näher zur Arbeiterklasse hin gelagerten Umfeld beliebt geworden: Speed. Abgesehen von Alkohol und Nikotin stellten Amphetamine die ersten Drogen dar, die in Großbritannien im großen Maßstab zu Genusszwecken konsumiert wurden.

Während der 1930er und 1940er waren Amphetamine von Ärzten häufig gegen Erschöpfung verschrieben worden, eine Tatsache, die zu einem gewissen Grad die grauenhaft fidele und unerbittlich geschwätzige Darstellung des britischen Landsers in den Filmen der Zeit erklären könnte, denn im Laufe des Zweiten Weltkriegs wurden insgesamt mehr als 70 Millionen Amphetamintabletten von britischen Soldaten geschluckt. Obwohl die Tabletten auch bei Hausfrauen beliebt waren, die kurz mal der Schufterei entfliehen oder Gewicht verlieren wollten, wurden sie in jenen Tagen noch selten zu Vergnügungszwecken eingesetzt, und die Beschaffung fand entweder über Diebstähle aus Fabriken oder das Abzweigen von legal verschriebenen Pillen statt.

Seit dem Ende der Wehrpflicht im Jahre 1960 breitete sich in Großbritannien die in den Arbeitervierteln der großen Industriestädte entstandene Mods-Bewegung immer mehr aus. Die adrett gekleideten Arbeiterkinder, die ihr angehörten, wehrten sich gegen die Sparsamkeit der Nachkriegsjahre mit demonstrativem Konsum und kauften sich ihre maßgeschneiderten Anzüge und ausländischen Motorroller auf Pump. Sie brachten zusammen, woraus seither der typische Tugendkatalog einer jeden Jugendkultur besteht: sexuelle Freizügigkeit, neumodische Drogen, nächtelanges Tanzen zu Musik mit fremdartigen, möglicherweise sogar afrikanischen Rhythmen sowie eine umfassende und unheilsame Ablehnung jeder Art von Autorität. Alkohol betrachteten sie als die Droge der Alten, der Spießigen, der schlecht Angezogenen sowie all jener, die nicht so stylish tanzen konnten wie sie, und verschafften den Medien den ersten hausgemachten Drogenskandal der Nachkriegszeit. Die britische Regierung beeilte sich, Amphetamine bereits im Jahre 1964 zu verbieten, was jedoch nur zu einem noch schnelleren Anstieg des Konsums sowie zu höheren Preisen führte, nachdem die Verfügbarkeit des Stoffs um 25 Prozent gesunken war.

In der Mitte der 1970er-Jahre war die Droge bei Discogängern im Norden Englands beliebt, die fanden, dass der metronomische Takt von klassischem amerikanischem Soul noch stärker in die Beine ging, wenn man diese verbotenen Pillen und Pülverchen intus hatte. Auch Punks liebten Speed, dessen Steigerung der Aggressivität und vermeintlichen Gedankenschärfe gut zu ihrem stakkatoartigen Anti-Funk-Sound, ihren presslufthammerartigen Trommelrhythmen und ihren mit drei Akkorden auskommenden Hasstiraden passte. Mit einer Line des wunderbaren Puders in der Nase machte ihre verächtliche Zurückweisung der Hippiesehnsucht nach Liebe, Frieden und Selbstverwöhnung noch mehr Sinn, und auch den damaligen Vertretern des Progressive Rock und ihren mittelalterlich angehauchten Märchenwelten erteilten sie mit dem Konsum eine deutliche Absage. Von den späten 1970ern bis zu den späten 1980ern (und abgesehen von einem kurzen, katastrophalen Flirt mit Heroin in der letzteren Dekade) musste sich Großbritanniens Drogenszene mit diesem mageren chemischen Angebot von Munter- und Müdemachern, Acid (also LSD) und Hasch begnügen. Für diejenigen, die über das nötige Kleingeld verfügten, gab es allerdings auch noch Kokain.

In Pulverform hatte Kokain erstmals in den 1970ern weite Verbreitung in den USA gefunden und wurde unter Musikern und Reichen ungefähr zur selben Zeit zum Muss, als sich die allgemeine LSD-Benebelung zu lichten begann. In den Discos der Zeit, wie New Yorks angesagtem Studio 54, traten sich mit unverschnittenem Koks vollgestopfte Promis gegenseitig auf die Füße, während im wesentlich unkonventionellerem »Loft« der DJ David Mancuso die Tänzer in einer fast zeremoniell wirkenden urbanen Umgebung auf Pilgerfahrten ins Licht mitnahm, die oft die ganze Nacht dauerten und bei denen LSD den bevorzugten Reiseproviant darstellte. Trotz aller Unterschiede ähnelten sich die Drogenkonsumenten an solchen Orten in vieler Hinsicht – verschiedene sexuelle Orientierungen waren dort meist genauso vertreten wie verschiedene Rassen, und überall herrschte die gleiche Musikbegeisterung. Das Kokain, aus dem diese Zusammenkünfte ihre Energie schöpften, brachte dem kolumbianischen Drogenhändler Pablo Escobar bis zum Jahre 1989 ein geschätztes Gesamtvermögen von drei Milliarden Dollar ein, und so glamourös die Partys auch gewesen sein mögen: Die mehreren Tausend Kolumbianer, die von den Drogenschmugglern abgeschlachtet wurden, hatten dagegen nicht viel davon. In den 1980ern trat dann Crack auf den Plan, die stärkere, rauchbare Form der Droge, die an den sozialen Brennpunkten wütete, wo sie aufgrund ihres niedrigen Preises und ihrer starken Wirkung unzählige Abnehmer fand. Als statt psychedelischer Substanzen immer öfter harte Drogen konsumiert wurden, wuchsen auch mit dem Drogenkonsum einhergehende Probleme wie Abhängigkeit, Überdosen und Kriminalität.

Bis zu diesem Zeitpunkt waren die Drogengesetze immer schärfer geworden, sowohl auf nationaler als auch auf internationaler Ebene. Sie wurden vordergründig geschaffen, um die Gesundheit der Bevölkerung zu schützen, und es ist unmöglich zu behaupten, dass viele der Drogen, die heute weltweit verboten sind, bei exzessivem Gebrauch nicht zu Abhängigkeit, gesundheitlichen Schäden und anderen Problemen führen. Von einem gewissen Standpunkt aus ließe sich aber auch argumentieren, dass die Verbote genauso viel mit bestimmten Moralvorstellungen und dem Bedarf nach nüchternen und gefügigen Arbeitskräften zu tun hatten wie mit Schutz.

Heute gibt es drei Abkommen der Vereinten Nationen, in denen die internationalen Drogengesetze festgelegt sind: das Einheitsabkommen über Betäubungsmittel von 1961, die 1971 verabschiedete Konvention über psychotrope Substanzen (von der ein Entwurf bereits 1969 veröffentlicht wurde und als Vorlage für spätere amerikanische und britische Drogengesetze diente) sowie das Übereinkommen gegen den unerlaubten Verkehr mit Suchtstoffen und psychotropen Stoffen von 1988, das allgemein gebräuchliche Chemikalien mit Verboten belegt, die zur Herstellung und Synthese illegaler Drogen verwendet werden können. Die allermeisten UN-Mitgliedsstaaten haben diese drei Abkommen unterzeichnet und sind damit per Gesetz verpflichtet, die Herstellung, Verbreitung, den Kauf, Verkauf und Besitz der mehreren Hundert Substanzen strafrechtlich zu verfolgen, die in dem Abkommen aufgeführt sind, sollten diese zu anderen als wissenschaftlichen oder medizinischen Zwecken verwendet werden.

In Großbritannien wird der gesetzliche Umgang mit Drogen durch zwei Parlamentsbeschlüsse geregelt, und zwar durch den Medicines Act von 1968 und den Misuse of Drugs Act von 1971. Es ist der letztere Beschluss, auf den sich der Staat bei der Verfolgung von Drogenkriminalität normalerweise bezieht, und er verbietet die Herstellung, die Verbreitung und den Gebrauch von Hunderten jeweils mit Namen aufgeführten chemischen Substanzen. Das Gesetz teilt die Stoffe in drei Kategorien ein, C, B und A, wobei die Strenge der Strafe proportional zur veranschlagten Gefährlichkeit der Substanzen zunimmt.

In Deutschland wird der Gebrauch von Drogen heute durch das Betäubungsmittelgesetz kontrolliert. Das Opiumgesetz, das ab Anfang 1930 in Kraft gewesen war, hatte eher einer Verwaltungsvorschrift geglichen, die kaum eine harte Strafverfolgung zum Ziel hatte. Im Zuge der Studentenbewegung der Sechzigerjahre gewann in Deutschland Cannabis wieder an Popularität, und die Medien berichteten mit hoher Frequenz über den Konsum durch die rebellierende Jugend. Als Reaktion ersetzten der Deutsche Bundestag und Bundesrat das Opiumgesetz 1971 durch das bis heute wirkende neue Gesetz über den Verkehr mit Betäubungsmitteln (BtMG). Es hat zugleich zum Ziel, die internationalen Drogenabkommen in deutsches Recht umzusetzen und den ständig zunehmenden Drogenhandel und -konsum durch harte Strafen zu bekämpfen, und ähnlich wie im britischen Gesetz werden Drogen darin in drei Kategorien eingeteilt. Anlage I erfasst die nicht verkehrsfähigen Betäubungsmittel: harte Drogen wie etwa LSD oder Heroin, deren Handel und Abgabe verboten ist. Anlage II erfasst die verkehrsfähigen, aber nicht verschreibungsfähigen Betäubungsmittel, bei denen der Handel erlaubt, die Abgabe jedoch verboten ist, und die vor allem im pharmazeutischen Bereich verwendet werden. Anlage III umfasst die verkehrsfähigen und vom Arzt verschreibbaren Betäubungsmittel, zum Beispiel Morphin.[12]

Die USA, eine der Hauptantriebskräfte bei der Internationalisierung der Drogengesetzgebung, fassten 1970 über Jahrzehnte erlassenes Stückwerk zum Comprehensive Drug Abuse Prevention and Control Act zusammen. Darin werden spezifische Substanzen aufgeführt, die bundesweit verboten sind, und die illegalen Drogen je nach ihrem Suchtpotenzial in fünf Gruppen eingeteilt, nach denen sich ebenfalls wieder die Höhe der vorgesehenen Strafe richtet. Am 19. Juni 1971 verkündete der listenreiche Präsident Richard Nixon den offiziellen Beginn der Feindseligkeiten und gab im Krieg gegen die Drogen den ersten Schuss ab: »Meine Damen und Herren: Ich würde gerne die Ergebnisse der Sitzung für Sie zusammenfassen, zu der ich mich gerade mit den Vorsitzenden der zwei Parteien getroffen habe und die um 8 Uhr begonnen hat und zwei Stunden später abgeschlossen war. Ich habe die Sitzung mit der folgenden Erklärung begonnen, die meiner Meinung nach auch gegenüber der Bevölkerung gemacht werden sollte: Amerikas Staatsfeind Nummer eins in den Vereinigten Staaten ist der Drogenmissbrauch. Um diesen Feind zu bekämpfen und zu besiegen, ist es notwendig, einen neuen, uneingeschränkten Angriff gegen ihn zu unternehmen.«[13]

Mit der Drug Enforcement Administration (DEA) gründeten die USA 1973 eine spezielle Drogenvollzugsbehörde. Hatte zuvor die Verantwortung für die Durchsetzung der Drogenpolitik beim Finanzministerium gelegen, übertrug man sie nun dem Justizministerium, was die neue politische Sichtweise des Drogenmissbrauchs verdeutlichte: Ehemals ein wirtschaftliches Delikt der Steuerhinterziehung, wurde er nun als Vergehen gegen Gesellschaft und Moral hingestellt.

Nach einem Muster, das sich bis heute wiederholt, sorgten die Drogengesetze dafür, dass sich die mit Drogen zusammenhängenden gesellschaftlichen Probleme effektiv noch verschärften. So war bis Mitte der 1960er Drogenpolitik in Deutschland im Verhältnis zu anderen Politikfeldern ein relativ kleiner und gesellschaftlich kaum beachteter Bereich. Wohl vor allem aufgrund der geringen Zahl sozial auffälliger Drogenkonsumenten blieb das Opiumgesetz weithin papierenes Recht, das nur selten angewendet wurde. Die Höchststrafe lag bei drei Jahren, und noch zu Beginn der Sechzigerjahre kam es in der Bundesrepublik nur zu einer relativ geringen Zahl von Verurteilungen wegen Drogendelikten. Heute, nachdem das Betäubungsmittelgesetz seit 40 Jahren in Kraft ist, das eine Höchststrafe von 15 Jahren vorsieht, befindet sich rund die Hälfte aller Untersuchungshäftlinge wegen Drogenvorwürfen in Haft.[14]

Es war das Aufkommen der synthetischen Drogen ab den 1960ern, das die Entstehung eines Massenmarkts und einer Drogen konsumierenden Gegenkultur ermöglichte und das seinerseits von der beinah schon alchemistisch anmutenden Fähigkeit der Chemiker möglich gemacht wurde, Drogen mit nicht mehr als einer normalen Laborausstattung und einigen gewöhnlichen Chemikalien herstellen zu können. Doch war es der Akt des Verbietens von Substanzen, für die eine so große Nachfrage bestand, der ihre Herstellung, Einfuhr und Verbreitung so unverhältnismäßig profitabel – und populär – machte. Die Gesetze gegen Drogen haben eine Situation herbeigeführt, in der eine Unze Gold, deren Preis Ende 2012 bei 1200 Euro lag, ungefähr genauso viel kostet wie eine Unze Kokain von durchschnittlichem Reinheitsgrad, obwohl es sich dabei um das schlichte Extrakt einer Pflanze handelt, die mehr oder weniger von selbst in der Natur wächst. Ein Kilo Crystal Meth herzustellen kostet in Mexiko nur ein paar Hundert Dollar, in einzelnen Deals auf der Straße verkauft erbringt es jedoch eine Summe von mehreren Hunderttausend Dollar.

Der Prozess, durch den es zum Verbot einer Droge kommt, wird sowohl in Deutschland als auch in Großbritannien durch ein Gremium von Sachverständigen betreut. In Deutschland ist das der Sachverständigenrat der Bundesopiumstelle (BOPST), der seit 1981 als Beratungsorgan des Bundesgesundheitsministeriums dient, in Großbritannien der bereits 1971 gegründete Advisory Council on the Misuse of Drugs (ACMD). In den Gremien sitzen Experten aus allen nur denkbaren Bereichen: Pharmakologie, Toxikologie, Neurologie, Kriminologie, Justiz, Chemie und noch vielen anderen mehr. Ihre Aufgabe besteht darin, mithilfe ihres kollektiven Fachwissens die Gefährlichkeit einer Droge einzuschätzen. Dabei kommen in der Regel Dutzende wissenschaftliche Verfahren zum Einsatz, und es kann viele Monate dauern, bis die Experten zu einem Ergebnis gelangen; ist es dann schließlich so weit, empfehlen sie den zuständigen Ministerien die beste Vorgehensweise. Sowohl in Deutschland als auch in Großbritannien ist es gegenwärtig nicht möglich, eine Substanz einfach nur deshalb zu verbieten, weil sie eine psychoaktive Wirkung hat.

In Großbritannien wurden dem Misuse of Drugs Act und dem zugehörigen Gremium praktisch sofort nach Schaffung des Gesetzes im Jahre 1971 von skrupellosen Chemikern die Grenzen aufgezeigt. Sowohl Jura als auch Chemie sind komplexe Fachgebiete, und auf chemische Sachverhalte bezogene Gesetze gehören zu den komplexesten, die es im Rechtswesen gibt. Und solange Drogen illegal sind und die Nachfrage weiterbesteht, wird die Angebotsseite stets wachsen und gedeihen.

Im Jahre 1975 hatte ein Chemiker aus den Midlands schon eine ganze Weile eine Ringsubstitution nach der anderen ausgetüftelt und so aus illegalen Drogen Halluzinogene und Stimulanzien hergestellt, von denen im britischen Drogengesetz kein Wort stand. Insbesondere hatte er eine Designerdroge namens Bromo-STP, ein starkes Halluzinogen, produziert. Der Polizei waren diese und andere Designerdrogen auf der Straße untergekommen, und der ACMD, der britische Drogenausschuss, hatte die Empfehlung ausgesprochen, Bromo-STP zu verbieten. Großbritannien benutzt ein generisches Modell der Drogenkategorisierung und -überwachung, daher bat der Staat den ACMD, sich die Drogen anzusehen, die der Chemiker aus den Midlands hergestellt hatte, und auf dieser Grundlage Vermutungen anzustellen, was er oder andere heimliche Drogenköche sich als Nächstes ausdenken könnten. Der Ausschuss sollte sein kollektives chemisches Fachwissen dazu einsetzen, ein Gesetz vorzuschlagen, mit dem man ihnen zuvorkommen würde.

John Ramsey, Toxikologe am St. George's University College Hospital in London, erklärt das Verfahren. »Wenn die Regierung ein neues Drogengesetz verfassen möchte, bittet sie die Berater der Gesetzgeber sich zu überlegen, welche anderen Verbindungen Chemiker vielleicht herstellen könnten, um dieses Gesetz zu umgehen. Würde man nicht so vorgehen, wäre das, als hätte man ein Tempolimit, das ausschließlich für blaue Autos gilt, obwohl man ein Tempolimit für alle Autos haben möchte«, sagt er.

Im Jahre 1977 kam in Großbritannien das House of Lords zusammen, um über die vorgeschlagenen Änderungen an dem bestehenden Gesetz zu verhandeln, mit dem viele Dutzend Varianten der Grundstoffe Tryptamin und Phenethylamin geächtet werden sollten. »Das Gremium war sich der Tatsache bewusst, dass weitere Substanzen ähnlicher Natur, die jedoch nicht durch die dem Gesetz beigefügte Liste abgedeckt wären, relative leicht durch kleine molekulare Veränderungen an der Grundstruktur der Chemikalien hergestellt werden könnten«, erklärte Lord Wells-Pestell im Juni 1977 im Oberhaus. »Deshalb wies das Gremium den technischen Unterausschuss an, sich über Möglichkeiten Gedanken zu machen, wie man der Herstellung solcher Substanzen zu missbräuchlichen Zwecken ein für alle Mal einen Riegel vorschieben könnte, jedoch mit der kleinstmöglichen Beeinträchtigung der Verwendung zu legalen medizinischen und wissenschaftlichen Zwecken, indem man sämtliche möglichen Variationen einer Serie mithilfe einer allgemein gehaltenen Beschreibung, sprich einer Formel, abdeckt.«[15]

Dann bat er seine gelehrten Freunde um Vergebung für seine nächsten Worte. Er versuchte, umfangreiche und komplizierte Änderungen verständlich zu machen, die an Großbritanniens Drogengesetzen vorgenommen werden sollten. Das chemische Katz-und-Maus-Spiel war kurz davor, ernste Formen anzunehmen, und die

Gesetzgeber versuchten, mit einer wissenschaftlichen Disziplin – oder einer kriminellen Aktivität – mitzuhalten, von der sie kaum etwas verstanden und die schon damals schneller und geschickter reagieren konnte als jedes legislative Verfahren. »Der technische Unterausschuss kam zu dem Ergebnis, dass die fraglichen Verbindungen, die unerwünschte halluzinogene Wirkungen verursachen, in zwei Kategorien fallen. Die erste Kategorie wird von Verbindungen gebildet, die von Tryptamin oder von Ring-Hydroxytryptaminen abgeleitet sind, bei denen am Stickstoffatom der Seitenkette eine oder mehrere Alkylgruppen angeknüpft wurden. Beispiele aus dieser Kategorie, die das Gesetz bereits abdeckt, sind Psilocin und Psilocybin. Die zweite Kategorie besteht aus Verbindungen, die durch das Einsetzen einer Alkylgruppe oder einer anderen Substitution aus Phenethylamin hervorgegangen sind. Bereits vom Gesetz erfasste Beispiele aus dieser Kategorie sind Meskalin, STP und Bromo-STP, das ich bereits erwähnt habe.«

Lord Platt stimmte dem neuen Gesetz zu, dankte Wells-Pestell für seine Arbeit und sprach wohl für sämtliche Anwesenden, als er seine Verwirrung eingestand. »Meine Lords, es ist nicht unüblich, dass der Laie dem Arzt überirdische Kräfte zuschreibt. Doch ich möchte den edlen Lords versichern, dass es nicht einen Arzt unter Tausenden gibt, der die genaue Beschaffenheit dieser Drogen versteht. Der edle Lord hat uns die Gründe für diese Verordnung und die Arten von Substanzen, die damit erfasst werden, deutlich gemacht. Ich würde ihr gerne zustimmen.«

Das Gesetz sorgte so dafür, dass eine Droge wie MDMA in Großbritannien bereits lange verboten war, bevor man sie überhaupt dort kaufen konnte, und auch Dutzende andere Drogen wurden mit einem Schlag für illegal erklärt. Alle neuen Variationsmöglichkeiten wurden damit allerdings nicht ausgeschlossen. Aber es wurde ein Präzedenzfall geschaffen, und ein Zyklus setzte sich in Gang.

Wie man auch ihre Wirksamkeit und Gerechtigkeit beurteilen mag, historisch gesehen stellten die Drogengesetze Großbritanniens stets raffinierte, kluge und komplexe gesetzgeberische Maßnahmen dar, die aus dem Wissen vieler verschiedener Fachgebiete schöpften. Die Vereinigten Staaten wenden eine andere Methode an, um Designerdrogen mit gesetzgeberischen Mitteln in den Griff zu kriegen, bei der Substanzen aufgrund einer groben Einschätzung ihrer Wirkung und ihrer Ähnlichkeit zu bereits geächteten Drogen verboten werden und auf die im nächsten Kapitel ausführlich eingegangen wird.

Doch wie raffiniert sie auch sein mögen, all diese Gesetze wurden vor dem Zeitalter der Massenkommunikation verfasst – als die meisten Haushalte noch nicht einmal über einen Telefonanschluss oder einen Farbfernseher verfügten und die Nachrichten nur ein paarmal am Tag auf dem Fernsehschirm erschienen sowie zweimal in der Zeitung. Sie wurden in einer Epoche geschrieben, als Luftfrachtkosten für Privatpersonen unerschwinglich waren und die Verständigung mit dem fernen, kommunistisch regierten China so zeitaufwendig war, dass sie praktisch unmöglich war. Als diese Gesetze geschaffen wurden, füllten Computer noch ganze Räume aus und befanden sich größtenteils in staatlichem Besitz. Sprich, sie wurden verfasst, als die Erfindung des Internets beinah noch ein halbes Jahrhundert entfernt war. Als diese Gesetze verabschiedet wurden, lag die Schaffung einer gänzlich neuen Droge, die eine andere, aber gleichermaßen tief greifende Wirkung auf ihre Konsumenten hatte wie LSD, noch fünf Jahrzehnte in der Zukunft. Diese Droge sollte in einem Ausmaß in die globalen Grundwasservorräte gelangen, das selbst dem extremsten LSD-Verfechter zu denken gegeben hätte.

Eine Person sollte, mit der Technologie als ihrem Verbündeten, eine zentrale Rolle in diesem neuen Wettlauf zwischen Chemikern, Konsumenten, dem kulturellen Verständnis und dem Gesetz spielen: der amerikanische Chemiker Alexander Shulgin, der produktivste und der Genialität am nächsten kommende psychedelische Chemiker der Welt, besser bekannt als Sasha Shulgin, Gottvater des Ecstasy.

2. Die große Ekstase des Werkzeugmachers Shulgin[1]

In der Shulgin Road Nummer 1483 im kalifornischen Lafayette steht ein von Eichhörnchen belagerter Schuppen, in dem ein Chemielabor untergebracht ist. Überall auf dem Grundstück ragen Kakteen in die Höhe, an den Rändern stehen Gewächshäuser; den Eingang zu dem Schuppen bildet eine klapprige Tür, deren Angeln inzwischen verrostet sind. So unwahrscheinlich es klingen mag: Hier liegt das Epizentrum der modernen Drogenkultur. Die Substanzen, die darin erfunden wurden, die Verfahren zur Herstellung dieser neuen Stoffe sowie die Karriere des Mannes, dem er gehört, machen diesen Schuppen zum unstrittig sagenumwobensten und einflussreichsten Drogenlabor der Welt.

Für den größten Teils des vergangenen Jahrhunderts werkelte sein Besitzer Alexander Shulgin dort relativ unbeachtet vor sich hin. In der zweiten Hälfte der 1980er-Jahre jedoch begann eine neue Droge namens MDMA, später als Ecstasy bekannt, in den Städten der USA und Europas aufzukommen. Diese Droge, ein emotionale Offenheit förderndes Aufputschmittel, sollte das globale Drogenverhalten für immer verändern und psychedelische Erfahrungen für Millionen von Menschen zugänglich machen, die sonst vielleicht nie in Betracht gezogen hätten, Drogen zu nehmen.

Je nach Betrachtungsweise ist Alexander oder – in der russischen Koseform – Sasha Shulgin der größte und am wenigsten gewürdigte Wissenschaftler des 20. Jahrhunderts oder ein unverantwortlicher Volksverführer, der die Menschen zu Millionen auf die schiefe Bahn gebracht hat und Dutzende durch die Schaffung seiner Drogen sogar umbrachte. Er selbst behauptet, er sei einfach nur ein Werkzeugmacher. Sein berühmtestes Werkzeug ist MDMA oder 3,4-Methylendioxymethylamphetamin: Ecstasy.

1925 als Sohn russischer Einwanderer auf die Welt gekommen, führte Shulgin anfangs ein unscheinbares Leben und brach mit 19 sein Studium am Harvard College ab, um zur Marine zu gehen. In dem von ihm selbst geschriebenen Dokumentarfilm *Dirty Pictures* erwähnt er beiläufig seinen Entschluss, während seiner Jahre auf See ein ganzes Handbuch der Biochemie auswendig zu lernen, weil er es für eine »hübsche Herausforderung« hielt. Jene Jahre unerschütterlicher Disziplin stehen in merkwürdigem Kontrast zu seinem öffentlichen Image – das er hasst – als Dr. Ecstasy, einem typischen verrückten Professor mit wilder Mähne. »Das verleiht dem Ganzen eine verrufene Note, die nicht gut ist«, meint er selbst.

Der Weg, der MDMA von der Unbekanntheit zur Allgegenwärtigkeit führte, ist so unwahrscheinlich, dass er beinah erfunden klingt. Als sie im Jahre 1912 im Stillen die erste Menge des Stoffes herstellten, konnten die Chemiker des deutschen Pharmakonzerns Merck weder ahnen, dass ihr Werk eines Tages als Hilfsmittel in der Psychotherapie eingesetzt würde (das Fachgebiet existierte damals nicht einmal), noch dass ihm später ein Comeback als eine der beliebtesten Partydrogen der Welt vergönnt wäre. In der Fachliteratur als »Methylsafrylamin« bezeichnet, sollte die neue Substanz dem Unternehmen die Synthese des gerinnungsfördernden Stoffes Hydrastinin ermöglichen, ohne den Weg über ein Zwischenprodukt zu nehmen, auf das ein fremdes Patent bestand. Sie war einfach nur als neue Vorläufersubstanz in dem Verfahren gedacht, durch die sich dieses von dem geschützten Herstellungsweg unterscheiden sollte.[2]

Die Anleitung für die Synthese – den chemischen Aufbau im Labor – von MDMA schlummerte über Jahrzehnte unbeachtet in den Archiven des Merck-Konzerns. Dennoch wurde die Saat für einen großen Teil der chaotischen internationalen Drogenszene von heute genau in jenem Labor gesät. Im Jahre 1965 kam es zur zweiten Synthetisierung von MDMA, diesmal durch Shulgin, der einen rätselhaften Tipp von einem Forscherkollegen auf dem Gebiet der Synthese psychedelischer Drogen erhalten hatte. Mehr hat er nie verraten.

MDMA war nur einer von Hunderten psychedelischen Stoffen, die Shulgin synthetisierte (die meisten anderen hat er selbst erfunden) und dann ausprobierte – indem er sie zu sich nahm. Nachdem er aufmerksam auf die Wirkung geachtet hatte, die jede Droge bei ihm auslöste, hielt er seine Beobachtungen gewissenhaft fest. Wie ein Drogen kochender Noah brachte er seine Schöpfungen dann sorgsam in Sicherheit, wobei er als »Arche« zwei eng bedruckte Bücher mit den technischen Anweisungen zu ihrer Herstellung benutzte. Sein Einfluss auf Generationen von Drogenkonsumenten ist unermesslich, jedoch weitgehend unbekannt; und sein Einfluss auf die Zukunft des Drogenkonsums ist gerade erst dabei, richtig verstanden zu werden.

Ähnlich wie bei Huxley, Mayhew und Osmond begann Shulgins chemische Karriere mit der Einnahme einer kleinen Menge von Meskalin-Hydrochlorid-Kristallen in den frühen 1950ern. Er sprach von der Intensität der Farben, die er wahrnahm, von kindlichem Staunen, vom Auftauchen lange vergessener Erinnerungen: »Ich dachte: ›Die Wirkung besteht darin, mir zu erlauben, mit Teilen von mir zu kommunizieren, mit denen ich lange nicht kommuniziert habe.‹« Wie er sagt, war er verblüfft, dass eine kleine Menge weißen Pulvers all diese Erinnerungen ausgelöst hatte. Wenn das Pulver nicht selbst diese Erinnerungen enthielt, überlegte er, dann musste die Antwort auf das Rätsel in seinem eigenen Geist liegen: »Ich verstand, dass unser gesamtes Universum im Geist und in der Seele enthalten ist. Wir mögen uns entscheiden, keinen Zugang dazu zu finden, wir mögen seine Existenz leugnen, doch es ist tatsächlich in uns, und es gibt chemische Stoffe, die es uns verfügbar machen können.«[3]

Im Jahre 1954 nahm Shulgin sein Studium wieder auf, diesmal an der University of California in Berkeley, wo er einen Doktor in Biochemie erwarb. Anschließend arbeitete er für die Dow Chemical Company, bei der er 1962 ein biologisch abbaubares Insektizid namens Zectran erfand. Die Chemikalie warf so viel Gewinn ab, dass das Unternehmen ihm die Freiheit einräumte, jeden Stoff zu produzieren, den er wollte. Er entschied sich für psychedelische Substanzen, ging mit dem Eifer des Bekehrten ans Werk und bastelte alle denkbaren Varianten des Meskalingerüsts zusammen, mit dem er so faszinierende Erfahrungen gemacht hatte.

Shulgin kombinierte bei seinen Experimenten sogenannte Präkursoren oder Vorläuferstoffe mit anderen Reaktanten und erhielt dadurch Hunderte neuer Drogen: Verbindungen, die es bis zu diesem Zeitpunkt nirgendwo im gesamten Universum gegeben hatte. Da bei diesen Reaktionen bestimmte Teile der Moleküle durch andere ersetzt werden, nennt man sie Substitutionsreaktionen. Das bei der Herstellung neuer Drogen zum Einsatz kommende Verfahren wird oft als Ringsubstitution bezeichnet.

Die Verbindungen zwischen einfachen chemischen Strukturen, Drogen und den Neurotransmittern des Gehirns können in einem molekularen Triptychon dargestellt werden. Hier ist zunächst einmal ein Molekül des Stoffes Phenethylamin:

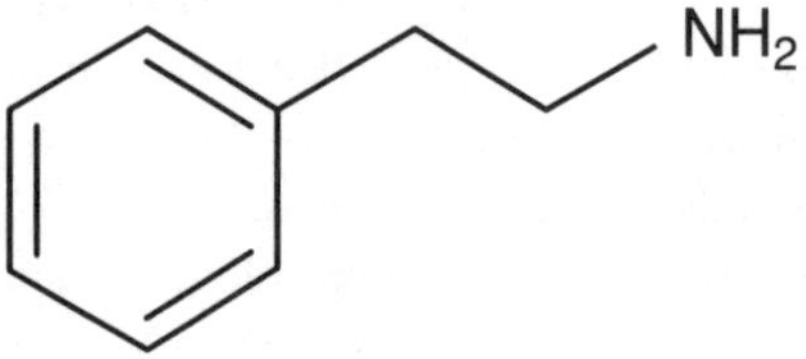

Phenethylamin

Die sechseckige Struktur auf der linken Seite des Moleküls wird als Phenylgruppe bezeichnet, und jeder ihrer Eckpunkte steht für ein Kohlenstoffatom. Die Abbildung zeigt einen sechseckigen Ring aus sechs Kohlenstoffatomen. Wäre dieser Ring mit keiner anderen Gruppen oder keinem anderen Molekül verbunden, würde er einen Benzolring darstellen. Eigentlich ist jedes Kohlenstoffatom des Rings noch mit jeweils einem Wasserstoffatom verbunden, der einfacheren Darstellung halber sind diese hier jedoch nicht abgebildet. Auf der rechten Seite ist die Phenylgruppe mit einer Ethylgruppe verknüpft, die aus zwei weiteren Kohlenstoffatomen besteht (an denen ebenfalls wieder mehrere Wasserstoffatome hängen). Die ganz rechts liegende Struktur schließlich stellt eine Aminogruppe dar, die sich aus einem Stickstoff- und zwei Wasserstoffatomen zusammensetzt und an ein Kohlenstoffatom gebunden ist.

»Phen-ethyl-amin« wird auf natürliche Weise im menschlichen Körper und Gehirn produziert, besonders wenn wir uns zum ersten Mal verlieben, und hohe Konzentrationen des Stoffes sind auch in

Schokolade, Käse und Würstchen vorhanden. Es handelt sich um einen Neurotransmitter – einen chemischen Botenstoff, der in unserem Gehirn ausgeschüttet wird und dort Rezeptoren aktiviert, die letztlich bestimmen, ob wir uns hungrig, wütend, fröhlich oder schläfrig fühlen. Phenethylamin nimmt auch Einfluss auf andere Neurotransmitter und kann ihre Wirkung auf Körper und Geist verstärken.

Die nächste Abbildung zeigt einen Neurotransmitter, der mit Phenethylamin verwandt ist und diesem Stoff ähnelt, nämlich Dopamin:

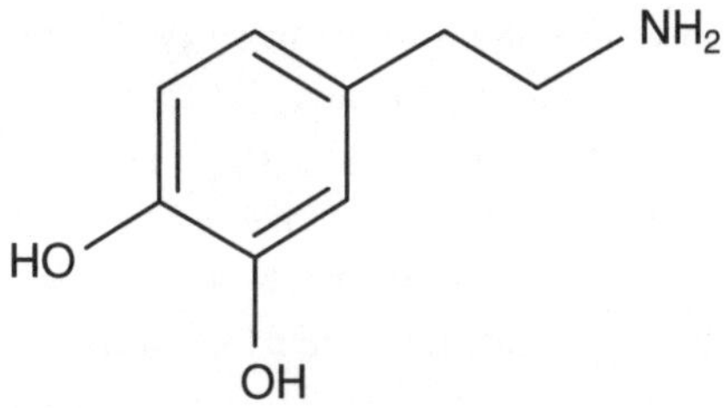

Dopamin

Dopamin wird normalerweise im Gehirn freigesetzt, wenn wir aufgeregt oder sexuell erregt sind, Risiken eingehen oder Belohnungen erhalten oder anstreben – oder irgendeine von Dutzenden anderer Stimulanzien einnehmen. Dopamin reguliert die Muskelbewegung, das Empfinden von Freude und die Motivation.

Auf der folgenden Seite sehen wir das dritte Molekül in unserem Triptychon, Meskalin:

Die zwei letzten Moleküle besitzen das gleiche Phenethylamin-Grundskelett wie das erste, doch wie wir sehen können, sind eine Reihe anderer molekularer Gruppen damit verbunden. (Die Abbildungen sind nebenbei bemerkt zweidimensionale Darstellungen von dreidimensionalen Objekten.) Das Meskalinmolekül passt in die Dopaminrezeptoren des Gehirns und führt auf irgendeine Weise, die man noch nicht versteht, zu einer radikalen Veränderung unserer Realitätswahrnehmung.

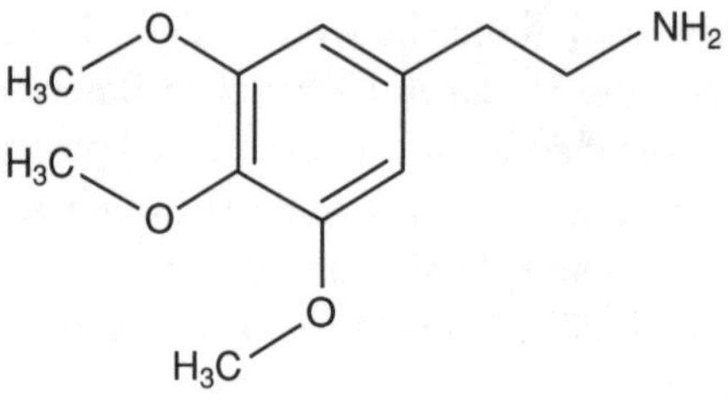

Meskalin

Shulgin nahm das Meskalinmolekül und tauschte die Wasserstoffmoleküle, die an den Kohlenstoffatomen des Benzolrings hingen, gegen andere chemische Stoffe aus. Er fügte Schwefelmoleküle hinzu, spaltete ein oder zwei Sauerstoffatome ab, setzte etwas Jod oder Brom ein und lotete die Möglichkeiten der Chemie aus.

Shulgins aufwendige, streng nach akademischer Vorgehensweise durchgeführte Untersuchungen lieferten ihm Hinweise auf die wahrscheinliche Wirkung und Dosierung der meisten neuen Drogen, die er erfand. Manchmal setzte er jedoch auch einfach einen neuen Stoff an mehreren verschiedenen Stellen des Rings ein und probierte die resultierenden Substanzen dann an sich selbst aus. Das hier beschriebene Verfahren wendete er sowohl beim Meskalinmolekül als auch bei Tryptamin an, der Stammsubstanz für Drogen, die Magic Mushrooms ähneln.

Während Meskalin am ehesten den Neurotransmittern Phenethylamin und Dopamin ähnelt, ähnelt Tryptamin Serotonin. Tryptamin enthaltende Drogen wirken, indem sie in die Serotoninrezeptoren im Gehirn eindringen und durch eine Art subatomaren Zauber die Ausschüttung dieses Botenstoffs auslösen, der Stimmung, Sozialverhalten und Impulsivität beeinflusst. Gleichzeitig schränkt er andere neuronale Aktivitäten ein und verändert unsere Realitätswahrnehmung. Wie solche Botenstoffe das in neurologischer Hinsicht anstellen, ist stark umstritten, doch jüngste Studien legen nahe, dass entgegen bisheriger Annahmen die Hirnaktivität durch die Ausschüttung von Serotonin nicht gesteigert, sondern gedämpft wird. (Diese Beschreibungen vermitteln bewusst und zwangsläufig ein vereinfachtes Bild dessen, wie Drogen im Gehirn wirken, da jede der zwei Stoffgruppen in Wirklichkeit auf beide Systeme gleichzeitig einwirkt und jedes dieser Systeme viel zu kompliziert ist, um von einem Laien beschrieben zu werden – oder als Lektüre für einen solchen zu taugen.)

Während psychedelische Drogen immer stärker zum Gegenstand gesellschaftlicher Tabus und moralischer Bedenken wurden, musste die Dow Chemical Company mit einem gewissen Unbehagen feststellen, dass sie zahlreiche Patente auf wirkmächtige Substanzen dieser Art besaß, wie zum Beispiel auf DOM – eine von Shulgin entworfene Designerdroge, die nach dem Verbot von LSD beliebt wurde. 1967 überschwemmte diese wirkstarke Droge die Straßen des Hippieviertels Haight-Ashbury in San Francisco, und die viel zu hoch dosierten Tabletten, die dort zu Tausenden im Umlauf waren, haben angeblich für zahlreiche traumatische Erlebnisse gesorgt. In den Jahren vor seinem Nervenzusammenbruch und seinem Rückzug von der Gesellschaft soll zum Beispiel Syd Barrett von Pink Floyd große Probleme mit der Droge gehabt haben.[4]

Im Jahre 1965 verließ Shulgin Dow Chemical und richtete sich ein privates Labor in Lafayette ein, wo er fortfuhr, neuartige Drogen aus der Meskalin und Phenethylamin zugrunde liegenden Ausgangsstruktur zu basteln. Dabei revolutionierte er unser Wissen auf dem Gebiet der Biopharmakologie und setzte unbewusst den weltweiten Wandel im Drogenverhalten in Gang, der seit Mitte bis Ende der 1980er-Jahre zu beobachten war. Er arbeitete als Sachverständiger für die amerikanische Drogenbehörde, die er mit Referenzproben für Strafverfahren versorgte, und konnte ansonsten seiner kreativen Ader unbehelligt freien Lauf lassen.

Shulgins Tätigkeit war eine Mischung aus künstlerischem Schaffen und präziser Wissenschaft. Ist man ihm freundlich gesinnt, kann man diese Phase seiner Laufbahn durchaus als eine Art Neuauslegung des alten amerikanischen Pioniergeistes betrachten. Er setzte sich über die Grenzen seines eigenen Geistes hinweg und suchte ähnlich wie die Eroberer des Westens im 19. Jahrhundert nach seiner ganz persönlichen Manifest Destiny, seiner göttlichen Bestimmung, in Form eines Expansionismus, der jedem offenstand – jedoch ohne jegliche böse Absichten und ohne jemals Besitzrechte anzumelden. Mit seinem wilden Bart, seinem freundlichen Grinsen, den weiten bunten Hemden und dem beschwingten Gang, arbeitete der endlos kalauernde Chemiker in seinem wackeligen Gartenlabor, umgeben von einem Dickicht aus Glasgeräten und lianenartig herabhängenden Schläuchen, die Luft erfüllt von flüchtigen Gasen und den grollenden Akkorden seines geliebten Rachmaninow.

Als er schließlich merkte, dass sich die Haltung der DEA gegenüber seiner Tätigkeit zu wandeln begann, veröffentlichte Shulgin sein gesamtes Wissen in zwei bahnbrechenden Werken der psychedelischen Chemie: *PIHKAL (Phenethylamines I Have Known and Loved): A Chemical Love Story**, das 1990 erschien, und sieben Jahre später *TIHKAL (Tryptamines I Have Known and Loved)***, in dem er sich mit der anderen großen Gruppe psychedelischer Stoffe befasste. Der psychedelische Pionier Timothy Leary hat *PIHKAL* mit Charles Darwins *Über die Entstehung der Arten*[5] verglichen, und obwohl man ansonsten die meisten von Learys hochtrabenden Sprüchen bedenkenlos ignorieren kann, lässt sich in diesem Fall feststellen, dass er recht hatte. Die DEA teilte diese Ansicht allerdings nicht und durchsuchte 1994 Shulgins Labor, weil sie ihn des Besitzes von Stoffen verdächtigte, für die er keine Genehmigung besaß. Die Behörde fand mehrere Proben von Drogen bei dem Wissenschaftler, die ihm anonym zu Testzwecken zugeschickt worden waren, was eine Verletzung seiner von der Drogenbehörde erteilten Erlaubnis zum Besitz chemischer Stoffe bedeutete.

PIHKAL liefert die technischen Details zur chemischen Synthese und richtigen Dosierung von Hunderten psychoaktiver Substanzen, die allesamt aus der Phenethylamin-Gruppe stammen. Zur Zeit der Veröffentlichung des Buches waren viele der Vorläuferstoffe der Drogen, also der zu ihrer Herstellung benötigten Chemikalien, noch nicht verboten und ohne größere Einmischung des Staates erhältlich.

---

* *Phenethylamine, die ich kennen und lieben gelernt habe: Eine chemische Liebesgeschichte.*

** *Tryptamine, die ich kennen und lieben gelernt habe.*

Obwohl in puncto Komplexität und Schwierigkeit keineswegs vergleichbar, ähnelt die chemische Herstellung von Drogen im Großen und Ganzen dem Backen. In beiden Fällen nimmt man einen bestimmten Stoff und nutzt die physikalischen Kräfte der Wärme und der chemischen Reaktivität zu seiner Veränderung. Sowohl der Bäcker als auch der Chemiker benötigt bestimmte Zutaten, Verfahren, Geräte und Kenntnisse. Während beim Bäcker Butter, Mehl und Wärme zum Einsatz kommen, könnte ein Chemiker wie Shulgin ein ätherisches Öl wie zum Beispiel Petersilienöl oder Safrol als Vorläuferstoff verwenden, deren strukturelle Ähnlichkeit zu einer bereits existierenden Droge wie Amphetamin eine geringere Anzahl chemischer Reaktionsschritte notwendig macht.

Insgesamt führte Shulgin in *PIHKAL* zehn Amphetamine auf, die eng mit ätherischen Ölen verwandt sind, und er wählte bewusst Vorläuferstoffe aus, die zu jener Zeit ohne großen Aufwand erhältlich waren. »Wie stehen die ätherischen Öle zu den Amphetaminen in Beziehung?«, schrieb er. »Kurz gesagt gibt es etwa zehn ätherische Öle, die eine dreigliedrige Kohlenstoffkette aufweisen und bei denen jeweils nur ein Ammoniummolekül fehlt, damit sie zu einem Amphetamin werden.«[6]

Seit ihrer Veröffentlichung haben *PIHKAL* und *TIHKAL* gewissermaßen als Reiseführer auf dem neuen chemischen Terrain gedient, deren Seiten detaillierte Angaben zur Dosierung der neuen und unbekannten Drogen enthalten. Doch auch sonst handelt es sich keineswegs um gewöhnliche akademische Fachbücher. Shulgin würzt seine Angaben zur Chemie und zur Herstellung der Stoffe mit schrägen Randbemerkungen, Tripberichten und Details aus der Beziehung zu seiner Frau Ann, die bei ihrer Arbeit als Psychotherapeutin viele seiner Drogen mit, wie sie sagt, großem Erfolg eingesetzt hat. In *PIHKAL* geht Shulgin außerdem ausführlich auf seine Beweggründe für die Suche nach psychedelischen Erfahrungen ein. Wie er schreibt, waren seine Drogen zur Forschung, zur Erkundung und zum Sammeln spiritueller und psychologischer Erkenntnisse gedacht:

»Ich bin der festen Überzeugung, dass wir ungeheure Mengen an Informationen in uns tragen und das genetische Material jeder unserer Zellen ganze Bände intuitiven Wissens in sich birgt. Das Ganze gleicht einer Bibliothek mit Kilometern von Nachschlagewerken, bei der jedoch nicht klar ist, wie man hineingelangen kann. Und ohne irgendeine Form des Zugangs lässt sich nicht einmal ansatzweise der Umfang und der Wert dessen abschätzen, was dort vorhanden ist. Die psychedelischen Drogen erlauben uns, diese innere Welt zu erkunden und Erkenntnisse darüber zu sammeln, wie sie beschaffen ist.«

Shulgin beschäftigt sich auch mit der bis zu jenem Zeitpunkt noch nicht da gewesenen Art, wie der Staat denen das Leben schwermacht, die in seinen Augen einfach nur nach spirituellen Wahrheiten suchen:

»Unsere Generation ist die erste in der Geschichte, die das Streben nach Selbsterkenntnis zum Verbrechen erklärt hat, sobald dabei Pflanzen oder chemische Stoffe zum Öffnen psychischer Türen eingesetzt werden. Doch der Drang zur Erkenntnis ist immer da und nimmt mit dem Alter zu [...] Seit den Anfängen des Bewusstseins ist diese Suche Teil des menschlichen Lebens gewesen. Es ist das Wissen um die eigene Sterblichkeit, ein Wissen, durch das er sich von den anderen Tieren unterscheidet, das dem Menschen das Recht und die Freiheit verleiht, die Beschaffenheit seiner eigenen Seele und seines eigenen Geistes zu erforschen und so viel über den Aufbau der menschlichen Psyche herauszufinden, wie er kann.«[7]

Shulgin setzt sich leidenschaftlich für die Meinungsfreiheit und die Rechte des Individuums ein; es gibt niemanden, der weniger unamerikanisch wäre als dieser Gelehrte der Chemie, trotzdem wird er selbst heute noch, im hohen Alter, wie ein Aussätziger behandelt. Er fragt: »Eine der großen Stärken unseres Landes ist immer seine Achtung vor dem Individuum gewesen ... Wie kommt es dann, dass die Führer unserer Gesellschaft sich für berechtigt halten, dieses sehr wichtige Instrument des Lernens und der Selbsterkenntnis zu unterdrücken ...?«[8]

Zum Glück für die Wissenschaft waren Shulgin und die Menschen in seinem Umkreis der Meinung, dass sie selbst über ihren Geist und ihren Körper bestimmen dürfen, und probierten die von ihm geschaffenen neuen Stoffe an sich selbst aus. Shulgin ging für gewöhnlich so vor, dass er die Dosierung so lange um winzige Mengen erhöhte, bis sich der gewünschte Effekt einstellte. Anschließend berichtete er über die Wirksamkeit der Droge und ihren Einfluss auf das, was er »das Erotische« nannte (er und seine Frau waren sich einig, dass jede Droge, die den Beischlaf verhinderte, keine gute Droge war), und seine Forschungsgruppe legte in vornehmer und diskreter Prosa ihre Erkenntnisse dazu dar, wie sich die Substanz auf den Musikgenuss und ihr künstlerisches Empfinden auswirkte. Shulgin erfand sogar den Begriff der »Museumsdosis« – eine Substanzmenge, die er für den Besuch interessanter Ausstellungen empfahl. Er und seine Gruppe bewerteten jedes ihrer Erlebnisse nach einer festen Skala, die von einer »plus eins« bis »plus vier« reichte, und hielten zusätzlich ihre persönlichen Eindrücke fest. Ein »Plus-vier«-Erlebnis, schrieb Shulgin in *PIHKAL*, sei »ein seltener und kostbarer Zustand, der in anderen Kulturen als ›Gipfelerlebnis‹, ›religiöse Erfahrung‹, ›göttliche Verwandlung‹, ›Zustand des Samadhi‹ sowie auf viele andere Arten bezeichnet worden ist.«[9]

Jeder Eintrag beginnt mit einer komprimierten Zusammenfassung des komplexen Verfahrens, durch das die jeweilige Droge hergestellt werden kann. Bei dem Meskalinderivat TMA zum Beispiel liest sich dieser Abschnitt wie folgt:

»Zu einer Lösung von 39,2 g 3,4,5-Trimethoxybenzaldehyd in 30 ml warmem EtOH wurden 15,7 g Nitroethan beigegeben, gefolgt von 1,5 ml n-Butylamin. Dann ruhte das Reaktionsgemisch 7 Tage bei 40° C. Durch Erkaltenlassen und Kristallisierung wurden feine gelbe Nadeln gewonnen, die nach Abtrennen durch Filtrierung und Trocknen an der Luft 48 g wogen. Das Umkristallisieren aus EtOH ergab 2-Nitro-1-(3,4,5-Trimethoxyphenyl)-Propen in Form von gelben Kristallen mit einem Schmp. von 94–95° C.«[10]

Der Rest der vor Fachbegriffen strotzenden Anleitung ergibt für jeden, der sich nicht zufällig mit organischer Chemie auskennt, sogar noch weniger Sinn. Sobald im Anschluss jedoch auf die Wirkung der Droge eingegangen wird, ändert sich der Ton deutlich:

»[Bei 225 Milligramm TMA] In der ersten Stunde stellte sich eine ziemlich starke Übelkeit ein. Dann kam es zu heftigen Gefühlsschwankungen, bei denen ich mal sanftmütig und friedlich, mal gereizt und aggressiv war. Der Tag bot sich dazu an, sich in irgendeiner Form der Musik hinzugeben. Ich las in Bernsteins *Joy of Music* und konnte jede der in dem Buch beschriebenen musikalischen Phrasen hören. Als im Radio Rachmaninows zweites Klavierkonzert gespielt wurde, rollte ich mich wie ein Fötus zusammen, schloss die Augen und tauchte ganz und gar in die Struktur der Musik ein. Ich hatte das Gefühl, in die Luft gehoben und auf den Kopf gedreht zu werden, wo ich von feinen musikalischen Strängen gehalten wurde, die aus den Arpeggios geflochten und durch die Akkorde miteinander verknüpft waren. Die danach folgenden Werbesendungen erregten meinen Unmut, und das nächste Stück, *Slaughter on Fifth Avenue*, versetzte mich in eine geradezu gewalttätige Stimmung. Mir wurde gesagt, ich hätte einen Ausdruck im Gesicht gehabt, als könnte ich bei der kleinsten Provokation explodieren. Trotz ihrer Schönheit zermalmte ich ohne zu zögern eine Rose.«

Von den Hunderten Phenethylaminen, die er ausprobierte oder erfand, bezeichnete Shulgin sechs als besonders hilfreich dabei, sein Inneres zu erforschen und eine neue Sicht auf die Realität zu erlangen. Diese waren Meskalin, DOM, 2C-B, 2C-E, 2C-T-2 und 2C-T-7. Was diese Drogen im Einzelnen voneinander unterscheidet, wird einerseits aus der nüchternen Beschreibung ihrer Dosierung, ihrer Wirkdauer und ihrer chemischen Zusammensetzung deutlich. Doch die Mitglieder von Shulgins Testgruppe setzten sich auch auf poetischere Weise mit den Substanzen auseinander und tauschten sich über ihre Vorzüge aus wie Weinkenner über die Eigenschaften eines besonders edlen Tropfens. Manche bewerteten sie auch von einem spirituellen Standpunkt aus und stuften sie nach den Erkenntnissen ein, die sie mit ihrer Hilfe über ihr inneres Wesen gewonnen hatten.

Dasjenige Phenethylamin, das Shulgins Arbeit aus ihrem akademischen und sogar psychedelischen Nischendasein in den Mainstream katapultieren sollte, war MDMA (oder Ecstasy). MDMA kommt nirgendwo auf der Welt in natürlicher Form vor, doch wenn er über die richtigen Ausgangsstoffe und Geräte verfügt, ist jeder halbwegs fähige Chemiker in der Lage, es innerhalb von ein paar Tagen künstlich herzustellen. Man kann über eine Reihe verschiedener Ausgangsstoffe zu der Droge gelangen, zu denen unter anderem die Substanzen Isosafrol, MDP-2-P, Piperonal und Beta-Nitroisosafrol gehören. Am einfachsten ist MDMA jedoch aus dem ätherischen Öl Safrol zu synthetisieren, das in den Pflanzen, in denen es vorkommt, wie ein natürliches Pestizid wirkt. Das Öl, dessen eklig süßlicher Geruch an den von Marzipan oder Anis erinnert, wird auf legale Weise zur Herstellung von Parfums und Lebensmitteln verwendet; wer es jedoch auch nur in kleinerer Menge kauft, muss mit der erhöhten Aufmerksamkeit der Behörden rechnen, da es als gern verwendeter Vorläuferstoff von MDMA berüchtigt ist und daher internationalen Verboten unterliegt.

Irgendwann um das Jahr 1965 synthetisierte Shulgin die Droge unter Verwendung von Safrol als Ausgangsstoff, und 1967 begann er mit seinen ersten Selbstversuchen mit der Substanz. Von den unzähligen Einträgen, die in *PHIKAL* zu finden sind, sollte sich Eintrag Nummer 109 als der mit der revolutionärsten Wirkung erweisen. In dem Werk werden die jeweiligen Autoren der Tripberichte nicht genannt, und Shulgin selbst hat nie ausdrücklich von der Wirkung von MDMA geschwärmt (zumindest nicht öffentlich), sondern verglich sie mit der eines nicht dick machenden Martinis. Ein Mitglied seiner Testgruppe kam allerdings zu einem differenzierteren Urteil:

»(bei 120 Milligramm) Ich fühle mich innerlich vollkommen rein und empfinde nichts als pure Euphorie. Ich habe mich noch nie so großartig gefühlt oder einen solchen Zustand für möglich gehalten. Der Eindruck von Reinheit und Klarheit und das wunderbare Gefühl innerer Stärke hielten den gesamten restlichen Tag an und verflogen bis zum Abend des nächsten Tages nicht wieder. Ich fühle mich von der Tiefe der Erfahrung überwältigt ...

(bei 120 Milligramm) Der Holzstoß ist so schön und erfüllt mich mit einem solchen Gefühl der Freude, dass ich es kaum aushalten kann. Ich habe Angst, mich zu den Bergen umzudrehen, weil ich fürchte, ihr Anblick könnte zu viel für mich sein. Doch dann wage ich es doch und bin voll des Staunens. Jeder sollte so tiefgehende Gefühle einmal erleben. Ich befinde mich in einem Zustand vollkommenen inneren Friedens. Ich habe mein ganzes Leben hinter mich gebracht, um hierherzugelangen, und ich habe das Gefühl, nach Hause gekommen zu sein. Ich fühle mich komplett.»[11]

Was genau stellten diese Moleküle also mit dem menschlichen Geist an? Was ist das für ein chemischer Vorgang, bei dem eine bestimmte Anordnung von Atomen beim Konsumenten ein Gefühl der Glückseligkeit auslösen kann? Wie ist eine chemische Substanz in der Lage, einen Augenblick ewig erscheinen zu lassen, alltäglichen Dingen einen transzendenten Sinn zu verleihen oder die unergründlichen Geheimnisse des Universums für einen kurzen und möglicherweise trügerischen Moment in blendendes Licht zu tauchen?

Drogen kapern unsere neuronalen Netze und verändern die Art, wie wir uns fühlen, wie wir die Welt sehen, wie wir sie akustisch wahrnehmen, interpretieren und – im Fall mancher psychedelischer Substanzen – wie wir uns selbst sehen. Wie oben dargestellt, können sie auf diese Weise funktionieren, weil sie – so einfach wie möglich ausgedrückt – in ihrer molekularen Struktur natürlichen chemischen Stoffen ähneln, die im Gehirn als Neurotransmitter fungieren und für die Steuerung unserer Stimmung, unserer Muskeltätigkeit, unseres Appetits und vieler anderer wichtiger körperlicher Vorgänge zuständig sind. Drogen verhalten sich wie chemische »Schlüssel«, die auf irgendeine Weise in die »Schlösser« der Botenstoffe in unserem Gehirn passen. Diese Moleküle zirkulieren und werden an den Orten wieder aufgenommen, an denen sie freigesetzt wurden, ähnlich wie das von einem Boiler erhitzte Wasser in einer Heizungsanlage.

Das Antidepressivum Prozac beispielsweise nimmt darauf Einfluss, wie hoch der Spiegel an Serotonin im Gehirn ist, jenem Stoff, der ausgeschüttet wird, wenn wir glücklich stimmende Reize empfangen. Wie bei vielen anderen Medikamenten dieser Art entfaltet sich die Wirkung jedoch graduell. Die Mittel führen weniger zu einer verstärkten Ausschüttung des Botenstoffs im Körper, sondern sorgen eher dafür, dass die Synapsen das in natürlicher Menge zirkulierende Serotonin besser wieder aufnehmen. Bei der Einnahme von MDMA wird das Gehirn mit Serotonin förmlich überschwemmt und der übliche Rhythmus, in dem es den Stoff ausschüttet und wieder aufnimmt, ändert sich dramatisch.

Auch im Herz und im Magen gibt es Serotoninrezeptoren, was ein Stück weit erklärt, warum man vom sprichwörtlichen Bauchgefühl redet, »Schmetterlinge im Bauch« hat, wenn man verliebt ist, Liebeskummer krank machen kann und ein wahrhaft »gebrochenes Herz« einem echten körperlichen Leiden gleichkommt.

Die Einnahme von MDMA führt ebenso zu einer erhöhten Ausschüttung von Dopamin, jenem Neurotransmitter, der durch das Gehirn gepumpt wird, wenn wir aufgeregt sind, sexuelle Erregung empfinden, unser Verhalten in irgendeiner Form belohnt wird oder wir eine Belohnung auch nur anstreben. Und schließlich sorgt der Stoff noch für die Ausschüttung von Norepinephrin, das auch als Noradrenalin bekannt ist, einem bei Angst, Wut oder Gereiztheit freigesetzten Neurotransmitter, der Atmung und Herzschlag beschleunigt.

Das magische Verhältnis, in dem Serotonin, Dopamin und Norepinephrin bei der Einnahme von MDMA im Gehirn ausgeschüttet und wieder aufgenommen werden, kommt durch keinen anderen Stoff zustande. Andere Partydrogen kommen der Wirkung nahe, doch der energiegeladene, empathische, transzendente innere Höhenflug, den MDMA auslöst, konnte bisher durch keine andere Designerdroge erreicht werden. Das Zeug heißt nicht umsonst Ecstasy.

Die winzigen Bestandteile der Droge reagieren auf so faszinierende Weise mit dem menschlichen Körper, dass man das gesamte menschliche Bewusstsein für eine einzige große chemische Reaktion halten könnte. Die moderne Wissenschaft hat viel über dieses rätselhafte Zusammenspiel von Physis und chemischen Partikeln herausgefunden. Doch die Gefühle und mystischen Erfahrungen, die durch manche Drogen bei den Konsumenten ausgelöst werden, lassen sich nur schwer in Zahlen und Formeln fassen.

In den 1970ern wurde MDMA zunächst von amerikanischen Psychotherapeuten eingesetzt, die vom therapeutischen Potenzial der Droge begeistert waren. Einer von ihnen war Leo Zeff, der die Substanz 1977 durch Shulgin kennengelernt hatte. Der aus Kalifornien stammende Therapeut war von dem Erlebnis so tief beeindruckt, dass er seinen Ruhestand aufgab, um durchs Land zu reisen und Tausenden bereitwilligen Probanden die Droge zu verabreichen, deren außergewöhnliche Fähigkeit zur Auflösung der persönlichen Grenzen er als nützliches Werkzeug betrachtete, um zu den Wurzeln psychischer Probleme vorzudringen. Zeff behauptete, in einer einzigen durch MDMA unterstützten Sitzung könne man ebenso viel erreichen wie in sechs oder mehr Monaten herkömmlicher Therapie. Therapeuten zufolge hilft die Droge Patienten, sich zu öffnen und ehrlich über ihre Probleme zu reden, sich dann auf eine objektive, von keinerlei Selbstbeurteilung behinderte Analyse einzulassen und schließlich eigenständig auf Lösungen zu kommen.

Shulgin verabscheute den Namen Ecstasy und bevorzugte den nüchternen chemischen Fachterminus MDMA. Die Bezeichnung Ecstasy wurde von Michael Clegg populär gemacht, einem zum MDMA-Apostel gewandelten ehemaligen Priester, dessen durch »E« ausgelöstes Erleuchtungserlebnis dermaßen Eindruck auf ihn machte, dass er anfing, die Pillen selbst zu pressen und kostenlos zu verteilen. Doch es war die Zeit der Yuppies, und 1984 verkaufte die »Texas Group« – ein loser Verband von Dealern – allein in jenem Bundesstaat bereits 500000 Pillen pro Monat. Als man ihn warnte, die Droge könnte verboten werden, wenn er sie weiter so offen verkaufte, soll Clegg geantwortet haben: »Stimmt, und dann werde ich sehr reich.«[12]

Mitte der 1980er war der nach ihm selbst benannte Nachtclub des Designers Philippe Starck in der texanischen Stadt Dallas ein

Hort des frühen, genussorientierten Konsums von MDMA, ein taktiles Bacchanal mit Unisex-Toiletten, bei dem kitschiger Synthiepop gespielt wurde und die Stammgäste an ihren markanten Wangenknochen und vor Haarschaum starrenden Frisuren zu erkennen waren. Die geschürzten Lippen und schwingenden Hüften, der gestylte Pomp und die sexuelle Zurschaustellung, das Hochglanzfinish und der unverhohlene Luxus – all das hätte von der Couch eines Therapeuten nicht weiter entfernt sein können: eine orgiastische, konsumorientierte Achtzigerjahresause, bei der die gebieterische jamaikanische Diva Grace Jones gelegentlich zu einem Gastauftritt vorbeikam. Passenderweise wurde eine CD-Kompilation der im Starck-Club gespielten Musik 2007 auf eBay für 14000 Dollar ersteigert.

Von diesen einzelnen Nischen früher, begeisterter Bemächtigung schwebten die kleinen bunten Pillen wie die Samen einer Pusteblume aufs Geratewohl in die Welt hinaus und schlugen überall neue Wurzeln. Wo ihre Saat aufging, fanden sich rasch weitere Konvertiten, die wiederum selbst zu Aposteln der noch wenig bekannten Droge wurden.

Es heißt, die Droge haben den Atlantik zum ersten Mal in den Taschen der Sanyasin überquert, also den Anhängern des Bhagwans Shree Rajneesh. Die in orangefarbene Gewänder gehüllten Asketen, deren Guru einen Rolls-Royce fuhr, mussten 1984 ihre Kommune in Oregon räumen. Unter Rajneeshs Jüngern, die aus vielen verschiedenen Strömungen der New-Age-Bewegung stammten, befanden sich auch Psychotherapeuten, die bei der Ausübung ihrer Tätigkeit mit der Droge in Berührung gekommen waren. Hugh Milne, ein ehemaliger Leibwächter des Gurus, hat behauptet, reichen Spendern sei die Droge heimlich verabreicht worden – was jedenfalls ihre verklärte Sicht auf den Scharlatan und ihre selbstlose Reaktion auf seine Bitten um finanzielle Unterstützung erklären würde.[13]

1984 verübten einzelne Sanyasin den schlimmsten bioterroristischen Anschlag, den es bisher gegeben hat, als sie in einer Reihe von Salatbars die Nahrung mit Salmonellenbakterien verseuchten, um so bestimmte Wähler von den Wahlen in Wasco County abzuhalten und ihrem eigenen Kandidaten zum Sieg zu verhelfen. Bei der

Aktion kam niemand ums Leben, doch mehr als 700 Menschen erkrankten. Die Sanyasin zogen fort und einige von ihnen landeten auf der Hippieinsel Ibiza, dem Auffangbecken für Freaks im Spanien der Francozeit, ein blendend weißer Balearenhafen, der später eine bunt gemischte Gang von Zivilisationsflüchtlingen anzog – Hippies, Künstler, Freidenker, Unzufriedene, Linke, schwule Männer und Frauen sowie Spaß suchende Reiche.

»Die Sanyasin feierten gerne Partys, nahmen ausgiebig am Nachtleben teil und brachten verschiedene New-Age-Methoden zur Selbsterfahrung aus den USA mit, zu denen auch die Verwendung von MDMA zu Meditationszwecken und bei der Körpertherapie gehörten«, schrieb der Autor und Akademiker Anthony D'Andrea im Sommer 2001 in der Inselzeitschrift *Cultura*.[14] Es dauerte nicht lange, bis die Droge ihren Weg auf die Tanzflächen der dortigen Clubs fand – und in die Rachen und Serotoninrezeptoren der Reichen, der Berühmten und der Bohemiens.

In mehreren Artikeln, die er 1986 für das britische Modemagazin *The Face* schrieb, beschäftigte sich der Journalist Peter Nasmyth mit der Wirkung der Droge[15], doch ist es bezeichnend, dass selbst zu diesem Zeitpunkt noch eher Leute wie der progressive britische Psychologe R. D. Laing und namentlich nicht genannte Popstars zu dem Thema befragt wurden als normale Alltagskonsumenten – denn von diesen gab es praktisch keine. Vom Jahr 1988 an würden die jungen Männer und Frauen Großbritanniens jedoch dafür sorgen, dass sich das änderte.

Im Sommer 1988, als diese und viele andere von Shulgins Drogen aufgrund eines 1977 erlassenen Pauschalverbots in Großbritannien bereits illegal waren, wurde Ecstasy von einer Gruppe englischer Clubgänger auf Ibiza entdeckt, als sie in der palmenbestandenen Freiluftdisco Amnesia zu einem Mix aus angesagten balearischen Sounds tanzten, die ein gewisser DJ Alfredo Fiorito für sie auflegte. Diese Londoner Vorstadtkinder brachten die Kultur, die Haltung und die Kunde der neuen Wunderdroge mit in ihre englische Heimat zurück. Bald folgten auch die dazugehörigen Lieferungen, wobei Chemiker in Holland, Belgien und den USA die Herstellung übernahmen und die Pillen dann von zum organisierten Verbrechen gehörenden Banden aus Manchester, London und Liverpool ins Land geschmuggelt wurden.

Als in Großbritannien zum ersten Mal eine größere Zahl von Menschen anfing, Ecstasy zu schlucken, fühlten sie sich wie die Mitglieder einer fröhlichen Sekte. Ging man eine größere Straße entlang, konnte man die anderen Sektenmitglieder nicht nur an ihren Fransenponys und Pferdeschwänzen erkennen, an ihren weiten, tanzfreundlichen Klamotten – ihren Latzhosen und Wallabees oder Timberlands –, sondern auch an dem unerwarteten Augenkontakt, zu dem es plötzlich zwischen fremden Großstädtern kam, dem schon aus zehn Meter Entfernung aufblitzenden Funken gegenseitigen Erkennens. Viele Straßen Großbritanniens schienen sich spontan in lebendige, mit fluoreszierenden Keith-Haring-Gestalten bevölkerte Stadtlandschaften zu verwandeln. Für die kurze Dauer von ein oder zwei Sommern, bevor die utopisch gestimmte Bewegung in Besitz genommen, verschlungen und wie fade gewordener Kaugummi ausgespuckt wurde, lag ein seltsamer Zauber in der Luft und ein großer Teil der britischen Jugend schien in trauter Eintracht auszuchillen.

Selbst das Konzept des »Auschillens« ging in gewisser Weise aus der Ecstasykultur hervor (auch wenn der Begriff ursprünglich aus dem Hipsterslang der Jazzära stammt) und bezeichnete die Phase, in der man nach dem Club zu Hause gemeinsam mit guten Freunden von der Droge »herunterkam« oder sich, von der Wirkung der Droge überwältigt, in einem Hinterzimmer der Clubs auf einem Sitzsack ausruhte, um sich zu entspannen und gemächlich an den Rausch zu gewöhnen, während um einen herum psychedelischer Jazz und anderer gesampelter Irrsinn aus den Lautsprechern plätscherte.

Wer als Uneingeweihter die eigenartige Liebe verstehen möchte, die manche Konsumenten zu MDMA oder Ecstasy empfinden, dem bleibt kaum etwas anderes übrig, als die Substanz selbst auszuprobieren. Am besten sollte man es nehmen, nachdem man mit einer Zeitmaschine ins England der späten Achtzigerjahre gereist ist, als die Jugend des Landes sich ihre eigenen Medikamente verordnete, um die Fesseln eines freudlosen puritanischen Individualismus und die trostlose, marktbesessene Weltsicht der Thatcher-Zeit von sich zu werfen; als sie sich von Arbeitslosigkeit, Heroin, nuklearer Paranoia, einer von düsteren Klageliedern beherrschten alternativen Musikszene und der von banalem Bubblegumpop dominierten Welt der Hitparaden abwendete, um sich stattdessen der intensiven kollektiven Euphorie des Acid House hinzugeben.

Das Aufkommen einer globalen Tanz- und Drogenkultur in den späten 1980ern und frühen 1990ern hat dazu geführt, dass sich die illegale Jugendkultur heute in vielen Teilen der Welt gleicht. In praktisch jeder Stadt gibt es mittlerweile einen Nachtclub, wo man Leute findet, die Ecstasy nehmen und tanzen, von Reykjavik bis Buenos Aires, von Bangkok bis Moskau. Es stimmt, dass die Beliebtheit der Droge mit der Qualität, in der sie erhältlich ist, schwankt, dennoch gehört MDMA heute fest zu jeder spätabendlichen Vergnügung, bei der sich Menschen zu lauter Musik bewegen, und wird auf Festivals und Partys genauso konsumiert wie in Pubs und Gefängniszellen.

Ab 1988 schoss der Konsum steil nach oben, unter anderem weil die lüsterne und sexualisierte Berichterstattung über die Droge den meisten jungen Lesern eine klare und knappe Botschaft übermittelte: Es gab eine neue Droge in der Stadt, eine neue Szene, einen neuen Beat und jede Menge Spaß, den man nicht verpassen sollte. Doch die steile Kurve erklärt sich auch damit, dass Ecstasy so leicht eingenommen werden kann: oral, in Form von deutlich markierten Tabletten, in die vertrauenerweckende Logos eingeprägt sind, sodass sie fast wie ganz gewöhnliche Medikamente aussehen, wodurch damals die Angst wegfiel, die viele etwa mit durch die Nase geschnupftem Kokain oder per Kanüle injiziertem Heroin verbanden, die Angst vor Ansteckung und Abhängigkeit.

Entscheidend war auch, dass Ecstasy keine Halluzinationen der Art auslöste, wie man sie von klassischen psychedelischen Drogen wie LSD oder psychoaktiven Pilzen kannte. Die Furcht, die viele Menschen vor psychedelischen Substanzen hatten, nämlich dass sie dadurch die Kontrolle verlieren würden oder ihre Umgebung nicht mehr richtig wahrnehmen könnten, verflüchtigte sich, sobald sie zum ersten Mal den freundlichen psychischen Stoß spürten, den ihnen Ecstasy versetzte. Sie wollten dann hauptsächlich nur noch eins tun: tanzen und andere umarmen. Das machte die Erfahrung zugänglich und bei vielen Menschen beliebt, die sonst die Einnahme von Drogen nie in Betracht gezogen hätten, was wiederum eine Verbreitung praktisch garantierte.

In Deutschland verband sich das Aufkommen einer neuen Musikrichtung und einer neuen Jugendbewegung mit einem Weltereignis: 1989 fiel die Berliner Mauer, und das damit einhergehende Gefühl der Befreiung und des Aufbruchs hat der deutschen Techno-Bewegung im folgenden Jahrzehnt viel von ihrer Kraft verliehen. Es mag ein Zufall der visuellen Geschichtsschreibung sein, dass die innige Umarmung zweier Menschen genauso die wiedervereinten Bewohner der so lange geteilten Stadt charakterisierte, wie es den verbindenden Vibe der Ecstasykonsumenten ausdrückte. Als die Mauer fiel, marschierten Künstler, Hausbesetzer, Clubbetreiber, Galeristen und DJs in das ehemals kommunistische Niemandsland und etablierten in dieser nun nahezu gesetzlosen Zone inmitten Berlins einen Mix aus Alternativkultur, Musik, Party und gutem Leben. Das wurde vor allem durch die vielen leer stehenden Wohnungen und Gebäude in Ostberlin ermöglicht. Ecstasy wurde dabei zum Katalysator eines neuen Lebensgefühls und zum Beschleuniger dieser neuen Kultur, die sich später auf den Tanzparaden der Love Parade zu einem Massenevent entwickelte.

Besonders die frühe, noch nicht kommerzialisierte Subkultur des Techno zeichnete sich außerdem dadurch aus, nicht nationalistisch, nicht rassistisch, nicht sexistisch und nicht gewalttätig zu sein. Ecstasy gab es zwar schon Mitte der 1980er in Berlin, aber die Stimmung in der Stadt passte damals nicht. Als hätte die Droge nur darauf gewartet, schlug die weltumarmende Offenheit, die die Einnahme von Ecstasy bewirkt, in der Nachwendezeit ein wie das LSD der Hippies in den 1960ern. 1986 wurde MDMA in die Anlage I des deutschen Betäubungsmittelgesetzes aufgenommen. Doch zwei Jahre darauf entwickelte sich die Droge trotzdem zum großen Hit.

Stefan Schvanke war von Beginn an dabei, als Raver, Veranstalter, Chronist und Dealer gleichermaßen. Wenn der heute 43-Jährige vor einem sitzt und seine Geschichte erzählt, dann staunt er manchmal noch selbst darüber, in welchen Freiräumen man sich im Kopf und durch Berlin bewegte. Schvanke, ein eloquenter Erzähler, berichtet aus einer Zeit, in der Drogen nicht nur Spaß, sondern Teil einer neuen Philosophie waren:

»Die Ecstasys, die es in Berlin ab etwa '88 gab, sind im Stadtteil Wedding bei einem großen Pharmaunternehmen in der Nachtschicht hergestellt worden. Die ausgebildeten Chemiker haben die Maschinen laufen lassen, und die damals noch weißen, runden ›E‹s ohne Symbole oder Verzierung illegal verkauft. Ich habe '90 meine erste E genommen. Die Frage, ob das Ecstasy gut wäre, stellte man sich damals nicht. Die kamen ja direkt vom Konzern, deswegen war die Dosierung immer sehr rein. Auf die Idee, dass da auch andere, schlechtere Wirkstoffe enthalten sein könnten, kam man erst viel später, als die gesamte Versorgung durch illegale Quellen gedeckt werden musste, wo Produktionsbedingungen in der Herstellung und Knowhow der ›Hersteller‹ plötzlich dubios und unbekannt waren. Früher hat eine E 50, 60 Mark gekostet und acht Stunden gewirkt.«

Goldene Zeiten für die Konsumenten der Droge – fehlten nur noch der Beipackzettel und die gut gemeinten Dosierungsratschläge eines Apothekers. Doch wie Schvanke zu berichten weiß, sollte dieser Zustand nicht lange währen:

»Die Chemiker sind irgendwann hochgenommen worden. So gab es Anfang der Neunziger ein Versorgungsvakuum, und dann wurden die Drogen, so wie ich es mitbekam, aus Holland bezogen. Da bin ich auch einmal mitgefahren. Es schien mir eine Art vertrauensvolle Geschäftsbeziehung zu sein, die Leute kannten sich untereinander. Wir haben uns damals nicht als Dealer begriffen. Ich hätte beispielsweise niemals mein Tanzen im Club unterbrochen, nur weil jemand etwas von mir kaufen wollte. Damals war jede Minute wertvoll. Und ich wollte auch nicht eine halbe Stunde damit verlieren, einen Dealer zu finden, dann dauerte es ja noch eine halbe Stunde, bis das Ecstasy wirkt – da war schon eine Stunde vorbei! Also hab ich es selbst in die Hand genommen. Ich war nie

Großdealer, es ging schlicht darum, zu jeder Zeit jede Drogen nehmen zu können, die du möchtest. Und für deine Freunde sollte das Gleiche gelten.«

Schvanke hat damals das beliebte *1000clubzine Berlin* herausgegeben, eine Zeitschrift, die die Techno- und Clubszene journalistisch begleitete. Später schrieb er für *Frontpage*, das einflussreichste Technomagazin Deutschlands, arbeitete für verschiedene Musiklabels und im Veranstaltungsteam der Love Parade. Noch heute organisiert Schvanke einmal im Jahr die »älteste noch existierende Techno-Partyreihe Berlins« unter dem Namen »Back To Basics«. Bei dieser Veranstaltung hat er Ende 2013 zuletzt Ecstasy genommen. Die Pillen, die man heute im Schnitt für fünf bis zehn Euro kaufen kann, wirken ihm zufolge zwar, doch mit den Drogen von damals seien sie kaum vergleichbar:

»Das Tolle an Ecstasy war, dass du deine Maschine Körper irgendwann so gut kanntest, dass du sie mit den Drogen steuern konntest. Heutzutage glauben einem die Leute das nie, aber wir sind damals von Freitagabend bis Montagmorgen von Club zu Club gelaufen und dann direkt zur Arbeit. Ohne zu schlafen. Es war genau so! Und wir waren fit. Man war so euphorisch, zugleich aber auch ausgeglichen und zufrieden, dass man viel effektiver arbeiten konnte. Man konnte diese Droge so perfekt dosieren, dass es einem völlig gut ging. Man war natürlich auch jung, heute würde das sicher nicht mehr gehen. Ich glaube aber, der Körper ist viel leistungsfähiger und hat viel stärkere Regenerationskräfte, als man denkt. Das Faszinierende an Ecstasy war, dass es, so blöd das vielleicht auch klingt, eine ›intelligente‹ Droge war, die sich blitzschnell an die jeweilige Situation anpasste und so eben nicht ein ›Abtauchen‹ aus der Realität bewirkte, wie das die heutige Jugend praktiziert, sondern dein Handeln und Denken bis aufs Äußerste ›optimierte‹ und eben nicht ›alternierte‹ oder sedierte.«

Wollte man mehr über Ecstasy erfahren, konnte man sich zu jener Zeit fast ausschließlich über Zeitungen und Zeitschriften informieren, die der neuen Droge jedoch ablehnend gegenüberstanden. Bevor Mitte der 1990er das Internet zu einem Massenmedium wurde, bestand eine der frühesten und ausgewogensten Informationsquellen zu Chemie und Wirkung von MDMA in dem 1993 von Nicholas Saunders veröffentlichtem Buch *E for Ecstasy*. Das Buch bot eine besonnene und informationsgesättigte Analyse der Geschichte und des Konsums der Droge und begann mit einem Bericht des Autors über seine eigenen Erfahrungen mit der Substanz. In den 1970ern und 1980ern war Saunders Mitglied der Londoner Hausbesetzerszene gewesen, und *Alternative London*, sein 1970 im Selbstverlag veröffentlichter Ratgeber dazu, wie man sich in der Metropole mit minimalen oder sogar gar keinen Kosten durchs Leben schlagen konnte, gehörte zur Pflichtlektüre der britischen Hippiebewegung. Auch als alternativer Unternehmer tätig, eröffnete er Neal's Yard in Covent Garden und verwandelte verlassene Lagerflächen in einen der ersten Bioläden in der Mitte Londons.

Im überschwänglichen Ton, der so typisch für jene Zeit war, beschreibt Saunders in *E for Ecstasy* seine ersten Erfahrungen mit der Droge, die er 1988 machte:

»Als wir aus dem Zug stiegen, atmete ich tief ein, und die Luft fühlte sich wundervoll an. Es war gut, am Leben zu sein. Doch der intellektuelle Teil von mir fragte: ›Was ist anders als sonst? Warum ist das Leben nicht immer so?‹ Ich kam zu dem Schluss, dass ich mir einfach gestattete, das zu genießen, was schon immer da gewesen war. Ich begriff, dass ich mir angewöhnt hatte, mich zu beherrschen und zu beschränken. Es war nicht dieser drogeninduzierte Zustand, der verzerrt war – pervers war das, was ich als Normalzustand zu akzeptieren gelernt hatte. In dem Moment wurde mir klar, dass ich in den vergangenen paar Jahren leicht depressiv gewesen war. Und plötzlich verstand ich auch, warum: Ein paar Jahre zuvor hatte ich das Gefühl gehabt, bei einem Geschäft über den Tisch gezogen worden zu sein, und seither hatte ich meinen Groll wie eine Last mit mir herumgetragen. Statt an dem Betrüger hatte ich meine Wut an mir selbst ausgelassen. Diese Einsicht und ein paar Stunden lang wieder ›frei‹ zu sein, stellte genau das Elixier dar, das ich gebraucht hatte; ich löste mich von meinem Groll und fing mit neuem Enthusiasmus von vorne an.«[16]

Nach diesem Erlebnis sammelte Saunders wie ein Getriebener jeden noch so kleinen Informationsfetzen, den er zu der Droge finden konnte, und verbrachte die Zeit bis zu seinem Tod bei einem Autounfall in Südafrika zehn Jahre später damit, das Suchthilfekonzept der Schadensminimierung zu predigen und Menschen darüber aufzuklären, wie sie ihren Drogenkonsum sicherer gestalten können.

Für sein Buch interviewte Saunders ein breites Spektrum von Menschen, die Erfahrungen mit der Droge gemacht hatten, einschließlich eines Rabbis, eines Rinzai-Zen-Mönchs, eines Sōtō-Zen-Mönchs sowie eines Benediktinerbruders, der laut eigenen Angaben mithilfe der Droge ähnliche Erfahrungen gemacht hatte wie bei einigen seiner tiefsten religiösen Erlebnisse. Saunders setzte sich auch eingehend und ehrlich mit den dunkleren, negativen Seiten der Droge auseinander, was bei den Medienberichten zu seinem Buch jedoch regelmäßig unter den Tisch fallen gelassen wurde. Wie bei einer verbotenen Droge zu erwarten, war die erhältliche Ware nicht immer rein und sicher. Doch Saunders verbreitete die Warnung, dass es auch verunreinigte Pillen gab, so schnell sich das in einer Zeit, in der Worte und Informationen noch an die Schwere und Solidität von Printprodukten gebunden waren, nur machen ließ.

1992 kam ein riesiger Schwung Pillen, die unter dem Namen Snowballs bekannt waren, in Europa in den Umlauf. Sie waren in Lettland hergestellt worden, wo man nach den vielen Jahren kommunistischer Herrschaft nach Mitteln suchte, an ausländische Devisen zu gelangen. Doch statt MDMA enthielten die Pillen einen ähnlichen und genauso illegalen Spross des Methylendioxyamphetamin-Stammbaums: MDA. In jenem Jahr bewegte sich die Musik weg von den hypnotischen Klängen des House, die für die vorhergehenden Jahre kennzeichnend gewesen waren, und wurde schneller, dunkler und gebrochener. Die scheppernden Breakbeats des Hardcore ratterten über cartoonartige Gesänge, während aus immer größeren Lautsprechern dröhnende Subbässe die Magengrube zum Vibrieren brachten. Europa wurde von diesen seltsamen Pillen, die die Stimmung auf den Tanzflächen gereizter machte, geradezu überschwemmt. Auch der deutsche Clubveteran Schvanke kann sich noch gut an das Aufkommen von MDA erinnern: »Es war stärker, und es war ernster. Man konnte gut tanzen, aber das Liebesmäßige war nicht da. Später kam noch MDEA dazu. Aber wir hatten wenig Interesse daran, für unbekannte Händler die Versuchskaninchen zu spielen.« In die einst so friedlichen Rituale der Generation E begannen sich aggressive Töne der Rebellion und Gesetzlosigkeit zu mischen, was sich auch in einer stärkeren Verfolgung durch die Polizei spiegelte.

Das Labor, in dem die Snowballs hergestellt wurden, sorgte außerdem dafür, dass eine Welle seltsamer Halluzinationen über Europa hinwegrollte, da die lettischen Chemiker die Pillen, die normalerweise 100 Milligramm oder weniger des aktiven Wirkstoffs enthielten, nicht sorgfältig genug dosierten und nahezu doppelt so stark machten wie üblich. Viele der damaligen Clubgänger berichteten von bisher ungekannten Phänomenen auf der Tanzfläche. Bei manchen mischte sich plötzlich eine Unzahl von maskierten, bärtigen oder Brille tragenden Gestalten unter die Tänzer, andere sahen verschnörkelte Barocksofas vor sich, die sich im nächsten Moment zu Schwaden aus Trockeneisnebel auflösten, auf die die Lichter der Discokugeln flirrende Arabesken warfen. Antike Hieroglyphen zogen über die Wände und die Gesichter der Raver, das rätselhafte Artefakt einer uralten Mayatechnologie nahm für einen allzu flüchtigen Moment Gestalt an und entpuppte sich gleich darauf als einfacher Zigarettenautomat. Sämtliche Clubgänger schienen plötzlich fröhlich um einen Maibaum zu tollen und Techno tanzende Madonnen lockend mit ihren Laserhanden zu winken, während die explosive Kraft der Rhythmen den Raum zum Bersten brachte. Viele Tänzer erbrachen sich auch einfach im hohen Bogen.

In seinem Buch erklärt Saunders die Hintergründe dieser Episode:

»Snowballs, eine berüchtigte Form des Ecstasy, bestanden aus sehr starkem, reinem MDA, das aus einem staatlichen Labor in Lettland stammte ... Lettland brauchte westliche Devisen und besaß den Vorteil, dass es dort keine Drogenverbote gab, daher tat man sich mit einem deutschen Geschäftsmann zusammen und produzierte MDA, um es als Ecstasy exportieren zu können. Das ging ein paar Jahre lang gut, bis eine Lieferung von zehn Millionen Tabletten am Frankfurter Flughafen abgefangen wurde. Seither ist MDA selten geworden.«

Saunders' Buch wurde erst ein volles Jahr nach dem Aufkommen der Snowballs veröffentlicht. Bis zu diesem Zeitpunkt hatten die Konsumenten keine Ahnung, dass sie etwas anderes als MDMA zu sich nahmen, und selbst in den Jahren, die unmittelbar auf das Erscheinen des Buches folgten, wusste man nur in jenen Kreisen Bescheid, in denen es auch gelesen wurde. Wenn eine Menge besonders starker Pillen auf den Markt kam, gingen oft Gerüchte um, sie seien mit Ketamin oder Heroin verschnitten (wobei Heroin aufgrund seines hohen Preises eine besonders abwegige Wahl wäre). Selbst der grundsätzliche Wirkungsverlauf von MDMA war noch weitgehend unbekannt: Wenn die Droge zu hoch dosiert oder von höherer Reinheit als gewohnt ist, kann sich nämlich als erstes Wirksymptom eine überwältigende Müdigkeit einstellen.

Ein unter den damaligen Ecstasykonsumenten weit verbreiteter Irrglaube lautete, die Droge würde zum Austrocknen der Rückenmarksflüssigkeit führen, was bei vielen von ihnen während des Auschillens für heftige Schübe der Paranoia sorgte, obwohl sie nach den vielen Stunden hektischen Tanzens in Wirklichkeit nichts anderes plagte als ein steifer Rücken. Auch hieß es, die Droge würde Parkinson verursachen und klaffende Löcher im Gehirn hinterlassen: Beides stimmt nicht. Da es vor der Verbreitung des Internets für die Konsumenten keine einfache Möglichkeit gab, sich über die Droge zu informieren oder auszutauschen, konnten sich die absurdesten Gerüchte ausbreiten. Zu einer solchen Situation könnte es heute nicht mehr kommen. Gleichzeitig fingen die Hersteller aus Profitgier an, beliebte und mit sauberen Produkten in Verbindung gebrachte Logos zu kopieren und für verschnittene Pillen zu verwenden, wodurch der Markt noch gefährlicher wurde.

Trotzdem breitete sich eine neue hedonistische Hegemonie unaufhaltsam über Europa, die USA, Australien und Asien aus. 1990 widmete die britische Zeitschrift *The Face* dem neuen Groove, der die europäische Clubszene in seinen Bann gezogen hatte, einen zwölf Seiten langen Sonderbericht.[17] Von der Couch der Seelenklempner auf die Tanzflächen von Dallas, New York, Detroit, Chicago, Ibiza, Manchester, Blackburn, Liverpool, Nottingham, London und schließlich der ganzen Welt. Ecstasy wurde zur Droge von Millionen von Menschen, die zuvor noch nie in ihrem Leben high gewesen waren.

Hielt man die üblichen Saufexzesse und Straßenraufereien dagegen, wirkte der Konsum von Ecstasy beinah wie die bewusste Entscheidung für einen gesunden und aktiven Lebensstil, dessen Vertreter lieber Energydrinks statt Alkohol süffelten und sich für ihren »Sport« in möglichst bequeme Kleidung hüllten. Auch die durch die Droge ausgelösten Empfindungen und das großartige Rauschgefühl der vom gemeinsamen Rhythmus angetriebenen Euphorie wirkten mehr als harmlos; im Gegenteil, sie fühlten sich heilsam an. Weniger gesund hingegen waren der exzessive Konsum der Droge, zu dem sich manche Benutzer hinreißen ließen, sowie die Verfälschungsmittel, die ihr von skrupellosen oder unfähigen Chemikern beigemischt wurden, und Jahr für Jahr endete für einen extrem kleinen Prozentsatz der Konsum der Substanz tödlich. Laut dem britischen Amt für Statistik sind 2011 in Großbritannien fünf Menschen aufgrund des Konsums von MDMA gestorben.[18] In Deutschland sind laut dem Drogen- und Suchtbericht 2012 im selben Zeitraum durch den ausschließlichen Konsum von Ecstasy zwei Menschen ums Leben gekommen sowie acht weitere, die die Droge zusammen mit anderen Substanzen konsumiert hatten. Nach einem zehnjährigen, steten Rückgang stieg 2012 in der Bundesrepublik die Zahl der Handelsdelikte mit Ecstasy zum ersten Mal wieder an. Die Häufigkeit, mit der die Pillen sichergestellt wurden, stieg laut Bundeskriminalamt um 35 Prozent.

Doch obwohl die Droge über Jahrzehnte hinweg von vielen Millionen Menschen konsumiert wurde, sind keine langfristigen Schäden bekannt. Und wäre sie in unverschnittener, exakt dosierter

Form frei erhältlich, würden auch auf der Stelle viele der Probleme verschwinden, die sich durch exzessiven Konsum ergeben.

Der Markt hat sich so verhalten, wie jede klassische Wirtschaftstheorie es vorausgesagt hätte. 1988, als die Zahl der Konsumenten noch relativ klein war, kostete eine Ecstasytablette zwischen 20 und 25 Euro, hatte mit hoher Wahrscheinlichkeit eine gute Qualität und es gab nur wenige gängige »Marken«. Chemische Nostalgiker werden lächeln, wenn sie Namen hören wie Yellow Calis, New Yorkers, White Burgers, White Doves oder Disco Biscuits (die aufgrund ihrer riesigen Größe und braunen, keksartigen Farbe so genannt wurden). Diese Drogen waren zwar teuer, aber sie funktionierten: Eine oder zwei der Pillen genügten, und die Konsumenten tanzten die ganze Nacht. Wenn man die Inflation der vergangenen 20 Jahre miteinrechnet, würde der Preis dieser Pillen heute bei umgerechnet sage und schreibe 60 Euro liegen. Bis ungefähr zum Jahr 2005 jedoch war der Markt so enorm gewachsen, dass Ecstasypillen von halbwegs guter Qualität schon für gut zwei Euro das Stück zu haben waren, selbst wenn man sie nur in kleinen Mengen kaufte. Das Gesetz von Angebot und Nachfrage hatte auf elegante Weise dafür gesorgt, dass der Preis gefallen war, während die Qualität sich gleichzeitig nur marginal verschlechtert hatte.

Wie nachhaltig Ecstasy die Alltagskultur verändert hat, ist zum Teil heute erst zu erkennen. Anfangs war die Droge einer gut vernetzten großstädtischen Clique aus Popstars, Fotografen und anderen kreativen Menschen vorbehalten. Nach 1988 breitete sich Ecstasy, das trotz seiner umarmenden Fröhlichkeit eine extrem starke Droge ist, in der Partykultur aus wie eine Bakterienkolonie in der Petrischale. Ecstasy leitete eine vollkommen neue Ära des Drogenkonsums in Europa und den USA ein. Normale Menschen mit gewöhnlichen Berufen nahmen nun regelmäßig am Wochenende die merkwürdigsten chemischen Präparate zu sich. Deutlicher als je zuvor wurde die Gegen- zur Allgemeinkultur. In Großbritannien nimmt heute eine geschätzte Zahl von etwa 500 000 Menschen mindestens einmal pro Woche MDMA – wenn sie es kriegen können. Und wenn nicht, dann nehmen sie einfach etwas anderes. Auch der aktuelle Anstieg im Konsum neuer und weitgehend unerprobter

Drogen, wie er in dem Forumsbeitrag von Clapham Boy in der Einleitung zu diesem Buch geschildert wird, gehört zu den Nachwirkungen des kulturellen Umbruchs, zu dem die massenhafte Verbreitung von MDMA damals geführt hat.

Ecstasy war nicht das einzige Phänomen, wodurch es in den Achtziger- und Nullerjahren zu dramatischen kulturellen Veränderungen kam. Genau wie sich der Ecstasykonsum vom Nischeninteresse einer illegalen Randszene zur Alltagskultur entwickelt hat, hat dies auch das Internet getan. Und die Drogenkultur und die neue Technologie nickten sich nicht nur freundlich über die Tanzfläche hinweg zu, sie reichten sich die Hand und fielen sich in die Arme.

3. Die Geburt der Online-Drogenkultur

Das Erste, was je im Internet ge- oder verkauft wurde, ist Marihuana. Das Geschäft fand im Jahre 1971 statt.

Die Geschichte des Internets ist mit der Gegenkultur verbunden, und die Gegenkultur findet auf besonders spannende und vielseitige Weise im Konsum psychoaktiver Substanzen Ausdruck. Die neuen technologischen Entwicklungen und im Rausch erträumten gesellschaftlichen Gegenentwürfe standen mal im Einklang, mal kollidierten sie miteinander. Die Vertreter der auf Drogen und Musik basierenden Gegenkulturen und die frühen technischen Innovatoren beeinflussten und inspirierten sich gegenseitig – und oft genug handelte es sich dabei sogar um dieselben Personen. Die hinter Kürzeln verborgenen Utopien, die durch Internettechnologien wie TCP/IP möglich wurden, unterscheiden sich im Kern nicht sehr von jenen, die LSD zu bieten hat: Gleichheit, Verbundenheit sowie die Wahrnehmung des Lebens als Summe, die größer ist als ihre Teile.

In den frühen 1960ern entwickelten der amerikanische Informatiker Leonard Kleinrock vom Massachusetts Institute of Technology, Paul Baran von der Rand Corporation und später Donald Davies, Physiker am National Physical Laboratory im britischen Teddington, unabhängig voneinander die gleiche Methode, Daten auf effiziente Weise in einem Telefonnetz zu übertragen, indem man sie in Häppchen aufteilt und durch mehrere Knotenpunkte des Netzes leitet, bis sie schließlich, wieder zu einem Ganzen zusammengefügt, an ihrem Bestimmungsort ankommen.

Diese ersten behutsamen Schritte in Richtung Cyberspace hatten stärkere Auswirkungen auf die Geschichte der Menschheit als der schlichte Spaziergang auf einem hoch über unseren Köpfen kreisenden Gesteinsbrocken, zu dem es zwei Jahre später kam. Diese Idee der »Paketvermittlung« sollte zum zentralen Verfahren der internationalen Telekommunikation und Datenübertragung werden.

Vier Monate nach der Mondlandung, am 29. Oktober 1969, wurde das Advanced Research Projects Agency Network (ARPANET) in Betrieb genommen: das weltweit erste auf Paketvermittlung basierende Datennetzwerk, das insgesamt vier Computer an verschiedenen Universitäten der USA miteinander verband. Die erste über das Arpanet verschickte Nachricht sollte eigentlich »login« lauten, doch das System stürzte ab, und so wurde aus dem ersten von einem Computer zum anderen gesendeten Wort der unbeabsichtigt ahnungsvolle Ausruf »lo«*. Als Einstiegsnachricht fällt das noch knapper aus als Samuel Morses berühmtes erstes Telegramm, »What hath God wrought«**, das im Jahre 1844 vom US-Kapitol in Washington an den Mount-Clare-Bahnhof in Baltimore übermittelt wurde. Doch die Bedeutung war im Grunde – wenn auch nur aus Versehen – sehr ähnlich.

Die Inbetriebnahme des Arpanet wird oft als Geburtsstunde des Internets dargestellt, und genauso oft heißt es, das Netzwerk sei dazu gedacht gewesen, einen Atomschlag zu überstehen, weil im Fall der Zerstörung eines seiner Knotenpunkte Informationen über die noch intakten Punkte weitergeleitet werden könnten.

Das Ziel des Arpanet war jedoch nicht die Aufrechterhaltung der Kommunikationsfähigkeit im Kriegsfall, sondern die Erleichterung des Wissensaustauschs zwischen Forschern, die nicht an derselben Universität arbeiteten; die Wurzeln des Internets haben unbestreitbar kooperativen und altruistischen Charakter. Auf seinem technologischen Grundverfahren – der über ein Rechnernetz laufenden Paketvermittlung – bauen alle späteren digitalen Entwicklungen auf, die jene Mischung aus schwindelerregendem Irrsinn und alltäglicher Banalität möglich machen sollten, aus der sich ein

---

* Im Englischen ein altertümlicher Ausdruck, der allein oder als Teil der Wendung »Lo and behold!« oft scherzhaft im Sinne von »Siehe da!« oder »Man sehe und staune!« verwendet wird, um auf ein überraschendes Ereignis hinzuweisen.

** »Was hat Gott geschaffen?«

Tag im Internet heute zusammensetzt – ein Tag, zu dem das Erledigen von Einkäufen und Bezahlen von Rechnungen genauso gehört, wie Fotos und Gedanken mit anderen zu teilen, die Welt über seine neueste Frisur in Kenntnis zu setzen und auch – für sehr viel mehr Leute, als momentan eingestanden wird – über Drogen zu reden und diese zu kaufen.

Nur wenige derer, die die Anfangszeit des Internets mitgestaltet haben, konnten sich vermutlich vorstellen, was für eine zentrale Rolle es einst im Leben von Milliarden von Menschen spielen würde – ein paar von ihnen träumten jedoch davon. Ein Jahr vor der Inbetriebnahme des Arpanet, am 9. Dezember 1968, hielt Doug Engelbart, der große, jedoch kaum bekannte konzeptionelle, philosophische und praktische Pionier der modernen Computertechnik, eine Rede vor tausend Programmierern am Stanford Research Institute im kalifornischen Menlo Park. Die Veranstaltung sollte als »Mutter aller Vorführungen« in die Geschichte eingehen. In einer Art riesigen Technologieschau präsentierte Engelbart dabei viele der Konzepte, die in der heutigen Computer- und Informationstechnik allgegenwärtig sind: die Mouse (»Ich weiß nicht, warum wir es als Maus bezeichnet haben«, sagte Engelbart an jenem Tag. »So haben wir es am Anfang genannt, und dann ist es dabei geblieben.«), Videokonferenzen, Hypertext, Telekonferenzen, Textverarbeitung sowie die gemeinschaftliche Echtzeitbearbeitung von Daten. Es war der Beginn des modernen Zeitalters.[1]

Wie viele andere Intellektuelle und Technologen der Zeit hatte Engelbart in den 1960ern an den LSD-inspirierten Kreativsitzungen der International Foundation for Advanced Study teilgenommen, einer kalifornischen Forschungsgruppe, die von Myron Stolaroff, einem Freund Alexander Shulgins, gegründet worden war. Die Shulgins haben das Vorwort zu Stolaroffs Buch *Thanatos to Eros* (1994) geschrieben, in dem er seine Erfahrungen mit LSD, MDMA, Meskalin und einer Reihe von Shulgins Schöpfungen schilderte.[2]

Der Autor Stewart Brand, der 1984 die Wendung »Information will frei sein« geprägt hat, war für das Mitfilmen der »Mutter aller Vorführungen« verantwortlich, und im selben Jahr hob er den *Whole Earth Catalog* aus der Taufe, eine anzeigenfreie, selbst verlegte Techniker- und Hippiebibel. Ihr abseitiger und breit gefächerter Inhalt, der von Gedichten und Bauplänen für geodätische Kuppeln bis hin zu Anleitungen zur Autoreparatur, Angeltipps und den Grundlagen des Yoga und I Ging reichte, wurde unter Verwendung von Polaroidkameras, Anreibebuchstaben und anderer Lowtech-Methoden zusammengepuzzelt. Aus heutiger Sicht ähnelt das Ganze sehr stark einem gedruckten Blog; in den Worten des Bloggers und Autors Kevin Kelly war der Katalog eine aus Papier hergestellte Website, die sich bereits im vollen Lauf befand, bevor das Internet auch nur seine ersten wackligen Schritte machte.[3] Die in der ersten Ausgabe erschienene Absichtserklärung liest sich wie ein Manifest, das von den heutigen Benutzern des Internets in die Wirklichkeit umgesetzt worden ist: »Ein Reich privater, persönlicher Macht ist dabei, sich zu entwickeln – der Macht des Individuums, für seine eigene Bildung zu sorgen, seine eigenen Quellen der Inspiration zu finden, sich seine eigene Umwelt zu schaffen und seine Abenteuer mit jedem zu teilen, der sich dafür interessiert. Werkzeuge, die diesem Prozess dienlich sind, werden vom *Whole Earth Catalog* ausfindig gemacht und angepriesen.«

Brand, dessen gemeinsame Aktivitäten mit der von Ken Kesey gegründeten Truppe der Merry Pranksters sich zu den berühmten Acid-Tests entwickeln sollten, jenen LSD-befeuerten Proto-Raves der Sechzigerjahre, die Tom Wolfe in seinem Buch *The Electric Kool Aid Acid Test* beschreibt, war der Meinung, dass die Informationstechnologie die Menschheit auf ihre nächste evolutionäre Stufe führen würde.

Infoanarchisten und Cyberutopisten legten nicht nur den Grundstein für das Internet, sondern sollten auch zu den Vorreitern der Freien-Software-Bewegung werden. Die Gründermütter und -väter des Netzes wollten ihr Wissen – wie auch das aller übrigen Menschen – mit anderen teilen: in seiner Gesamtheit, zu jeder Zeit, kostenlos und ohne zentrales Kontrollsystem. Sie bevorzugten – und schufen – ein dezentralisiertes, ohne Anführer auskommendes Modell, in dem jeder das gleiche Sagen hatte. Es war ein Computer in Engelbarts Augmentation Research Center am Stanford Research Institute, der als zweiter Netzwerkknoten des Arpanets dienen würde. Der Informatiker träumte von einer Zukunft, in der man bei der Arbeit an einem PC saß und jederzeit mit anderen in Verbindung treten und zusammenarbeiten konnte.

Zur selben Zeit, als viele gesellschaftliche Hierarchien infrage gestellt wurden, nahmen auch die technischen Entwürfe und die Hardware, aus der das Internet hervorgehen sollte, Gestalt an. Die Verbindungen zwischen der kalifornischen Alternativszene der 1960er und den Pioniertagen des Heimcomputers werden von John Markoff in seinem 2005 erschienenen Buch *What the Dormouse Said: How the Sixties Counterculture Shaped the Personal Computer Industry* aufgezeigt (selbst der Titel stammt aus einer angestaubten LSD-Hymne der Band Jefferson Airplane). In dem Buch enthüllt Markoff die Tatsache, dass das erste Onlinegeschäft der Welt ein Drogendeal war: »Im Jahr 1971 oder 1972 benutzten Studenten der Stanford University ihre Arpanetkonten, um eine geschäftliche Transaktion mit ihren Pendants am MIT abzuwickeln. Lange bevor es Amazon oder eBay gab, bestand der Jungferndeal des E-Commerce in einem Drogengeschäft. Die Studenten nutzten das Netzwerk, um heimlich den Verkauf einer unbestimmten Menge Marihuana zu verabreden.«[4]

1979 wurde ein weltweites Verständigungsmedium namens Usenet in Betrieb genommen und damit der erste Schritt zum Aufbau einer technischen und kulturellen Infrastruktur getan, die bald Menschen auf der ganzen Welt persönlich miteinander verbinden würde, indem sie an bestimmten Themen interessierte Nutzer in einer Art digitalem Konferenzraum mit anderen zusammenbrachte, die sich mit diesen Themen auskannten.

In den frühen 1980ern und 1990ern, also noch vor dem Anbruch des eigentlichen Internetzeitalters, vernetzte Usenet eine begeisterte Schar von etwa 20 Millionen Nutzern miteinander, und mit seinen als Newsgroups bezeichneten Gesprächsforen, in denen angeregte Diskussionen zu Tausenden von Themen geführt wurden, stellt es in vieler Hinsicht das erste echte Beispiel für ein soziales Medium dar. Es glich einer Kreuzung aus einer E-Mail- und einem Webforum und ähnelte in Stil und Ausrichtung solchen aktuellen Internetcommunitys wie der britischen Elternwebsite Mumsnet oder der deutschen Ratgeberseite gutefrage.net.

Zur Geschichte von Usenet heißt es auf der Website giganews.com: »Usenet stellte nicht nur eine wichtige technische Entwicklung dar; auch viele soziale Aspekte der Internetkommunikation wurden hier eingeführt, verfeinert und dank Usenet de facto als Standard etabliert. Emoticons, Flame-Wars, Trolle, Signaturen und sogar slangartige Abkürzungen (BRB, LOL) fanden zum ersten Mal auf Usenet allgemeine Verwendung.«[5]

Der Zugang zu den Newsgroups des neuen Mediums stand nur Nutzern offen, die über rudimentäre Programmierkenntnisse verfügten. Um das System einzurichten, musste man die dazu nötigen Befehle in die Kommandozeile des Unixsystems eingeben – auf Windows basierende Rechner gab es zu der Zeit noch nicht, daher genügte es nicht, einfach nur den Namen der Gruppe einzutippen, deren Beiträge man lesen wollte, oder kurz ein Icon anzuklicken, wenn man ein Programm starten wollte. Die neue Informationstechnologie und infolgedessen auch das Internet wurde von Nerds für Nerds entwickelt, und selbst diese mussten anfangs eine geradezu unerschöpfliche Geduld mitbringen: Schließlich wurde die Geschwindigkeit, mit der die Daten durch die Kupferdrähte der Telefonleitungen tröpfelten, damals noch in Bauds und nicht in Megabytes gemessen.

Je beliebter Usenet wurde, umso chaotischer wurde der Dienst auch, und die darin enthaltenen Informationen waren zunehmend schwerer zu finden und zu kategorisieren. In einem Prozess, der als die »Große Umbenennung« bekannt wurde, ordnete eine Gruppe von Nutzern, die sich als Backbone Cabal bezeichnete, die Inhalte des Dienstes nach sogenannten Hierarchien. Die obersten Hierarchien lauteten: Computer, Nachrichten, Freizeit, Geselligkeit und Gespräche, alles Übrige wurde unter der Rubrik »Verschiedenes« eingeordnet. Nach und nach deckten die Unterabteilungen in den Newsgroups jedes Thema ab, das man sich nur vorstellen konnte, und in einer Zeit, in der es noch keine Suchmaschinen gab, stellten sie die beste Möglichkeit dar, online Informationen zu finden – oder überhaupt Informationen zu finden, da sich dort die ungemein hilfsbereitesten, selbstlosesten und technologisch versiertesten Nutzer tummelten, die es auf der Welt gab.

Der Informatiker Brian Reid und John Gilmore (ein früher Internetpionier, Freiheitsrechtler, Unternehmer und Renaissancemensch des Technologiezeitalters, dessen Beschäftigung mit Kryptographie, Zensur und der Reform des Drogenrechts ihn zum unbesungenen Helden der aufziehenden digitalen Ära machen – und der sich von seiner Leidenschaft für Batikhemden und verschiedenen Anekdoten her zu urteilen auch mit psychedelischen Drogen ganz gut auskennt) waren der Ansicht, durch die Umstrukturierung des Usenets werde das Recht zur freien Meinungsäußerung eingeschränkt. Gilmore wurde die Erlaubnis verweigert, eine Gruppe namens »rec.drugs« oder, bei einem späteren Versuch, »talk.drugs« zu gründen. Reid war unzufrieden mit der Umbenennung einer von ihm betriebenen Newsgroup zum Thema Nahrung, und so taten sich die beiden Männer zusammen, um mithilfe der neuen Technologie ihre eigenen Ziele zu erreichen. Sie fanden heraus, wie sie eine neue Haupthierarchie schaffen konnten, für die sie die Erlaubnis der Backbone Cabal nicht brauchten und die trotzdem jedem, der über ein Modem und ein bisschen Erfahrung im Umgang mit Unix verfügte, zugänglich wäre. Ihr Name lautete .alt-Hierarchie. Die Nutzer konnten die .alt-Gruppen nicht nur lesen, sie konnten auch ihre eigenen .alt-Untergruppen gründen. Es gab niemanden, dessen Erlaubnis sie dazu benötigten. Durch die Schaffung einer neuen Usenet-Hierarchie, die ironischerweise Führer weder akzeptierte noch brauchte, trugen Gilmore und Reid zur wahren Meinungsfreiheit im Cyberspace bei. »Das Netz interpretiert Zensur als schädlich und leitet seine Daten daran vorbei«, erklärte Gilmore gegenüber dem *Time*-Magazin im Jahre 1993 und sagte damit bereits vor 20 Jahren Veränderungen voraus, die sich nicht nur auf unser Rechtssystem, sondern auf unsere ganze Art zu leben auswirken sollten.[6] Die .alt-Hierarchie war eine freie Zone, und genau hier bildete sich die früheste Form der Online-Drogenkultur heraus.

Zu den in diesem Netzwerk gehosteten Gruppen gehörten einige der beliebtesten digitalen Wasserlöcher für besonders unkonventionell und avantgardistisch eingestellte Nutzer der neuen Technologie. Hier traf das Erhabene auf das Profane: Priester, Dichter und Bibliothekare kommunizierten (vielleicht zum ersten Mal in ihrem Leben) mit Perverslingen und Kiffern, und die frühe Online-Drogenszene begann sich im Umfeld von Untergruppen wie alt.drugs, alt.drugs.psychedelic und alt.drugs.chemistry zu formieren. Der Verfasser der häufig gestellten Fragen (FAQ) für diejenigen, die eine .alt-Newsgroup gründen wollten, ging augenzwinkernd auf die falschen Vorstellungen ein, die sich die meisten Leute von dem neuen System machten: »›alt‹ steht für Anarchisten, Leute mit losen Schrauben und Terroristen.«[7] Das war als Witz gemeint, doch tatsächlich herrschte in den .alt-Gruppen eine so verspielte und vom Alltäglichen entfernte Atmosphäre, dass es schon an Cyberanarchie grenzte.

Eine der Hauptattraktionen der Newsgroups und ein wesentlicher Grund, warum sie so beliebt und nützlich waren, bestand darin, dass sie nicht nur soziale Interaktion ermöglichten, sondern dank ihnen sämtliche Informationen zu einem Thema an einem Ort zusammengetragen werden konnten. Als sich immer mehr Universitäten mit den Netzen verbanden, stellte sich für die Nutzer zunehmend die Frage, wie sie finden sollten, was sie suchten. Ihre Fantasie und der Nutzen, den sie aus dem Netz ziehen konnten, wurde durch die Größe der Datenbestands und das Fehlen klarer Wegweiser begrenzt. Es gab keine Verzeichnisse oder Kataloge, und die Verbindungsgeschwindigkeiten waren quälend langsam. Es war eine Zeit, in der Datenformate wie JPEG noch nicht allgemein gebräuchlich waren, ASCII als globale Lingua franca galt und umfangreiche Dokumente an E-Mails anzuhängen als eine unhöfliche Beanspruchung der weltweit zur Verfügung stehenden Bandbreite betrachtet wurde.

Die Indexierungssysteme, die für uns so selbstverständlich sind – Suchmaschinen –, spielen bei der täglichen Verwendung des Netzes heute eine zentrale Rolle für Nutzer. Doch in den frühen Tagen des Internets stellte das Auffinden von Informationen eine komplexe Aufgabe dar, die ausschließlich Könner und Profis zu bewältigen wussten. Frühe Suchmaschinen und Informationsdienste wie Gopher, ARCHIE, VERONICA und JUGHEAD waren genauso unattraktiv und rätselhaft wie die großgeschriebenen Akronyme, aus denen ihre Namen bestanden.

Das System der Domainnamen, bei dem statt Zahlen Wörter benutzt werden, um auf Servern gespeicherte Daten abzurufen, wurde 1984 erfunden. Der seltsam menschlich anmutende Macintosh der Firma Apple Computers wurde ebenfalls in diesem Jahr auf den Markt gebracht, überbrückte durch seine Verwendung von Icons und einem Bildschirmcursor die Kluft zwischen Mensch und Maschine und machte Engelbarts Mouse massentauglich. Als er den Macintosh 1984 zum ersten Mal bei einer Präsentation vorstellte, die als Vorbild für alle weiteren hype-überladenen Markteinführungen des Unternehmens dienen sollten, schockierte Apple-Chef Steve Jobs das Publikum damit, dass er den Computer zum Sprechen brachte, dessen rudimentäre Sprachsoftware seine durch den Saal hallende Stimme klingen ließ wie die eines körperlosen, durch die Zeit reisenden Stephen Hawking. Jenen, die Engelbarts Geräteschau gesehen hatten, kam Jobs Art der Präsentation jedoch nur allzu vertraut vor.

In den frühen 1990ern richtete Stuart Brand The Well* ein, ein legendäres schwarzes Brett, das einen frühen Versammlungsort für Intellektuelle und Cyberutopisten darstellte. The Well, kurz für Whole Earth 'Lectronic Link, war eine virtuelle Community, die Gespräche zwischen den frühen Vorkämpfern des Internets hostete, darunter auch John Gilmore. Ebenso fungierte die Plattform als wichtiger Treffpunkt für Fans der LSD-inspirierten Band The Grateful Dead, wodurch sich einmal mehr die Verbindung zwischen nerdigen Hightechsphären und der psychedelischen Szene bestätigte, die zur Virtualisierung des illegalen Drogenmarktes im 21. Jahrhundert führen sollte.

Die Newsgroups machten endlich die soliden Informationen zu Drogen verfügbar, an denen es vorher so gemangelt hatte. In der Usenet-Newsgroup alt.drugs wurden täglich etwa 120 Beiträge eingestellt, die laut der FAQ-Seite der Gruppe aus dem Jahre 1995 pro Tag ungefähr 120000 Leser fanden. Das verwandte Forum alt.drugs.chemistry wurde 1994 gegründet, und das einzige darin behandelte Thema bestand in der heimlichen Herstellung illegaler Drogen. In

---

* Die Quelle, der Ursprung.

jenen Tagen erschien es unglaublich, dass aufgrund der Ausbreitung neuer Designerdrogen wie Crystal Meth und Ecstasy weltweit eine strengere Drogenpolitik gefahren wurde, aber gleichzeitig in etwa 120000 über den Globus verteilten Posteingängen eine Reihe unschuldig aussehender Textdateien landeten, in denen bis ins kleinste Detail beschrieben wurde, wie man illegale Substanzen am besten herstellen oder zu sich nehmen konnte.

War einst die Herstellung von Drogen eine gänzlich im Verborgenen betriebene Wissenschaft gewesen, eine Domäne der Motorradgangs, Hippierebellen und Mafiasyndikate, so reihte sich dieses geheime Wissen nun reibungslos in den Lesestoff der technisch versierten Avantgarde ein. Das Netz demokratisierte die Kriminalität – oder zumindest das zu kriminellen Handlungen befähigende Wissen – in einem noch nie da gewesenen Ausmaß. Sowohl was die Menge an fragwürdigen Informationen als auch die Zahl der dadurch inspirierten Straftaten anging, stand der Zeiger auf Wachstum.

Die zu alt.drugs gehörende FAQ-Liste reihte die zerschlissenen und batikgefärbten Drogenmythen der 1960er und 1970er auf – beispielsweise den Glauben, das Rauchen von Bananenschalen könnte stoned machen oder dass manche LSD-Trips Strychnin enthielten – und nahm jede von ihnen mit unerbittlicher Logik und, was noch wichtiger war, Hyperlinks zu vertrauenswürdigen Quellen auseinander. Auch nicht wenige der heute so beliebten Abkürzungen des Netzjargons wie THX (für »Thanks«, also Danke) wurden damals schon erfunden. Die in der Community weit verbreitete Ansicht, Drogengesetze stellten eine unzulässige Einmischung in das Privatleben dar, ist inzwischen auch im Rest der Bevölkerung sehr viel üblicher geworden.

Als virtueller Raum, in dem die Identität zum Binärcode zerkleinert wurde, um sich als Text auf den Bildschirmen von Fremden neu zusammenzusetzen, die Tausende von Meilen entfernt, aber einem in ihrer Weltsicht doch sehr nahe waren, eignete sich das Netz hervorragend, um psychedelische und psychoaktive Erfahrungen auszutauschen. Hier schienen keine Gesetze zu gelten, und die frühen Tage der digitalen Verschaltung waren von Verhaltensweisen und Wertvorstellungen geprägt, die im echten Leben leicht zu einer Haftstrafe hätten führen können. Um Peter Steiners berühmten *New Yorker*-Cartoon aus dem Jahre 1993 ein wenig abzuwandeln: Wenn niemand im Internet weiß, dass man in Wirklichkeit ein Hund ist, dann weiß auch niemand, dass man chemische Drogen nimmt oder herstellt.

1996 diskutierten Eleusis und Zwitterion, beides Mitglieder der Newsgroup alt.drugs.chemistry, in einer erstaunlichen Folge von Threads bis ins kleinste Detail aus, wie MDMA am besten herzustellen sei. Es war ein bizarrer Flame-War, eine Seifenoper für voyeuristisch veranlagte Digerati. Doch bevor er sich mit Zwitterion herumschlug, hatte Eleusis zuerst einen Klassiker der amerikanischen Untergrundliteratur aufs Korn genommen: *The Secrets of Methamphetamine Manufacture* von Uncle Fester, dem Pseudonym des Chemikers Steve Preisler, der als Vater der modernen Methamphetaminherstellung gilt.

Uncle Festers berühmtestes Werk wurde geschrieben, nachdem der in der Galvanotechnik arbeitende Chemiker im Jahre 1984 wegen des Besitzes von Methamphetamin zu dreieinhalb Jahren Haft verurteilt worden war. Als die DEA Beweise dafür fand, dass er Ephedrintabletten gekauft hatte, die oft als Vorläuferstoff für das starke Stimulanzmittel verwendet werden, das in den ländlichen Gegenden der USA so viel Unheil anrichtete, wurde Preisler beschuldigt, Methamphetamin nicht nur besessen, sondern auch produziert zu haben. Im Gefängnis beschloss dann Uncle Fester, der am College von Freunden nach dieser stets für Explosionen sorgenden Figur aus der in den 1960ern beliebten Fernsehserie *The Addams Family* benannt worden war, aus Trotz, sein Buch zu schreiben – doch noch mehr ging es ihm natürlich darum, seine Ansichten zu verbreiten. »Ich dachte damals: ›Euch gefällt nicht, was ich tue, hm? Nun, wie würde es euch gefallen, wenn es noch 30000 mehr von meiner Sorte gäbe?‹ Ich weiß, wie man sich durch wissenschaftliche Literatur wühlt, aber ich weiß auch, wie man eine gute Geschichte erzählt. Es gibt nichts Schlimmeres als ein langweiliges Chemiebuch. Davon bekommt man Zahnschmerzen«, erzählte er dem Nachrichtensender Fox News 2004 in einem Interview.

Wenn man die ziemlich unlesbaren Abschnitte übersprang, in denen es um die chemische Synthese ging – und wenn man über die Tatsache hinwegsehen konnte, dass in dem Buch Wissen verbreitete wurde, dessen Anwendung zu starker Abhängigkeit oder sogar dem Tod führen konnte –, war Preislers Werk eine urkomische und extrem individualistische Verteidigung des in den USA so sehr geschätzten Grundrechts der freien Meinungsäußerung. Der amerikanische Verlag Loompanic hat das Buch seit Jahrzehnten im Programm, und mittlerweile hat es bereits die achte Auflage erreicht. Ermittler behaupten, bereits in vielen Drogenlaboren der Welt auf das im Gefängnis geschriebene Werk gestoßen zu sein.[8]

Eleusis war allerdings der Meinung, Uncle Festers Buch strotze vor fachlichen Fehlern. Daher machte er sich im Jahre 1996 daran, im Kreise der Nutzer von alt.drugs.chemistry den Autor zu tadeln und sein Werk zu demontieren: Kapitel für Kapitel, Zeile für Zeile, stets unter Angabe der entsprechenden Belege. In seinem Thread mit der Überschrift »Eine gründliche Abrechnung mit Uncle Festers *Secrets of Methamphetamine Manufacture* – kein Wunder, dass die Behörden sich nicht drum scheren!« verhöhnte und neckte er, schmähte und beschämte er den Vater der modernen Methamphetaminherstellung.[9]

Der großmäulige Uncle Fester ließ sich tatsächlich dazu provozieren, sich unter dem Benutzernamen Presiler gegen die Behauptungen zu verteidigen, und das Ganze entwickelte sich zu einem grandiosen Spektakel. Hier prallten nicht nur zwei großartige Geister aufeinander, sondern auch zwei Welten – der stammelnde Vertreter der alten Garde wurde von einem lautstarken, technisch bewanderten jungen Chemiker vom Sockel gestoßen. Eleusis war genauso aufsässig, wie Fester es in gedruckter Form gewesen war, erreichte jedoch ein viel größeres Publikum als der alte Meister. Darüber hinaus konnte dieses Publikum die erhaltenen Informationen umgehend und ohne jede Kosten vervielfältigen und weitergeben, und zwar so oft es wollte. »Dieses Buch ist offenkundig aus reiner Profitmacherei geschrieben worden«, verkündete Eleusis am 3. März 1996:

»Vielleicht hat Uncle Fester sich diesen Namen gegeben, um den Nachstellungen der Bundesbehörden zu entgehen, aber meiner Meinung nach sollte er sich mehr Sorgen wegen verärgerten Amateurchemikern machen, die versucht haben, seine »Arbeit« zu reproduzieren. Es ist ziemlich deutlich, dass der gute alte Fester das meiste von dem, was er beschreibt, nicht selbst durchgeführt hat, denn es fehlen überall entscheidende Details. Diese mögen aus Gründen der Haftbarkeit bewusst weggelassen worden sein, aber wenn dem so ist, warum dann das Ganze? Daher bin ich der Ansicht, dass diese Buchbesprechung weit mehr wert ist als das Buch selbst. Viel Spaß damit!«

Überall auf der Welt ließen sich Leute von diesem bizarren neuen Unterhaltungskanal bespaßen. Für viele ergab das Gespräch nicht viel Sinn, doch seine weitreichende Bedeutung lag auf der Hand. Die Medien hatten begonnen, sich zu wandeln, und die Mittel zu ihrer Produktion sowie, was noch entscheidender war, zu ihrer Verbreitung gingen heimlich in andere Hände über. Das sollte Auswirkungen auf die Drogenkultur ebenso wie auf jeden anderen Bereich des menschlichen Lebens haben.

Für jeden, der sich zu jener Zeit für die Drogen- und Netzkultur interessierte, stellte Eleusis eine faszinierende Gestalt dar – seine Streitgespräche mit Zwitterion waren vom Fachlichen her praktisch nicht zu verstehen, strotzten jedoch vor Humor und cleveren literarischen Anspielungen auf das antike Griechenland und seinen berühmten Dichter Homer. Wie sich allerdings herausstellen sollte, verbarg sich hinter Eleusis und Zwitterion ein und dieselbe Person. Jeffrey Jenkins lebte in Florida, besaß einen Abschluss in englischer Philologie und hatte sich der illegalen Chemie zugewendet, um die Kunst der MDMA-Herstellung zu perfektionieren. Er sagt, er habe unter zwei Namen Beiträge verfasst, um eine gepflegte Unterhaltung zu gewährleisten, eine größere Anzahl von technischen Prozessen vermitteln zu können und seine Spuren zu verwischen. Vielleicht war die Schöpfung zweier Alter Egos, die sich glaubhaft voneinander unterschieden, einfach Ausdruck seiner überbordenden Kreativität. Vielleicht hatte er aber auch mit der Vervielfältigung der eigenen Identität zu kämpfen, zu der die neue Freiheit im virtuellen Raum so viele verführte, die sich in jenen Pioniertagen darin bewegten.

Eine Textdatei, die Jenkins nach seiner Verhaftung wegen der Herstellung von MDMA bei alt.drugs.chemistry einstellte, bietet einen faszinierenden Einblick in die Denkweise eines typischen kleinen Untergrundchemikers, der zwanghaft, selbstlos, individualistisch und querköpfig ist, aber mit Leidenschaft seiner Arbeit nachgeht. Sowohl die Erfahrungen, die man mit MDMA macht, als auch das Netz selbst haben etwas an sich, das das angeborene menschliche Bedürfnis verstärkt, von uns erlangtes Wissen zu teilen und gleichsam den Samen unserer Erkenntnisse so großflächig wie möglich auszustreuen. »Eleusis war, für diejenigen unter euch, die nicht damit vertraut sind ...«, schrieb der Chemiker nach seiner Ergreifung, jedoch noch vor seiner Inhaftierung:

»... der Name der antiken griechischen Stadt, in der die Frühlingsmysterien abgehalten wurden: ein in der gesamten Stadt veranstaltetes Fest, mit dem die Rückkehr des Frühlings gefeiert wurde und bei dem die wesentliche Aktivität im Konsum bewusstseinsverändernder Substanzen bestand.

Organische Chemie machte mich neugierig. Sie lockte mich mit ihrer aus Symbolen bestehenden Geheimsprache und dem (beinah) blinden Vertrauen in unsichtbare Kollisionen, das sie von einem fordert. Auch MDMA, mit der seltsam universellen Erfahrung, die es herbeiführt, sowie seinem Vermögen, noch die härteste Seele zur Empathie zu bewegen, faszinierte mich. Ich hatte weder Erfahrung mit organischer Chemie noch mit MDMA, also beschloss ich, beides zusammen auszuprobieren. Wie es kaum besser passen konnte, begann ich meine Reise im Frühling 1994, und bereits im späten Winter desselben Jahres stellte ich regelmäßig Postings bei a.d.c [alt.drugs.chemistry] ein. Es kostete mich so viel Mühe, die Herstellung von MDMA zu erlernen, dass ich mich dazu entschied, das dabei gewonnene Wissen mit anderen zu teilen, damit sie meine Anstrengungen nicht wiederholen mussten. Allerdings plagten mich in dieser Hinsicht ernste Bedenken, da ich selbst nur auf der Suche nach Wissen und Erfahrung war, jedoch wusste, dass die meisten anderen aus rein wirtschaftlichen Gründen in meine Fußstapfen treten würden. Mein innerer Kampf lässt sich an praktisch jedem Beitrag ablesen, den ich je verfasst habe, an dem schizophrenen Hin und Her zwischen gelehrter Dissertation und egomanischer Herabsetzung. Obwohl ich wusste, dass meine Beiträge von denen genutzt würden, die weniger Skrupel hatten als ich, postete ich trotzdem zum Wohle derer, die welche besaßen.«[10]

Jenkins' Experimente sollten letztendlich dazu führen, dass seine Familie einen großen Teil ihrer Ersparnisse in Anwaltskosten investieren und er selbst eine lange Haftstrafe absitzen musste. Doch überraschte es viele, als er nach seiner Verhaftung in verschiedenen Kommentaren schrieb, dass er von der Polizei nicht zu seiner Teilnahme an der Newsgroup befragt worden war und die Tausende von Beiträgen, die er dort gepostet hatte, bei seiner Verhaftung keine Rolle gespielt hatten.

Für diejenigen, die es moralisch fragwürdig finden könnten, Angaben zur Herstellung von Drogen im Netz zu veröffentlichen, hielt die FAQ-Seite von alt.drugs – wo ein eher lässiger Umgang mit den internationalen Drogengesetzen gepflegt wurde – eine überraschend idealistische und von herkömmlichen Wertmaßstäben geprägte Schlussbetrachtung bereit, die von einem gewissen Yogi Shan geschrieben wurde, hinter dem sich, wie manche behaupten, erneut Jenkins verbarg (ob das wirklich zutrifft, wird man wahrscheinlich nie erfahren):

»Was man sich auch einredet, man muss sich der grausamen Wahrheit stellen, dass es bei Drogen um zwei Dinge geht: Geld und Macht, die durch die verwerfliche Ausbeutung menschlicher Schwäche angehäuft werden. Ein vernünftiger öffentlicher Umgang mit dem Thema kann nicht durch die zynischen Manipulationen von Politikern und scheinheiligen Moralisten erreicht werden, sondern nur durch das behutsame Austarieren der Frage, wie man gleichzeitig den Schaden für das Individuum und für die Gesellschaft als Ganzes möglichst gering halten kann. Bis die Gesellschaft das begriffen hat, wird der nichtmedizinische Konsum von Drogen ein hartnäckiges Übel bleiben, das ganze Wirtschaften aus dem Lot bringt, unsere Institutionen bis ins Innerste korrumpiert und den sozialen Zusammenhalt beeinträchtigt. Dennoch bietet die schäbige Heuchelei der Gesellschaft keine moralische Rechtfertigung dafür, zum Zwecke der persönlichen Bereicherung illegale Drogen herzustellen und zu verbreiten. Tut mir leid.«[11]

Der Autor der FAQ-Liste beklagte auch, dass sich die Glanztage des Usenet als Mittel der Recherche und der Gemeinschaftsbildung aus seiner Sicht bereits wieder dem Ende zuneigten, weil sich immer mehr Leute mit geringen Sachkenntnissen darin tummelten:

»In seiner besten Form ist Usenet ein Netzwerk, in dem einige der schlausten Köpfe der zivilisierten Welt zusammenfinden, um sich über alles auszutauschen, was ihnen gerade in ihren kollektiven Sinn kommt. Professoren und Akademiker, Ingenieure und Forscher, Universalgelehrte und andere intelligente Menschen, zwischen denen sich ein reges Hin und Her von Ideen, Informationen und skurrilen persönlichen Attacken entspinnt. Eine Synthese großer Köpfe und Geister, die in einer Art glorreichen kosmischen Synergie selbstlos ihre Zeit und Mühe opfern. Allerdings muss traurigerweise gesagt werden, dass durch die wachsende Zahl von Menschen, die online gehen, das Netz immer mehr jenem billigen und geschmacklosen Sammelsurium zu ähneln beginnt, das die Gesellschaft in ihrer Gesamtheit darstellt. Ein riesiger, auf dem kleinsten gemeinsamen Nenner vor sich hin dümpelnder, aufgeblasener, pseudointellektueller Puff. Um es mit einfachen Worten auszudrücken, Usenet könnte seine beste Zeit schon hinter sich haben.«

Er hätte sich jedoch keine Sorgen machen müssen. Die Drogenszene im Netz stand kurz davor, eine weitere Wandlung zu durchlaufen, und die Technologie diente als Antrieb.

Schon zu Zeiten des Usenet hatte sich das Netz weiterentwickelt – und sich in das World Wide Web verwandelt, jene globale grafische

Schnittstelle zur neuen Welt der Daten, die im Jahre 1991 von Tim Berners-Lee am Sitz der Europäischen Organisation für Kernforschung (CERN) in der Nähe von Genf erfunden und auf ihren Namen getauft wurde. Mit großer Bescheidenheit und Voraussicht führte der Physiker eine Technologie vor und gab sie zur kostenlosen Verbreitung frei, die ursprünglich den am CERN tätigen Kernphysikern dabei hatte helfen sollen, sich über ihre Forschungen zur grundsätzlichen Beschaffenheit des Universums auszutauschen. Berner-Lees Geniestreich bestand in der Entwicklung von HTML, kurz für Hypertext Markup Language, durch die es möglich wurde, in einem der neuen Netzwerke gehostete Dokumente miteinander zu verbinden. In den ersten paar Jahren wurde dieses neue Netz nur von Fachleuten genutzt, doch als 1993 der Mosaic-Webbrowser eingeführt wurde, sorgte die Technologie auch außerhalb akademischer Zirkel für kommerziellen und kulturellen Wirbel.

Zu Zeiten der alt.drugs.chemistry-Newsgroup entwickelte sich auch eine neue Website namens »the Hive« zu einem sehr rege besuchten Onlinetreffpunkt für Leute, die an Erfahrungen mit psychedelischen Drogen interessiert waren, besonders für solche, die MDMA konsumierten oder herstellten. Die Seite mit dem putzigen Bienenlogo gilt als eines der frühesten Foren dieser Sparte und nahm um das Jahr 1997 ihren Betrieb auf. Die Mitglieder, die sich »Bienen« nannten, tauschten sich über die besten Methoden zur Herstellung von MDMA oder »Honig« aus, wie die ölartige freie Base des Stoffes in dem Forum genannt wurde, in der er vor seiner Umwandlung zu fester, kristalliner Form vorliegt. Auf seinem Höhepunkt zählte der »Bienenstock« mehr als 6000 Mitglieder, und wie es so oft in jenen Tagen der Fall war, bezog er sich bei seinen Aktivitäten auf den Grundsatz, dass jede Form von Wissen frei zugänglich sein sollte.

Die Seite wurde nicht innerhalb des Usenet betrieben, sondern im Internet, also praktisch vor den Augen der Behörden. Ihre Threads, also die wie an einem Faden aufgereihten Diskussionsbeiträge zu bestimmten Themen, waren mit Hyperlinks, Bildern und in den Text gestellten Quellenangaben versehen. Die Seite bot eine viel leichter zu bedienende und medial abwechslungsreichere Umgebung als die vorherigen digitalen Communitys, und die Nutzer stürzten sich auch sofort auf die neuen Möglichkeiten.

»The Hive ist eine Diskussionsseite mit mehreren moderierten Foren, die sämtliche Fragen zur Chemie von bewusstseinsverändernden Stoffen abdeckt ... Viele dieser Substanzen sind in den meisten Ländern strengen gesetzlichen Restriktionen unterworfen. Es liegt in der eigenen Verantwortung eines jeden Nutzers, sich mit den für seinen Standort geltenden Gesetzen vertraut zu machen und die entsprechenden Genehmigungen einzuholen. Der Großteil, wenn nicht die Gesamtheit der hier erörterten Informationen, kann in öffentlichen Bibliotheken, Patentämtern und frei zugänglichen Quellen im Internet gefunden werden. The Hive tut nicht mehr, als dieses Wissen in Form einer kompakten Sammeldatenbank verfügbar zu machen.«

So heißt es auf der Homepage des Forums. Oder hieß es zumindest, da die Seite bereits 2004 dichtgemacht wurde, nachdem ihr Betreiber im Gefängnis gelandet war. Dieser Hobart Huson war im Chemiehandel tätig gewesen und auf seiner Seite unter dem Pseudonym »Strike« aufgetreten, dann aber von der amerikanischen Nachrichtensendung *Dateline NBC* nach einer zehn Monate dauernden Recherche öffentlich enttarnt worden. Wegen des Vorwurfs, Drogenlabore mit Vorläuferstoffen, Reagenzien und Glaswaren versorgt zu haben, musste er 2003 eine auf acht Jahre angesetzte Haftstrafe antreten. 2009 ist er vorzeitig entlassen worden.

Die Sendung zu dem Thema war eine peinliche, voyeuristische Angelegenheit, in der vor allem auf die sexuelle Enthemmung junger Menschen unter dem Einfluss der Droge eingegangen wurde. Die darin gezeigten Chemiker waren so dämlich, sich beim Feiern selbst auf Video aufzunehmen und stolz die frisch gelieferten Glasbehälter und Laborgeräte in die Kamera zu halten, ganz ähnlich heutigen Teenagern, die sich auf ihrer Facebook-Seite selbst mit Straftaten belasten.

In einer Szene des Enthüllungsberichts wird die Klage eines Journalisten, der einfach nicht fassen kann, dass das von der Verfassung garantierte Recht auf freie Meinungsäußerung auch für jene gilt, die im Internet über die Herstellung von Drogen reden, von einem Beamten der amerikanischen Drogenbehörde wiederholt, der mit seinem Schnurrbart und dem dicken Bauch geradezu wie eine Karikatur seiner selbst wirkt. Der Kontrast zwischen den jungen Netzaposteln, deren Glauben nach jede Art von Information frei zugänglich sein sollte, egal um welches Thema es dabei geht, und den Vertretern der Strafverfolgungsbehörden hätte nicht deutlicher ausfallen können.

Zwar wurde »the Hive« aus dem Netz entfernt, doch einer der Moderatoren und Archivare der Seite namens Rhodium hatte Tausende der Beiträge gesichert, die Informationen zur Herstellung von Hunderten von Drogen enthielten, und dieses Archiv hatte sich über das ganze Netz verbreitet. Das gesammelte Wissen schlummerte in Form einer .torrent-Datei auf Festplatten und in geschützten Ordnern und wartete auf den richtigen Moment, die passenden gesellschaftlichen Umstände und chemischen Bedingungen, um wieder aufzutauchen.

Auch anderswo im Netz gab es Aktivisten, die Informationen zu verbotenen Drogen sammelten und öffentlich zugänglich machten. 1996 gründete Nicholas Saunders, der Autor von *E for Ecstasy*, die Website ecstasy.org, auf der er den vollständigen Text seines Buches kostenlos zur Lektüre anbot. »Das Ziel von ecstasy.org besteht darin, objektive, verlässliche und aktuelle Informationen zur Droge Ecstasy (in erster Linie MDMA) zu sammeln und zugänglich zu machen«, verkündete er beim Start der Seite, und schon bald sorgte das allgemeine Bedürfnis nach unvoreingenommenen Auskünften zu dem Thema dafür, dass drei Millionen Mal pro Jahr auf die Website zugegriffen wurde. Auf ecstasy.org wurden auch chemische Analysen von Ecstasypillen veröffentlicht, die von den Benutzern der Seite eingeschickt worden waren. Zeile für Zeile setzten sich auf dem Bildschirm langsam körnige JPEG- und GIF-Dateien von Tabletten zusammen, die in Großbritannien oder anderswo gekauft worden waren, was einen Riesenfortschritt in puncto Schadensminderung bedeutete. Die Daten zeigten, dass viel von dem, was in Europa und den USA als Ecstasy verkauft wurde, entweder wirkungslos, falsch gekennzeichnet oder schlichtweg giftig war. Das Konzept war schlau und innovativ und wurde bald von vielen anderen Websites übernommen.

Eine amerikanische Version der Seite, ecstasydata.org, wurde 2001 ins Leben gerufen und ist bis heute in Betrieb. Dort begann man im Juli 2001 mit der Veröffentlichung chemischer Analysedaten und bot so den Konsumenten wertvolle Anhaltspunkte dazu, was auf der Straße verkauft wurde. Informationen dieser Art können Leben retten, da der Großteil der Pillen, die auf der Straße als Ecstasy verkauft werden, gar kein MDMA enthalten und in manchen Fällen sogar aus tödlichen Substanzen mit ähnlicher Wirkung hergestellt sind, wie zum Beispiel aus der Droge PMA, an der im Laufe der Jahre Dutzende von Konsumenten gestorben sind. Wie der Administrator der Seite erklärt, ist den meisten amerikanischen Laboren die Untersuchung anonym eingesendeter Drogen verboten, weil in den USA der Besitz von Betäubungsmitteln ohne entsprechende Verschreibung oder Genehmigung als Verbrechen gilt – das bedeutet, sowohl das Labor als auch derjenige, der die Droge einschickt, würden sich strafbar machen. Ein Großteil der Labore in den USA darf höchstens den Urin eines Arbeitssuchenden oder Strafverdächtigen auf illegale Substanzen untersuchen und nimmt zu Testzwecken eingeschickte Tabletten erst gar nicht an, weil sonst die Schließung durch die Behörden droht.

Das Labor von ecstasydata.org hat von der amerikanischen Drogenbehörde eine Sondergenehmigung zur Untersuchung von Drogen erhalten, die aus den USA und andern Ländern eingesendet werden. Anders als niederländische Testzentren zum Beispiel darf die Website jedoch keine Angaben dazu machen, wie hoch der (in Milligramm ausgedrückte) Anteil eines Wirkstoffs an einer Probe ist. Die DEA hat die ungeschriebene Regel aufgestellt, dass selbst behördlich lizenzierte Labore solche Mengenangaben nicht veröffentlichen dürfen, da Konsumenten und Dealer ihre Dienste sonst zur »Qualitätskontrolle« missbrauchen könnten.

In einer E-Mail vertritt der Leiter des Programms allerdings die Meinung, dass diese Haltung unverantwortlich ist:

»Unsere auf langer Erfahrung basierende Meinung lautet, dass durch ein solches System wesentlich detailliertere Angaben an die Öffentlichkeit und an toxikologische Informationszentren weitergegeben werden könnten, ohne dass sich dadurch die Gefahr erhöht, die Öffentlichkeit zum Konsum illegaler Drogen zu ermuntern. Unserer Ansicht nach sollte die amerikanische Regierung die Untersuchung von auf der Straße erhältlichen Drogen nicht nur erlauben, sondern finanziell unterstützen, um so bei Konsumenten, Eltern, Lehrern und Kindern das Bewusstsein für verunreinigte und falsch gekennzeichnete Drogen zu schärfen; langfristige Datenerhebungen zu Straßendrogen, die dann in zukünftige Betrachtungen eingehen können, zu erleichtern; und Ärzten und toxikologischen Hilfszentren eine öffentliche, nachprüfbare Quelle an die Hand zu geben, die ihnen bei der Versorgung von medizinischen Notfällen hilft, die mit Straßendrogen wie Ecstasy im Zusammenhang stehen.«

Die Website klärt ihre Nutzer, deren Zahl inzwischen bei 700 000 liegt, regelmäßig über die chemische Zusammensetzung potenziell tödlicher Pillen auf und ist auch offline bei Tanzveranstaltungen präsent. »Wenn wir auf besonders gefährliche Tabletten stoßen, versuchen wir, unsere Erkenntnisse an diejenigen Onlinecommunitys weiterzugeben, die mit der Droge in Kontakt geraten können«, erklärt der Betreiber der Seite. »Außerdem verwendet [die Schwesterorganisation] DanceSafe unsere Ergebnisse zur Schadensreduzierung vor Ort, indem sie sie ausdruckt oder in einer digitalen Version als Informationsmaterial bei großen Tanzevents mit elektronischer Musik verfügbar macht.«

Während sich Mitte und Ende der 1990er-Jahre die Nutzer der Usenet-Newsgroups über die Herstellung synthetischer Drogen austauschten, tauchten im neu erschaffenen Netz gleichzeitig auch viele Websites auf, auf denen pflanzenbasierte Drogen zum Verkauf angeboten wurden, und die Konsumenten dieser Drogen, die als »ethnobotanische Stoffe« bezeichnet werden, bedienten sich zunehmend der Website erowid.org, um ihre Erfahrungen zu dokumentieren. Im Bemühen, ihren Drogenkonsum weniger als hedonistische und mehr als spirituelle Form der Selbsterfahrung darzustellen, sprechen viele Nutzer der Seite von psychedelischen Drogen als entheogenen Substanzen, womit Stoffe gemeint sind, die in schamanischen und religiösen Kontexten eingesetzt werden.

Diese Drogen hatten sich natürlich schon in der Zeit vor dem Internet großer Beliebtheit erfreut. Die Verwendung natürlicher bewusstseinsverändernder Drogen war nach den psychedelischen Revolutionen der 1960er und 1970er in Mode gekommen und stellten eine Art Erweiterung des Traums vom einfachen Leben auf dem Lande dar, der unter Hippies so verbreitet war. In den 1990ern gab der Anwalt und Aktivist Richard Glen Boire *The Entheogen Law Reporter* heraus, eine fotokopierte, nur an Abonnenten verschickte Blattsammlung, die ihren Redaktionssitz in Kalifornien hatte und ihre Ziele wie folgt formulierte:

»Seit undenklichen Zeiten haben Menschen entheogene Substanzen als mächtige Werkzeuge zur Erlangung spiritueller Einsichten und Erkenntnisse verwendet. Im 20. Jahrhundert jedoch wurden viele dieser mächtigen religiösen und epistemologischen Werkzeuge in den Vereinigten Staaten als illegal eingestuft und ihre Konsumenten zu Kriminellen erklärt. Der Schamanismus wurde verboten. Das Ziel des *Entheogen Law Reporter* besteht darin, die neuesten Informationen und Kommentare zu all jenen Stellen zu liefern, an denen das Gesetz mit entheogenen Substanzen in Berührung kommt.«[12]

Ingesamt wurden zwischen 1993 und 1999 22 Ausgaben des Mitteilungsblattes zusammengestellt. Sie enthielten fachkundige Abhandlungen über die Feinheiten der amerikanischen Drogengesetzgebung und -politik und legten den Grundstein für eine Drogenkultur, die neugierig, selbstbewusst und sich über die Tragweite ihrer Entscheidungen vollkommen im Klaren war. Die Autoren stellten die Einnahme von Drogen als spirituelle Freizeitbeschäftigung dar und beschrieben den Krieg gegen Drogen gezielt als Krieg gegen die Natur, weil ein Verbot von natürlichen Produkten wie Magic Mushrooms und Peyote nicht nur schwerer durchzusetzen, sondern auch schwerer mit rationalen Argumenten zu rechtfertigen war. Zudem gab es auch einen Präzedenzfall für die legale Verwendung natürlicher psychedelischer Drogen, denn der amerikanische Staat war so gnädig, den Angehörigen der Native American Church der Indianer das Recht zuzugestehen, unter bestimmten Auflagen ihre seit Jahrtausenden gepflegte Verwendung von Peyote zu rituellen Zwecken fortzuführen.

Boire, der heute als Anwalt auf komplizierte Drogenvergehen spezialisiert ist, erklärte mir 2012 in einer E-Mail, warum er den fotokopierten Newsletter damals herausgab:

»Ich war ein junger Anwalt, und entheogene Substanzen faszinierten mich. Die Gesetzeslage zu diesen Stoffen war sehr verworren, und damals wussten viele Leute nicht, was erlaubt war und was nicht. Es war schwer, an präzise Informationen über entheogene Stoffe heranzukommen, manchmal schwerer, als die Stoffe selbst aufzutreiben. Auch schien es mir viele Parallelen zwischen verbotenen Büchern und verbotenen Substanzen zu geben – beide verändern die eigene Denkweise, trotzdem gilt das Verbieten von Bücher als totalitärer Anachronismus, während das Verbieten von Substanzen weitgehend akzeptiert wird. Dieses Thema wollte ich genauer ergründen.«

Für die leidenschaftlichen Anhänger der Rede- und Informationsfreiheit, die solche und ähnliche Publikationen (wie *The Entheogen Review*) lasen, stellte es einen selbstverständlichen nächsten Schritt dar, im Internet auf die Suche nach Informationen über Drogen zu gehen.

Der aus indogermanischen Wortwurzeln zusammengebastelte Name »Erowid« soll für »Erdweisheit« stehen und deutet auf die esoterische Ausrichtung der Website hin. Seit erowid.org im Jahre 1995 gegründet wurde, hat sich die Seite zur weltweit wichtigsten Informationssammlung zur »komplexen Beziehung zwischen Menschen und psychoaktiven Substanzen« entwickelt wie auch überhaupt zur wichtigsten Quelle für drogenbezogenes Wissen im Netz.

Auf der Startseite der Organisation sprießen dem Besucher vor allem pflanzliche Drogen entgegen: Mohnblumen, Kakteen, Blätter des ägyptischen blauen Lotus, Kratomblätter (die als Opiatersatz verwendet werden), Magic Mushrooms und der auch Götter- oder Wahrsagersalbei genannte Aztekensalbei (*Salvia divinorum*). An der optischen Gestaltung der Seite hat sich seit ihrer Gründung nicht viel verändert, aber das ist auch kaum nötig. Hier kommt es mehr auf den in vielen Gigabytes vorliegenden Inhalt an, den großzügige Seelen tagtäglich kostenlos für die Nutzer der Seite generieren.

Seit der Inbetriebnahme wurden auf der Seite Berichte über Erlebnisse mit psychoaktiven pflanzlichen, aber auch mit synthetischen Drogen gesammelt, die sich in den »Erfahrungsgewölben« von erowid.org in verschiedene Kategorien aufteilten: Allgemein, Erstmalige Erfahrungen, Kombinationen, Problematische Erlebnisse, Begeisternde Erlebnisse, Horrortrips, Gesundheitsbeschwerden, Desaster- & Katastrophentrips. In diesen Tripberichten wurde die Wirkung von unzähligen pflanzlichen und nichtpflanzlichen Drogen dokumentiert, ihre gegenseitige Beeinflussung, die von ihnen entfalteten Synergien, ihre Gegenanzeigen. Das Ganze glich einer Schamanenhütte, in der ein Modem stand. Die Seite stellte die erste Anlaufstelle für jeden dar, der seine Erfahrungen dokumentieren, mitteilen oder besser verstehen wollte. Manche suchten allerdings auch nur ein Publikum für ihre heldenhaften Expeditionen zu den Grenzen des Bewusstseins, denn wie nicht verschwiegen werden soll, legten die Mitglieder dieser extrem nerdigen Subkultur, die zum größten Teil aus Männern bestand, bisweilen eine unglaubliche selbstverliebte und prahlerische Attitüde an den Tag.

Zu den ersten Stoffen, deren Wirkung online auf erowid.org dokumentiert wurde, gehörten natürliche Drogen wie Muskat, meskalinhaltige Kakteen sowie psychoaktive Pilze und Lianen. Dass viele von ihnen eine nur schwache oder sogar unangenehme Wirkung hatten, störte die Nutzer und Leser nicht sonderlich, und da die meisten solcher Gewächse und Samen weiterhin legal sind, wird mit dem Verkauf ethnobotanischer Stoffe auch heute noch ein Umsatz von mehreren Millionen Dollar pro Jahr erzielt.

Zum Teil ist das auf der Seite geschilderte Verhalten so verrückt, dass es einem die Haare zu Berge stehen lässt, in anderen Berichten wiederum wird so gewissenhaft über jede kleinste Regung Buch geführt, dass man sich bei der Lektüre zu Tode langweilt. Durch die Bank weg verblüffend sind jedoch die Berichte von Nutzern, die die seltsam verführerisch aussehenden Blüten von *Datura stramonium*, dem gemeinen Stechapfel, gegessen haben. Warum sich irgendjemand mit dieser auf der ganzen Welt natürlich vorkommenden Pflanze, die seit Jahrhunderten von Schamanen genutzt wird, freiwillig vergiften würde, ist vollkommen unbegreiflich. Doch zeigt es vielleicht, wie unverantwortlich weit manche Menschen zu gehen bereit sind, um einen veränderten Bewusstseinszustand zu erleben. Der Stechapfel gehört zur Familie der Nachtschattengewächse und bietet mit seinen stachligen Samenkapseln und seinen kannelierten, trompetenförmigen Blüten einen recht ehrfurchtgebietenden Anblick. Und tatsächlich will uns die Natur so warnen, dass das Gewächs giftig ist: Seine Samen und Blütenblätter enthalten die Tropanalkaloide Atropin, Scopolamin und Hyoscyamin und versetzen denjenigen, der die Pflanze ge- oder missbraucht, in ein mehrere Tage anhaltendes Dauerdelirium. Das ist keine Übertreibung; scopolaminhaltige Pflanzen stellen keine Halluzinogene dar; diese an Tropanalkaloiden reichen Gewächse werden als Delirantia eingestuft und bewirken einen psychoseähnlich verwirrten Zustand, in dem die Erinnerungen ausgelöscht und durch die denkbar düstersten Fantasien ersetzt werden. Traditionell wurden diese Pflanzen von Kräuterärzten, die mit ihrer Zubereitung vertraut waren, zur Behandlung von Krankheiten wie Asthma eingesetzt, und auch bei vielen religiösen Zeremonien spielten sie weltweit eine Rolle. Im digitalen Zeitalter jedoch legen hauptsächlich besonders mutige und tollkühne Mitglieder der Erowid-Community von ihrer Wirkung Kunde ab.

Allein schon die Überschriften der Tripberichte genügen, um einen davon zu überzeugen, die Finger von dem Zeug zu lassen: »Wie ich Käfer gegessen habe, während meine Freunde sich krümmten«; »Ich habe meine Haustiere verloren und fast mein Haus abgebrannt«; »Eine Geschichte über Nacktheit, Verhaftung und Wahnsinn«. In den meisten Schilderungen kommt der Besuch einer psychiatrischen Abteilung oder Notaufnahme vor, ausgelöst durch eingehende Gespräche mit nicht anwesenden Freunden, und auch die endlose Suche nach vermeintlich fallen gelassenen Zigaretten stellt seltsamerweise ein regelmäßig wiederkehrendes Motiv dar.

Zu den weiteren pflanzlichen Drogen mit beeindruckender Wirkung, die nun immer beliebter wurden, gehörten der bereits erwähnte Aztekensalbei, ein bizarrer Vertreter der Gattung, der bei seinen Konsumenten zu gespenstischen und oft keineswegs erfreulichen Rauscherlebnissen führt (nicht selten fallen sie einfach um und schlagen mit dem Kopf auf), sowie Samen bestimmter Prunkwinden und der Hawaiianischen Holzrose. All diese Gewächse wurden als natürliche und legale Halluzinogene bekannt, und Erowid spielte bei der Verbreitung dieser Information, die zuvor in Büchern und wissenschaftlichen Zeitschriften geschlummert hatte, eine wesentliche Rolle. Auch über DMT-haltige Lianen, wie sie in den Fünfzigerjahren von Burroughs verwendet worden waren, tauschte man sich aus, und in den USA und Europa wurden vollkommen legal Mischungen aus diesen und anderen Pflanzen verkauft, die zur Zubereitung von Ayahuasca dienten, einem starken DMT-haltigen Urwaldgebräu, das sonst nur die Schamanen des amazonischen Regenwalds bei ihren Ritualen einsetzten.

Sogar über Erfahrungen mit Sapo wird auf erowid.org berichtet: einem Krötengift, das eingenommen wird, indem man es auf selbst beigebrachte Brandwunden aufträgt. Die Wirkung besteht offenbar darin, dass man sich eine Viertelstunde lang fühlt, als würde man sterben. Danach soll das Gift jedoch für einen mehrere Tage anhaltenden Zustand der Munterkeit und Erregung sorgen. Traditionell wird es von den Indiojägern der lateinamerikanischen Regenwälder verwendet, denen es eine größere Ausdauer und eine extrem geschärfte Wahrnehmung verleiht, die es ihnen angeblich erlaubt, extrem weit zu sehen und die Schritte ihrer Beute über Entfernungen von mehreren Kilometern zu hören. Die aktiven Wirkstoffe der Substanz sind die Peptide Phyllocaerulein, Phyllomedusin, Phyllokinin, Demorphin und Deltorphin. Manche dieser Froschgifte wurden als leistungssteigernde Mittel bei Rennpferden eingesetzt.

Erowids Mitbesitzerin, deren Forumsname Fire lautet, hat mir berichtet, sie hätte die Seite »eher zufällig« gegründet:

»1994, als wir gerade das College beendet hatten und auf der Suche nach interessanten neuen Jobs waren, sind Earth [ihr Partner] und ich nach San Francisco gezogen. Für mich wirkte Webdesign wie ein spannender und schnell wachsender Wirtschaftszweig, also fing ich an, HTML und das Gestalten von Internetseiten zu erlernen. Unser Interesse an psychoaktiven Substanzen bestand bereits damals. Am College hatten wir versucht, uns auch auf fachlicher Ebene mit dem Thema auseinanderzusetzen. Ebenso hatten wir uns in mehrere E-Mail-Listen eingetragen, die mit dem Thema zu tun hatten.

Beim Erlernen des Webdesigns boten sich unsere relativ mageren Informationsarchive als Übungsmaterial an. Wir setzten ein paar Artikel und Informationen auf eine Website, und dann kam es vor, dass jemand in einer Diskussionsgruppe eine Frage stellte, die auf einer unserer Seiten beantwortet wurde. Wir verwiesen ihn daraufhin an die Seite. Ein paar weitere Seiten wurden eingestellt, und die dazugehörigen Webadressen gingen von Hand zu Hand. Im Prinzip wurde Erowid ganz beiläufig gegründet. Dann explodierte das Ganze.«

Die Kritik jener, die der Seite vorwerfen, Drogenkonsumenten mit Informationen zu versorgen, weist Fire gelassen zurück:

»Es wurde offensichtlich und ist immer noch deutlich, dass wir Menschen nicht zu einer Zeit zurückkehren werden, in der neugierige Leute keinen Zugang zu Informationen über psychoaktive Drogen und dem damit verbundenen technischen Wissen haben. Die Frage muss daher lauten, wie wir aus einem dunklen Zeitalter, in dem im Zuge einer prohibitionistischen Politik bewusst versucht wurde, Informationen zu unterdrücken und Fakten mit politischen Botschaften zu vermengen, hinüber in eine Zeit gelangen, in der wir alle gemeinsam eine verlässliche Wissensgrundlage aufbauen können, die es Eltern, Lehrern und Menschen aller Altersgruppen erlaubt, fundierte Entscheidungen zu treffen.«

Heute zählt die Seite 90000 einzelne Nutzungsvorgänge pro Tag und umfasst 4,1 Millionen Dateien. Sie enthält mehr als 60000 öffentliche Dokumente zur Rechtsprechung in komplizierten Gerichtsfällen und Tausende Erfahrungsberichte von Menschen, die psychoaktive Drogen zu sich genommen haben. »Alle Berichte durchlaufen einen strengen Bewertungsprozess«, erklärt Fire. »Bisher haben wir 22000 der eingeschickten Berichte veröffentlicht und genauso viele abgelehnt. 36000 haben wir bereits in eine Kategorie eingeteilt und müssen sie uns jetzt noch näher ansehen. Auf 13000 konnten wir bisher noch gar keinen Blick werfen.« Sie fügt hinzu, dass sie pro Woche mindestens eine oder zwei Mitteilungen von Leuten erhalten, die ausdrücklich sagen, dass die Informationen, die sie auf erowid.org gefunden haben, ihnen das Leben gerettet haben. Selbst heute noch ist die Website ein unschätzbares Hilfsmittel für Leute, die unbekannte, übers Internet bezogene Drogen zu sich nehmen wollen, und ihr Beitrag zur Schadensminimierung kann kaum hoch genug eingeschätzt werden. Ebenso bietet sie eine wertvolle erste Orientierungshilfe für Eltern, Lehrer und Giftinformationszentren.

Genau wie in den 1990ern für viele Vertreter der Gegenkultur *TIHKAL* und *PIHKAL* zur Pflichtlektüre wurden, kannte bald jeder frühe Netzbenutzer, der Interesse an Drogen hatte, die Seite erowid.org. 1996 veröffentlichte Lamont Granquist, ein Netzaktivist der ersten Tage, der mit den Hyperreal Drug Archives eine eigene Informationssammlung zu psychoaktiven Drogen geschaffen hatte, mit Shulgins Erlaubnis die erste Hälfte von *PIHKAL* im Internet. Obwohl sie keinen sachkundigen Beobachter wirklich überraschte, fühlte sich diese Form der Veröffentlichung trotzdem wie ein revolutionärer Akt in jenem Informationskrieg an, zu dem der Krieg gegen Drogen in gewisser Hinsicht geworden war. Zeuge zu werden, wie plötzlich Shulgins komplizierte Drogenrezepte für die ganze Welt frei zugänglich wurden, war außergewöhnlich. Und nun konnte sich nicht nur jeder das Wissen, das Shulgin in so weiser Voraussicht bewahrt hatte, kostenlos aneignen, sondern es auch durch das schlichte Drücken von ein paar Tasten an jeden beliebigen anderen Netzbenutzer weiterleiten.

Shulgin selbst ging 2001 mit der Seite »Ask Dr. Shulgin« online, die zum Internetangebot der Initiative Cognitive Liberty gehörte. Hier beantwortete der Herr Doktor Fragen, die per E-Mail auf der Seite eingingen, und schien großen Spaß am Kontakt zu seinem neuen Publikum zu haben. Die Seite war ungefähr drei Jahre lang in Betrieb und erlaubte dem wortgewandtesten und kenntnisreichsten Vertreter der chemischen Gegenkultur, einen zentralen Platz im Onlinediskurs zum Thema Drogen einzunehmen, bei dem es nicht nur um schwierige Fachfragen ging, sondern auch die ethischen und moralischen Dimensionen des Kriegs gegen Drogen diskutiert wurden.

Shulgins Einfluss und Erfahrung schlagen eine Brücke zwischen den intellektuellen Abenteurern und psychiatrischen Behandlungspionieren der frühen 1950er, der von den Hippies geschaffenen Gegenkultur der 1960er, der alternativen Psychiatrie der 1970er und 1980er, der explosionsartigen Verbreitung von Ecstasy in den 1980ern, der frühen Online-Drogenszene der 1990er und frühen 2000er – bis hinüber zu der chaotischen Situation, mit der wir am jetzigen Punkt des 21. Jahrhunderts konfrontiert sind.

Die Lage sollte durch eine Entwicklung, die aus heutiger Sicht leicht vorauszusehen war, noch komplizierter werden. Als das 20. Jahrhundert zu Ende ging, stellte das Netz nicht mehr nur einen Ort dar, an dem man über Drogen reden konnte – es war auch kurz davor, zu einem Ort zu werden, an dem man sie kaufen konnte.

4. Aufstieg und Fall der Research Chemicals

Bald nachdem *PIHKAL* auf Erowid veröffentlicht wurde, was ungefähr im Jahr 1999 geschah, wurden die ringsubstituierten Phenethylamin- und Tryptaminanaloge, die Shulgin für sich und seine Freunde hergestellt und ausprobiert hatte, auf einfach gemachten Websites in den USA zum Verkauf angeboten. Im Internet, wo das Gerede über ihre Wirkung immer stärker anschwoll, wurden die von Shulgin erfundenen Drogen als »Research Chemicals« bezeichnet. Diese angeblichen Forschungschemikalien waren nichts anderes als Designerdrogen – allerdings solche, die bis vor Kurzem nur sehr wenige Menschen jemals ausprobiert hatten. Grob gesagt handelt es sich entweder um Halluzinogene, Empathogene (Gefühle der emotionalen Verbundenheit auslösende Stoffe) oder Stimulanzien. Es gibt Hunderte solcher Drogen, und sie führen zu beinah ebenso vielen verschiedenen Bewusstseinszuständen, wie Weine aus Trauben oder Käsesorten aus Milch gemacht werden können. Um der Reihe nach die subjektive Wirkung jedes einzelnen Stoffes vollständig zu beschreiben, müsste man mehrere Bände füllen.

In dieser frühen Phase wurden solche Drogen hauptsächlich von ein paar Tausend selbst ernannten »Psychonauten« zur Erforschung ihres »inneren Raums« eingesetzt, die sich über die Wirkung der Stoffe informierten, indem sie wissenschaftliche Literatur wälzten und sich im Internet über ihre Erfahrungen austauschten. Das Internet sorgte für eine leichtere Verfügbarkeit und Verbreitung dieser neuen Drogen, deren Namen meist aus einer verwirrenden Aneinanderreihung von Zahlen und Buchstaben bestehen. Doch noch wichtiger war, dass man mithilfe des Netzes erfahren konnte, welche dieser Substanzen Spaß machten, für Horrortrips sorgten, transzendente Visionen auslösten, reine Geldverschwendung waren oder tödlich wirken konnten. Nicht nur in chemischer Hinsicht, sondern auch auf der Ebene der Informationen kam das Ganze einer Revolution gleich.

Man stelle sich nur die Zwickmühle vor, in der sich ein Konsument solcher Research Chemicals befand, der keine genauen Angaben zur Dosierung oder gegenseitigen Beeinflussung der neuen Stoffe finden konnte, auf die er gestoßen war oder die er hergestellt hatte. Die sicherste und vernünftigste Lösung des Problems bestand natürlich darin, andere Leute zu fragen, die bereits Erfahrung mit der Substanz hatten, und mithilfe des Internets wurde diese Art der Kommunikation nicht nur möglich, sondern kinderleicht. Die Konsumenten der neuartigen Drogen fanden sich in Scharen bei erowid.org ein und luden Tausende von Berichten über ihre Erfahrungen hoch. Manche waren langatmige, den Einträgen Shulgins nachempfundene Schilderungen mit haarkleinen Angaben zur Dosierung sowie zu »Set und Setting« – also der geistigen Verfassung und der Umgebung, in dem die Drogen eingenommen wurden, was beides enormen Einfluss auf die psychedelischen Erlebnisse haben kann, die man durch sie hat. Aus diesen unbedeutenden und abseitigen Anfängen, die ausschließlich eine winzige Minderheit waghalsiger Abenteurer betrafen, entwickelte sich in der Folge die Virtualisierung eines Teils des internationalen Drogenmarkts.

Im Jahre 2000 wurden Research Chemicals in sehr geringem Maß in geheimen Laboren in den USA, manchmal in Osteuropa und am häufigsten in China hergestellt. Und auch heute stellt sich die Lage noch weitgehend ähnlich dar, auch gegenwärtig ist China weltweit führend in der Produktion der Substanzen. Um die Jahrhundertwende war es bei den meisten dieser Drogen legal, sie herzustellen und in beinahe jedes Land der Welt zu exportieren. Viele von ihnen hatten zwar genau die gleiche Wirkung wie LSD und bestimme Amphetamine, doch waren sie so neu, dass sie in internationalen Drogengesetzen wie dem Einheitsabkommen über Betäubungsmittel von 1961 oder der Konvention über psychotrope Substanzen von 1971 nicht auftauchten und auch von den nationalen Rauschgiftbestimmungen vieler Länder nicht erfasst wurden. In den Listen kontrollierter Substanzen, die in den USA zur Bekämpfung des Drogenhandels aufgestellt werden, wurden die Stoffe ebenfalls nicht ausdrücklich genannt, hätten dort jedoch unter die breiter gefassten Bestimmungen des Federal Analog Act von 1986 fallen können, um den es gleich noch ausführlicher gehen wird.

Die britische und deutsche Gesetzgebung war allerdings in chemischer Hinsicht ein ganzes Stück moderner als die vieler anderer Länder – und auf jeden Fall bedeutend engmaschiger als die der USA. Während man in den Vereinigten Staaten versuchte, neu auf den Markt kommende Drogen über ihre Wirkung und Ähnlichkeit zu bereits verbotenen Stoffen in den Griff zu kriegen, enthielten die Gesetze in Großbritannien und Deutschland präzise Angaben zu den betroffenen molekularen Strukturen und Ringsubstitutionen, die nur von erfahrenen Chemikern verstanden werden konnten. Und diese Gesetze sollten sogar bald noch präziser werden.

Der schwedische Naturforscher Carl von Linné, der im Jahre 1707 in einem kleinen Dörfchen der Provinz Småland zur Welt kam, ist der Vater der modernen Klassifizierung von Pflanzen und Tieren. Auf einer Expedition nach Lappland im Jahre 1732 reiste Linné mehr als 7000 Kilometer durch Skandinavien, erst zu Fuß und dann auf dem Nordpolarmeer, und entdeckte dabei hundert neue Pflanzenarten. 1788 wurde mit der Linnean Society of London die älteste naturkundliche Gesellschaft der Welt gegründet. Ihr Sitz im Burlington House am Piccadilly beherbergt eine der großartigsten botanischen und zoologischen Sammlungen der Welt sowie unzählige Bücher und Drucke zu diesen Fachgebieten; sie stellt einen Hort des Wissens und der selbstlosen Erforschung und Erkundung dar. Am 12. Februar 1999 kam dort die London Toxicology Group (LTG) zusammen, eine Gruppe von Experten, die sich mit der Wirkung von Giften und Drogen auf den menschlichen Körper beschäftigten, um in den traditionsreichen Räumlichkeiten Untersuchungsergebnisse zu besprechen, die zum Verbot vieler Entdeckungen Alexander Shulgins führen sollten, dessen Expeditionen in unerforschte Bereiche des Geistes inzwischen als Gefahr für die Gesellschaft betrachtet wurden.

1998 war es bei verschiedenen Raves in Großbritannien zu einer Reihe von akuten Vergiftungen und Todesfällen gekommen, die durch ein starkes Amphetaminderivat namens 4-MTA verursacht worden waren. Die Präparate wurden von skrupellosen Dealern als extrem starke Ecstasypillen verkauft und waren als »Flatliners« bekannt, weil ihre drastische und unangenehme Wirkung einem Koma nahekam. Wer die Pillen nahm, wurde nicht selten einfach ohnmächtig und lag reglos in der Ecke irgendeines Nachtclubs oder eines Ravezeltes herum – eine verstörende Art, sich mithilfe von Drogen die Lichter auszuschießen. Die LTG sprach über eine Reihe von Fällen, zu denen es kurz zuvor bei einem Rave in dem Städtchen Shepton Mallet gekommen war, der unter dem Motto »Dreamscape«* veranstaltet wurde. Die Todesfälle klangen allesamt grauenvoll. Einer der Toten, der 21-jährige Psychologiestudent Rene Saunders, war vor Schmerzen zusammengekrümmt am Straßenrand gestorben, ohne dass es jemandem aufgefallen war.

Wie Ecstasy wurde auch 4-MTA von einem amerikanischen Chemiker entwickelt, und zwar von dem Universitätsprofessor David E. Nichols, als dieser Forschungen zu einem ungiftigen Mittel zur Freisetzung von Serotonin anstellte, das zur Unterstützung einer Therapie oder als Antidepressivum eingesetzt werden könnte. Nichols ist sowohl ein experimentell arbeitender Medizinalchemiker als auch ein Freund Shulgins, dessen Erbe er in vieler Hinsicht angetreten hat. Das Vorwort zu *PIHKAL*, das Nichols geschrieben hat, endet mit dem Satz: »Eines in der Zukunft liegenden Tages, wenn die Verwendung von chemischen Werkzeugen zur Erforschung des Geistes vielleicht wieder hoffähig ist, wird dieses Buch zu einer Schatzkammer werden, zu einer Art magischem Buch mit Zauberformeln, das die Psychiater/Schamanen von morgen mit Freude und Entzücken erfüllt.«[1] Inzwischen hat der Chemiker erklärt, er habe in dem Satz bewusst übertrieben, um die Arbeit seines hochgeschätzten Freundes zu loben, und sich auf diese Weise ein wenig von den Methoden des Rebellen distanziert.

Während der strubbelhaarige Shulgin in seinem von Eichhörnchen belagerten Schuppen arbeitete, waren die einzigen Nager, mit denen der von vielen schlicht Dr. Dave genannte Universitätsche-

---

* Traumlandschaft.

miker in Berührung kam, die Versuchstiere in den Laboren der Purdue University in Indiana, wo er eine prestigereiche Professur für Pharmakologie innehatte.

Wie Shulgins Werke fanden auch die von Dr. Dave bei Drogenkonsumenten und Dealern Anklang und wurden auf der ganzen Welt chemisch nachgebaut, um als Partydrogen zu dienen. Nichols hat jedoch nichts von Shulgins Outlaw-Mentalität und ist ein eher biederer Typ. Anders als der stets zum Duell bereite Shulgin scheint er lieber aus sicherer Deckung auf sein Ziel anzulegen. Während Shulgin dem Gesetz die Stirn geboten hat, es infrage stellte und letztlich Millionen von Menschen dazu ermutigte, es zu ignorieren, arbeitet Nichols aus dem etablierten Gesundheitssystem heraus und tritt nicht öffentlich für das Recht auf chemische Selbstbestimmung ein. Seine Ziele ähneln in mancher Hinsicht denen Shulgins, doch seine Methoden sind gänzlich andere.

Dieser hochkompetente Chemiker mit dem gepflegten Vollbart und der lockeren Art macht in seiner Freizeit gern Gartenarbeit und ist außerdem ein Meister auf der Mundharmonika. Er gibt zu, dass er sich in Kreisen bewegt, die gern die Legalisierung von psychoaktiven Substanzen zu therapeutischen Zwecken sehen würden. Doch betreibt er seine Forschungen in den Bereichen, auf die er schon seit Jahrzehnten spezialisiert ist – medizinische und bioorganische Chemie sowie molekulare Pharmakologie und Toxikologie – streng nach den Konventionen der Wissenschaft.

Wie alle an Universitäten forschenden Chemiker hat Nichols seine Studie zu 4-MTA nach der üblichen Begutachtung durch Fachkollegen veröffentlicht, in diesem Fall im *European Journal of Pharmacology*, wo sie 1992 erschien.[2] Wissenschaftliche Artikel wie diese sind für jedermann frei zugänglich und werden entweder in öffentlichen Bibliotheken oder heutzutage in vielen Fällen auch im Internet archiviert. In den späten 1990ern tauchte die Substanz in Großbritannien im Straßenhandel auf und wurde in Holland in einschlägigen Geschäften angeboten. Das Problem an den Pillen war, dass ihre Wirkung langsamer einsetzte als bei herkömmlichem Ecstasy, weshalb die Konsumenten oft ungeduldig noch weitere der Tabletten schluckten. Manche brachen einfach nur zusammen, andere jedoch starben, wie es bei dem Rave in Shepton Mallet geschehen war. Es war einer der ersten Fälle, in denen ein Research Chemical breite Verwendung fand, allerdings wurde speziell diese Droge nur in geringem Maß aus dem Internet bezogen und dazu noch unter Vorspiegelung falscher Tatsachen verkauft. Über einen Zeitraum von ungefähr einem Jahr starben insgesamt fünf Menschen an der Substanz.

4-MTA wurde ursprünglich in den sogenannten Smartshops Amsterdams angeboten, in denen psychoaktive Pflanzensamen, Kräuter und Nootropika – Nahrungsergänzungsmittel und nicht verschreibungspflichtige Arzneien, die die kognitiven Fähigkeiten und die Gedächtnisleistung verbessern – legal verkauft wurden. Diese Läden hatten in der Regel auch Magic Mushrooms, Tabletten zur Linderung des Drogenkaters, Taschensets zur chemischen Schnellanalyse von Ecstasypillen und anderes Hightech-Drogenzubehör im Angebot.

Die Smartshops stellten den Verkauf von 4-MTA ungefähr im Jahr 1998 ein, als die Gefährlichkeit der Substanz bekannt wurde. Die übrig gebliebenen Lagerbestände wurden dann jedoch zum Teil nach Großbritannien geschmuggelt, wo die Behörden noch im selben Jahr ein Lieferung von 25000 Pillen abfingen, von denen jede 100 Milligramm des gefährlichen Wirkstoffes enthielt. Es konnten jedoch bei Weitem nicht alle Pillen abgefangen werden, was für manchen Konsumenten tödliche Folgen hatte.

Auch in Deutschland wurde 4-MTA 1998 dem Betäubungsmittelgesetz unterstellt. Im Sommer 2000 verursachte die Substanz dennoch den ersten Todesfall in Sachsen-Anhalt. Eine Party, die als fröhliche Geburtstagsfeier begonnen hatte, endete mit dem Tod eines 17-jährigen Mädchens.[3]

Auf Erowid äußerte sich Nichols zu den Gründen, aus denen er den Stoff ursprünglich hergestellt hatte:

»Wir hatten nach Mitteln gesucht, die zur Ausschüttung von neuronalem Serotonin führten, und hofften, diese könnten sich als ähnlich wertvoll bei der Therapie erweisen wie SSRIs [selektive Serotonin-Wiederaufnahmehemmer, die als Antidepressiva eingesetzt werden]. Es macht mich traurig, dass es nun auch auf der Straße verwendet wird. Ich kann mir nicht vorstellen, wie jemandem die Einnahme der Substanz Vergnügen bereiten sollte, denn bei den Versuchen, die wir mit ähnlichen Stoffen an Ratten durchgeführt haben, zeigte sich, dass die Substanzen eine aversive oder unangenehme Wirkung haben.«[4]

In einem ebenfalls auf erowid.org veröffentlichten Erfahrungsbericht bestätigte ein Konsument der Droge diese Einschätzung:

»In meinem Kopf schrie ich, aber ich konnte nicht richtig reden. Verzweifelt rannte ich in der Gegend herum und versuchte, mich von meinen Empfindungen zu lösen, mein Geist funktionierte nicht mehr richtig. Ich wusste, mit der Einnahme dieser Droge war ich zu weit gegangen ... mit Amphetaminen, psychoaktive Substanzen und selbst mit Ketamin wurde ich fertig, aber so etwas hatte ich noch nie erlebt, es war unbegreiflich ... Ich konnte Stimmen hören, die mir sagten, ich würde sterben und dass ich wahrscheinlich am besten mit allem Schluss machen sollte. Ich schwitzte wie ein SCHWEIN. Ich hatte das Gefühl, nicht mehr atmen zu können, obwohl alle anderen mit der Luft keine Schwierigkeiten hatten. Aber Luft war nicht mehr das Richtige für mich, ich brauchte ein anderes Gas. Gott, fühlte ich mich verloren. Gott gab mir zu verstehen, dass ich es auch war.«[5]

Nachdem die versammelten Forscher der LTG sich über 4-MTA ausgetauscht hatten, war es nicht überraschend, dass sie genauso wie ihre Kollegen auf dem europäischen Festland die Empfehlung aussprachen, den Stoff in die Liste kontrollierter Substanzen aufzunehmen.

Dann wendete sich die Gruppe dem nächsten Punkt auf ihrer Tagesordnung zu: den Auswirkungen der erhöhten Nachfrage nach Designerdrogen, die einigen der Mitglieder aufgefallen war und bei dem das Internet dazu benutzt wurde, unter anderem auch jene starken psychoaktiven Substanzen zu verkaufen, die von Alexander Shulgin erfunden worden waren. Im Protokoll der Sitzung heißt es:

»Dr. Les King vom Forensic Science Service gab einen Überblick über den Misuse of Drugs Act und ging besonders darauf ein, wie er auf die Stoffgruppe der Phenethylamine angewendet wird. Alle Phenethylamine der Klasse A sind ringsubstituiert und halluzinogen. Diese werden in dem Gesetz sowohl im Einzelnen als auch allgemein aufgeführt. Weitere Phenethylamine kommen in Klasse B (Amphetamin und Methylamphetamin) und Klasse C (Benzphetamin) vor. Das Buch *PIHKAL (Phenethylamins I Have Known and Loved)* enthält 170 ringsubstituierte Verbindungen, die von dem Gesetz als Drogen der Klasse A eingestuft werden. Bei ungefähr 34 in dem Buch aufgeführten Verbindungen, zu denen auch 4-Methylthioamphetamin (4-MTA) gehört, hat sich herausgestellt, dass sie bei der pauschalen Klassifizierung [im Jahre 1971 und 1977] durchs Raster gefallen sind, doch diese sollen nun durch eine neue Verordnung abgedeckt werden.«[6]

Das frühere Verbot von Phenethylamin- und Tryptaminpräparaten im Jahre 1977 – als der Misuse of Drugs Act zum ersten Mal ergänzt wurde, um nach dem Aufkommen der psychedelischen Droge Bromo-STP in den Midlands zahlreiche ringsubstituierte Amphetamine verbieten zu können – hatte Dutzende von Shulgins Verbindungen nicht erfasst, was hauptsächlich daran lag, dass die damaligen Gesetzgeber und Regierungsberater von seinem chemischen Einfallsreichtum überfordert gewesen waren.

Nun jedoch nahm Shulgins Buch den Politikern und Forschern gewissermaßen die Arbeit ab: Schließlich waren darin alle übrigen Varianten, die er bisher zur Grundstruktur der Phenethylamine entdeckt hatte, fein säuberlich an einem Ort zusammengestellt. Der Advisory Council on the Misuse of Drugs (ACMD), der unabhängige Expertenrat, der die britische Regierung in Drogenfragen berät, nahm diese Sitzung der LTG zur Grundlage, um der Regierung ein Pauschalverbot auch aller restlichen Stoffe zu empfehlen, die in *PIHKAL* und *TIHKAL* vorkamen.

Schließlich wurden 36 einzeln aufgeführte Drogen zum Misuse of Drugs Act von 1971 hinzugefügt, und als die Verordnung am 1. Februar 2002 in Kraft trat, waren damit sämtliche in Shulgins gesammelten Werken veröffentlichte Substanzen verboten. Sie wurden als Drogen der Klasse A eingestuft, zu denen auch Heroin, Kokain und andere süchtig machende Stoffe gehören, obwohl man durchaus der Meinung sein kann, dass sie nicht gleichermaßen schädlich sind und keine körperliche Suchtgefahr besteht.

Das neue Gesetz ließ jedoch ungewollt eine Hintertür für jede andere Droge offen, die den darin gemachten Angaben nicht entsprach. Die Drogendesigner fanden bald einen Weg um die ihnen in den Weg gelegten Hindernisse. In gewissem Sinne ließ sich anhand dieser mit großer klinischer, pharmakologischer und juristischer Präzision aufgestellten Hindernisse sogar auf bequeme Weise herausfinden, was genau vom Gesetz verboten war und was nicht.

Anders als Großbritannien hat Deutschland bisher mit keiner umfassenden Änderung des Betäubungsmittelgesetzes auf die neuen psychoaktiven Substanzen reagiert. Hier versucht man nicht wie auf der anderen Seite des Kanals, den Herstellern einen Schritt voraus zu sein – so schwierig das auch sein mag. Stattdessen wird jeder einzelne Stoff erst auf seine Gefährlichkeit geprüft, nachdem er bereits auf dem Markt erschienen ist, und das Betäubungsmittelgesetz einmal pro Jahr per Verordnung entsprechend ergänzt.

Noch vorausschauender als in Großbritannien wollte man in den USA vorgehen, wodurch die Hintertür allerdings eher noch weiter geöffnet wurde und sich zudem – wie wir noch sehen werden – auch verschiedene andere Probleme ergaben. Hier wurde kein Pauschalverbot für die in Shulgins Büchern gepriesenen Substanzen erlassen, sondern man verließ sich zu ihrer Bekämpfung auf den Controlled Substance Analog Enforcement Act von 1986, der kriminellen Chemikern die Arbeit zu erschweren suchte, indem er alle Drogen verbot, die bereits verbotenen Drogen »ähnlich« waren. »Ein Analog zu einer kontrollierten Substanz soll, soweit es zum Konsum durch Menschen bestimmt ist, behandelt werden ... wie eine der in Liste I enthaltenen kontrollierten Substanzen«, legte das Gesetz fest und definierte ein Analog als Substanz, die chemisch der verbotenen Droge, auf der sie basiert, stark ähnelt, die eine dem Ausgangsmolekül ähnliche stimulierende, sedierende oder halluzinogene Wirkung hat oder in dieser Weise dargestellt wird.

Einen ähnlichen Weg beschritt auch Österreich, als es im Jahr 2012 das Gesetz zu Neuen Psychoaktiven Substanzen (NPSG) einführte, das einem generischen Ansatz zum gesundheitlichen Schutz der Konsumenten und zur Abschreckung der Hersteller und Dealer folgt. Dass in Deutschland hingegen nur Einzelstoffe und keine übergreifenden Stoffgruppen verboten werden können, wurmt viele deutsche Juristen, darunter auch Jörn Patzak. Der Staatsanwalt ist Herausgeber der Website betäubungsmittelrecht.info und ein Hardliner der Drogenverfolgung. Das verhindert allerdings nicht, dass immer wieder E-Mails in seinem Postfach landen, in denen ihm angeboten wird, synthetische Cannabinoide über einen Webshop zu beziehen. Das ist eine der vielen Seltsamkeiten der Geschichte um Legal Highs und Research Chemicals, dass ein Staatsanwalt, der sich regelmäßig über den Verkauf von Drogen über das Internet informiert, deshalb in Spam-Mails gefragt wird, ob er neue psychoaktive Substanzen kaufen möchte.

Patzak, der seit 2000 als Staatsanwalt agiert, erklärt:

»Wenn das Betäubungsmittelgesetz nicht greifen kann, weil der Stoff ›noch‹ legal ist, bleibt uns in Deutschland nur die Möglichkeit, mit dem Arzneimittelgesetz zu reagieren. Denn die Definition von Arzneimitteln lautet: Jeder Stoff, der im menschlichen Körper eine physiologische, immunologische oder metabolische Wirkung erzeugt, ist ein Arzneimittel. Das ist heute die Rechtsgrundlage bei vielen Verfahren gegen die Internethändler, wenn diese Substanzen verkauft haben, die noch nicht dem Betäubungsmittelgesetz unterstellt sind.«

Doch gibt es auch viele Gegenstimmen, die sich fragen, ob solche Stoffe überhaupt Arzneimittel im Sinne des Gesetzes sind, denn diese sind ja per Definition dafür gedacht, Krankheiten zu heilen, zu verhüten oder Diagnosen zu ermöglichen. Fielen Research Chemicals und Legal Highs in den Anwendungsbereich des Arzneimittelgesetzes, würden die Grenzen zwischen Arzneimittel- und Betäubungsmittelrecht völlig verschwimmen.[7]

Für ähnlich verschwommen und ungenau hält auch der amerikanische Drogenguru Shulgin das oben genannte Pauschalgesetz, das in seinem Land zur Bekämpfung der neuen Labordrogen eingesetzt wird. Schon wie es formuliert ist, wird seiner Meinung nach weder der Komplexität der organischen Chemie noch jener der englischen Grammatik gerecht. Um als illegal eingestuft zu werden, muss eine Substanz sowohl in ihrer chemischen Zusammensetzung als auch in ihrer Wirkung und Darstellung einer bereits verbotenen Substanz entsprechen – oder nur eine einzige dieser drei Bedingungen erfüllen? Schon in seinem Buch *PIHKAL* zog Shulgin über das Gesetz her und meinte, es sei so vage gehalten, dass man es für einen bewussten Akt der Verschleierung halten könnte, der es dem Staat ermöglicht, Menschen nach Belieben ins Gefängnis zu stecken. Was die Feinheiten der organischen Chemie betrifft, stellte es sich jedenfalls sowohl in gesellschaftlicher als auch in gesetzlicher Hinsicht als kurzsichtig heraus.

Lange bevor sich der Markt für neue Drogen um das Jahr 2000 im Internet zu etablieren begann, wurde Damon S. Forbes aus Colorado vor Gericht gestellt, weil er Alpha-Ethyltryptamin (A-ET), ein Medikament aus der Tryptamin-Familie, online bei einem Chemikalienversand bestellt hatte. In geringen Dosen wirkt A-ET wie ein Antidepressivum; nimmt man zu viel davon, bekommt man Halluzinationen. Am 20. November 1992 hatte der Richter Lewis T. Babcock die wenig beneidenswerte Aufgabe zu entscheiden, ob A-ET nach amerikanischer Gesetzeslage als ein Analog von DMT zu betrachten war. »Die Angeklagten argumentieren, dass laut der entsprechenden Stelle im Gesetz dafür zwei Bedingungen erfüllt sein müssen. Die erste Bedingung setzt voraus, dass die Substanz entweder eine im Wesentlichen ähnliche Wirkung auf das menschliche Nervensystem ausüben muss oder aber eine solche Wirkung *beabsichtigt* ist [meine Hervorhebung]. Der Staat argumentiert, dass eine Substanz als Analog anzusehen sei, sobald sie auch nur eine der drei Bedingungen erfüllt. Ich stimme mit den Angeklagten überein«, sagte der Richter. »Mein Urteil lautet, dass die Definition eines Analogs zu einer kontrollierten Substanz, wie auf A-ET angewendet, in diesem spezifischen Fall verfassungswidrig vage ist. Ohne Zweifel bietet sie weder Rechtsklarheit noch einen effektiven Schutz gegen Willkürjustiz«, entschied er.[8] Die Klage wurde abgewiesen.

Klagen, die auf der chemischen Struktur und der Wirkung eines Stoffes basierten, konnten erfolgreich abgeschmettert werden, wenn man sich einen guten Anwalt leisten konnte. Der Vorwurf, eine Substanz könnte in Wirklichkeit verkauft werden, um als Droge zu dienen, ließ sich durch die schlichte Warnung »Nicht zum Verzehr geeignet« entkräften – ein leicht zu durchschauender Trick, den später auch viele Onlineverkäufer von Designerdrogen anwenden würden, wenn sie ihre Waren als »Pflanzendünger« oder »Badesalz« vertrieben. Die Käufer verstanden den Wink, während Drogen-, Nahrungs- und Arzneimittelbestimmungen damit erfolgreich umgangen wurden.

Das unzulängliche Flickwerk, das die internationale Gesetzgebung zu synthetischen Drogen in vieler Hinsicht darstellte, sollte durch die verbindende Kraft des Netzes bald noch weiter geschwächt werden. Und egal was letztlich in den Gesetzen stand, in den USA und auch anderswo herrschte im Jahre 2000 die Einstellung, dass diese Drogengesetze im Internet nicht wirklich galten, besonders wenn die zum Verkauf angebotenen Substanzen auf keiner schwarzen Liste zu finden waren. Nachdem jahrelang auf Usenet und den Seiten des »Hive« über die besten Synthesemethoden gefachsimpelt worden war, *PIHKAL* nun auch online seine Geheimnisse preisgab und es gleichzeitig immer mehr Internetnutzer gab, begann im Jahr 2000 der Handel mit den sogenannten Research Chemicals richtig in Gang zu kommen. Viele von Shulgins Substanzen konnte man online kaufen und sie sich innerhalb weniger Tage an jeden Ort der Welt liefern lassen. Die psychedelische Schatztruhe, die *PIHKAL* und *TIHKAL* darstellten, war geöffnet, und Halluzinogene und Empathogene wie 2C-I, 2C-E, 2C-T-7, 5-MeO-DMT, 2C-D, 2C-T-2 und AMT waren für jeden erhältlich, der über eine Internetverbindung und eine Kreditkarte verfügte. Die Research Chemicals wurden manchmal in sehr kleinen Dosierungen verkauft, daher war kein großes Lager nötig, um ein anständiges Sortiment anbieten zu können: 1000 Milligramm 2C-E, also ein Gramm der Substanz, ließen sich ohne größere Schwierigkeiten in 100 separaten und sehr wirkmächtigen Dosen von jeweils 10 Milligramm verkaufen.

Eine frühe Anlaufstelle im amerikanischen Onlinehandel mit Research Chemicals war eine Website namens JFL Poisonous Non-Consumables, die vor allem in den späten 1990ern und frühen 2000ern gute Geschäfte machte und deren Homepage ein auffälliger Fliegenpilz schmückte. Auf den anderen Seiten des Anbieters wurde man jedoch zu Dutzenden von Stoffen weitergeleitet, die sich im Grenzbereich der Legalität bewegten. Dazu gehörte auch 2C-T-7, eine Droge, die laut Shulgin zu besonders farbenfrohen Halluzinationen führte und auf die die Probanden seiner »Forschungsgruppe« beinah durchgängig positiv reagiert hatten. Einer von ihnen schrieb:

»PIHKAL #43 2C-T-7

(bei 20 Milligramm) Ich lege mich hin, um Musik zu hören, und werde ganz von dem Gedanken erfüllt, so still wie möglich dazuliegen. Ich habe das Gefühl, wenn ich absolut, vollkommen still daliegen kann, dann werde ich die innere Stimme des Universums hören. Während ich still werde, wird die Musik unglaublich schön. Ich begreife, wie ungemein wichtig es ist, einfach nur zuzuhören, allem zuzuhören, den Menschen und der Natur, und dabei für alles empfänglich zu sein. Etwas sehr, sehr Spezielles geschieht, wenn man diesen Zustand der vollkommenen Stille erreicht, also fahre ich fort, mich darauf zu konzentrieren. Sobald ich vollkommen still werde, kommt es zu einem gewaltigen Ausbruch von Energie. Die Explosion ist so heftig, dass es enorme Anstrengungen kostet, zurück zur Ruhe zu finden und wieder still dazuliegen. Ein Riesenspaß.«[9]

Bisher waren diese Drogen nur von Shulgins Freunden und Bekannten ausprobiert worden, daher wurde erowid.org zu einer wichtigen Adresse für all jene, die mehr über ihre Wirkung und die beste Einnahmeform erfahren wollten – also ob man die Substanzen rauchen, schnupfen, injizieren oder sie sich anal einführen sollte (eine beliebte Verabreichungsmethode, die als »plugging«* bekannt ist und besonders von jenen Konsumenten angewendet wird, die mehr Wirkung für ihr Geld haben wollen, da bei der Aufnahme durch die Darmschleimhäute geringere Dosen nötig sind).

In jenen Jahren von 2000 bis 2004 war ein deutliches Gefühl der Begeisterung und Verbundenheit im Netz spürbar. Ständig tauchten so viele neue Forumsbeiträge und Stoffe im Internet auf, dass man kaum den Überblick behalten konnte. Manche dieser Drogen wurden nicht nur online verkauft, sondern auch in halbseidenen Headshops: neonbeleuchtete Techno-Hippie-Höhlen, zu deren fragwürdigem Sortiment ebenso neue Nootropika wie Piracetam, in China herstellte Analoge von Erektionsmitteln und oaxacanische Traumkräuter wie *Calea zacatechichi* gehörten.

Die Szene breitete sich schnell über den ganzen Globus aus. Auch Japan fand rasch Anschluss, und plötzlich hatten die dortigen Headshops, in denen jahrelang nur kaum wirksame Legal Highs zu erstehen gewesen waren, Substanzen im Angebot, die es zuvor ausschließlich in Shulgins Schuppen gegeben hatte. Wie in der heutigen anarchischen Szene wurden auch damals die Drogen manchmal mit Etiketten beklebt, die den wahren Inhalt verschleiern sollten. So wurde 2C-T-7 im Internet und auf den Straßen des Tokioter Stadtbezirks Roppongi in 18-Milligramm-Fläschchen unter dem Markennamen Blue Mystic Powder angeboten (die wahre Zusammensetzung kam erst Jahre später ans Licht). Die Käufer wussten ganz genau, dass es sich um eine Droge handelte, und die Ladenbesitzer klärten sie leise über die beste Einnahmeform und die zu erwartende Wirkung auf.

In einem Interview, das im September 2012 im amerikanischen Lifestylemagazin *VICE* erschien, erzählte ein Hersteller von Designerdrogen dem Journalisten Hamilton Morris, wie es zum Aufstieg von 2C-T-7 gekommen war:

»Ungefähr im Jahre 1998 gab es einige von uns, die an Shulgins Thio-Verbindungen herumbastelten, den 2C-Ts. Sie waren viel

---

* Stopfen oder Stöpseln.

schwieriger als die normalen Phenethylamine, und wir fanden einfach keine effektive Methode, sie herzustellen. Also legte schließlich eine private Gruppe von Chemikern und Investoren zusammen und beauftragte ein Labor in Polen, ein Kilogramm 2C-T-7 herzustellen. Die Sache war absurd teuer, und das Ganze kam mir wie eine wirklich extreme Maßnahme vor. Soweit ich weiß, stellte diese gemeinschaftliche Anstrengung den ersten Fall dar, in dem die Endverbraucher eine Droge aus dem halblegalen Bereich nach ihren Wünschen synthetisieren ließen. Keine zwei Jahre später boomte die Droge dann plötzlich und wurde erst als Blue Mystic in den Niederlanden angeboten und dann als reine Chemikalie [online] in den Staaten. 2C-T-7 war eine der ersten Research Chemicals im Sinne heutigen Drogendesigns, und meiner Meinung nach war sie anfangs zum Teil deshalb so beliebt, weil es so schwierig war, sie in einem heimlichen Labor herzustellen, und man sie deshalb nirgendwo hatte kriegen können.«[10]

Der Schwerpunkt der neuen Drogenszene lag in den Niederlanden, und auf den dortigen Straßen war sie genauso präsent wie im Netz. Eine Droge, die unter dem Namen Explosion lief, wurde in Holland in verdünnter Form als in kleine Röhrchen abgefüllter »Raumerfrischer« verkauft. Wie später festgestellt wurde, war der Hauptbestandteil des angeblichen Haushaltsartikels das auch als bk-MDMA bezeichnete Methylon – eine Art MDMA-light, das von Shulgin in den Jahren entwickelt wurde, nachdem seine Bücher zum ersten Mal in gedruckter Form erschienen waren. (Damals wusste es keiner, doch auch in Großbritannien wäre der Verkauf von Methylon erlaubt gewesen, da es sich um eine strukturelle Modifikation des Phenethylamingerüsts handelte, die weder 1977 noch 2004 von den Ergänzungen des Drogengesetzes erfasst worden war.)

Methylon ähnelt zwar MDMA, besitzt jedoch eine schwächere und weniger tiefgehende Wirkung. Manche bezeichnen es als eine »ehrlichere« Version von MDMA, welches ihrer Meinung nach ein Gefühl der Vertrautheit erzeugen kann, das im Nachhinein unecht erscheint. Für jeden Konsumenten fühlt sich die Wirkung einer

Droge jedoch anders an, weshalb viele Forenteilnehmer Beiträge über ihre Erfahrungen oft mit dem Kürzel »YMMV« abschließen, das für »Your Mileage May Vary«* steht. Psychoaktive Drogen funktionieren auf raffiniertere Weise als Alkohol, und sowohl die geistige Verfassung des Konsumenten als auch die Umgebung, in der die Substanz eingenommen wird, können ihre Wirkung enorm beeinflussen.

In den späten 1990ern und frühen 2000ern stieg die Zahl der auf dem Markt angebotenen Drogen und ihre Verfügbarkeit alle paar Monate weiter an. Manche Drogen und die Zirkel, in denen sie konsumiert wurden, waren wirklich bizarr: Von einem Stoff namens DiPT hieß es, er lasse Musik eine Oktave tiefer klingen, während ein anderes wirkmächtiges Tryptamin namens DTP von den Mitgliedern des Temple of The True Inner Light, einer esoterischen Sekte in Manhattan, im buchstäblichen Sinne als das Fleisch Gottes verehrt wurde.

Die Onlinehändler beauftragten immer öfter normale chemische Labore mit der Synthese der von ihnen gewünschten Stoffe, und bald begannen in der Feinchemie tätige Unternehmen in China den größten Teil der Herstellung zu übernehmen. Die Namen dieser Firmen wurden zu einem eifersüchtig gehüteten Geheimnis – was nur zu verständlich war, denn die mit ihren Lieferungen gemachten Umsätze wuchsen allmählich in den mehrstelligen Millionenbereich. Die auf dem grauen Markt aktiven Chemiker sahnten bei einem Spiel ab, von dem die Behörden nicht einmal wussten, dass sie es spielten, und die Menschen schluckten, produzierten, kauften und verkauften alle möglichen neuartigen psychoaktiven Stoffe und tauschten sich im Internet offen darüber aus. Und zum ersten Mal schienen sie auch wirklich keine rechtlichen Folgen fürchten zu müssen und umgingen die immer noch von den Diktaten der Nixonzeit und Reagans altmodischen Predigten geprägten Gesetze mit derselben unbekümmerten Leichtigkeit, mit der Daten sich an der Zensur vorbeischlängeln.

* Die tatsächlich erzielte Wirkung kann anders ausfallen; angelehnt an entsprechende Angaben zum Benzinverbrauch (mileage) eines Autos.

Der amerikanische Krieg gegen Drogen hatte nicht nur einen Markt, sondern auch ein Motiv für den Kauf und Verkauf dieser Drogen geschaffen. Wenn Drogenfreunde etwas Ähnliches wie einen LSD-Trip erleben wollten, ohne dafür ins Gefängnis zu wandern, dann konnten sie sich einfach diese neolegalen Alternativen besorgen. Auch die Händler glaubten (fälschlicherweise, wie sich herausstellen sollte), dass die pseudowissenschaftliche Bezeichnung Research Chemicals und die beigefügte Verzehrwarnung sie davor retten könnten, um vier Uhr morgens von den Donnerschlägen der Ramme geweckt zu werden, mit der die Drogenbehörde gerade ihre Tür aufbricht. Sie glaubten, dass sie im Falle einer Anklage behaupten könnten, sie hätten die Drogen als reine Kuriositäten und Sammlerstücke für Chemienerds angeboten. Der Internethändler JFL Poisonous Non-Consumables hatte einen ziemlich umfassenden Warnhinweis zusammengestellt, von dem er annahm, er würde ihn vor den Behörden beschützen. Der spöttische Ton der Warnung könnte die Betreiber teuer zu stehen gekommen sein:

»Nicht oral (über den Mund) als Nahrung, Getränk, Kaubonbon, Zahnstocher, Nahrungsergänzungsmittel, Medikament, Partydroge oder Mittel zum Selbstmord einnehmen. Nicht injizieren, inhalieren, schnupfen, sniffen oder rauchen. Nicht sich selbst oder anderen in den Mund, die Nase, das Ohr, das Auge, den Anus, die Harnröhre, die Vagina oder in irgendeine andere Körperöffnung stecken, einführen oder werfen. Lassen Sie nicht zu, dass irgendein kohlenstoffbasiertes Erzeugnis feucht wird, beim Verfall krankheitserregende Keime produziert und die faulige schwarze Masse dann in Kontakt mit Ihrem Körper (besonders nicht mit Ihren Schleimhäuten) oder mit einer der zuvor genannten Körperöffnungen kommt und so zu einer ansteckenden Erkrankung führt. Tun Sie das nicht. Und tun Sie auch Folgendes nicht: Verwenden Sie keine der von JFL verkauften Produkte als Kriegswaffen oder Gewaltwerkzeuge, indem Sie sie zum Beispiel zu Hochgeschwindigkeitsprojektilen umfunktionieren und damit auf Menschen oder Eigentum zielen. Nicht als Zunder zum Entfachen eines Feuers verwenden, um Brandstiftung zu begehen oder sich selbst oder jemand anderen oder jegliches öffentliche oder private Eigentum zu verbrennen. Nicht auf dem Boden liegen lassen, damit niemand darüber stolpert oder darauf ausrutscht und es so zu einem Personenschaden kommt.«[11]

Trotz des allzu selbstgefälligen Tons steckte in dieser Warnung eine interessante neue Sicht des Drogenkonsums als Wahlmöglichkeit, für die jeder Konsument selbst die Verantwortung trägt und bei der allein das Individuum das Sagen über Richtig oder Falsch hat. Die Botschaft war klar: Wenn man weiß, was man tut, wenn man sich informiert hat und die einschlägigen Bücher, Websites und Tripberichte gelesen hat, warum sollten die Drogengesetze des Landes dann für einen gelten? Die ganze Szene, die sich um die sogenannten Forschungschemikalien formiert hatte, war erschreckend individualistisch eingestellt und wirkte wie die digitale Neuauflage einer Kultur der Selbstbestimmung, wie sie zuletzt in den 1960ern eingefordert worden war.

Manche jedoch wendeten die neuen Drogen aber auch auf nicht korrekte Weise an und starben an einer Überdosis; zwischen der gefahrlosen und gefährlichen Verwendung lag nur ein schmaler Grat. Mehrere Menschen starben beispielsweise, nachdem sie 2C-T-7 auf falschem Wege ihrem Körper zugeführt hatten – sie hatten die Substanz geschnupft, wodurch sie nicht zuerst vom Verdauungssystem metabolisiert wird und sich ihre Wirkung verstärkt. Diese Todesfälle führten zur ersten Enthüllungsstory über die Research Chemicals, die 1999 im *Rolling-Stone*-Magazin erschien. Im Oktober 2000 schnupfte dann ein 20-Jähriger namens Jacob Daniel Duroy aus Oklahoma ungefähr 35 Milligramm 2C-T-7. Innerhalb kürzester Zeit musste er sich erbrechen und schrie, er werde von bösen Geistern attackiert. Eineinhalb Stunden später starb er auf dem Weg ins Krankenhaus.

Obwohl sie praktisch unaufhörlich im Internet wiederholt wurde, ließ im April 2001 auch der 17 Jahre alte Teenager Joshua Robbins aus dem Örtchen Cordova in Tennessee die wichtigste aller Warnungen unbeachtet: Er schnupfte ebenfalls eine nicht bekannte Menge 2C-T-7. Wie die Zeitschrift *Rolling Stone* erneut berichtete, starb Robbins unter großen Schmerzen und schrie dabei: »Das hier ist idiotisch, ich will nicht sterben.« Im selben Monat starb ein Mann, dessen Name nicht veröffentlicht wurde, in der Umgebung von Seattle, nachdem er eine unbekannte Menge 2C-T-7 zusammen mit 200 Milligramm MDMA eingenommen hatte.[12]

Es wurde behauptet, eines der Opfer sei an einer Substanz gestorben, die er von JFL Poisonous Non-Consumables bezogen habe. 2001 wurde die Website von der DEA stillgelegt. Der Besitzer Mark Niemoeller wurde zu drei Jahren Bewährung unter Aufsicht eines Bewährungshelfers, zwölf Monaten elektronisch bewachtem Hausarrest sowie einer Geldbuße von 12100 Dollar verurteilt und musste außerdem die Beschlagnahmung von 200000 Dollar und eines Fahrzeugs hinnehmen. Doch es handelte sich um einen Warnschuss, dem nur wenige Vertreter der Branche Beachtung schenkten.

2003 verhaftete die DEA bei der Operation »Pipe Dream«* 50 Personen, die Zubehör wie Pfeifen, Bongs und Zigarettenpapier verkauften. John B. Brown III., damals stellvertretender Leiter der DEA, erklärte gegenüber Journalisten: »Händler, die übers Internet Zubehör verkaufen, stellen einen wichtigen Aspekt dieses Falles dar. Es gibt keine einfachere Methode, junge Menschen zu erreichen – und an ihren Eltern vorbeizukommen –, als über das Internet. An diese Seiten heranzukommen erfordert sehr viel harte Arbeit. Aber allen besorgten Eltern können wir heute versichern, dass es elf Dotcoms gibt, hinter deren Geschäfte wir einen Schlusspunkt gesetzt haben.«[13]

Aus heutiger Sicht erscheint Browns Glaube, er hätte die Situation unter Kontrolle, sogar noch eitler als damals.

Die neue Drogenszene fuhr noch ein paar Jahre fort zu florieren, doch auf jedes High folgt irgendwann ein Low, und als der große Katzenjammer schließlich losging, traf er alle Beteiligten umso här-

---

* Luftschloss, Fantasterei; wörtlich übersetzt: Pfeifentraum (im Zusammenhang mit dem Gebrauch von Opiumpfeifen und den durch die Droge ausgelösten Fantasien entstanden).

ter. Möglicherweise hat die im Jahre 2003 erfolgte Einführung der Research Chemical Mailing List (RCML), die den Erwerb der neuen Drogen eigentlich erleichtern sollte, indem darin Händler empfohlen wurden, die nicht in den Listen der .alt-Foren vorkamen, zur Aufdeckung der verborgenen Szene durch die amerikanische Drogenbehörde beigetragen. Mithilfe der Mailingliste sollten Informationen von vertrauenswürdigen Teilnehmern sowie aus anderen Quellen gesammelt werden, um so eine Branche zu regulieren, die im Grunde illegal war. »Diese Liste soll eine umfassende, aktuelle Zusammenstellung aller Firmen bieten, die Research Chemicals vertreiben und von den Käufern keine Genehmigung der DEA verlangen«, verkündeten die Herausgeber der Liste im Jahre 2003. Sie fuhren fort: »Da Research Chemicals in letzter Zeit an Bekanntheit zugenommen haben, ist es nicht mehr sicher, die Namen dieser Firmen in öffentlichen Foren wie alt.drugs.psychedelics zugänglich zu machen. Auch kommen ständig neue Unternehmen hinzu, von denen manche sicherlich betrügerische Absichten verfolgen. Deshalb wollen wir einen privaten Dialog zwischen den Empfängern der Liste ermöglichen, in dessen Rahmen man sich über die Unternehmen selbst, die Qualität der von ihnen angebotenen chemischen Stoffe sowie deren Preise austauschen kann.«[14]

Die Administratoren der Mailingliste wurden für ihr Vorgehen zugleich bewundert und verachtet, da nun jeder an die wertvollen Informationen gelangen konnte, der sich auf den Verteiler der Liste setzen ließ. 2003 war der Handel mit den neuen Drogen bereits auf einen Umsatz von mehreren Millionen Dollar angewachsen und stellte die Gesetzgeber vor eine Reihe ungekannter Herausforderungen. Die Drogen selbst waren so klein, dass man sie an jeden Ort der Welt verschicken konnte. Doch nun hinterließ nicht nur der Waren- und Geldtransfer Spuren, auch im Internet fanden sich belastende Daten, und es war unausweichlich, dass irgendwann der Arm des Gesetzes durchgreifen und die Party ein Ende haben würde. Am 21. Juli 2004 schlugen die Behörden zu. Die Operation »Web Tryp« führte zur Verhaftung von zehn Personen, die Research Chemicals verkauft hatten, und der Schließung von fünf Websites, über die der Verkauf gelaufen war: Pondman.nu, American Chemical Supply, Omega Fine Chemicals, Rac Research und Duncan Lab Products.

Die DEA vermeldete ihren Erfolg – der Krieg war vorbei, die Mission erfüllt. Karen P. Tandy, die damalige Leiterin der Behörde, erklärte:

»Im Zuge der Operation Web Tryp wurde gegen Internetseiten ermittelt, die unter dem Deckmantel des Verkaufs von »Research Chemicals« hochgefährliche Analoge zu Designerdrogen vertrieben, die hauptsächlich aus China und Indien in die USA eingeführt wurden. Diese Websites unterhielten weltweit Beziehungen zu Tausenden von Kunden. Von dem Betreiber einer der Seiten ist bekannt, dass er einen Umsatz von schätzungsweise 20000 Dollar pro Woche machte, während eine andere bereits seit mehr als fünf Jahren in Betrieb ist. Diese Websites haben Substanzen verkauft, die bei mindestens zwei Personen zu einer tödlichen Überdosis geführt haben und bei vierzehn weiteren Personen zu Überdosen ohne tödliche Folgen. Diese Dealer dringen in den Privatbereich unserer vier Wände ein, um unsere Kinder zum Kauf ihrer zerstörerischen Substanzen zu verleiten, von denen sie vorgeben, sie seien harmlos und legal. Die Herstellung von Analogen ähnelt einem Zaubertrick, mit dem die Dealer die Strafverfolgungsbehörden an der Nase herumführen wollen. Wir sind nicht darauf hereingefallen, und wir müssen durch Aufklärung dafür Sorge tragen, dass auch unsere Kinder nicht darauf hereinfallen. Die heutige Maßnahme wird zu Verhinderung von weiteren Todesfällen und Überdosen in der Zukunft beitragen und all jenen als Warnung dienen, die sich des Handels mit Designerdrogen und des illegalen Gebrauchs des Internets schuldig machen.«[15]

Tandy ging nicht näher auf die Raves der amerikanischen Marine ein, die sie kurz erwähnt hatte und bei denen aufgegeilte Matrosen dabei erwischt worden waren, wie sie eine Droge konsumiert und unter die Leute gebracht hatten, die sie auf einer der aufgeflogenen Websites gekauft hatten. Der Name der Droge lautete 5-MeO-DIPT, und sie war als starkes Aphrodisiakum bekannt. Wie bei den meisten angeblichen Forschungschemikalien existieren auch zur Wirkung dieser Droge kaum seriöse Untersuchungen, und es ist unmöglich zu sagen, wie dieser berüchtigte erotisierende Stoff wirkt. Shulgin hielt in *TIHKAL* fest: »(bei 7 Milligramm oral) Innerhalb von einer Stunde befand ich mich an einem wunderbaren, erregenden Ort. Alles hatte einen erotischen Unterton. Der Sex war explosiv.«[16]

Der Operation Web Tryp folgten weitere Verhaftungen in den USA. Im Jahre 2005 wurde David Linder, der 52-jährige, in Arizona ansässige Betreiber von Pondman.nu, zu 410 Jahren Haft verurteilt, weil ein Gericht ihn als verantwortlich für den Tod von Phillip Conklin befand, eines 18-Jährigen aus dem Örtchen Hancock im Bundesstaat New York, der an einer Überdosis der Droge AMT gestorben war. Linder, der online als Dr. Benway bekannt war, wurde von vielen seiner Kunden auch heftig wegen seiner schlampigen Verpackungen und fragwürdigen Geschäftspraktiken kritisiert.

Während in Deutschland die Strafverfolgung erst durch eine regelmäßige Aktualisierung des Betäubungsmittelgesetzes gewährleistet wird und das Engagement und den Einsatz einzelner regionaler Polizeistellen bedarf, gehen die USA einen großen Schritt weiter. Mit der Operation Web Tryp hatten die dortigen Behörden zum ersten Mal den Drogenhandel im Internet ins Visier genommen, und dadurch wurde auch zum ersten Mal in seriösen Zeitungen und Zeitschriften über das Geschäft mit den Research Chemicals berichtet. Doch trotz der Höhe der verhängten Strafen schätzten die USA das Ausmaß der Bedrohung nicht richtig ein und versäumte es, ihre Drogengesetze zu ändern. Der Analog Act blieb in Kraft, und die Verzeichnisse kontrollierter Substanzen wurden nur durch wenige Stoffe ergänzt. Die unklare Formulierung dieses Gesetzes sorgte dafür, dass Hunderte von Drogen weiterhin halblegal blieben und den Käufern nur schwer mit strafrechtlichen Mitteln beizukommen war.

Allein in Großbritannien, wo diese Drogen komplett und ausdrücklich illegal waren, entschied man sich, die Konsumenten ins Visier zu nehmen. Am 7. September 2004, ein paar Monate nach der

Operation Web Tryp, wurden im Zuge des britischen Gegenstücks, Operation Ismene, 22 Personen verhaftet, weil sie bei den in den USA hochgegangenen Händlern die halluzinogene Droge 2C-I gekauft hatten, die erneut eine Substanz aus Shulgins Sortiment darstellte. Dutzende von Polizisten stürmten in 14 verschiedenen Grafschaften die Wohnungen und Häuser von Bürgern, die sich der Einfuhr einer kleinen, für den privaten Gebrauch bestimmten Dosis einer höchst seltenen psychoaktiven Substanz schuldig gemacht hatten, die aufgrund der Gesetzesänderung von 1999 illegal war. Einer der damals Verhafteten – nennen wir ihn John – erinnert sich an das Datum als einen »Tag der Schande«: »Der 7. Dezember – es war verdammt noch mal wie bei Pearl Harbor! Sie kamen mich morgens in aller Frühe holen. Ich schlief noch und ging ohne einen Fetzen am Leib zur Tür – ich hatte am Abend davor einen durchgezogen. Ehe ich mich versah, standen jede Menge Polizisten in meiner Wohnung und sagten mir, ich solle mich anziehen, weil auch eine weibliche Beamtin dabei war. Ein paar Monate vorher hatte ich ein wenig 2C-I, eine winzige Menge, von einem amerikanischen Händler für Research Chemicals im Internet gekauft. Aber ich dachte, die Bullen sind hinter meinem Hasch her, also habe ich kooperiert und ihnen die Dose ausgehändigt, in der ich meinen Vorrat aufbewahre. Ich hatte ungefähr 80 Milligramm 2C-I übrig. Ich hielt es für das Beste, höflich zu ihnen zu sein, also habe ich es ihnen zusammen mit dem Hasch übergeben. Sie haben mich verhaftet, aber es wurde keine Anklage erhoben. Ich glaube, die Operation hier in England wurde durchgeführt, um die amerikanische Drogenaufsicht zu beschwichtigen.«

Der Chef von Großbritanniens inzwischen nicht mehr existierendem National Crime Squad, Jim Gamble, der die Razzien leitete, sprach mit der BBC über die Aktion. »Das Internet ist für viele Drogenkonsumenten zu so etwas wie einer dunklen Straßenecke geworden. Durch die Zusammenarbeit mit der DEA ist dem Crime Squad und den Polizeikräften des Landes die Verhaftung von Personen gelungen, die des Onlinekaufs von Drogen verdächtigt werden. Eine Nachschublinie des Drogenhandels zwischen den USA und Großbritannien konnte zerstört werden«, tönte er.[17]

Diese angebliche »Nachschublinie« war in Wirklichkeit nicht mehr als eine lose Gruppe von 22 Einzelpersonen, zwischen denen keinerlei Beziehung bestand und die die betreffenden Phenethylamine hauptsächlich für ihren eigenen Gebrauch gekauft hatten. Niemand wurde eingesperrt, und die meisten der Verhafteten wurden ohne Anklage wieder freigelassen. Es handelte sich nicht gerade um das Verbrechen und schon gar nicht um den Fahndungserfolg des Jahrhunderts – die Kunden der Websites hatten zur Bezahlung ihrer Chemikalien allesamt ihre Kreditkarten benutzt. Die DEA hatte die Namen und Adressen per E-Mail an die britische Polizei weitergeleitet, die dann schlicht bei den genannten Personen an der Tür geklopft oder diese mit einer Ramme aufgebrochen hatten.

Nach den Durchsuchungsaktionen ging die britische Polizei allerdings nicht dazu über, den Onlinemarkt für Designerdrogen zu überwachen, und es wurden auch keine Beamten in den dafür nötigen Techniken der Internetüberwachung geschult. In der Zwischenzeit wuchsen sowohl die gesetzlichen Kenntnisse der Chemiker und Konsumenten als auch die Anzahl der erhältlichen Drogen derartig schnell, dass die Polizei immer mehr ins Hintertreffen geriet.

»Die Geschichte mit den Research Chemicals spielte sich anfangs noch im Untergrund ab, und es gab gerade mal 22 von uns in ganz Großbritannien, die deshalb geschnappt wurden«, erzählt John. »Aber danach kam die Sache wirklich ins Rollen. Meiner Meinung nach hat Operation Ismene dazu geführt, dass noch viel mehr Leute darauf aufmerksam wurden. Die Zeitungen waren voll davon. Leute, die noch nie daran gedacht hatten, Drogen online zu kaufen, dachten: ›Oh, super, sieh mal – man kann Drogen im Internet kaufen!‹«

Im Laufe der nächsten Jahre sollten sich die unbeabsichtigten Folgen der Razzien herauskristallisieren. Die Polizei hatte hart gegen den Handel durchgreifen wollen, doch eigentlich nur für seine Ausweitung gesorgt. Und da die Zahl der Internetnutzer ständig wuchs und die Verbindungsgeschwindigkeiten Jahr für Jahr schneller wurden, konnten die Beamten den Spitzenläufern im Feld bald nur noch resigniert hinterherschauen.

5. Die Ruhe vor dem Sturm und eine seltsame Zeit der Dürre

Nach den im Zuge von Web Tryp und Ismene in den USA und Großbritannien erfolgten Verhaftungen ging die Szene, die sich um die Research Chemicals gebildet hatte, auf der ganzen Welt in Deckung und tauchte noch tiefer ab als zuvor. In den Foren wurde in vielen Beiträgen beklagt, dass die Vertreter der neuen Drogenkultur eigentlich verantwortungsbewusste und erwachsene Menschen seien, die nun jedoch für die Gier und die Indiskretion der Händler geradestehen müssten. Da auf beiden Seiten des Atlantiks plötzlich mit der Überwachung durch die Behörden gerechnet werden musste, sahen manche Konsumenten ihre Freiheit in Gefahr. Der rege Austausch über Drogen und ihre Wirkung, von dem das Netz zuvor erfüllt gewesen war, ebbte ab, und nach den aufschreckenden Ereignissen begannen viele der Beteiligten, sich an eine Art unausgesprochenen Schweigekodex zu halten. Trotzdem ging die Szene weiterhin halbwegs munter ihrem Treiben nach.

Bis Ende 2004 hatten auch Konsumenten wie Benny, ein unter Pseudonym surfender »Büroangestellter in den Dreißigern«, zu den Freuden von *PIHKAL* gefunden. Benny, der seine Nationalität nicht preisgeben möchte, war zu jener Zeit gerade dabei, die Uni abzuschließen und seine Mitarbeit in verschiedenen NGOs zurückzuschrauben, in denen er sich politisch engagiert hatte, sodass ihm mehr Freizeit zur Verfügung stand. Er war schon immer von psychoaktiven Drogen fasziniert gewesen, lebte jedoch in der tiefsten Provinz, wo keine guten Drogen verfügbar waren, also ging er auf die Website eines niederländischen Smartshops und bestellte sich dort eine Zuchtbox für magische Pilze. Die Aufzucht entpuppte sich als überraschend einfach, und seinen ersten Trip beurteilt er aus heutiger Sicht beinah als Überdosis. »Danach war ich ein anderer. Unwiderruflich. Von diesem Zeitpunkt an wurden psychedelische Drogen zu einem Teil meines Lebens«, berichtete er mir.

Wie viele andere Menschen, die sich Research Chemicals besorgten, wollte er diese Drogen zur Erforschung und Analyse seines Inneren einsetzen: »Die Substanzen lösten die Realität auf und ermöglichten mir eine neue Sicht auf grundlegende Dinge wie Zeit, Raum, den Begriff des Selbst und die Distanz, die uns von anderen Menschen trennt; auch auf das Konstrukt der eigenen Persönlichkeit und die Art, wie wir die Erzählung, die wir für unser Leben halten, ständig manipulieren und neu schreiben. Ich empfand das als faszinierend – einen Schritt nach hinten zu tun und all diese Konzepte, die ich mein ganzes Leben lang als selbstverständlich betrachtet hatte, zu überdenken. Als ich den ersten Trip hinter mir hatte, waren mir ein paar Dinge klar: Erstens, psychedelische Drogen würden mich nach und nach in einen anderen Menschen verwandeln. Gleichzeitig hatte ich das deutliche Gefühl, dass diese Veränderungen positiv wären und keine Gefahr für mich darstellten; dessen war ich mich sicher, also ließ ich mich darauf ein. Das Leben besteht gewissermaßen darin, sich durchs Unterholz schlagen zu müssen, und ab und zu ist es nützlich, auf einen hohen Baum zu klettern, um sich zu orientieren – dabei helfen mir psychedelische Drogen.«

Benny begann, wie besessen psychedelische Erfahrungsberichte zu lesen, und landete bald bei Shulgins Werk, das zu jener Zeit bereits jedem, der einen billigen PC und ein ebenfalls nicht teures Modem besaß, kostenlos online zur Verfügung stand.

»Durch Freunde, die ich im Usenet kennengelernt hatte, fand ich heraus, dass viele jener Substanzen anscheinend bequem über Firmen zu beziehen waren, die mit Feinchemikalien handelten«, erzählte er. »Daraufhin setzte ich ein langatmiges und komplett erfundenes Schreiben über mein angebliches Forschungsvorhaben auf und wendete mich damit an ein altehrwürdiges Chemieunternehmen, eine angesehene und gut funktionierende Firma, die mit Universitätsbedarf handelte. Dort eröffnete man nur zu gerne ein Konto für mich, woraufhin ich sofort ein wenig 2C-I bestellte.« Das ist die Droge, wegen der zahlreiche britische Bürger im Rahmen der Operation Ismene verhaftet worden waren. 2C-I ist ein ringsubstituiertes Phenethylamin, eine klassische psychedelische Droge, durch die man Farben intensiver wahrnimmt und sich fühlt, als würde man vor Energie förmlich bersten. Eine wirkfähige Dosis beginnt bei etwa 10 Milligramm, und unter Eintrag Nummer 33 berichtet jemand aus Shulgins Zirkel in *PIHKAL* über seine positiven Erfahrungen mit der Substanz:

»(bei 16 Milligramm) Die 16 waren ein bisschen viel, wie ich gemerkt habe, denn mein Körper wusste gar nicht, was er mit der ganzen Energie anfangen sollte. Das nächste Mal probiere ich es mit 14 oder 15. Trotzdem waren meine Gespräche extrem klar und erkenntnisreich. Der Grad an Ehrlichkeit war unglaublich. Ich konnte alles zu jedem sagen, ohne jegliche Scheu. Fühlte mich sehr zufrieden mit mir. Sehr in meiner Mitte, tatsächlich. Ein bisschen müde, als der Tag vorüber war. Früh zu Bett.«[1]

Benny stöberte eine Firma in der Schweiz auf, die den Stoff im Angebot hatte. »Ich habe keine Ahnung, warum diese Firma die Substanz im Sortiment haben sollte«, berichtete er. »Sie war eigentlich auf pharmazeutische Zwischenprodukte spezialisiert, aber dieser Stoff fiel aus der Reihe, und ich bestellte ihn ... Ich fand es total absurd, als er mir zugestellt wurde ... Wie konnte es erlaubt sein, starke Drogen übers Internet zu bestellen und sie per Post zu empfangen? Es war unvorstellbar – und lächerlich einfach. Und das war lange bevor [die heutigen Seiten] aufkamen und das Ganze so einfach machten, wie ein Buch bei Amazon zu bestellen.«

Wie viele andere Psychonauten wurde Benny bald sehr geschickt darin, Quellen für die in *PIHKAL* und *TIHKAL* angepriesenen Drogen aufzutun, und die großen Verzeichnisse von Chemikalienanbietern, die zu dieser Zeit online gestellt wurden und über Google durchsucht werden konnten, machten die Prozedur noch simpler. Man musste nur die für eine bestimmte Chemikalie vorgesehene Nummer eintippen, schon erschien eine mit Preisangeboten versehene Liste von Unternehmen, bei denen man den Stoff ordern konnte. »Ich stellte riesige Listen solcher Firmen zusammen und ging jede einzelne durch, um zu sehen, ob es eine interessante Substanz bei ihnen gab und ob sie bereit wären, sie mir zu schicken«, erklärte Benny, der gewissermaßen von einem psychedelischen Sammeleifer gepackt worden war. Pioniere wie er agierten in jenen Tagen noch relativ isoliert und trieben sich bevorzugt in Newsgroups herum oder klapperten elektronische schwarze Bretter ab. Als jedoch in den nächsten paar Jahren die Technologie bedienerfreundlicher wurde und die Internetnutzung noch weiter anwuchs, kam es auch immer öfter zu dieser Form des Gebrauchs. Wie bei allen Waren im Internet wurde auch das Aufspüren und Einkaufen von neuen Designerdrogen immer kommerzialisierter und einfacher. Im 21. Jahrhundert wurde der Konsum von Research Chemicals für manche Leute so normal, wie es für andere noch ein paar Jahre zuvor der von Ecstasy gewesen war.

Um das Jahr 2004 wurden in Europa Breitbandanschlüsse immer üblicher, wodurch dort das Internet erheblich schneller wurde und der Kontinent allmählich zu den USA aufschloss, wo schnellere Verbindungen bereits seit ein paar Jahren Standard waren. Die Monopole der Telefonfirmen wurden zerschlagen, ihre Dienste aufgeteilt und der private Sektor dazu eingeladen, sich in die Branche einzukaufen. Statt wie bisher jede Verbindungsminute einzeln berechnet zu bekommen, konnten sich die Kunden bald über das Zahlen einer Flatrate einen permanenten Zugang zum Internet verschaffen, wodurch dies in ungekanntem Ausmaß zum festen Bestandteil des Alltags wurde. War zuvor die Übertragungsgeschwindigkeit der meisten Modems auf 56 Kilobit pro Sekunde beschränkt gewesen, hoben die neuen Breitbandverbindungen diese Zahl praktisch über Nacht um das Zehnfache auf ein halbes Megabit an. Innerhalb von nur einem Jahr verdoppelte sich die Geschwindigkeit erneut.

Die höheren Übertragungsraten machten die Internetnutzung weniger frustrierend, die Menschen verbrachten immer mehr Zeit online, und die ersten Netzeffekte begannen sich einzustellen – das heißt aufgrund der vielen Leute, die es nutzten, wurde das Internet immer nützlicher. Auch Menschen mit Nischeninteressen nutzten das Netz zunehmend und konnten dadurch auf eine Weise zusammenfinden und kommunizieren, wie es zuvor nur der technisch viel anspruchsvollere Umgang mit dem Usenet möglich gemacht hatte.

Bei der Bildung der unzähligen neuen Onlinecommunitys, die nun entstanden, wurde oft einfach zu bedienende Forensoftware wie vBulletin eingesetzt. Zum Teil handelte es sich dabei auch um Open-Source-Software, die Benutzer auf ihre Bedürfnisse zuschneiden konnten und die leichter zu konfigurieren war als jede andere Software, die es bisher auf diesem Gebiet gegeben hatte.

Manche dieser neuen Foren waren dem Austausch über psychoaktive Drogen gewidmet oder vielmehr über alle Drogen, ob es sich dabei um Opiate, psychedelische Substanzen, MDMA oder Research Chemicals handelte. Auf diesen Seiten wurde über jedes nur erdenkliche Thema aus dem Bereich diskutiert: von der DMT-Extrahierung und der Magic-Mushroom-Aufzucht über Möglichkeiten, einen Schuss Heroin stärker zu machen, bis hin zu den effizientesten Methoden, Marihuana anzubauen oder Crack aus Kokain herzustellen. Die Atmosphäre ähnelte jener, die in den frühen Tagen der alt.-Newsgroups geherrscht hatte, doch die Szene war viel leichter zugänglich, auch für weniger sachkundige Teilnehmer, und hatte einen viel höheren Zulauf. Während der Informationsaustausch in den Usenetgruppen oft nur ein paar Dutzend E-Mails pro Tag umfasste, fanden nun Tausende von Diskussionen zu Hunderten von Themen statt, die praktisch in Echtzeit geführt werden konnten. Die Online-Drogenkultur begann sich zu etablieren und beendete ihr Nischendasein; das bedeutete nicht nur einen technischen, sondern auch einen kulturellen Wandel.

In seiner frühsten Form wurde das Bluelightforum 1997 von einer kleinen Gruppe amerikanischer MDMA-Freunde gegründet. Die Operation Web Tryp, durch die viele Leute erst auf das Drogenangebot im Internet aufmerksam wurden, wie auch die stärkere Nutzung des Internets insgesamt führten dazu, dass Größe und Einfluss des Forums wuchsen, und heute tummelt sich dort eine der rührigsten Communitys der Onlinedrogenszene, die es im Netz gibt, in deren 200000 Threads bereits mehr als vier Millionen Beiträge gepostet worden sind. Die Website hat 195000 registrierte Benutzer und kommt auf eine Million Besucher sowie mehr als dreieinhalb Millionen abgerufene Seiten pro Monat. 2012 zählte das Angebot 10967685 Besucher, die auf fast 55 Millionen der bereitgestellten Seiten zugriffen, was zeigt, dass diese keineswegs nur von registrierten Mitgliedern gelesen werden, sondern auch von vielen Gelegenheitsnutzern. Jeder, der sich für Drogen interessiert, kann sich hier umfassend informieren, und zwar so detailliert und fehlerfrei, wie es über die meisten Medienberichte und Behördenverlautbarungen leider nicht möglich ist. Die Beliebtheit der Seite ist ein guter Gradmesser dafür, wie viele Menschen ihren Drogenkonsum mithilfe des Internets organisieren. Als Informationsquelle zum Thema Research Chemicals und anderen Drogen ist der Webauftritt inzwischen ebenso populär wie erowid.org, auch wenn es bei bluelight.org wesentlich weniger förmlich und seriös zugeht.

Im deutschsprachigen Raum gibt es drei Websites, die als Äquivalent zu bluelight.org gelten dürfen. Neben drogen.to sind das Eve & Rave aus der Schweiz, deren Betreiber sich seit der Gründung 1996 für die permanente Einführung des Drug-checking – also der öffentlich angebotenen chemischen Prüfung von Drogen bei Technoveranstaltungen – einsetzen, sowie die Seite »Land der Träume« (LdT). Auf der Webplattform dieser psychedelischen Community, die seit über fünfzehn Jahren online ist, geht es nach eigener Aussage um »die Bereitstellung von Informationen – ohne Verteufelung und ohne Verherrlichung«. Dazu stellen die Macher der Seite ein Forum für Fragen und Antworten sowie einen Chat bereit, der von Moderatoren geleitet wird. Meldete man sich im Herbst 2013 auf der Seite an, erschienen die Sätze: »Bis jetzt haben sich schon 24922 Leute für das Land der Träume entschieden. Schön, dass auch Du mit dabei sein möchtest.« Nur drei Monate später, im Januar 2014, wurden bereits 29862 registrierte User angegeben. Zu diesem Zeitpunkt waren mehr als 500000 Forenbeiträge auf land-der-traeume.de zu finden, außerdem Informationen zu über 80 Drogen und 55 Wirkstoffen sowie 4280 Tripberichte und 377 Langzeitberichte.

Land-der-traeume.de funktioniert für und durch die Konsumenten, dennoch wird dort nicht pauschal der Konsum jedweder Droge gutgeheißen. Über den Gebrauch der Industriechemikalie Gamma-Butyrolacton (GBL), die erstmals in den 1990ern in englischen Clubs unter dem Namen Liquid Ecstasy auftauchte und in Deutschland von BASF hergestellt wird, sind beispielsweise acht

Langzeitberichte aus den Jahren 2009 bis 2013 zu finden, die allesamt negative Erfahrungen schildern. Die Tripberichte über das bekannte Legal High Spice reichen von »In die Intensivstation geräuchert« über »Fast Tod durch Rauchen einer Kräutermischung!« bis »total chillig«. Wie unter Drogenfreunden überhaupt sind im »Land der Träume« zurzeit vor allem Neuheiten auf dem Markt der synthetischen Cannabinoide ein großes Thema. Es gibt Übersichtsthreads zum aktuellen Legalitätsstand und Anleitungen, wie man selbst eine Räuchermischung herstellen kann, daneben werden Gesetze erklärt, Kombinationsmöglichkeiten von Research Chemicals mit anderen Drogen besprochen, aber auch ehemalige Forenteilnehmer und kürzlich gestorbene Drogentote beklagt. Es gilt als Regel, keine konkreten Händler und Shops zu nennen, aber vor den Augen der Öffentlichkeit wird offen diskutiert und beraten. Im Forum von drogen.to zum Beispiel beschreibt ein Moderator, wie man am besten Drogen per Post nach Deutschland bestellt:

»[P]er se fallen illegale Stoffe nicht mehr auf als die halblegalen. Beides kommt in der Regel in Briefen zu dir, und solange du innerhalb der EU bestellst, ist das Risiko sehr gering, dass ein Brief kontrolliert wird (wegen Briefgeheimnis, Zollfreiheit, usw.). Dennoch kann es theoretisch immer zu Stichprobenkontrollen kommen – aus bestimmten »berüchtigten« Ländern (wie etwa den Niederlanden) kommt dies wohl ein wenig häufiger vor als bei manch anderen Ländern.«

Ein anderer Benutzer der Seite fügt hinzu:

»Auffallen wird es den Behörden nur, wenn du ein Paket bestellst und der Zoll reinschaut ... bestellst du nur max. 20 g und in der EU (wichtig!), solltest du einen Brief bekommen, der wird zu 99 % nicht kontrolliert. Wenn es deinem Vendor egal ist, ob es in Deutschland legal ist, schicken die das auch weg.«[2]

Solche offensichtlichen Hilfestellungen zur Umgehung der Behörden sind diesen verständlicherweise ein Dorn im Auge. Trotz des lockeren und anarchischen Tons, der dort oft herrscht, bekennt sich aber zum Beispiel auch die Drogenplattform bluelight.org zum Ziel der Schadensminimierung, einer Strategie zum Umgang mit dem Drogenkonsum, die in Ländern wie Großbritannien und Frankreich heute weitverbreitet ist. Befürworter der Schadensminimierung argumentieren wie folgt: Solange Menschen Drogen nehmen, diese erhältlich bleiben und weder Gefängniszellen noch öffentliche Mittel in unendlicher Menge zur Verfügung stehen, ist es das Vernünftigste, die Risiken und Gefährdungen zu verringern, die den Konsumenten durch den Gebrauch von Drogen entstehen. Von offizieller Seite aus kann diese Strategie in Beratungsangeboten zum hygienischen Spritzen von Heroin oder der Bereitstellung steriler Nadeln bestehen. Im Netz kann sie Ratschläge dazu beinhalten, wie man sich besser von seinem MDMA-Kater erholt oder möglichst gefahrlos Crack herstellen und rauchen kann. Von weniger liberalen Geistern wird das Konzept natürlich abgelehnt, ebenso wie von all jenen, die sich mit den Realitäten des Drogenkonsums im 21. Jahrhundert nicht auskennen.

Die auf der Bluelight-Plattform am strengsten durchgesetzte Regel lautet, dass keine Quellen genannt werden dürfen. Fragt ein Teilnehmer nach einer Bezugsquelle für Drogen oder Research Chemicals, werden seine Threads sofort gelöscht. Da die betreffenden Substanzen oft entweder illegal sind oder eine so starke Wirkung haben, dass sie unerfahrenen oder unwissenden Konsumenten gefährlich werden können, ist diese Haltung verständlich.

Sämtliche Foren- und Unterforen der Seite, in denen es um Hunderte von Drogen, aber auch um andere Interessensgebiete geht, werden fachkundig von Experten für das jeweilige Thema moderiert. Unter den Benutzern finden sich solche, die sich selbst bestens auskennen, ebenso wie Leute, die sich schlecht ausdrücken können, denen der Schreck von ihrem letzten Trip in den Gliedern sitzt oder die abhängig sind. Insgesamt sind die Besucher der Seite der Zeit jedoch ein paar Jahre voraus, was neue Drogentrends angeht, und manche von ihnen verfügen über eine weit höhere Sachkenntnis als viele Ärzte, Polizisten oder Politiker. Oft fragen hier sogar vorurteilsfreie Akademiker an, die nach Hilfe bei ihren topaktuellen Studien zum Wandel des Drogenverhaltens suchen. Die Seite stellt sowohl die Speerspitze der Online-Drogenkultur als auch die erste Anlaufstelle für jeden Drogenkonsumenten oder Wissenschaftler dar, der sich über neu auf dem internationalen Markt erschienene Substanzen informieren möchte, insbesondere solche, die im Internet angeboten werden.

Viele Forenteilnehmer teilen ihr enzyklopädisches, nicht selten im Beruf oder an der Universität erlangtes Wissen freigiebig mit dem Rest der Community, um auf diesem Wege zum Beispiel vor schädlichen Drogenkombinationen zu warnen oder über die gefährlichen metabolischen Prozesse aufzuklären, zu denen es bei der körperlichen Verarbeitung von Drogen kommen kann. Wird zum Beispiel Kokain zusammen mit Alkohol konsumiert, verbindet die Leber die zwei ins Blut gelangten Moleküle – Kokain und Ethanol – zu Cocaethylen, einem Gift, das länger und stärker wirkt als jede der zwei Substanzen allein. Biochemisch versierte Expertenratschläge wie diese wechseln sich in dem Forum fröhlich mit den verwirrten Zwischenfragen ahnungsloser Neueinsteiger ab. Doch die Experten erklären auch, welche Form von Mischkonsum zu besseren oder intensiveren Trips führt, und in diesem Bereich braucht man manchmal schon doktorreife Kenntnisse in pharmazeutischer Biotechnologie und organischer Chemie, um etwas mit den Angaben anfangen zu können. Manche Benutzer der Seite sind selbst Chemiker oder kennen zumindest Chemiker, die die neuen Drogen in ihren Heimlaboren herstellen, ganz wie moderne Shulgins. Sich über die Synthese von Drogen auszutauschen ist auf bluelight.org verboten, nicht jedoch neue Stoffe zu erwähnen und über die eigenen Erfahrungen damit zu berichten. Dann müssen die Händler nur noch den Namen der Verbindung aus dem Beitrag kopieren, ihn per E-Mail an ein Labor in China oder Osteuropa weiterleiten und sich den Stoff dort maßanfertigen lassen – schon können sie ihn wieder einführen und verkaufen.

Einmal mehr spielte Ecstasy eine entscheidende Rolle in der Entstehung und Entwicklung dieses Onlinetreffpunkts. »Bluelight begann ... als ein kleines Forum, das auf bluelight.net gehostet wurde und sich MDMA-Clearinghouse nannte«, berichtet Alasdair

Manson, einer der Moderatoren der Seite. Dort kamen die Leute zusammen, um jede kleinste Information darüber zu sammeln, wie man auf möglichst gefahrlose und Spaß bringende Weise Ecstasy nehmen konnte, da von den Behörden zu diesem Thema nichts zu erfahren war. »Das Forum hatte eine kleine Schar regelmäßiger Teilnehmer und bildete eine verschworene Gemeinschaft. Irgendwann tauchte der Vorschlag auf, ein dauerhaftes Heim für das Forum zu schaffen, damit der Inhalt besser gemanagt und langfristiger gespeichert werden könnte«, erklärt Manson.

Auf der gut organisierten Plattform gibt es heute viele Unterforen, zu denen auch Selbsthilfegruppen für Abhängige und andere Menschen mit problematischem Konsumverhalten gehören. In jedem Forum sorgen Freiwillige dafür, dass die Regeln eingehalten werden, und für gewöhnlich gehen die Teilnehmer höflich und zivilisiert miteinander um. Ich habe Manson gefragt, wie er zu der Tatsache steht, dass jemand bluelight.org besuchen und aufgrund der dort gefundenen Informationen zu Schaden kommen könnte. Jeder Journalist mit böswilligen Absichten könnte leicht Dutzende von Storys und Zitaten auf der Seite finden, die sich als Beleg dafür verwenden lassen, dass sie selbstschädigendes Verhalten fördert. Seine Antwort:

»Allein schon die Natur des behandelten Themas macht es unvermeidlich, dass man auf Bluelight Dinge erfährt, von denen man ohne einen Besuch dort nie gehört hätte. Kann man hier etwas erfahren, was letztendlich dazu führt, dass man sich schädigt? Sicher, aber auch die Nutzer müssen Verantwortung übernehmen, dieses Thema taucht in den Diskussionen immer wieder auf. Von einem breiteren Blickwinkel aus betrachtet, glaube ich nicht, dass wir Beihilfe zu schädlichem Verhalten leisten, was vielleicht am deutlichsten und konkretesten durch unsere Regel belegt wird, dass keine Quellen genannt werden dürfen. Ich bin der Website vor zehn Jahren beigetreten und stolz auf die Tatsache, dass sie heute immer noch so gut läuft und ihren Zweck erfüllt. Und besonders stolz bin ich darauf, dass Bluelight so sehr ein Erzeugnis seiner Teilnehmer darstellt. Ein Kern aus engagierten Einzelpersonen (Mitarbeitern und Forenteilnehmern) hat Zeit und Geld geopfert, um die Seite in Betrieb zu halten. Die Menschen nutzen Bluelight, weil sie die dort gebotenen Informationen nirgendwo sonst bekommen können. Die heutige Welt ist ein freier Markt der Ideen und das Internet ein Werkzeug, dessen Potenzial und Gestaltungskraft wir gerade erst zu begreifen beginnen.«

Drogenkonsumenten bringen der Seite wesentlich mehr Vertrauen entgegen als offiziellen Diensten wie etwa der viel belächelten Drogenhotline, die in Großbritannien unter dem Motto »Talk to Frank« Hilfe und Beratung anbietet. In Deutschland ist die Situation ähnlich. Hier wird auf privat organisierten Plattformen wie »Land der Träume« oder »Eve & Rave« nicht nur ergiebiger diskutiert und konkreter geholfen, die Foren dieser Seiten werden auch öfter frequentiert als etwa drugcom.de, die Drogenpräventionsseite der Bundeszentrale für gesundheitliche Aufklärung. Es ist eine unangenehme Wahrheit, die von staatlichen Stellen nicht gern akzeptiert wird, doch die Menschen konsumieren ein größeres Spektrum an Drogen, als den Behörden bekannt ist, oft auf ebenso unbekannte Art und Weise, und es sind Websites wie bluelight.org, die dabei für Sicherheit sorgen. Ein anderer Moderator der Seite hat eine klare Meinung dazu, warum offizielle Dienste gar nicht anders können, als ihr Ziel zu verfehlen. »Die Leuten nehmen staatliche Dienste nicht ernst; das Problem ist der offizielle Tonfall«, glaubt er.

Dieser offizielle Ton kann nicht nur selbstherrlich klingen – er kann auch gefährlich sein. »Freunde, denen ich sehr nahestehe, haben die Talk-to-Frank-Hotline angerufen, nachdem sie es mit ein paar Substanzen und Alkohol übertrieben hatten und daraufhin eine Panikattacke bekommen haben«, berichtete ein Teilnehmer des Drogenforums von urban75.com, einer weiteren, sehr rege frequentierten Diskussionsseite, die im Südlondoner Stadtteil Brixton ihren Sitz hat. »Der angebliche Frank, mit dem man reden sollte, sagte ihnen, wie dumm sie seien und dass Drogen und Alkohol gemischt zu Hirnschäden und sogar dem Tod führen könne. Wirklich schlau, das jemandem zu sagen, der gerade eine Panikattacke hat.« Mike Slocombe, der Betreiber von urban75.com, meint dazu: »Die

Leute werden weiter Drogen nehmen, egal was der Staat davon hält. Auf Urban75 bieten wir ihnen ehrlichen Rat, wie ein älterer Bruder, der das alles schon mal gemacht hat.«

Vom Jahre 2004 an begann das Netz also die Art und Weise zu verändern, wie Menschen Informationen austauschten und Waren kauften und verkauften. Die Netznutzung bewegte sich unaufhaltsam immer weiter von einem passiven Modell des Konsums weg und hin zu einem aktiven Modell der Partizipation. Das war der Beginn des Web 2.0, auch wenn dies erst Jahre später so genannt werden sollte. Mithilfe einfacher Blogsoftware konnten nun auch die blutigsten technischen Anfänger, die weder HTML noch irgendeine andere Programmiersprache beherrschten, eigene Inhalte im Netz veröffentlichen. Gleichzeitig boten kostenlose, über Werbung finanzierte Webhosting-Angebote den Internetnutzern die Möglichkeit, ihre Gedanken und Ideen mittels einer Website unter die Leute zu bringen.

Wikipedia wurde im Januar 2001 aus der Taufe gehoben und kann als erste 2.0-Technologie mit weiter Verbreitung angesehen werden, deren Inhalt die Nutzer selbst generierten, indem sie aus ihrer eigenen Sachkenntnis schöpften und sich von ihren persönlichen Interessen leiten ließen. Zunächst bestanden diese Inhalte aus nicht immer verlässlichem Stückwerk, wie man es von einem Onlinelexikon, das von unerfahrenen Freiwilligen erstellt wurde, vielleicht auch nicht anders erwarten konnte. Heute jedoch enthält die Website mehr als 23 Millionen Artikel, von denen über vier Millionen in englischer und beinah 1,7 Millionen in deutscher Sprache verfasst sind, und nimmt durch die gemeinsame Arbeit unzähliger Freiwilliger, die ständig neue Seiten hinzufügen und die bereits vorhandenen Seiten überarbeiten und aktualisieren, täglich weiter an Umfang zu. (Die *Encyclopedia Britannica* hingegen brachte es gerade einmal auf 85000 Artikel, als ihr Druck im Jahre 2012 eingestellt wurde.) Wikipedia wurde bald auch für jene zu einer wichtigen Informationsquelle, die sich für die neuen Drogen interessierten. In den Artikeln zu den jeweiligen Substanzen wurden bequemerweise auch stets deren internationale Registriernummern aufgeführt, über die sich chemische Stoffe so einfach ausfindig machen lassen wie

Bücher über ihre ISBN-Nummer. Mithilfe dieser Auskunft stellte es für potenzielle Dealer kein Problem dar, Chemikalienhändler aufzuspüren, die die gewünschten Stoffe im Sortiment hatten.

Im Jahre 2003 öffnete MySpace einer ganzen Generation von Teenagern das Netz, denen das technische Konzept der Paketvermittlung genauso fremd war wie die Vorstellung, das Internet nicht stets als erste Anlaufstelle zu nutzen, wenn sie sich unterhalten lassen oder miteinander verständigen wollten. Mit ihrem superschlichten Design, den plumpen Layouts und sich beißenden Farben wurden die Seiten der Plattform schnell ebenso chaotisch und unübersichtlich wie die mit Postern zugehängten Kinderzimmerwände früherer Zeiten.

Erst Ende 2004 wurde der Ausdruck »Web 2.0« offiziell von dem Computerbuchautor Tim O'Reilly eingeführt, der die Zukunft des Internets richtig einschätzte und es als Medium betrachtete, das vor allem von nutzergenerierten Inhalten, kollektiver Zusammenarbeit, globalem Austausch und grenzüberschreitender Partizipation leben würde.[3] In jenem Jahr wurde The Facebook, eine Internetversion der in den USA beliebten Collegejahrbücher, in Betrieb genommen. Bis zum Jahr 2008 hatte es seinen bestimmten Artikel verloren und 100 Millionen Nutzer hinzugewonnen; nur vier Jahre später, im Jahre 2012, hatten bereits 955 Millionen Menschen einen Account bei der Website – also etwa genauso viele, wie in ganz Indien lebten –, und Facebook wurde für viele von ihnen zum Ort, an dem sie sich am häufigsten im Netz aufhielten. Jede Neugestaltung der Seitensoftware wurde so geplant, dass sie zu einem noch umfassenderen Austausch von Inhalten ermutigte und den Informationsfluss zwischen den Nutzern weiter erleichterte. Diese haben munter, wenn auch unbewusst, Millionen Gigabyte wertvoller Daten an Firmen geliefert, die sich einzig mit der Frage beschäftigen, wie sich all diese Informationen dazu einsetzen lassen, den Nutzern etwas zu verkaufen. Innerhalb weniger Jahre hatten auch die meisten Konsumgüter ihre eigene Website, und in den sozialen Medien konnte man sich mit den betreffenden Marken »anfreunden«.

2005 ging YouTube online, und dort Videos zu veröffentlichen war bald nicht mehr nur eine Möglichkeit, sondern die kulturelle

Norm. Heute, wo das Smartphone die Kamera abgelöst hat und man von überall aus Inhalte weiterleiten kann, werden in jeder Minute 48 Stunden Videomaterial auf der Plattform hochgeladen. Wollte man sich sämtliche Videos ansehen, die an einem einzigen Tag auf YouTube veröffentlicht werden, bräuchte man dazu acht Jahre. 2006 wurde dann Twitter aus der Taufe gehoben und zunächst als Modeerscheinung verlacht, als extrem verknappte und triviale Microblogging-Plattform für Narzissten. Inzwischen jedoch wird diese Plattform von rund 140 Millionen Menschen genutzt, zu denen Politiker, Marketingexperten und Journalisten gehören.

Die Markteinführung des iPhone im Jahre 2007 veränderte genau wie die des Macintosh 1984 und des iMac 1998 die Art und Weise, wie Menschen das Netz nutzten und gestalteten. Plötzlich war das Internet mobil. Bis heute hat allein die Firma Apple mehr als 300 Millionen Geräte zur mobilen Internetnutzung verkauft. Im folgenden Jahr wurden Hunderte weitere Smartphonemodelle auf den Markt gebracht. Die westliche Welt war nicht mehr nur online, sie war permanent online und produzierte und leitete dabei in einem fort Inhalte weiter, deren Ausmaß jedes menschliche Begriffsvermögen übersteigt. Im Jahre 2000 waren 361 Millionen Menschen online. Bis zum Ende des Jahres 2011 hatte sich diese Zahl auf 2,27 Milliarden Menschen erhöht, von denen der Großteil, mehr als eine Milliarde, in Asien lebt. In Europa hat sich die Zahl der Internetnutzer im vergangenen Jahrzehnt vervierfacht, in Nordamerika hat sie sich im selben Zeitraum verdoppelt. Insgesamt hat sich die Zahl der Internetanschlüsse von 2000 bis 2011 um 528 Prozent gesteigert. Beinah jeder Mensch der Nordhalbkugel mit guter Stromversorgung, also in den reichen Ländern, in jenen Ländern, wo nur das kurze Aufflackern einer Synapse nötig war, um sich zu langweilen, aber auch um diese Langweile zu vertreiben – in den Drogen konsumierenden Ländern –, hatte einen Internetanschluss. Die Skepsis und Verwirrung, die die neue Technologie anfangs noch bei vielen ausgelöst hatte, war einem Zustand der vollkommenen menschlichen Netzwerksymbiose gewichen.

Bereits 2004 hatten die meisten Nutzer keine Scheu mehr davor, im Internet Einkäufe zu tätigen. Amazon hatte Millionen von Kunden dazu bewegen können, der Plattform ihre Kreditkartennummer und Adresse zu überlassen, und begann nun, außer Büchern auch andere Waren anzubieten. Gleichzeitig hatte die Website ihren sogenannten Marketplace für Hunderttausende anderer Händler geöffnet und diesen ermöglicht, das hochkomplexe elektronische Verkaufssystem der Plattform für ihre Zwecke zu verwenden. Plötzlich hatte jeder noch so kleine Händler in Europa und den USA die Möglichkeit, ohne größeren Aufwand seine Waren im Internet anzubieten. Gleichzeitig hatte auch Apples Musikprogramm iTunes die Kreditkartennummern aller seiner Nutzer eingesammelt, wodurch sich der Kauf von Alben und Songs praktisch mit einem einzigen Mausklick erledigen ließ. Auch Onlinebezahlsysteme wie PayPal wurden inzwischen von unzähligen Internetnutzern bedenkenlos verwendet. Selbst kleineren und weniger bekannten Alternativen wie dem kanadischen Dienst AlterPay vertrauten die Menschen ihre Daten an.

Und dieses Wachstum war nicht nur eine vorübergehende Erscheinung: In einer Analyse aus dem Mai 2011 berichtete die Interactive Media in Retail Group, dass im Jahre 2010 Business-to-Consumer-Verkäufe im Gesamtwert von 591 Milliarden Euro über das Internet abgewickelt worden sind. Im Vergleich zum Vorjahr bedeutet das eine Steigerung von 25 Prozent, und es wird erwartet, dass die Umsätze bis 2013 die Marke von einer Billion Euro durchbrechen.[4]

Zu einem der ersten Fälle der weitverbreiteten Drogenbeschaffung übers Internet kam es in Großbritannien im Jahre 2004. Zu dieser Zeit tauchten Informationen im Netz auf, die in einem Bereich des britischen Drogenrechts Klarheit schafften, der lange für Verwirrung gesorgt hatte. Der in England und vielen anderen Ländern Europas heimische Spitzkegelige Kahlkopf (*Psilocybe semilanceata*) ist ein kleiner Pilz, der genauso aussieht, wie er heißt, im Volksmund auch Narrenschwamm genannt wird und als der am häufigsten vorkommende Magic Mushroom der gemäßigten Zonen gilt. Die Pilze enthalten einen besonders hohen Anteil des LSD-ähnlichen Wirkstoffes Psilocybin, wachsen jedoch in Großbritannien nur im Frühherbst und verschwinden beim ersten Frost wieder. Was gemeinhin als Pilz bezeichnet wird, stellt eigentlich nur den Fruchtkörper eines oft sehr viel größeren Organismus dar, des Myzels, dessen feine Fäden sich unter der Erde ausbreiten und viele Jahre überleben können. So kommt es, dass die heimischen Magic Mushrooms Jahr für Jahr auf denselben Wiesen und Weiden aus dem Boden schießen, allerdings wird der genaue Standort dieser Wiesen nicht gern weiterverraten. In vielen Gebieten Großbritanniens sind die Pilze jedoch so weit verbreitet, dass man sie trotzdem leicht findet, und seit den Musikfestivals der 1970er und dem in dieser Zeit aufgekommenen Interesse an LSD-artigen Substanzen gehört die Saison der Psychopilze fest zum Jahresrhythmus jedes psychedelisch orientierten Drogenkenners.

Bis 2003 waren die meisten Briten, die die Pilze konsumierten, mit der Gesetzeslage vertraut: In ihrem natürlichen Zustand waren sie legal, und strafbar machte man sich nur, wenn man die Pilze in getrocknetem, eingefrorenem oder gekochtem Zustand besaß – das heißt, wenn es offensichtlich war, dass man sie verzehren wollte. Wer eine besonders sarkastische oder pedantische Ader besaß, konnte darüber streiten, ob ein Mensch, der auf dem Boden lag und die Pilze »abgraste« wie andere Tierspezies auch, sich nun eines Verbrechens strafbar machte oder nicht.

Es war jedoch allgemein bekannt, dass der holländische Staat seinen Bürgern erlaubte, künstlich gezüchtete psychoaktive Pilze zu kaufen. Diese konnte man das ganze Jahr über in frisch geerntetem Zustand in kleinen Schälchen erstehen, die sowohl für die heimischen Konsumenten als auch für neugierige Amsterdam-Besucher gedacht waren. Ließ sich mithilfe des Netzes und der neuen Technologie des E-Commerce nicht vielleicht eine Brücke hinüber zu den englischen Pilzliebhabern im Norden schlagen? Die Antwort kam im Jahre 2003, als Ian Breadmore, ein Beamter des britischen Innenministeriums, einen ungewöhnlich hilfreichen, wenngleich so nicht gedachten Brief an den Besitzer eines Headshops schickte, der sich bei ihm erkundigt hatte, wie es um die Legalität von frischen Magic Mushrooms im Vereinigten Königreich bestellt sei. Mit wunderbarer bürokratischer Gründlichkeit erklärte ihm Breadmore, dass es nicht illegal sei, die psilocybinhaltigen Pilze zu züchten, zu ernten und in unbehandeltem Zustand zu verzehren; auch eine mit dem Myzel der Pilze präparierte Zuchtbox zu verkaufen oder zu verschenken sei erlaubt, ebenso wie der Verkauf oder die unentgeltliche Weitergabe von frisch geernteten Pilzen, die nicht in irgendeiner Weise für den Verzehr zubereitet waren.[5]

Rasch entwickelte sich nun ein neuer Onlinemarkt, der im Laufe des Jahres 2004 auf mehrere Dutzend Websites anwuchs, die frische, in kleine Styroporschalen verpackte Magic Mushrooms per Post an Kunden in ganz England verschickten. Auf diesen Websites konnte man auch einfach zu handhabende Zuchtsets kaufen, mit denen sich jeweils mehrere Hundert Gramm der Pilze aufziehen ließen – genug, um mit seinen Freunden ein ganzes Wochenende lang die abgefahrensten Hallus zu erleben – und die nur 15 bis 25 Euro kosteten. Es war unvermeidlich, dass auch der Offlinehandel bald ein Stück von dem Kuchen abhaben wollte, und so dauerte es nicht lange, bis jeder noch so kleine Bongladen und Onlineheadshop auf den Zug aufsprang und frische Magic Mushrooms sowie Zuchtboxen anbot.

Diese neuen Pilze ähnelten dem Spitzkegeligen Kahlkopf aber nur noch wenig: Es handelte sich um eine Sorte aus Mexiko, große, fleischige Exemplare von *Psilocybe cubensis*, dem Kubanischen Kahlkopf, die einst von Kuhfladen in Mexiko und Kambodscha abgeerntet worden waren und nun in den Niederlanden gezüchtet und jeden Tag per gekühlter Expressfracht nach Heathrow geflogen wurden. Das Internet hatte den Austausch von Fachwissen und Informationen erleichtert und so durch den Ärmelkanal getrennte Hersteller und Konsumenten zusammengebracht. Später ging der britische Markt dann dazu über, sich selbst zu versorgen. In Dutzenden von englischen Städten war es nun möglich, auf legalem Wege Magic Mushrooms zu kaufen. In der mitten in London gelegenen Oxford Street wurden sie ganz offen in Geschäften angeboten, die sogar mit psychedelisch anmutenden Plakaten auf der Straße für ihre Ware Werbung machten. Im Sommer 2005 konnte man die Pilze bereits an schicken Marktständen in wohlhabenden Londoner Stadtteilen bekommen. Bei Straßenfesten waren die Stände mit den Pilzen innerhalb weniger Stunden leergekauft, während im Internet eBay-Händler damit glänzende Geschäfte machten. Bei unangemeldeten Partys wurden die Pilze wie bizarre Horsd'oeuvres von Dreadlocks tragenden Ravern zum Sonnenaufgang verteilt. Ob bei Gigs, Raves, Partys oder Grillfeiern, überall wurden die Magic Mushrooms offen konsumiert, während die Regierung ein paar kurze Monate lang nicht recht wusste, wie sie mit der neuen Entwicklung umgehen sollte.

Unmittelbar bevor sich das Parlament im August in die Sommerpause verabschiedete, schloss es das gesetzliche Schlupfloch, das die Händler ausgenutzt hatten, und erließ zusammen mit einer Reihe anderer ausstehender Gesetze das Verbot, die Magic Mushrooms weiter zu verkaufen.

Der Run auf die Pilze hatte gezeigt, dass neu erhältliche Drogen von den Menschen schnell angenommen wurden, besonders wenn diese legal waren. Und wie sich ebenfalls gezeigt hatte, besorgten sie sich diese Drogen nur zu gern übers Internet, und zwar auf die gleiche einfache Weise, wie sie Bücher bei Amazon kauften.

Auch in Holland wurden die psychoaktiven Pilze 2008 verboten, nachdem die 17-jährige Französin Gaelle Caroff bei einem Schulausflug nach Amsterdam von einer Brücke in den Tod gesprungen war. Wie die Nachrichtenagentur Associated Press berichtete, hatte sie bereits zuvor an psychischen Problemen gelitten. Paul Van den Berg, der in einem Laden arbeitete, in dem die Pilze verkauft wurden, sagte damals gegenüber dem *Daily Telegraph*: »Daran sind nur die Touristen schuld, besonders die englischen. Zu Hause missbrauchen sie Alkohol, und dann kommen sie hier rüber und tun das Gleiche mit Hasch und den sogenannten Magic Mushrooms.«[6]

Die holländische Findigkeit fand jedoch auch hier schnell ein Schlupfloch: Die Sklerotien der Pilze, verhärtete Myzelklumpen, mit deren Hilfe sie schlechte Zeiten überstehen und die Trüffeln ähneln können, waren von dem Gesetz ausgenommen und wurden bald genauso fleißig für den Verkauf gezüchtet wie zuvor die vertrauten pilzförmigen Fruchtkörper. Auch diese »magischen Trüffel« enthalten Psilocybin und haben die gleiche Wirkung wie Magic Mushrooms. In Deutschland und Großbritannien sind sie verboten, doch für ein paar Hundert Euro sind die meisten Verkäufer in Amsterdam nur zu gern bereit, ein Kilo illegal per FedEx, UPS oder DHL in ein anderes Land zu verschicken.

Es ist eine unbestreitbare Tatsache, dass Millionen von Briten einen beträchtlichen Teil ihres Einkommens – und ihrer Freizeit – auf den Konsum illegaler Drogen verwenden. Egal welches Jahr man sich näher anschaut, es zeigt sich stets, dass Großbritannien in irgendeiner Form des Drogenkonsums einen Spitzenplatz einnimmt, und auch das sogenannte Komasaufen stellt in dem Land ein ernstes Problem dar. Die Frage, warum die Briten in derart exzessivem Maße berauschende Substanzen konsumieren, hält Hunderte Beamte, Politiker und Akademiker auf Trab (sowie in Lohn und Brot). Auch Englands Polizeikräfte kommen nicht aus dem Training und haben stets einen Grund, zusätzliche Mittel zur Bekämpfung des Missstands zu fordern.

Um das Jahr 2008 deuteten sowohl die Analysen polizeilich beschlagnahmter Substanzen als auch die Berichte von Nutzern im Netz und im echten Leben darauf hin, dass trotz des gestiegenen und verbreiteteren Konsums die Qualität der meisten Drogen, die in Großbritannien verkauft wurden, sank, und zwar besonders die von Kokain und Ecstasy. Als ich 2011 die Labore des Forensic Science Service (FSS) im Südlondoner Stadtteil Lambeth besuchte, hatte die Qualität des auf der Straße erhältlichen Kokains seit sieben Jahren stetig weiter abgenommen. Betrat man in dem (inzwischen outgesourcten) forensischen Analysezentrum den Raum, in dem Drogen auf ihre chemische Zusammensetzung untersucht wurden, schlug einem ein seltsames Geruchsgemisch entgegen. Der würzige Dschungelduft hochwertigen Marihuanas lag in der Luft, Säckchen mit gelbem Amphetaminpulver verströmten ein süßliches, an Lösungsmittel erinnerndes Aroma, und achtlos über die Stahltische verteilte Kokainbeutel unterlegten das Ganze mit einer penetranten Kerosinnote. Die in weißen Kitteln umherwandernden Chemiker schienen den Duft jedoch schon gar nicht mehr wahrzunehmen und werkelten still und methodisch an ihren elektronischen Waagen und Messgeräten herum. Auf einem der Tische lag ein riesiger durchsichtiger Müllsack, der mit dicken, an geschmolzenes Karamell erinnernden Klumpen Amphetaminbase gefüllt war. Auf einem anderen Tisch quoll ein Beutel vor erntefrischen, sorgsam gestutzten Knospen der besonders starken (und stark riechenden) Cannabiszüchtung Skunk über.

Bis vor Kurzem wurden die Dienste des Zentrums von polizeilichen Ermittlern in ganz Großbritannien genutzt, um die Reinheit – oder Unreinheit – von Drogen prüfen zu lassen, die bei Verhaftungen und Razzien sichergestellt worden waren. Was in solchen nüchternen, versteckt am Ende irgendeines unauffälligen Flurs gelegenen Labors passiert, sagt viel über die sozialen, kriminellen und chemischen Trends des Landes aus. »Wir haben viel zu tun; an Kokain mangelt es nie. Aber die Qualität ist in den vergangenen Jahren recht deutlich gesunken«, erklärte mir damals Dean Ames, der Drogenfachmann des Zentrums, der auch heute noch auf dem Gebiet arbeitet.

In den 1970ern und 1980ern galt Kokain als die Droge der Reichen und der Städter. Heute hingegen kann man selbst in den kleinsten Provinzdörfchen in der Regel noch auf Leute treffen, die das weiße Pulver parat haben: Der Polizei zufolge hat sich die Droge sowohl in Großbritannien als auch in Deutschland flächendeckend ausgebreitet. Während der Konsum immer verbreiteter wurde, kam es gleichzeitig zu einem drastischen Verfall von Preis und Qualität der Droge, eine Veränderung, mit der selbst vor zehn Jahren noch kaum jemand gerechnet hätte. »Damals besaß der Stoff bei der Einfuhr normalerweise einen Reinheitsgrad von ungefähr 70 Prozent, und wenn er auf der Straße oder bei einer Razzia beschlagnahmt wurde, lag die Reinheit bei etwa 40 bis 45 Prozent«, erläutert Ames. »Inzwischen ist die Qualität des importierten Kokains auf ungefähr 65 Prozent gesunken, und auf der Straße erreicht die Droge höchstens noch eine Reinheitsstufe von 20 bis 30 Prozent. Sie kann aber auch nur bei zehn oder sogar bei fünf Prozent liegen. In manchen Städten, wie zum Beispiel Liverpool, kommt es sogar vor, dass überhaupt kein Kokain in den Proben gefunden wird.« Das angebliche Kokain ist dann in Wirklichkeit eine Mischung aus Koffein, Benzocain und Paracetamol.

Kelly Burt, eine 23-jährige Forensikerin, war bei meinem Besuch in dem Untersuchungszentrum gerade dabei, eine winzige Menge solch minderwertigen Kokains in einer Waage zu wiegen, die bis auf ein Zehntausendstel Gramm genau ist. Sie hatte Forensik und Fallanalyse an der Kingston University studiert und arbeitete bei FSS als Drogenanalytikerin und Heroinspezialistin. Auch ihr genügte es jedoch nicht, das Kokain nur anzusehen, um zu wissen, wie rein es ist. »Nein, ich werde immer wieder überrascht«, sagte sie. »Ich kann Kokain inzwischen am Geruch erkennen; der ist sehr charakteristisch. Aber den Reinheitsgrad, nein. Manchmal glaube ich, es sei wirklich rein, und am Ende liegt der Anteil bei nur einem Prozent. Ohne die Verfahren, die wir hier anwenden, kann man es unmöglich sagen.« Der größte Teil des Kokains, das sie in den vorhergehenden fünf Jahren untersucht hatte, war von sehr geringer Qualität gewesen. »Was man auf der Straße bekommt, liegt für gewöhnlich bei unter zehn Prozent«, erklärte sie. »In neun von zehn Fällen ist das so. Was angeblich ein Gramm sein soll, wiegt meist nur sehr wenig – manchmal gerade mal 200 Milligramm [ein Fünftel Gramm]. Nur in sehr seltenen Fällen, wenn eine größere Menge beschlagnahmten Stoffes hereinkommt, haben wir es mit Proben zu tun, die einen höheren Reinheitsgrad aufweisen.«

In Großbritannien gab es mehrere Gründe, die zu diesem Qualitätsverfall führten. Ein interessanter Grund ist der Wertverlust, den das englische Pfund gegenüber dem Euro und dem amerikanischen Dollar hinnehmen musste – den sogenannten Kokainwährungen. Im Mai 2007 lag der Dollarkurs bei 50 Pence. Heute ist ein Dollar ungefähr 62 Pence wert – was bedeutet, dass es in der englischen Währung etwa 25 Prozent teurer geworden ist, dieselbe Menge Stoff zu kaufen.

Matthew Atha, Leiter der Independent Drug Monitoring Unit, die in Großbritannien bei Gerichtsverhandlungen zu Drogenvergehen Sachverständige stellt, hat mir 2011 erzählt, dass zu diesem Zeitpunkt der größte Teil des im Lande erhältlichen Kokains praktisch wirkungslos war. »Es ist ziemlich sinnlos zu versuchen, normales Straßenkokain als Stimulanzmittel zu verwenden«, sagte er. »Die Menge, die man zu sich nehmen müsste, ist zurzeit so groß, da wäre man ehrlich gesagt mit einem Cappuccino besser bedient. Bei dem bekommt man wesentlich mehr für sein Geld.«

Die Einfuhr und der Verkauf von Benzocain, einem hauptsächlich zur oberflächlichen Betäubung eingesetzten Anästhetikum, hat ebenfalls zu dem Qualitätsverlust beigetragen. Es wird heimlich zum Strecken von Kokain benutzt, da die Konsumenten glauben, wenn ihr Zahnfleisch taub wird, müsse auch die Qualität des Stoffes stimmen. Schnupft man das mit Benzocain verschnittene Pulver, werden ebenfalls zuerst die Nasenhöhlen und dann die Zähne taub, doch kommt es anders als bei echtem Kokain nicht zu einer erhöhten Ausschüttung von Dopamin. Auch wird man von Benzocain nicht wacher, daher mischen die Dealer es oft einfach mit Koffein.

Der aus Westlondon stammende David John Wain hat mehr als 17 Tonnen solcher Verschnittstoffe, einschließlich 7000 Kilogramm Benzocain, aus China importiert. Das entspricht beinahe genau der Menge des Anästhetikums, die in Großbritannien pro Jahr auf legale Weise verwendet wird. Im Zuge der Operation Kitley, mit der die neu gegründete Serious Organised Crime Agency (SOCA) besonders jene Zulieferer ins Visier nahm, die den Kokainhandel mit Chemikalien versorgten, wurde Wain 2010 zu zwölf Jahren Haft verurteilt. Der leitende SOCA-Ermittler Trevor Symes sagte der BBC: »Selbst nachdem wir ihn gewarnt hatten, führte er weiter tonnenweise Chemikalien ein. Er war der Meinung, die Gesetze ließen sich auf seinen Fall nicht anwenden. Er wusste, und er wusste es nur zu gut, dass er in gewaltigen Mengen Chemikalien importierte, die für Drogen verwendet wurden.«[7] Wain wurde unter dem Serious Crime Act von 2007 der Prozess gemacht, der sich gegen Straftäter richtet, die kriminelle Gangs bei ihrem Treiben unterstützen, aber nicht unbedingt am letztendlichen Vergehen beteiligt sind.

Laut dem British Crime Survey gab es im Jahre 2008 insgesamt 974000 Kokainkonsumenten in Großbritannien[8] – mehr als in jedem anderen Land Europas. Im Jahre 2011 behaupteten die Briten bereits sechs Jahre lang ihre Stellung als Europas fleißigste Kokainkonsumenten. Daher bestand 2008 ein riesiger und weitgehend unbefriedigter Markt für ein günstiges und effektives Stimulanzmittel.

Eine ähnliche Entwicklung gab es in den Jahren 2007 und 2008 im Geschäft mit MDMA. Nachdem Europa jahrelang mit hochwertigem Stoff beliefert worden war, trocknete der dortige Markt plötzlich aus. Aufgrund seiner geografisch isolierten Lage war das Angebot in Großbritannien so schlecht wie beinah nirgends sonst auf der Welt. Doch auch der Rest Europas machte eine seltsame Zeit der MDMA-Dürre durch.

Als in den 1990ern die Qualität von Ecstasy zum ersten Mal für kurze Zeit abfiel, erkannten die Konsumenten nur langsam, dass es sich um ein allgemein verbreitetes Phänomen handelte. Während der Flaute von 2007 und 2008 sorgten neue Netztechnologien wie Internetforen zusammen mit den online bestellbaren Pillentests dafür, dass die Menschen gewarnt waren und etwaige Gefahren schnell öffentlich bekannt machen konnten.

Die Website pillreports.com gilt als inoffizieller Stimmungsmesser des Ecstasyhandels, besonders in Europa. Wie bei vielen anderen Onlinecommunitys, die sich mit Drogen beschäftigen, werden hier Erfahrungsberichte und Fotos von Pillen eingestellt, die als Ecstasytabletten erworben wurden, mit Tagesdatum und sogar der Analyse eines Testzentrums versehen, wenn man das Glück hat, in einem Land wie den Niederlanden zu wohnen, wo man Ecstasypillen kostenlos prüfen lassen kann. Ist dem nicht so, testen die Käufer die Pillen selbst, indem sie ein dafür vorgesehenes Set kaufen, das sogenannte Marquis-Reagenz enthält. Um eine Tablette zu prüfen, zerstößt man einfach ein Stück davon auf einem Teller und fügt einen Tropfen der Flüssigkeit hinzu; wird sie schwarz, enthält die Pille ein primäres Amin und somit vermutlich eine MDMA-ähnliche Substanz. Eine beigefügte Farbskala leistet eine gewisse Hilfe bei der Entscheidung, ob die gekauften Pillen gefährlich sind oder nicht.

Die im Jahr 2000 online gegangene Website bietet faszinierende Einblicke in eine verborgene Kultur und führt in Echtzeit über die Qualität von Drogen in ganz Europa Buch, während die offiziellen Berichte der Behörden in der Regel um mindestens ein Jahr hinterherhinken. Aufgrund der liberalen Drogengesetzgebung des Landes befinden sich die Server von pillreports.com in den Niederlanden. Beinah 30 000 nutzergenerierte Berichte zu Tabletten, die als Ecstasy verkauft wurden, sind auf der Seite zu finden, und sie zählt 15000 Besucher pro Tag. Die dort zusammenkommende Community verwaltet sich selbst, und Moderatoren behalten die Threads im Auge, damit der Dienst nicht von Dealern dazu missbraucht wird, ihre Produkte anzupreisen. »Wie bei jeder Seite, die über Crowdsourcing an ihre Bewertungen kommt, besteht auch hier immer die Gefahr, dass jemand das System austrickst, aber unserer Erfahrung nach siegen wahre Aussagen eigentlich immer über die falschen«, berichtete mir der Administrator per E-Mail. Auf den möglichen Vorwurf, die Seite würde zum Drogenkonsum ermutigen, antwortet er mit einem einfachen sachlichen Argument: »Studien zum Einfluss von drogenbezogenen Informationsangeboten und besonders zum Pillentesten haben ergeben, dass Pillen umso eher nicht geschluckt werden, je mehr die Leute über ihre Inhaltsstoffe wissen.«

Pillreports.com bewies besonders Ende 2008 und im Laufe des Jahres 2009 seinen Wert, als die Seiten des Dienstes vor pinkfarbenen Berichten strotzten, die in dieser Farbe markiert worden waren, um darauf hinzuweisen, dass die darin erwähnten Drogen kein MDMA enthielten. Offenbar war die Substanz weltweit nicht mehr so leicht zu bekommen; in kristalliner Form war sie seit Monaten nicht mehr gesichtet worden, und angesichts der Größe des britischen Markts, auf dem mehrere Millionen Pillen pro Jahr abgesetzt wurden, konnte das nur bedeuten, dass etwas nicht stimmte. Den Grund vermochte sich niemand vorzustellen. Überall im Netz beschwerten sich die Menschen, dass sie es satthätten, Pillen zu kaufen, von denen ihnen übel wurde, und auch in den Clubs kursierten Klagen über Kopfschmerzen, fieberähnliche Symptome, böse Drogenkater und bizarre Halluzinationen.

Gesundheitsexperten und Toxikologen fanden heraus, dass die Konsumenten in Wirklichkeit Drogen aus der Kategorie der sogenannten Piperazine zu sich nahmen. Dabei handelte es sich um legale Substanzen, die noch nie als Freizeitdrogen missbraucht worden waren, selten an Grenzen oder Straßenecken beschlagnahmt wurden und um die sich auch das britische Drogenberatungsgremium – der ACMD – bisher nicht gekümmert hatte. Wer sich nicht auskannte, konnte die Wirkung eines Piperazins durchaus mit der von MDMA verwechseln. Doch die meisten Leute lehnten die Pillen ab, obwohl sie in manchen Fällen für nicht mehr als ein paar Pfund pro Stück verkauft wurden und die Konsumenten zumindest auf eine kurze geistige Achterbahnfahrt schickten.

Manche Piperazine werden eigentlich zur Behandlung von Wurmerkrankungen bei Hunden eingesetzt, anderen dienen in der pharmazeutischen Forschung dazu, bei Testpatienten eine künstliche Migräne auszulösen. Zu den häufigen Nebenwirkungen der Substanzen gehört Übelkeit, und wie sich bei einer Pillenanalyse aus dem Jahr 2008 zeigte, hatten manche der kriminellen Chemiker den falschen Ecstasytabletten sogar kleine Mengen Domperidon beigemischt, einen bei Schwangeren gegen morgendlichen Brechreiz eingesetzten Arzneistoff, um die entlarvende Nebenwirkung zu kaschieren.

Aber warum griffen die kriminellen Syndikate überhaupt auf solche betrügerischen Präparate zurück? Sicher wollte doch kein Dealer, dass seine Kunden krank wurden, vielleicht sogar an seinen Pillen starben oder, schlimmer noch, diese einfach niemand mehr kaufte. Der Ecstasymarkt begann einzubrechen.

Was die europäischen Konsumenten nicht wussten: In Kambodscha war es in den Jahren 2007 und 2008 zu einer Reihe von Ereignissen gekommen, durch die sich jeder Strang dieser Geschichte mit allen anderen verbinden lässt. Diese Ereignisse hatten entscheidenden Einfluss darauf, wie sich die Situation in den folgenden Jahren entwickelte.

6. Alle wollen Mephedron: Das Legal High aus dem Heimlabor

Im Jahre 2008 stießen einheimische Waldaufseher und Naturschützer der britischen NGO Flora & Fauna International in den abgelegenen Kardamombergen im Südwesten Kambodschas auf ein verlassenes Urwaldlager, von dem immer noch Rauch aufstieg. Das Lager wirkte halb wie ein Leichenfeld, halb wie ein Kriegsschauplatz, doch statt Kadavern und Knochen lagen große Rindenstücke über den Boden verteilt, und in der Mitte stand ein gewaltiger Kessel, unter dem immer noch die Asche eines Feuers glimmte. Auch Kleider, Bücher, Lebensmittel und Handys waren überall verstreut, und über einem anderen Feuer schmorte irgendein Tier vor sich hin, was darauf hindeutete, dass das Lager gerade erst fluchtartig von seinen Bewohnern aufgegeben worden war. Eine aus einer Kalaschnikow stammende Patronenhülse lag auf dem Boden, unmittelbar neben mehreren Plastikkanistern mit Schraubverschlüssen, die mit einem süßlich riechenden Öl gefüllt waren.

Bei dem Öl handelte es sich um Safrol, und es war aus kürzlich gefällten Bäumen destilliert worden, die vor der Ankunft der Wilderer, denen das Lager gehörte, mehrere Hundert Jahre lang ungestört an diesem Ort gestanden hatten. Auf der Suche nach *Mreah-Prew-Phnom*-Bäumen, deren Rinde und Wurzeln eine ungewöhnliche hohe Konzentration des Öls enthalten, hatten die Männer eine brutale Schneise durch den Regenwald geschlagen, der zu einem der letzten unberührten Waldgebiete Südostasiens gehört.

In diesen und anderen improvisierten Safroldestillen wird das ätherische Öl aus der Rinde und den Wurzeln des Baums gewonnen, indem man diese zuerst zerkleinert und dann in riesigen Kesseln auskocht, von denen der an Safrol reiche Dampf über ein Rohr in eine Kammer geleitet wird, in der er kondensieren kann. In dieser Form – in der das Öl keine psychoaktive Wirkung hat – wurde es bei den Khmer lange als Bestandteil traditioneller Heilmittel und Arzneien verwendet. Doch bringt man das Safrol in die Hauptstadt, bekommt man dort bis zu 50 Dollar pro Liter dafür gezahlt. Und ein Liter des Öls genügt, um damit ungefähr 1000 Ecstasypillen herzustellen.

Ende 2008 zerstörten Drogenbeamte der UN in Pursat, 170 Kilometer westlich der kambodschanischen Hauptstadt Phnom Penh, 33 Tonnen Safrol, das an Drogenbanden in den Niederlanden geliefert werden sollte, die das Öl mithilfe von Shulgins Rezept zu Ecstasy verarbeiten wollten. Das Öl war in den vorhergehenden Wochen und Monaten konfisziert worden und stammte aus illegalen Safroldestillen wie jener in den Kardamombergen, in denen pro Tag im Durchschnitt etwa 60 Liter davon hergestellt wurden. Wenn die 33 Tonnen Öl nach Holland gelangt wären, hätte die daraus gewonnene Menge Ecstasy ausgereicht, um den Bedarf sämtlicher britischer Konsumenten für die Dauer von fünf Jahren vollständig abzudecken. Stattdessen wurde das Öl verbrannt.[1]

Es gibt viele Methoden zur Herstellung von MDMA, doch aus Safrol lässt es sich am leichtesten synthetisieren; wie man auf den folgenden Abbildungen sehen kann, sind die Moleküle der zwei Substanzen sehr ähnlich aufgebaut:

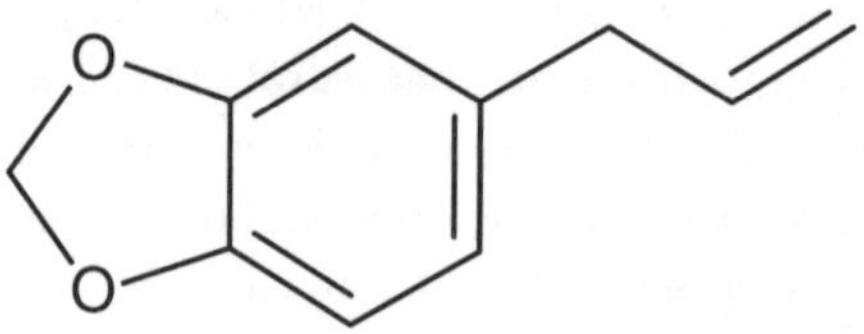

Safrol

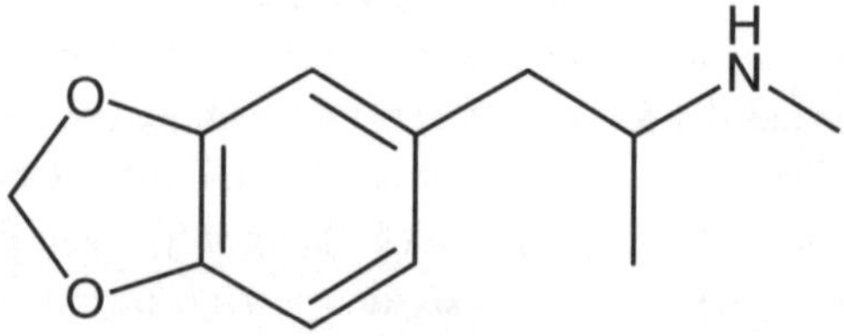

MDMA

Noch wichtiger ist jedoch, dass man mit Safrol als Ausgangsstoff in weniger Schritten zu MDMA gelangen kann als bei den meisten anderen Synthesewegen, und auch die Ausbeute ist in der Regel höher. Daher hatten die Ereignisse in Kambodscha tief greifende und lang anhaltende Auswirkungen – und führten unbeabsichtigt zum Aufkommen einer Droge, die unter dem Namen Mephedron bekannt wurde.

Laut einer Analyse der Daten, die vom Büro der Vereinten Nationen für Drogen- und Verbrechensbekämpfung (UNODC) im Weltdrogenbericht 2011 veröffentlicht wurden, belief sich die Gesamtmenge der weltweit beschlagnahmten Substanzen, die von der UNO der »Ecstasygruppe« zugeordnet werden, 2004 auf 12,7 Tonnen.[2] Diese Zahl sank 2005 auf 9,7 Tonnen, blieb 2006 in etwa auf dem gleichen Niveau und erhöhte sich 2007 nahezu um das Doppelte auf 16,5 Tonnen. Dann jedoch sanken die beschlagnahmten Mengen steil ab, und zwar auf sechs Tonnen im Jahre 2008 und bloße 5,4 Tonnen im Folgejahr. Das waren die zwei Jahre der globalen MDMA-Dürre, in die auch die Zerstörung der 33 Tonnen des Vorläuferstoffes fiel, aus dem eine geschätzte Zahl von 260 Millionen Pillen hätte produziert werden können. Wenn wir mal von 245 Millionen Pillen ausgehen und für jede einen ziemlich großzügigen Wirkstoffgehalt von 125 Milligramm veranschlagen, landen wir bei etwa 29 Tonnen zerstörtem MDMA – genug, um den gesamten Weltmarkt für 2007, 2008 und sogar noch einen Teil von 2009 trockenzulegen.

Nun war es nicht nur schwerer geworden, an geeignete Vorläuferstoffe zu gelangen, im Juni 2007 kam es in Australien auch noch zum größten Schlag gegen die internationale Pillenmafia, den es bis dahin gegeben hatte. Der globale MDMA-Markt wird hauptsächlich von russischen und israelischen Banden kontrolliert, die mit aus Holland stammenden Chemikern sowie israelischen und italienischen Schmugglern zusammenarbeiten. 2008 hatte ein Bündnis aus italienischen Mafiosi und australischen Rockern versucht, 15 Millionen Ecstasytabletten, die zur Tarnung in Tomatendosen abgefüllt waren, von Neapel nach Melbourne zu schmuggeln. Durch eine polizeiliche Großaktion, an der insgesamt 800 Beamte beteiligt waren und in deren Verlauf etwa 100 000 Telefongespräche abgehört wurden, konnte der Coup jedoch verhindert werden. Im Mai 2012 wurde Pasquale Barbaro, ein 52-jähriger Farmer aus New South Wales, der der mächtigen kalabrischen Mafiavereinigung 'Ndrangheta angehörte, wegen dieses Vergehens zu lebenslanger Haft verurteilt. Sein Komplize, der 55-jährige Saverio Zirilli, musste für 26 Jahre hinter Gitter.

So kam es, dass am Ende des Jahres 2008 und zu Beginn des Jahres 2009 die Konsumenten händeringend nach MDMA oder einem neuen Ersatzstoff suchten. Es gab einen riesigen unerschlossenen und unbefriedigten Markt, auf dem praktisch nur noch Piperazine zu haben waren. Jemand mit engen Verbindungen zu Personen, die auf höchster Ebene in die globale MDMA-Produktion verstrickt sind, hat mir verraten, wie es dazu kam, dass als Reaktion auf die gestiegenen Preise, die von 2006 bis 2009 für Safrol und andere Vorläuferstoffe verlangt wurden, Piperazine und ähnliche Ersatzpräparate auf den Markt geworfen wurden: »Die Preise für Vorläuferstoffe [also für Substanzen wie Safrol] waren seit 2006 deutlich gestiegen. Selbst wenn man sie fand, machten es die verbesserten Sicherheitsmaßnahmen an den Häfen zunehmend schwerer, sie in großen Mengen ins Land zu bringen. Dadurch stiegen die Herstellungskosten, zwar nicht um einen riesigen Prozentsatz, aber doch so, dass die Hersteller sich Sorgen machten«, erklärte er. »Eine Reihe von internationalen Syndikaten stimmte ab, ob man lieber die Großhandelspreise für die Pillen anheben oder sich nach billigeren Ersatzstoffen umsehen sollte. Anscheinend wurde zugunsten der Ersatzstoffe entschieden, und ab diesem Zeitpunkt erschienen mehr und mehr Pillen auf dem Markt, die in unseren Augen eigentlich aus Streckmitteln bestanden, bei denen die Branche jedoch versuchte, sie den Käufern als Ersatzdrogen anzudrehen.«

Doch der Plan ging nach hinten los, denn viele Kunden wurden so misstrauisch, dass sie schließlich ganz aufhörten, die mit so vielen unangenehmen Nebenwirkungen verbundenen Pillen zu kaufen.

Ungefähr fünf Jahre zuvor hatte ein Drogenchemiker, der unter dem Decknamen Kinetic auftrat, zum ersten Mal die Syntheseanleitung für eine neue Droge auf der Forenseite The Hive eingestellt.

»Ich habe mich in den letzten Tagen ein bisschen gelangweilt«, schrieb er 2003, »und hatte ein paar lustige Reaktanten herumliegen, also habe ich mir gedacht, ich würde mal versuchen, ein bisschen 1-(4-Methylphenyl)-2-Methylaminopropan als Hydrochlorid herzustellen, oder 4-Methylmethcathinon, wie man es wahrscheinlich normalerweise nennen würde.«[3] Dann beschrieb er, wie er innerhalb von 48 Stunden 4,8 Gramm der Droge synthetisiert und dabei das einfache Lösungsmittel Toluol als Vorläuferstoff verwendet hatte. Anschließend probierte er wie Shulgin die neu hergestellte Droge an sich selbst aus und berichtete seinem faszinierten Publikum aus gesetzlosen Heimchemikern von seinen Erlebnissen. Die betreffende Droge jedoch tauchte weder in *PIHKAL* noch in *TIHKAL* an irgendeiner Stelle auf – sie war beinah gänzlich unbekannt, und auf dem herkömmlichen Drogenmarkt hatte man ganz sicher noch nicht davon gehört. Kinetic hatte seine chemischen Kenntnisse zur Erfindung von Mephedron verwendet, einem neuen Analog zu Methcathinon – einem starken illegalen Stimulanzmittel, das mit Methamphetamin, also Crystal Meth, verwandt ist. Auf diesen Abbildungen kann man sehen, wie ähnlich sich die drei Stoffe sind:

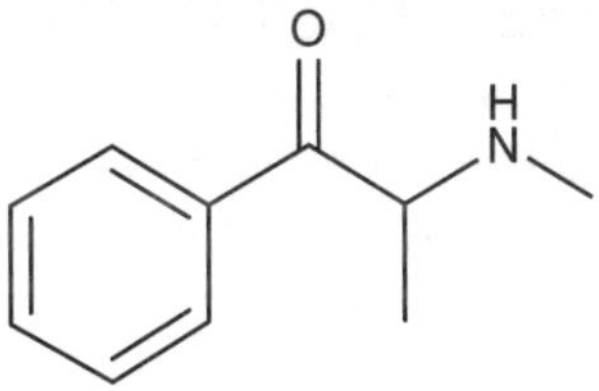

Methcathinon

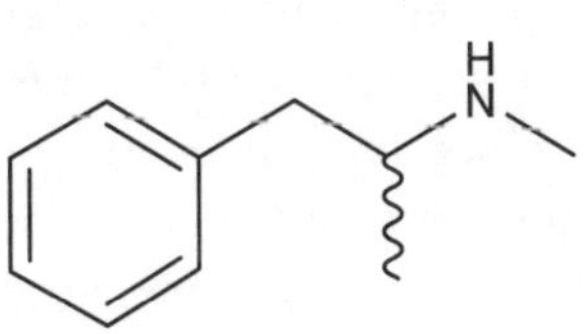

Methamphetamin (Crystal Meth)

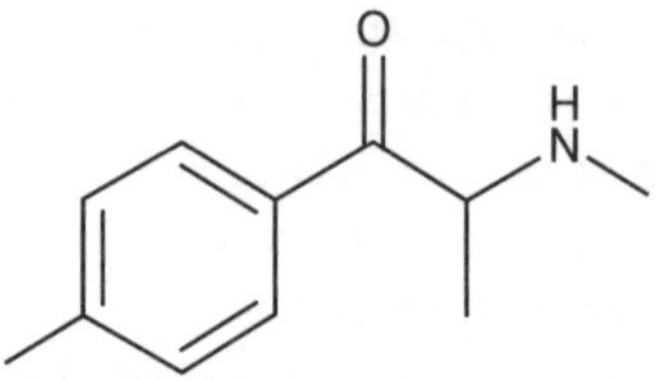

Mephedron

In seinem Posting legte Kinetic in bemerkenswert knapper und doch gründlicher Weise dar, wie er bei der Herstellung der Droge vorgegangen war, welche Geräte und Reaktanten dazu nötig waren und auf welche chemischen Fallstricke man zu achten hatte. Dabei war er nicht auf Geld oder einen Job aus, sondern wollte nur ein bisschen mit seinen Fähigkeiten auf dem Gebiet der organischen Chemie angeben, um sein Ansehen zu steigern und gleichzeitig andere ohne Gegenleistung an seinem Wissen teilhaben zu lassen. Ganz sicher hatte er nie im Sinn gehabt, eine neue Droge zu erfinden, auf die sich bald die ganze Welt stürzen würde, doch genau so kam es. Kinetic schilderte, wie er sich einen Tag lang mit der Synthese des Stoffes beschäftigte, schließlich 4,8 Gramm der kleinen Kristalle aus seinem Reaktionszylinder schabte und ein paar Stunden später 400 Milligramm davon schnupfte. Sein zentrales Nervensystem wurde von Wogen intensiver, wenn auch kurzlebiger Euphorie durchspült. Er schrieb:

»400 Milligramm war eine ziemlich hohe Dosis für einen Abend, aber die Wirkung hielt nicht lange an, also legte ich ständig nach. Das unmittelbare Rauschgefühl nach jeder neuen Line war unglaublich, und ich kann mich erinnern, dass es sich ganz ähnlich wie beim Einsetzen des Ecstasyhighs anfühlte, nur viermal stärker! Dieses wunderbare Schwächegefühl, wenn man einfach nur denkt: ›Oh Mann, ich fühle mich so verdammt gut …‹ Die Euphorie war noch stärker als die, an die ich mich von meiner ersten Erfahrung mit dem Butan-Methcathinon-Analog erinnern kann. Ich spürte einen starken Tatendrang, war jedoch vollkommen unfähig, mich auf die

Literatursuche zu konzentrieren, mit der ich mich gerade beschäftigen wollte. Ich hatte sehr große Lust auf die Gesellschaft anderer Menschen und wäre fast clubben gegangen, überlegte es mir dann aber doch anders. Ich konnte die Energie spüren, die immer wieder durch meinen Körper lief, und danach breitete sich ein großartiges Wohlgefühl in mir aus, wie ich es bisher durch keine Droge außer meinem geliebten Ecstasy erfahren habe.«

Kinetics neue Droge, die später unter dem Namen Mephedron bekannt wurde, ähnelte in der Tat Ecstasy: Auch durch sie fühlte man sich euphorisch, erregt und voller Energie, und auch sie erzeugte eine Stimmung der Empathie und emotionalen Offenheit. Darüber hinaus war die Substanz leicht herzustellen und in den meisten Ländern vollkommen legal, da bisher nirgends ein Methcathinon-Analog aufgetaucht war. Auch in Großbritannien hatte man es bislang nicht für nötig gehalten, mit einem Verbot gegen Abwandlungen des Methcathinonmoleküls vorzusorgen. Der Hauptunterschied zu Ecstasy bestand in der kurzen Wirkung der Droge – sie hielt nur etwa 45 Minuten an, jene von Ecstasy hingegen vier bis fünf Stunden. Dadurch erhöhte sich das Abhängigkeitsrisiko – sobald die Wirkung nachließ, wollten die Konsumenten mehr.

Am 5. April 2003, genau um 21.33 Uhr, postete Kinetic einen weiteren Beitrag: »Ach ja, zur britischen Regierung und ihren bescheuerten Drogengesetzen fällt mir nur ein dickes ›Ihr könnt mich mal!‹ ein, schließlich bin ich high wie die NASA, und es gibt nichts, was die dagegen tun können.«

Kinetic hatte recht: Anders als es bei den Phenethylaminen und Tryptaminen der Fall war, hatte sich die britische Gesetzgebung mit Analogen aus der Stoffgruppe der Cathinone, in der er so frech wilderte, noch nicht befasst. Auch gab es in Großbritannien keine pauschale gesetzliche Handhabe gegen Analoge wie in den USA, wo die Konsumenten und Händler nie sicher sein konnten, ob sie sich im Bereich der Legalität bewegten. Kinetic hingegen durfte sich in dieser Sicherheit wiegen – ebenso wie jene, die vier Jahre später seine Anleitung zur Herstellung einer legalen Droge verwendeten, mit der sich die MDMA-Flaute überbrücken ließ.

Die Auswirkungen dieses Postings in einem Forum für neugierige Drogenbastler waren so unbeabsichtigt wie unerwartet. Ursprünglich hatten wohl kaum mehr als ein paar Dutzend leidenschaftliche Privatchemiker (sowie diverse stille »Lauscher«, die gern Foren besuchen, sich aber nie zu Wort melden) überhaupt etwas von Kinetics Beitrag mitbekommen. Trotzdem diente dieser als Startschuss für den weltweiten Wettlauf zwischen im Verborgenen arbeitenden Chemikern und hinter ihren Erzeugnissen herhinkenden Staaten, der bis heute anhält. »Die Erfinder von Mephedron sind über eine Substanz gestolpert, deren pharmakologische Eigenschaften sich irgendwo zwischen Kokain und Ecstasy bewegten und die außerdem billig, legal und frei erhältlich war. Und diese Entdeckung fiel in eine Zeit, in der die Qualität anderer Drogen immer schlechter wurde und sie immer schwieriger zu bekommen waren«, erklärt John Ramsey, Cheftoxikologe der St. George's University in London.

Die globale MDMA-Flaute und die dadurch verursachte Mephedron-Konjunktur dienen als Musterbeispiel dafür, wie beim Verschwinden einer Droge stets sofort eine andere auftaucht, um sie zu ersetzen. Dieses Phänomen sollte bald dafür sorgen, dass das Geschäft mit den Research Chemicals, die der Öffentlichkeit nun unter der neuen Bezeichnung »Legal Highs« angeboten wurden, einen rasanten Aufschwung erlebte. Das Internet, die sozialen Medien und die neuen Verfahren des elektronischen Handels halfen diesen Aufschwung sogar noch zu beschleunigen. Die Art und Weise, wie auf der gesamten Welt Drogen gekauft, verkauft und konsumiert werden, sollte sich für immer ändern.

Zunächst wurde Mephedron nicht als eigenständige chemische Substanz verkauft, sondern in anderen Produkten verborgen. Anfang 2007 sorgte das Erscheinen von zwei Legal Highs namens NeoDoves und SubCoca in einem australischen Unterforum von bluelight.org für große Aufregung. Sie wurden von der Firma Biorepublik vertrieben, die ihren Sitz in Tel Aviv hatte. Bisher war das Geschäft mit den »legalen Drogen« von den meisten als Abzocke betrachtet worden. Unter diesem Schlagwort wurde nämlich ein Sammelsurium von angeblich psychoaktiven Kräutern, Koffeinpräparaten und Piperazinen angeboten – die Art von Produkten, die bei Festivals an fluoreszierenden Ständen als »Herbal Ecstasy« verkauft wurden und sich hauptsächlich an Jugendliche, Leichtgläubige und Leute richteten, die bei der Arbeit manchmal auf Drogen getestet wurden. Niemand wusste, was sich hinter den Produkten von Biorepublik verbarg, doch das hielt die Menschen nicht davon ab, sie in rauen Mengen zu essen und zu schnupfen. Da es geografisch ähnlich isoliert liegt wie Großbritannien und auf dem Landweg für Schmuggler nicht zu erreichen ist, bekam Australien auch die MDMA-Dürre genauso stark zu spüren, und nach dem Schlag gegen den Handel mit dem Stoff, der den Behörden 2007 dort geglückt war, lag der Markt in Down Under praktisch komplett brach. Kokain ist in Australien extrem teuer, und ein Gramm des Stoffes kostet mit 300 australischen Dollar etwa das Vierfache dessen, was man mit 50 Pfund beziehungsweise 60 Euro in Großbritannien oder Deutschland dafür hinlegen muss. Deshalb ist in Australien der Handel mit synthetischen Drogen viel stärker entwickelt und fester etabliert als in hiesigen Gefilden. Der Konsum von Crystal Meth etwa verzeichnet noch dramatischere Zuwachszahlen als in Europa: Drei Prozent der über 14-Jährigen haben auf dem großen Südkontinent bereits Erfahrungen mit der Droge.

Die Firma Biorepublik, betrieben von einer mysteriösen und lichtscheuen Gestalt, die unter dem Pseudonym Doron Sabag auftrat, verkaufte diese neuen Substanzen als Nahrungsergänzungsmittel und brachte sie in Form von einfachen Kapseln an den Mann. Sabag weigerte sich zu verraten, was diese Kapseln enthielten, womit er ein verstörendes Muster festlegte, das sich in den kommenden Jahren noch oft wiederholen sollte. Doch die Konsumenten waren einstimmig in ihrem Urteil: Die unter dem Namen NeoDoves und SubCoca verkauften Präparate funktionierten, und sie funktionierten sogar gut. Sie verschafften den Konsumenten ein unglaubliches Hochgefühl, zumindest für kurze Zeit, und boten bei einem Stückpreis von fünf Euro ein besseres Preis-Leistungs-Verhältnis als die verunreinigten Ecstasypillen, die ansonsten den Markt dominierten. Da die Kapseln als Nahrungsergänzung verkauft wurden und ihre Inhaltsstoffe von keiner der einschlägigen Listen erfasst wurden, konnten die Zollbehörden die Einfuhr nicht verhindern. Auch gehörte Israel nicht zu den Ländern, die für die Herstellung und Ausfuhr von heimlich hergestellten Designerdrogen bekannt waren, weshalb die Wahrscheinlichkeit, dass die Päckchen Verdacht erregten und von den Behörden geprüft wurden, ohnehin gering war.

In den Jahren 2007 und 2008 wurden die Kapseln hunderttausendfach in die ganze Welt verkauft, und bald kam die Firma mit ihren Lieferungen kaum noch nach. Die Konsumenten schwärmten von der MDMA-ähnlichen Wirkung der Präparate. Dass ihr Schweiß nach der Einnahme das Aroma eines alten Bücklings annahm, der zu lange in der Sonne gelegen hatte, schien sie nicht zu stören. Der Geruch rührte von der unfachmännisch ausgeführten Synthese her sowie der Tatsache, dass die Substanz nicht gut getrocknet worden war, sodass das Endprodukt immer noch einen gewissen Anteil an Lösungsmitteln und Abbauprodukten enthielt, von denen manche eben nach Fisch rochen – und zwar so streng, dass die Droge in Schweden den Spitznamen *Krabba*, also Krabbe, erhielt.

Der Geruch, der kribbelige Kater, das Herzrasen, die aufgeplatzten Lippen, das blutende Zahnfleisch und das exzessive Zähneknirschen – an all diesen Nebenwirkungen schienen die Konsumenten keinen großen Anstoß zu nehmen. Was auch in diesen Drogen stecken mochte, sie waren um vieles besser als so ziemlich alles, was sonst in jener Zeit an illegalen Drogen in Europa und Australien erhältlich war. Irgendwo war gerade jemand dabei, sich sehr schnell eine goldene Nase zu verdienen. Wie kaum überraschen dürfte, führten NeoDoves und SubCoca auch zu psychischer Abhängigkeit. Manche Konsumenten berichteten über mehrere Tage dauernde Exzesse, die so nie beabsichtigt waren und während derer sie sich ihrer gesamten Vernunft und Willenskraft beraubt fühlten. Sie zerstörten sich ihre Nasenhöhlen, indem sie die Kapseln aufbrachen und schnupften, brauchten gierig ihren gesamten Vorrat auf, obwohl sie eigentlich nicht mehr als eins der Präparate hatten nehmen wollen, und kauten sich nervös und von Wahnvorstellungen geplagt die Lippen blutig, während sie dem nächsten flüchtigen High hinterherjagten. Dann gingen sie rasch ins Internet, um sich Nachschub zu bestellen.

Der Inhalt der Kapseln mag ein Geheimnis gewesen sein, doch nachdem sie die Präparate über Monate unbekümmert geschluckt hatten, waren viele um ihre Gesundheit besorgte Konsumenten durchaus daran interessiert, dass dieses Geheimnis endlich gelüftet wurde – ebenso wie viele neidische Unternehmer, die ein Stück von dem Kuchen abhaben wollten. Ein paar Monate später wurde einer der Inhaltsstoffe auf bluelight.org als 4-Methylmethcathinon identifiziert, eine vollkommen unbekannte chemische Verbindung, die bisher im globalen Drogenhandel noch nicht aufgetaucht war. Ein australischer Chemiker, der sich dem Konzept der Schadensminimierung verschrieben hatte und in den Bluelight-Foren unter dem Namen phase_dancer auftrat, war zusammen mit anderen für die Lösung des Rätsels verantwortlich. »Wir waren eigentlich nie eine wirkliche Organisation, eher eine Handvoll interessierter Wissenschaftler, die auf unterschiedlichen, aber miteinander verwandten Gebieten arbeiteten. Zu jener Zeit arbeitete ich als Chemiker an der Herstellung von Reagenz-Sets für [die australische Organisation] Enlighten Harm Reduction und forschte gleichzeitig an Rezepturen, mit denen sich Substanzen wie Ketamin und PMA [eine tödliche Verunreinigung in MDMA-Pillen] leichter feststellen ließen«, erzählte er mir. »Bei den von Biorepublik verkauften Produkten schien niemand zu wissen, welche aktiven Wirkstoffe sie enthielten. Da sie immer beliebter wurden, ließen wir verlauten, dass drplatypus [ein weiterer Teilnehmer des Forums] eventuell die Möglichkeit hätte, die Produkte analysieren zu lassen. Mehrere Proben gingen anonym bei dem Krankenhaus ein, in dem er arbeitete, das sie wiederum an einen unserer Kollegen weitergab, der in Adelaide als Forensiker tätig war.«

Wie sich herausstellte, enthielten die Kapseln mehrere Inhaltsstoffe, doch der wichtigste war 4-Methylmethcathinon – der bald unter dem Namen Mephedron bekannt werden sollte. Wer sich schon länger in der chemischen Untergrundszene umtat, erkannte die Substanz allerdings als diejenige wieder, die Kinetic an einem gelangweilten Abend des Jahres 2003 ausgetüftelt und bei The Hive eingestellt hatte. Die Szene um die Research Chemicals war auf der Straße angekommen – und wie.

Mephedron ist chemisch mit den Inhaltsstoffen von Kath verwandt, den Blättern der Pflanze *Catha edulis*, die in Ländern wie dem Jemen oder Somalia seit Jahrtausenden als soziales Schmiermittel dienen und wegen ihrer anregenden Wirkung zu einem Priem zerkaut und in der Backe aufbewahrt werden. Einwanderer aus Ländern, in denen der Khatgenuss zum Alltag gehört, haben dafür gesorgt, dass die legalen und von seriösen Firmen importieren Blätter auch in London in vielen Läden angeboten werden. Da sie ihre stimulierende Wirkung verlieren, wenn sie nicht absolut frisch sind, werden sie täglich per Luftfracht eingeflogen. Würde jedoch das für die Wirkung verantwortliche Cathinon aus den Blättern isoliert und in Reinform hergestellt, wäre der Verkauf in den meisten Ländern Europas verboten. In Großbritannien würde die Substanz dann als illegale Droge der Kategorie C gelten, und auch in der Anlage I des deutschen Betäubungsmittelgesetzes wäre sie zu finden. In den USA und auch in manchen europäischen Ländern wie Holland sind sogar nur schon die Blätter verboten, und dass sie in Großbritannien einfach so unter die Leute gebracht werden dürfen, erscheint eigentlich ziemlich merkwürdig. Vielleicht drückt die Regierung ein Auge zu, weil die Zahl der Konsumenten so klein ist und nur etwa ein Drittel der ungefähr 100000 in Großbritannien lebenden Somalier umfasst. Im Oktober 2012 versammelten sich allerdings 100 somalische Demonstranten vor dem Eingang zur Downing Street, um ein Verbot der Khatblätter zu fordern, deren abhängig machender Konsum ihren Aussagen nach zur Zerstörung von Familien und gesundheitlichen Problemen führe.

Um das Jahr 2004 war an kleinen Zeitungsständen in Tel Aviv sowie in Nachtclubs in ganz Israel immer öfter ein Legal High namens *hagigat* zu finden, dessen Bezeichnung sich aus dem hebräischen Wörtern *hagiga* (Feier) und *gat* (Kath) zusammensetzt. Hagigat-Kapseln enthielten Cathinon und wurden legal an die partyhungrigen Bewohner der Stadt verkauft. Cathinon ist chemisch gesehen mit Amphetamin verwandt und sorgt für eine verstärkte Ausschüttung des Neurotransmitters Dopamin im Gehirn, die auf harmlosere

Weise durch so schöne Dinge wie Sex, eine gute Unterhaltung oder ein Essen mit Freunden herbeigeführt werden kann. Hagigat wurde noch im selben Jahr in Israel verboten, dort jedoch trotzdem weiterhin mehr oder weniger offen zum Verkauf angeboten.

Im Jahre 2007 hatte ein unbekannter Chemiker mit Verbindungen zur Firma Biorepublik eine Lücke im israelischen Drogenrecht ausgenutzt und zur Umgehung des Cathinon-Verbots einfach 4-Methylmethcathinon hergestellt, eine legale Analogsubstanz zu dem Cathinonderivat Methcathinon, die er dann in Form von NeoDoves und SubCocas auf den Markt brachte. Da The Hive zu jener Zeit als das bekannteste Syntheseforum galt und die Substanz zuvor noch nie irgendwo als Partydroge aufgetaucht war, besteht eine extrem hohe Wahrscheinlichkeit, dass das Rezept aus dem 2003 eingestellten Beitrag von Kinetic stammte.

Die Synthese ist zugegebenermaßen nicht sonderlich komplex: Methcathinon ist ein chemischer Abkömmling von Methamphetamin, und um 4-Methylmethcathinon – also Mephedron – zu erhalten, muss man einfach nur ein bisschen Sauerstoff anbauen. Ein Chemiker braucht dafür höchstens ein paar Stunden, und der Arbeitsaufwand lässt sich mit dem eines Konditors vergleichen, der eine Torte mit einem Zuckerguss versieht. Wo auch immer die 2008 auf dem Markt erschienene Droge letztlich hergekommen sein mag, die Drogengesetze der meisten Länder waren zu unflexibel und überholt, um mit dieser neuen Finte der Onlinedealer mithalten zu können.

Im Februar 2009, ein paar Monate nach der groß angelegten Vernichtung der Safrolvorräte in Kambodscha, berichtete ich in dem Fachblatt *Druglink* als erster Journalist weltweit über die MDMA-Flaute und die damit zusammenhängende Verbreitung von Mephedron und anderen neuartigen Drogen. Verschiedene seriöse Zeitungen sowie Boulevardblätter griffen die Story auf, machten die Droge zum großen Thema und katapultierten sie so von den obskuren Foren der Eingeweihten ins Licht der breiten Öffentlichkeit. Daraufhin nahmen die Dinge einen sogar noch skurrileren Verlauf, wofür auch wieder das Internet verantwortlich war.

Dadurch dass die Formel nun überall im Netz zu lesen war,

wussten auch die Dealer in Großbritannien über den Inhalt der von Biorepublik vertriebenen Kapseln Bescheid. Sie fingen umgehend an, die Droge bei ihren chinesischen Herstellern in Auftrag zu geben und Websites für ihren Verkauf aufzubauen.

Mithilfe von Googles kostenpflichtigem Werbesystem AdWords können Unternehmen gezielt Werbung auf Internetseiten platzieren, auf denen bestimmte Stichwörter vorkommen und die ihrerseits über den Onlinedienst AdSense an dem System teilnehmen. Zu diesen Websites gehören auch die Onlineauftritte vieler Zeitungen. Als diese nun über Mephedron zu berichten begannen, konnte es passieren, dass unterhalb eines seriösen Artikels zu dem Thema Links zu Webshops aufgeführt wurden, bei denen man die Droge kaufen konnte – denn auch der zugehörige Dealer hatte über AdWords dafür gesorgt, dass seine Anzeigen sich an den entsprechenden Stichworten orientierten. Das vollautomatische System führte also dazu, dass auf denselben Seiten des *Daily Telegraph* oder des *Guardian*, auf denen die Regierung zu einem raschen und entschlossenen Vorgehen gegen die neue Killerdroge aufgefordert wurde, Links zu telefonischen Lieferdiensten erschienen, über die man sich die Substanz innerhalb weniger Stunden per Motorrad nach Hause oder ins Büro bringen lassen konnte. Selbst ein Marketingspezialist hätte sich keine bessere Kampagne für Mephedron und die anderen neuen Drogen ausdenken können.

Google führt keine manuellen oder vorbeugenden Kontrollen dazu durch, was die an AdWords teilnehmenden Unternehmen eigentlich verkaufen, bevor es ihre Anzeigen annimmt, und die Zeitungen selbst hatten keine Kontrolle darüber, welche Art von Werbung Google für ihre Websites generierte.

Während der Zeit, als Mephedron noch legal war, veröffentlichte Google auch auf seinen eigenen Suchseiten Dutzende von Anzeigen, die von Dealern in Auftrag gegeben worden waren. Ich kontaktierte den Konzern und fragte, warum selbst in der heißesten Phase der Berichterstattung über die Droge auf den Suchseiten noch Werbung dafür gemacht wurde. Ein Sprecher antwortete: »Laut unseren Drogenrichtlinien sind Anzeigen für Mephedron verboten. Wenn wir Anzeigen entdecken, die sich nicht an unsere Richtlinien halten, entfernen wir diese so schnell wie möglich.«

Noch am selben Nachmittag löschte das Unternehmen Dutzende der Anzeigen, weigerte sich jedoch, mir mitzuteilen, wie viel es mit der Veröffentlichung der Links zu den Websites, auf denen die Drogen verkauft wurden, verdient hatte.

Diese unbeabsichtigt geniale Marketingkampagne der ersten Verkäufer der Droge sorgte dafür, dass rasch weitere Websites auftauchten, die Mephedron anboten und es meist als »Pflanzendünger« verkauften, um die Bestimmungen zur Auszeichnung von Medikamenten, Pharmazeutika und Nahrungsmitteln zu umgehen. In Deutschland wiederum wurde die Droge vorwiegend als »Badesalz« verkauft, und auch hier deuten die Beiträge in den einschlägigen Onlineforen darauf hin, dass es von 2008 an zu einem erhöhten Konsum der ecstasyähnlichen Substanz kam. In Großbritannien griff ihr Gebrauch 2009 mit ähnlicher Plötzlichkeit und Wucht um sich, mit der auch ihre Wirkung einsetzt. Ob man nun die chemischen, legalen, gesellschaftlichen oder technologischen Aspekte betrachtet: Auf eine solche Weise hatte sich noch nie eine Droge in der Gesellschaft ausgebreitet, und seither ist es auch noch nicht wieder zu etwas Vergleichbarem gekommen. Allerdings ist es nur eine Frage der Zeit und der geglückten molekularen Manipulation, bis wieder eine Droge dieser Art auf der Bildfläche erscheint.

»Mir ist Mephedron lieber als MDMA«, erzählte mir Dave Timms, ein 27-jähriger Londoner, der in der Modeindustrie tätig war, als 2009 das allgemeine Mephedronfieber gerade seinen Höhepunkt erreichte. Er war ein vernünftiger, intelligenter und wortgewandter Typ, der auf seine Fitness achtete, sich gut anzog und sich nach Feierabend gerne sofort so hart die Kante gab, wie man es sich nur vorstellen kann. Er habe schon immer gerne gefeiert und Drogen genommen, sagte er, aber angesichts der schlechten Qualität der in Großbritannien verfügbaren Drogen stellte Mephedron einfach eine bessere Alternative dar – an die man auch wesentlich leichter herankam. »Mephedron ist verlässlicher, billiger und bequemer zu besorgen, da man ja nicht mal zu einem Dealer gehen muss«, erklärte er. »Seit ich auf Meph gestoßen bin, habe ich mehr oder weniger aufgehört, Kokain, Pillen oder MDMA zu kaufen. Ich bestelle einfach gleich eine größere Menge, überweise das Geld, und schon ein paar Tage später bekomme ich das Päckchen zugestellt. Ich nehme es jetzt seit 14 Monaten und habe bisher keine negativen Effekte festgestellt, außer dass ich bei der Arbeit oder beim Fitnesstraining manchmal ein bisschen weniger motiviert bin. Wenn ich Leute sehe, die es zum ersten Mal nehmen, muss ich immer lachen. Viele sind skeptisch und können sich nicht vorstellen, dass etwas, das legal ist, tatsächlich funktionieren kann. Aber das tut es.«

Er sagte, er nehme Mephedron lieber als MDMA, weil der Kater nach einem Wochenende mit der Droge emotional weniger aufreibend sei und sie ihm größere geistige Schärfe verleihe. Einmal nahm Timms die Substanz von Freitagabend bis Montagmorgen ununterbrochen, ohne dabei zu schlafen, und als er schließlich wieder einen klaren Kopf bekommen und zur Arbeit gehen musste, schnupfte er einfach eine weitere Line und schlüpfte in seinen Anzug. Er behauptet, während jener »Flitterwochen« mit der Droge habe er keine Schattenseite an ihr feststellen können und sei weder in ein besonders großes Loch gefallen, wenn er davon herunterkam, noch sonderlich verkatert nach dem Konsum gewesen. Und bei einem Preis von etwa zehn Euro pro Gramm war sie weitaus billiger als Kokain, bei dem man damals wie heute etwa 60 Euro für ein stark verschnittenes Gramm zahlen musste.

Polizei, Politik und Gesundheitswesen wurden von Mephedron komplett überrumpelt; sie wussten nur wenig darüber, worum es sich bei der Drogen handelte und wo sie herkam. Es war die erste Droge, die sich mit viraler Geschwindigkeit ausbreitete und wie in einem Musterbeispiel für digitale Vermarktung von begeisterten Konsumenten an ihre Freunde weiterempfohlen wurde, die wiederum anderen Freunden davon berichteten. Innerhalb von Wochen erlangte die Substanz die Beliebtheit eines Massenprodukts, besonders in Kleinstädten, wo illegale Drogen besonders rar geworden waren oder zu unerschwinglichen Preisen verkauft wurden. Mephedron hingegen war billig, reichlich vorhanden, unverschnitten und zu hundert Prozent legal. MDMA hatte Jahre gebraucht, um derart gängig und beliebt zu werden.

Viele der Seiten, auf denen die mit Mephedron versetzten Produkte verkauft wurden, orientierten sich in ihrer grafischen Aufmachung an der Ravekultur und verwendeten die dort üblichen Symbole, sodass es klar war, wofür die Artikel bestimmt waren. Websites wie Ravegardener, Champagnelegals, Bubbleluv oder der Marktführer UKLegals kamen mit der Lieferung kaum nach. Für den menschlichen Verzehr gedachte Waren unterliegen Nahrungsmittelvorschriften und medizinischen Bestimmungen, aber wie seinerzeit bei den angeblichen Research Chemicals wurde auf der Verpackung der Produkte vor dem Verzehr gewarnt. So konnten die Händler die in Großbritannien geltenden Verbraucherschutzgesetze ebenso umgehen wie den Misuse of Drugs Act, in dem dieses unbekannte Beta-Keto-Amphetamin nicht auftauchte.

Ein ganzes Kilogramm der Substanz von China nach Großbritannien zu importieren dauerte nicht mehr als ein paar Tage, und die Zollbeamten mussten ohnmächtig zusehen. Nun, da große Geldsummen lockten, stiegen auch professioneller arbeitende Unternehmen in das Geschäft mit ein und fingen an, die Droge unverhohlen auf öffentlichen Websites anzubieten. Diese machten mit ihrer schicken Aufmachung und den kundenfreundlichen Bestell- und Datenverwaltungssystemen den Kauf noch einfacher. Nach dem Lesen der unzähligen positiven Kundenbewertungen, die auf den Seiten standen, genügte ein Klick, und schon bekam man am nächsten Tag ein unauffälliges Päckchen zugestellt.

Um die stürmische Nachfrage zu bedienen, wurden in den chinesischen Laboren bald jede Woche mehrere Tonnen der Substanz hergestellt. Mit der Verlagerung der Produktion nach Fernost bewiesen die Vertreiber der Droge beachtlichen Scharfsinn, denn Labore zu ihrer Herstellung in Großbritannien aufzubauen wäre nicht nur teurer, sondern auch wesentlich riskanter gewesen. In China hingegen konnten sie auf eine gut entwickelte Chemie- und Pharmabranche zurückgreifen, die sich an fragwürdigen Ausfuhrpapieren wenig störte. Die Arbeitskräfte waren billig, und die örtlichen Beamten ließen sich zur Not schmieren. Das Ganze hatte in anderen Zweigen des produzierenden Gewerbes funktioniert, warum also sollte es bei der Herstellung von Designerdrogen anders sein?

Im Jahre 2003 lag der Gesamtwert aller legal von China in die EU exportierten Waren bei 106,2 Milliarden Euro. 2007 hatte sich diese Zahl mit 231 Milliarden Euro bereits mehr als verdoppelt. Im Jahre 2010 stiegen die Exporte auf 292 Milliarden Euro, hatten sich also im Laufe von nur sieben Jahren nahezu verdreifacht. Die chinesische Wirtschaft boomte – sowohl im legalen als auch im halblegalen Bereich.

Der Besitzer einer dieser Fabriken schickte mir eine Aufstellung der Lieferungen, die er im Februar 2009, also auf dem Höhepunkt des allgemeinen Mephedronfiebers, nach Großbritannien versandt hatte. Für eine Reportage im Magazin der britischen Sonntagszeitung *The Mail on Sunday* hatte ich mich als Großabnehmer ausgegeben und um eine Liste zufriedener Kunden gebeten. Der Fabrikbesitzer kam meiner Bitte mit Freuden nach. Wie er mir darlegte, hatte er innerhalb von nur einer Woche mehrere Hundert Kilo Mephedron von Shanghai aus über den Pariser Flughafen Charles de Gaulle nach ganz Europa verschickt, davon allein 50 Kilogramm an Kunden in Großbritannien. Während England die ersten ernsthaften Schneefälle seit zehn Jahren erlebte, wurde das Land gleichzeitig von einer ganz anderen Lawine weißen Pulvers überrollt. Innerhalb weniger Monate befanden sich Großbritannien sowie der Rest Europas fest im Griff der chinesischen Drogen. Noch Mitte des 19. Jahrhunderts hatte Großbritannien China mit den Opiumkriegen gezwungen, die Einfuhr des Rauschgifts durch britische Handelsgesellschaften zu tolerieren. Nun schien sich das Reich der Mitte auf seine eigene Weise zu rächen.

Zusammen mit anderen Medienpartnern veranstaltet die britische Szenezeitschrift *Mixmag* jedes Jahr die weltweit größte unabhängige Umfrage zum Thema Drogen, und an der Umfrage des Jahres 2011 lässt sich das explosive Wachstum des Mephedronkonsums deutlich ablesen. Die Mehrheit der über 2000 Drogenkonsumenten, die sich an der Umfrage beteiligten, gab an, die Substanz im vorangegangenen Jahr konsumiert zu haben, womit sie hinter Ecstasy, Kokain und Marihuana auf Platz vier der beliebtesten Drogen landete. Seit dem Aufkommen von Ecstasy Ende der Achtzigerjahre hatte es keine Droge mehr gegeben, die zu einer so raschen und drastischen Veränderung der Konsumgewohnheiten geführt hatte.

2009 kamen aber auch noch andere modifizierte Drogen auf den Markt. Da waren zum Beispiel neue Analogsubstanzen zu Mephedron selbst, wie Metyhlon, Butylon und Pentylon, aber auch andere Aufputschmittel wie MDPV (das schon bei einer Dosis von wenigen Milligramm wirkte und die Konsumenten dazu brachte, ganze Bände alliterierenden Unsinns in den Foren zu posten); da waren Flephedron, Buphedron und Brephedron sowie Dutzende andere Drogen aus der Cathinonfamilie, die in schwindelerregend schneller Folge auf dem Markt erschienen, starke psychoaktive Wirkung hatten und alle legal waren. Was früher als angebliches Research Chemical verkauft worden wäre, wurde nun mit erstaunlichem Geschick als Legal High neu vermarktet. Auf manchen Websites wurden die chemischen Substanzen in Reinform angeboten, auf anderen Tütchen mit klingenden Namen, auf denen die enthaltenen Wirkstoffe nicht ausgewiesen wurden.

Auch Ersatzstoffe für Marihuana kamen zwischen 2008 und 2010 in Mode, als Alternativen zu einer beliebten, jedoch illegalen Droge. Einmal mehr waren westliche Heimchemiker und chinesische Labore für das Aufkommen der neuen, ungetesteten Drogen verantwortlich. Wer zuvor eine legale Alternative zu Marihuana kaufen wollte, bekam mit allerhöchster Wahrscheinlichkeit eine Substanz angedreht, die die Lunge reizte und die Brieftasche leerte, aber ansonsten keinerlei Wirkung hatte. Da es in den meisten Gegenden der Welt nicht schwer ist, an echtes Marihuana heranzukommen, war der Markt für solche wirkungslosen Substanzen entsprechend klein und beschränkte sich auf besonders junge und naive Konsumenten sowie auf solche, die entweder extrem vorsichtig oder extrem dämlich waren.

Doch ungefähr zur selben Zeit, als Mephedron aufkam, wurde in vielen Drogenforen von einem synthetischen Marihuana-Imitat namens Spice berichtet, das eine sehr starke Wirkung haben sollte und sich angeblich auch ähnlich gut rauchen ließ wie das echte Gras. Die Kunde von der neuen legalen Droge verbreitete sich genauso schnell im Netz wie die Wolke von hundert gleichzeitig angezündeten Joints bei einem Reggaekonzert. Doch wie bei den NeoDove-Kapseln, in deren Gestalt Mephedron anfangs verkauft worden war, wusste auch bei der in kleine Beutelchen abgepackten Kräutermischung zunächst niemand, welche Wirkstoffe darin enthalten waren.

Besonders in Deutschland wurde Spice zum Kassenschlager. Die Beutelchen mit einem Gewicht von drei Gramm wurden plötzlich in Headshops für 25 bis 30 Euro frei zum Verkauf angeboten oder konnten von lokalen Händlern mühelos über das Internet bezogen werden. Spice wurde als Badesalz, Kakteendünger oder als Duft- und Räuchermischung zur Raumluftverbesserung ausgegeben. Neben dem Produktnamen prangte zur Tarnung die Warnung »Nicht zum Verzehr geeignet!« auf den metallisch glänzenden Tütchen. Doch trotz dieser angeblichen Warnung wurde der Inhalt praktisch von allen Käufern geraucht. Die Wirkung variierte, war jedoch der von Cannabis oft sehr ähnlich: Ein Zustand der Zufriedenheit und Entspannung trat ein, einhergehend mit einem wärmenden Grund- und veränderten Zeitgefühl. Die Dauer des Rausches lag zwischen drei und sechs Stunden.

Ein Headshopbetreiber aus Berlin-Kreuzberg kann sich noch gut an diese Zeit erinnern:

»Nachdem 2008 die ersten Medienberichte im Fernsehen ausgestrahlt wurden, rannten mir die Leute die Bude ein. Jeder wollte es probieren. Einige hatten überhaupt noch nie echtes Cannabis geraucht, aber da ja im Fernsehen gesagt wurde, dass es legal war, wollten sie es ausprobieren. Mein Eindruck war: Die Londoner [Hersteller von der] Firma The Psyche Deli sind nicht nur die Erfinder, sondern auch vernünftige Produzenten, die meiner Erfahrung nach hervorragende und nebenwirkungsfreie Produkte herstellten. Dagegen sind sehr viele heutige Produkte oft von untalentierten Händlern aus Russland, Tschechien oder Asien zusammengemischt. Dem kann man überhaupt nicht vertrauen. 2008 war verrückt, aber es hat sich für die Produzenten und auch für mich gelohnt.«

Zu dieser Zeit begann sich auch Dr. Bernd Werse für Spice zu interessieren. Werse ist Mitbegründer des Centre for Drug Research (CDR) an der Frankfurter Goethe-Universität, das seit über zehn Jahren an sozialwissenschaftlichen Studien zur Drogenthematik arbeitet. Er führte die erste Onlinebefragung, die 2011 zum Thema »Legal Highs« umgesetzt wurde, sowie die erste qualitative Studie zum Spice-Konsum in Deutschland durch. Aufgrund dieser Studien verfügt Werse über die einzigen konkreten Zahlen zu Legal Highs in Deutschland. Er meint:

»Die Situation in Deutschland ist eine ganz andere als in England. Mephedron hat hier nie auch nur annähernd die Rolle eingenommen, die die Droge in England spielt. Dafür werden hierzulande häufiger synthetische Cannabinoide, also Ersatzprodukte für Cannabis, konsumiert. Wie bei Mephedron in Großbritannien haben auch hier viele junge Leute bereits Spice oder ähnliche Produkte ausprobiert. 2008 waren es laut unserer Studie sechs Prozent, die Zahl ging bis 2010 auf neun Prozent hoch, danach wieder etwas herunter und hält sich seitdem. Allerdings setzen nur ganz wenige den Konsum daraufhin dauerhaft fort.«

Was viele Konsumenten sofort überzeugte: Spice war nicht nachweisbar. Wer sich also regelmäßig oder bei Jobeinstellungen Drogentests unterziehen musste, war mit dieser Droge auf der sicheren Seite. Warum aber Spice überhaupt high machte, wusste zu diesem Zeitpunkt kein Mensch. Es herrschte völlige Unklarheit darüber, was die rauschhafte Wirkung auslöste, und genauso wenig wusste irgendjemand, ob, und wenn, wie gefährlich die Droge eigentlich war.

Die Hersteller behaupteten, die Wirkung entstehe durch ein bisher unbekanntes Zusammenwirken der Inhaltsstoffe, die als Strandbohne, Blauer Lotus, Helmkraut, Afrikanisches Löwenohr und Indischer Lotus angegeben wurden, allerdings in den lateinischen Fachnamen, um so für noch mehr Authentizität und Verwirrung zu sorgen. Tatsächlich war der Grund für die Wirkung jedoch im Labor des brillanten Chemikers John William Huffman zu finden.

Huffman ist heute 80 Jahre alt und vor Kurzem in Pension gegangen, nachdem er noch lange als emeritierter Professor für organische Chemie an der Clemson University in South Carolina gearbeitet hatte. Es lässt sich nur schwer vorstellen, dass dieser ältere Herr mit seinem gepflegten Bart, der unauffälligen Brille und dem gelehrten Gestus dafür verantwortlich ist, dass Tausende von Menschen so high geworden sind, dass sie kaum noch ihren Namen sagen konnten. An einem milden Frühlingsabend im Jahre 2012 war Huffman, der sich gerade von einer schmerzhaften Operation erholte, so nett, mit mir zu sprechen. Der Professor lachte leise in sich hinein und blickte sich manchmal versonnen zu den Smokey Mountains im Hintergrund um, während ich ihn über Skype dazu befragte, wie es zu der Geschichte mit dem Spice gekommen war.

Von 1984 bis 2011 führten Huffman und seine Kollegen zahlreiche Versuche zu Stoffen durch, die Tetrahydrocannabinol ähneln, also THC, dem berauschenden Bestandteil von Marihuana und Haschisch. Die Gruppe wollte mehr darüber herausfinden, wie die Stoffe im Gehirn ihre Wirkung entfalten, und entwarf zu diesem Zweck mehr als 400 synthetische Cannabinoide. Im menschlichen Gehirn gibt es Cannabinoid-Rezeptoren, bei denen der Wirkstoff THC funktioniert wie der Schlüssel zu einem Schloss. Huffman wollte mit seinen Forschungen keinen psychoaktiven Stoff erfinden – ganz im Gegenteil. Er trat vielmehr in die wissenschaftlichen Fußstapfen der amerikanischen Firma Sterling Winthrop Pharmaceuticals (SWP), die an der Entwicklung von nichtsteroidalen Antirheumatika arbeitete, einer Gruppe von Schmerzmitteln, zu denen auch Aspirin gehört. Bei einem der von der Firma entwickelten Stoffe handelte es sich um ein schwach wirksames Cannabinoid. Huffman und sein Team forschten an diesen Substanzen und erprobten die neuen chemischen Verbindungen, die bei ihrer Arbeit entstanden, am Gehirn von Ratten. »Wir versuchten, den chemischen Aufbau mit der biologischen Wirkung in Beziehung zu setzen«, erklärt Huffman. »Dazu stellt man eine Reihe von Stoffen her und wandelt bei jedem die Struktur ein wenig ab. Dann versuchten wir herauszufinden, welche Reaktion diese Stoffe bei den Rezeptoren auslösen, die auf THC reagieren.«

Die Motivation hinter den Versuchen? »Grundlagenforschung,

wissenschaftliche Neugier«, antwortet Huffman. »Wie sich herausgestellt hat, übt das sogenannte Endocannabinoid-System des Menschen starken Einfluss auf sein Verhalten, sein Schmerzempfinden, seine Stimmungslage, seinen Appetit und viele andere biologische Funktionen aus. Und hier haben wir diese chemischen Verbindungen, die THC nicht im Geringsten ähneln und auch den körpereigenen Cannabinoiden nicht gleichen, aber trotzdem eine Wirkung auslösen.«

2008 ließ das Drogenreferat der Stadt Frankfurt am Main eine Kernspinresonanzanalyse am seltsam wirkstarken Inhalt der Spice-Beutelchen durchführen, durch die sich die molekulare Struktur der Inhaltsstoffe feststellen ließ und diese Stoffe eindeutig identifiziert werden konnten. Entgegen den Behauptungen der Hersteller war es keineswegs die wundersame Synergie der in Spice enthaltenen Kräuter, die für die Wirkung der Mischung verantwortlich war; vielmehr ging diese auf den darin enthaltenen Wirkstoff JWH-018 zurück.[4]

Die Entdeckung, die bei vorangegangenen Analysen bisher nicht gelungen war, kam durch den in Frankfurt sitzenden Cannabinoid-Hersteller THC Pharm zustande. Angesichts der immer größer werdenden Probleme, zu denen der Verkauf der angeblichen Räucherware Spice führte, suchte die Stadt Hilfe bei dem 13-köpfigen Unternehmen, das unter dem Namen Dronabinol halbsynthetisches THC herstellt, das von Ärzten als schmerzdämpfendes und krampflösendes Mittel verschrieben wird. Im Dezember 2008 widmeten sich die Chemiker der Firma der Identifizierung der aktiven Inhaltsstoffe der Kräutermischung und fanden schnell heraus, dass diese neben getrockneten Pflanzenteilen auch synthetische Cannabinoide enthielt. Insbesondere ergab sich ein bedeutender Anteil von JWH-018 – einem der von John W. Huffman bei seinen Forschungen entwickelten Stoffe, dessen Name sich aus den Initialen des pensionierten Chemieprofessors zusammensetzt.

Der 51-jährige Holger Rönitz, der damals die wichtige Entdeckung von THC Pharm der Presse vorstellte, erklärt, was die Untersuchung der Firma zutage förderte:

»Vermutlich werden [die künstlichen Cannabinoide] auf das Pflanzenmaterial aufgesprüht. Wir fanden in den Kräutermischungen zum ersten Mal JWH-018. Das ist zwar molekularstrukturell anders aufgebaut als der in der Hanfpflanze enthaltene Wirkstoff Tetrahydrocannabinol, wird jedoch von den Cannabinoid-Rezeptoren im Gehirn ähnlich aufgenommen. JWH-018 ist aber deutlich potenter. Das birgt auch die Risiken des Spice. Später kamen Händler zu uns und wollten wissen, was sie da eigentlich in Händen halten. ›Fällt es unter das Betäubungsmittelgesetz oder nicht?‹ Sie wollten eine Analyse, und eigentlich wollten die damals eine Freigabe von uns. Spice ist recht problematisch, da man nie weiß, was drin ist, und daher schwer einzuschätzen. Einige User merkten gar nichts, andere lagen später mit Wahnvorstellungen im Krankenhaus.«

Kurz darauf fand man am Universitätsklinikum Freiburg heraus, dass Spice als weiteren Wirkstoff ein chemisch nur leicht abgewandeltes Analog des hochwirksamen Cannabinoids CP-47,497 enthielt, das in den 1980ern von der Firma Pfizer entwickelt worden war. Die Verbindung, die später den Namen Cannabicyclohexanol erhielt, soll laut dem Leiter der forensischen Toxikologie des Klinikums in puncto Wirkstärke und -dauer sogar noch aggressiver sein als das zuvor gefundene JHW-018.[5]

John Huffman musste zuerst lächeln, als er hörte, dass die von ihm erfundene Substanz wie Marihuana geraucht wurde. »Später hörte ich, dass diese Verbindungen extrem schädliche Nebenwirkungen haben und viel, viel gefährlicher sind als Marihuana. Die synthetischen Stoffe können offenbar zu schweren Psychosen führen.«

Statt die Kräutermischungen weiter anzubieten, gingen manche Dealer daher dazu über, den Wirkstoff in Reinform herstellen zu lassen und ihn grammweise an den Mann zu bringen. Da die Substanzen in den USA und Europa legal waren, genügten schon ein paar Hundert Dollar, um sich mehrere Kilogramm des weißen Pulvers in neutraler Verpackung von einem chinesischen Labor zuschicken zu lassen. Die Gewinnmarge lag bei 10000 bis 20000 Dollar pro Kilo. Die Synthese der Verbindungen ist relativ einfach, und da dank des Internets inzwischen jeder halbwegs aufmerksame Konsument vom »legalen Gras« und seinen Wirkstoffen wusste, tauchten innerhalb weniger Wochen unzählige Websites auf, auf denen diese Wirkstoffe zum Verkauf angeboten wurden. Manche hatten sie tatsächlich im Sortiment, bei anderen wurden die Kunden über den Tisch gezogen, doch alle machten glänzende Gewinne, indem sie die von Huffman erfundenen Substanzen feilboten – selbst wenn es sich um diejenigen davon handelte, die gar keine Wirkung hatten. Einer der Pioniere des Geschäfts mit dem JWH-018 kann sich noch gut an die damalige Goldgräberstimmung erinnern: »Zuerst war ich allein, dann stiegen ein Freund und sein Partner mit ein, die schon seit den frühen oder mittleren Neunzigerjahren mit Research Chemicals handelten. Durch sie hatte ich plötzlich Zugang zu Ressourcen, die mir sonst nie zur Verfügung gestanden hätten, wie zum Beispiel der Möglichkeit, gewaltige Mengen JWH-018 in den USA herzustellen und zu verschicken.«

Der Aufbau der Firma brachte allerdings gewisse Herausforderungen mit sich, sagt er, zu denen anfangs besonders die Abwicklung des Geldverkehrs gehörte. »Bei PayPal sind Leute, die mit Research Chemicals handeln, seit jeher nicht erwünscht, und wird man erwischt, muss man sich große Sorgen um sein Geld machen. Ich habe es fast zwei Jahre lang geschafft, den Dienst zu täuschen, indem ich eine halbwegs glaubwürdige, in Wirklichkeit jedoch vollkommen erlogene Website aufbaute, auf der ich JWH-018 als ›Bonsaidünger‹ anbot, der die kleinen Bäumchen garantiert größer und stattlicher machen sollte. Ja, ich war tatsächlich der Erste, der ›Bonsainahrung‹ verkaufte!«

In Deutschland ermöglichten die Erkenntnisse der Chemiker aus Frankfurt und Freiburg dem deutschen Gesetzgeber, Spice zu verbieten. Zum 22. Januar 2010 wurden gleich mehrere der neuen Drogen in die Anlagen des Betäubungsmittelgesetzes aufgenommen. 4-Methylmethcathinon, besser bekannt als Mephedron, wurde als nicht verkehrsfähiges Betäubungsmittel eingestuft und der Anlage I des Gesetzes hinzugefügt. Die synthetischen Cannabinoide JWH-018 und CP-47,497 (samt den Analogen dieser Substanz) wurden dauerhaft in Anlage II aufgenommen, gelten seither also als zwar verkehrsfähige, aber nicht verschreibungsfähige Betäubungsmittel. Die gleiche Einstufung erhielten mit JWH-019 und JWH-073 zwei weitere in Spice festgestellte Stoffe, bei denen ein Missbrauchspotenzial erkannt wurde.

Auch in den USA und in Großbritannien kam es zu Gesetzesänderungen. Allerdings bedeuteten diese zwar das Ende von Spice, nicht aber das der vielen ähnlichen Erzeugnisse, die sofort als Ersatz für die verbotene »legale Droge« auf den Markt kamen. In Großbritannien etwa wurde der Wirkstoff JWH-018 häufig durch die Schöpfung eines anderen angesehenen Chemikers aus den USA, Alexandros Makriyannis von der Northeastern University in Boston, ersetzt. AM-2201 trug ebenfalls wieder die Initialen seines Erfinders und war so hochpotent, dass es bereits bei einer Dosis von nur einem Milligramm Wirkung zeigte – was häufige Fälle der Überdosierung praktisch unausweichlich machte. In Deutschland werden Nachfolger des berühmten Spice unter Namen wie Lava Red, Bonzai Winterboost und Bonzai Bloom zum Teil weiterhin angeboten. Was sie genau enthalten, müssen die Behörden allerdings bei jedem Legal High mühsam neu untersuchen lassen. Gleichzeitig bleiben Hunderte, wenn nicht Tausende mögliche Analogsubstanzen zu den von Huffman und Makriyannis erfundenen Stoffen bis auf Weiteres legal und in ihrer Wirkung auf den Menschen gänzlich unerforscht. Und ein Mangel an chinesischen Laboren, die bereit sind, solche Stoffe in den Westen zu schicken und dabei viel Geld zu verdienen, herrscht ebenfalls nicht.

2008 schilderte ein Forenteilnehmer namens Where Wolf bei bluelight.org, warum er lieber Spice als Marihuana rauchte.[6] Während einer der unvorhersehbaren und doch regelmäßig wiederkehrenden Marihuanaflauten, von denen selbst die größten Metropolen manchmal erfasst werden, hatte er, wie er sagte, irgendwann genug davon, gestrecktes Gras zu rauchen. Im Jahre 2008 machte es sich vor allem in London, aber auch anderswo in Großbritannien bemerkbar, dass die holländischen Dealer und ihre vietnamesischen Anbaugangs eine ganz spezielle Methode entdeckt hatten, um ihren Profit zu steigern: Sie besprühten die frisch geerntete Ware mit kleinen Silikonkügelchen und erhöhten so ihr Gewicht um bis zu

20 Prozent. So bekam der Kunde nicht nur weniger Gras für sein Geld; da die glitzernden Kügelchen auf den ersten Blick wie THC-Kristalle aussahen, glaubte er sogar, er habe es mit besonders gutem Marihuana zu tun. Dieses oft auch mit kleinen Quarz- oder Glaspartikeln gestreckte Gras wurde unter dem Namen »grit weed« bekannt, weil es bei der (nicht empfohlenen) Zahnprobe knirschte. Es anzuzünden und zu inhalieren war gefährlich, doch das war den Dealern egal, solange sie durch das zusätzliche Gewicht ihre Gewinnspanne erhöhen konnten. »Ich wohne zurzeit in London und habe Gras inzwischen mehr oder wenig komplett durch Spice ersetzt«, schrieb Where Wolf. »Das liegt zum Teil daran, dass, obwohl ich mehrere verschiedene Quellen in der ganzen Stadt habe, die Qualität in den letzten paar Jahren stark nachgelassen hat: Auch wenn die Presse sich ständig wegen irgendwelchem hochgefährlichen Skunk-Gras in die Hose macht, ich für meinen Teil habe ganz sicher seit Jahren kein richtig gutes Gras mehr in die Hände bekommen. Quellen, die früher super waren, haben ziemlich abgebaut.«

Er berichtete auch, die gesetzlichen Verbote gegen Marihuana hätten ihn dazu gebracht, sich im Internet nach einer Alternative umzusehen. Er schrieb:

»Ich hasse es, [Marihuana] in öffentlichen Verkehrsmitteln bei mir zu haben. Ich bin zum Teil nahöstlicher Herkunft (Israel: arabisch-jüdisch) und werde ziemlich oft durchsucht. Heutzutage passiert es nicht gerade selten, dass in der U-Bahn ein Drogenspürhund an einem schnüffelt. Ich habe Spice entdeckt, als der Markt gerade anfing, den Bach runterzugehen, und konnte kaum glauben, dass es funktioniert. Es stellt sich schnell ein Toleranzeffekt ein, aber wenn man seit einer Weile nichts mehr geraucht hat, bekommt man von zwei bis drei Joints ein echt schönes Körper-High. Ich würde sagen, die Wirkung ist genauso angenehm, wenn auch nicht immer so stark, wie bei vielen dieser angeblichen Skunk-Kreuzungen, die ich in den letzten fünf Jahren geraucht habe. Eigentlich ein Armutszeugnis für die Cannabisszene in England, dass es ein legales Produkt gibt, das fast genauso gut ist.«

Es mag in mancher Hinsicht ebenso wirkungsvoll gewesen sein, doch laut Huffman war es keineswegs so ungefährlich wie Marihuana. »Die synthetischen Stoffe sind viel gefährlicher«, erklärt er. »Niemand ist je an einer Überdosis Marihuana gestorben. Wahrscheinlich würde man vorher seinen Vorrat schon nicht mehr finden, wegen der verminderten Gedächtnisleistung. Die synthetischen Verbindungen lösen an den Cannabisrezeptoren jedoch andere Reaktionen aus als Marihuana. Oberflächlich gesehen ist die Wirkung die gleiche, aber Marihuana und THC senken den Blutdruck, während manche der künstlichen Stoffe ihn aus einem bisher nicht bekannten Grund stark erhöhen.«

Aber Spice kann nicht nur zu Kreislaufversagen, Bewusstlosigkeit, schweren Vergiftungen und Psychosen führen. 2013 gab es in Deutschland erstmals auch Berichte über Tote durch Kräutermischungen. Am 3. Dezember 2013 veröffentlichte die Beratungsseite legal-high-inhaltsstoffe.de die Warnung: »Vermutlich Todesfälle durch ›Jamaican Gold Extreme‹!« Die Betreiber bezogen sich dabei auf zwei schwere Vergiftungsfälle, die laut Bundeskriminalamt höchstwahrscheinlich durch die Kräutermischung »Jamaican Gold Extreme« verursacht wurden. Kurz zuvor war ein 32-Jähriger in Rheinland-Pfalz nach dem Konsum einer Kräutermischung in seiner Wohnung kollabiert und anschließend ins Koma gefallen. Im April 2013 starb ein Mann in seiner Wohnung im oberbayrischen Neuötting. Im Blut des Verstorbenen wurde das synthetische Cannabinoid XLR-11 gefunden. Andere Wirkstoffe fanden die Mediziner nicht.[7]

Was Spice und andere angebliche Kräutermischungen so gefährlich macht: Die Reinheit der Inhaltsstoffe im Endprodukt ist genauso ungeklärt wie die Umwandlung der synthetischen Zusätze im Stoffwechsel des menschlichen Körpers. Dr. Werse vom Centre for Drug Research in Frankfurt ist sich sicher:

»Wenn man wissentlich oder unwissentlich zu hoch dosiert oder einen längerfristigen regelmäßigen Konsum entwickelt, kann [Spice] schwerwiegende Folgen haben. Insofern kann es in puncto Gefährlichkeit auch den Vergleich mit Mephedron aufnehmen. Über Langzeitfolgen gibt es bisher noch gar keine Erfahrungswerte. In unseren Studien haben wir gemerkt, dass der Konsument in nicht urbanen Gegenden wie Kleinstadt oder Land dazu neigt, auf den Internethandel und Alternativprodukte zu Cannabis auszuweichen. Weil Cannabis dort oft schwerer verfügbar ist und die Polizei stärker darauf fokussiert ist, Kiffer zu jagen. So ist es sicher auch zu erklären, dass das Bundesland Bayern, in dem die Drogengesetze besonders repressiv umgesetzt werden, bei unseren Befragungen im Hinblick auf den Konsum von Räuchermischungen deutlich überrepräsentiert war.«

Auch in den USA sind die Drogengesetze streng und dazu oft unübersichtlich, und auch hier greifen viele Menschen statt zum illegalen Marihuana lieber zu vermeintlich legalen Ersatzstoffen. Für den amerikanischen Krieg gegen Drogen wurde 2012 ein Budget von 23 Milliarden Dollar aufgewendet; ob dieser immer mit genauso viel Vernunft wie Geld geführt wird, ist jedoch fraglich. Und es lässt sich nur als Mangel an politischer Integrität bezeichnen, wenn die Regierung von Präsident Obama, der offen über seinen gewohnheitsmäßigen und genussvollen Konsum als Jugendlicher geredet hat, keine rationalen wissenschaftlichen Argumente dafür vorbringt, warum das Verbot von Marihuana aufrechterhalten werden sollte.

Aber zurück zu Mephedron. Bis zur Mitte des Jahres 2009 hatte die Goldgräberstimmung im Geschäft damit noch weiter um sich gegriffen, und fast täglich tauchten neue Händler auf. Da man die Droge und andere Analoge für 1000 bis 2500 Pfund pro Kilo in China erwerben und vollkommen legal für bis zu 10 000 Pfund weiterverkaufen konnte, waren schnelle Profite garantiert. Bald schickten nichts ahnende internationale Logistikfirmen wie FedEx, USPS und UPS regelmäßig Drogenlieferungen mit einem Umfang von mehreren Kilo an Händler in ganz Europa. »Wir können die Lieferung als Duftkristalle für Babywindeln tarnen und in neutraler Verpackung an Ihre Adresse in England schicken«, sagte Eric, einer der Hauptanbieter der Drogen, der von Shanghai aus operierte.

Wenn die angeblichen Duftkristalle dann mit der Royal Mail weiterverschickt wurden und die Einzelbestellungen am nächsten Tag ihre Empfänger erreichten, betätigten sich Tausende von britischen Postboten unwissentlich als Drogenkuriere. Überall in Großbritannien begannen die Pubs und Clubs plötzlich nach fischigem Mephedronschweiß zu riechen, während die Gäste mit grimassierenden Gesichtern auf der Tanzfläche herumtollten oder seltsam leidenschaftliche Gespräche führten. Als eine Facebookseite namens THE MEPHEDRONE EXPERIENCE! eingerichtet wurde (vermutlich von einem begeisterten Konsumenten, der die Droge gerade intus hatte), gewann sie rasch Dutzende Mitglieder, die entweder zu dumm, high oder gleichgültig waren, um zu merken, dass sie gerade ihren gesamten Kollegen-, Freundes- und Familienkreis über ihren Drogenkonsum in Kenntnis setzten. Viele Konsumenten wussten immer noch so wenig über die Wirkung und Stärke der Droge Bescheid, dass man manchmal mitbekommen konnte, wie sie an den ungewöhnlichsten Orten davon übermannt wurden. Als ich Anfang 2010 in einen vornehmen Privatclub im Londoner Westend zu Gast war, waren selbst dort ein paar der Mitarbeiter so high, dass sie ständig kicherten, Augen wie Teddybären hatten und weder ihre Hände bei sich lassen noch eine Rechnung über zwei Drinks richtig zusammenzählen konnten.

Im Internet erschienen zahlreiche neue Foren, in denen es um Konsum und Verkauf von Mephedron und anderen Legal Highs ging, und diese Seiten kamen rasch auf Hunderttausende Klicks pro Monat. Einer der ersten derartigen Treffpunkte war champlegals.co.uk, ein Forum, das zu der gleichnamigen Website gehörte. Die Threads dort erstreckten sich über geradezu irrwitzige Längen und konnten sich über Zehntausende Seitenabrufe erfreuen. Niemand hatte jedoch die geringste Ahnung, zu welchen Langzeitfolgen Mephedron und all die anderen neuen Drogen führen konnten. Man schaffte es noch nicht einmal, sich auf einen Namen für Mephedron zu einigen: Da sich die chemische Bezeichnung der Substanz als »M-MCAT« wiedergeben ließ, scherzten ein paar Forenteilnehmer bei champlegals.co.uk, man könne es ja »Meow« nennen.* Bald tauchte der Name auf Wikipedia auf, wurde eins zu

* »Miau«, weil mit »CAT« in der chemischen Bezeichnung das englische Wort für »Katze« enthalten ist.

eins von faulen Journalisten mit knappen Abgabefristen übernommen und setzte sich rasch im allgemeinen Sprachgebrauch fest. Bis die Zeitungen von einer neuen Droge namens »Meow« sprachen, hatte sie tatsächlich kein Konsument je so genannt.

Bei einer einfachen Datenanalyse mithilfe der Googlewerkzeuge zeigte sich, dass in den Wochen, nachdem ich zum ersten Mal über »Mephedron« berichte hatte, die Zahl der Internetnutzer, die das Wort in eine Suchmaschine tippten, steil nach oben schoss. Bezeichnenderweise war der Anstieg jedoch noch steiler, wenn es um die Worte »Mephedron kaufen« ging. Bei späteren Untersuchungen stellte sich heraus, dass solche Suchanfragen von Kaufinteressenten tatsächlich zu dem Zeitpunkt am dramatischsten anstiegen, als in den Medien von angeblichen Todesfällen im Zusammenhang mit der Droge berichtet wurde.

Wie alle Partys musste jedoch auch die große Mephedronsause irgendwann enden oder wenigstens so weit abflauen, dass nur noch ein paar Hartgesottene übrig blieben. Man fing an, sich verstörende Geschichten über die Droge zu erzählen. Die Konsumenten berichteten von lila Verfärbungen an Knien und Fingern, die entweder darauf zurückzuführen waren, dass die Droge wie andere Cathinone und Amphetamine stark herzschädigend und gefäßverengend wirkte, oder aber einfach auf drogeninduzierte Paranoia. In die Krankenhäuser wurden allerdings ebenfalls immer öfter Konsumenten mit ungewöhnlich starkem Herzklopfen aufgenommen. Laut Dr. Adam Winstock, beratendem Suchtpsychiater des Südlondoner Krankenhausverbunds und Dozent am psychiatrischen Institut des King's College, war die allgemeine Liebe zu Mephedron nur von kurzer Dauer. »Nachdem ich vor zwei Jahren zum ersten Mal mit Mephedron zu tun hatte und es anfangs für eine relativ harmlose Substanz hielt, bin ich nun der Meinung, dass die Droge ein sehr unangenehmes Schädigungsprofil aufweist und bei vielen Konsumenten die Gefahr hoch ist, dass sie sie missbrauchen und abhängig davon werden«, erklärte er mir. »Die Konsumenten stufen sie als schädlicher und gefährlicher als Kokain oder MDMA ein. Es ist noch zu früh, um genauere Aussagen zu treffen, und es gibt vieles, das wir nicht wissen. Aber eine harmlose Alternative zu MDMA ist es nicht.«

Im Dezember 2008 wurde eine 18 Jahre alte Schwedin zur ersten Frau, die nach dem Konsum der Droge starb. Einen Tag nach ihrem Tod wurde die Substanz in Schweden verboten. In Großbritannien ging der erste Todesfall im November 2009 durch die Presse: Gabrielle Price, ein 14-jähriges Mädchen aus Worthing in West Sussex, die bei einer privaten Party zusammenbrach, nachdem sie die Droge zusammen mit Ketamin genommen hatte. Zunächst wurde behauptet, die Droge sei verantwortlich für ihren Tod gewesen, und so stand es auch in vielen Berichten. Wie später jedoch ein Pathologe feststellte, war das Mädchen an einer durch Streptokokken verursachten Lungenentzündung gestorben. Diese Form der ungenauen Berichterstattung sollte sich mit trauriger Regelmäßigkeit wiederholen. Bis zum Juli 2010 war es zu insgesamt 52 Todesfällen gekommen, bei denen behauptet wurde, sie stünden im Zusammenhang mit Mephedron. Doch bei mehr als einem Viertel der Fälle zeigte sich bei der gerichtsmedizinischen Untersuchung, dass die angeblichen Drogenopfer die Substanz überhaupt nicht konsumiert hatten, und auch bei den anderen Fällen gab es keine eindeutigen Beweise dafür, dass Mephedron den Tod der Menschen verursacht hatte. Laut Fiona Measham, Mitglied des britischen Drogengremiums ACMD und Dozentin für Kriminologie an der Lancaster University, folgten die Zeitungsberichte über die vermeintlichen Drogentoten dem üblichen Muster von »Übertreibung, Verzerrung, Ungenauigkeit und Sensationsmache«. Seit dem Tod der 15-jährigen Schülerin Leah Bett (die 1995 nach dem Konsum von Ecstasy gestorben war, weil sie aus Angst zu dehydrieren zu viel Wasser getrunken hatte) hatten die Medien keine so konzertierte und schlecht informierte Kampagne gegen eine neue Droge mehr gefahren.

Wie Winstock und andere Ärzte aufgrund ihrer zweijährigen Erfahrung mit den Konsumenten festgestellt haben, birgt die Droge zweifellos ihre Gefahren. Doch die Medienberichte jener Zeit strotzten so vor falschen und mangelhaft überprüften Angaben, dass es an Satire grenzte. Manche Storys waren auf geradezu lächerliche Weise unplausibel, trotzdem wurden sie wortgetreu weiterverbreitet und trugen damit zur allgemeinen Legendenbildung bei. So berichteten die Zeitungen zum Beispiel von einem Konsumenten in der Grafschaft Durham, der im November 2009 unter dem Einfluss der Droge zuerst 18 Stunden lang halluziniert und sich schließlich seinen eigenen Hodensack abgerissen haben sollte. Wie die Berichte zu erwähnen versäumten, stammte die wilde Story aus einer Pressemeldung, die als Quelle eine Sammlung von scherzhaften Erfahrungsberichten angab, die auf einer Verkaufsseite der Droge als Unterhaltungslektüre dienen sollten.

In den Medien tauchten immer neue Todesfälle auf, und schließlich erreichte die Berichterstattung einen kritischen Punkt, als im März 2010 der 18-jährige Louis Wainright und der 19-jährige Nicholas Smith tot in ihren Wohnungen aufgefunden wurden. Wie sich bei den folgenden Ermittlungen herausstellte, hatten die beiden in Wirklichkeit Methadon zu sich genommen, jenen wirkmächtigen Heroinersatzstoff, der bei Konsumenten, die noch keine Toleranz für die Droge entwickelt haben, zu einer tödlichen Verlangsamung der Atmung führen kann. Es ist nicht bekannt, ob die zwei Jugendlichen die zwei Stoffe verwechselten, denn aufgrund der ähnlichen Namen kam es damals ziemlich oft zu diesem Missverständnis. Doch das machte keinen Unterschied. Von den Politikern wurde nun rasches Handeln erwartet, und angesichts der aufgeheizten Stimmung, die damals von den Boulevardblättern geschürt wurde, kann man ihnen im Nachhinein noch nicht einmal allzu große Vorwürfe machen.

Für den ACMD war 2009 ein hartes Jahr. Der Vorsitzende des Drogenbeirats, David Nutt, wurde im Oktober gefeuert, nachdem er die statistisch zutreffende Bemerkung geäußert hatte, Ecstasy führe zu weniger Todesfällen als Reiten, und das Innenministerium seine Forderung abgelehnt hatte, über eine neue Einstufung der Droge Cannabis nachzudenken. Im März 2010 gab dann Dr. Polly Taylor ihren Sitz auf, um so gegen die neuen Richtlinien für wissenschaftliche Gremien zu protestieren, die von der Regierung erlassen worden waren und die von vielen als Eingriff in die wissenschaftliche Objektivität betrachtet wurden. Laut den Wünschen der Regierung sollte die Wissenschaft fortan nur noch als reiner Diener der Politik fungieren. Der ACMD war durch all diese Ereignisse stark geschwächt worden, und als die von der Presse angestachelte

Debatte um Mephedron losbrach, befand sich das Gremium bereits in der Defensive.

Im April 2010 war es dann so weit: Nachdem über Monate die von Fehlinformationen geprägte Medienhysterie in Bezug auf Drogen im Allgemeinen und Mephedron im Speziellen immer weiter zugenommen hatte, fühlte sich die Regierung gezwungen, legislativ tätig zu werden. Normalerweise wurde dem ACMD eine gewisse Frist eingeräumt, um die Gefährlichkeit einer Droge zu eruieren und der Politik seine Empfehlungen zu unterbreiten. Doch nun übte die Regierung Druck auf das Gremium aus, die Droge als schädlich einzustufen und zu ihrem Verbot zu raten. Daraufhin wurden sämtliche modifizierten Cathinone für illegal erklärt, zu denen auch Mephedron gehörte. Der ebenfalls zum ACMD gehörende Berater Eric Carlin, der hauptsächlich im Sucht- und Wohltätigkeitsbereich tätig war, zog sich aus Protest umgehend von seiner Funktion zurück und gab in seinem Rücktrittsgesuch folgende Gründe für die Entscheidung an:

»Wir haben uns nicht oder nur in sehr geringem Maß zu der Frage beraten, wie sich unsere Empfehlung zur Einstufung dieser Droge auf das Verhalten junger Menschen auswirken würde. Wir ließen uns bei unserer Entscheidung in unangemessener Weise vom Druck der Medien und der Politik beeinflussen ... Ich bin nicht bereit, weiterhin in einem Gremium mitzuwirken, dessen vornehmliche Tätigkeit dazu beiträgt, die potenzielle Kriminalisierung einer wachsenden Zahl junger Menschen zu erleichtern.«[8]

Im April 2010 beklagte ein Leitartikel in der hochangesehenen medizinischen Fachzeitschrift *The Lancet* den »Integritätsverfall wissenschaftlicher Beratung in Großbritannien« und warf der Regierung vor, politisch Einfluss genommen zu haben, um ohne sachgerechte Begutachtung durch die Experten ein rasches Verbot der Droge zu erlangen. »Die Regeln, die von [Innenminister] Alan Johnson für die Zusammenarbeit zwischen Ministern und Fachberatern installiert wurden, sind komplett über den Haufen geworfen worden«, hieß es in dem Artikel. »Während der vergangenen zwölf Jahre hat sich die Labour-Regierung große Mühe gegeben, die wissenschaftlichen Einrichtungen des Landes zu stärken und die wichtige Rolle auszubauen, die die Wissenschaft in Wirtschaft und Gesellschaft spielt. Die Ereignisse um den ACMD deuten jedoch auf einen enttäuschenden Schlussakt in den Beziehungen zwischen Politik und Wissenschaft hin. Man hat zugelassen, dass die wissenschaftlichen Verfahren und die Beratungstätigkeit, auf denen sich politische Maßnahmen eigentlich gründen sollten, durch politische Vorgaben kontaminiert wurden.«[9]

China beugte sich dem Druck, der durch britische Stellen und vor allem durch die zur Bekämpfung des organisierten Verbrechens eingerichtete Behörde SOCA ausgeübt wurde, und verbot im August 2010 die Herstellung, den Export und den Besitz von Mephedron. Verboten war die Droge nun in Österreich, Belgien, Dänemark, Estland, Frankreich, Deutschland, Irland, Italien, Lettland, Luxemburg, Malta, Polen, Rumänien, Schweden und Großbritannien. Die EU-Kommission riet den restlichen EU-Ländern, die Droge im Oktober jenes Jahres zu verbieten. »Es ist schön zu sehen, dass die Regierungen der EU zu einem schnellen Vorgehen gegen diese gefährliche Droge bereit sind«, sagte EU-Justizkommissarin Viviane Reding, nachdem der gesamte Block aus (damals noch) 27 Ländern im Dezember 2010 einem EU-weiten Verbot zugestimmt hatte.

John Ramsey von der zur University of London gehörenden medizinischen Fakultät St. George's ist als Berater des ACMD tätig. Außerdem betreibt er die Firma TICTAC Communications, die Datenbanken von chemischen Drogen erstellt, die man im Internet erwerben kann oder die in sogenannten Amnesty Bins landen – Sammelboxen, in die die Besucher von Raves, Konzerten oder Clubs vor der Einlasskontrolle ihre Drogen werfen können, ohne strafrechtliche Konsequenzen fürchten zu müssen. Ramsey analysiert die Drogen und speichert seine Datenbanken dann auf einer CD, mit der sich Polizeibehörden und Krankenhäuser über die Flut von neuen Tabletten, Pulvern und Kapseln informieren können, die in Europa im Umlauf sind. Ramsey war in Großbritannien einer der Ersten, der Mephedron in Pillen und Pulvern feststellte, die sowohl im Internet als auch auf der Straße gekauft worden waren. »Kommen Sie und sehen Sie sich mein Archiv an – haben Sie es beim Hereinkommen bemerkt?«, sagte er zu mir, als ich ihn im Mai 2012 in den Laborräumen des Krankenhauses besuchte. Er zeigte mir eine gewaltige Wand aus flachen Metallschubladen. In jeder bewahrte er fein säuberlich etikettierte Proben der Drogen auf, die in seinem Labor analysiert worden waren. Insgesamt lagerten 27000 verschiedene Drogenproben in den Schränken, die dieser engagierte Mann alle gewissenhaft zusammengetragen hatte. Mit seiner gelehrten Ausstrahlung, seiner adretten Kleidung und seiner hellwachen forscherischen Neugier stellte er den seltsamsten Drogenbeschaffer dar, den ich je getroffen hatte.

»Ach ja«, murmelte Ramsey beim Anblick einer kleinen Ampulle. »2C-B. Was ich hier habe, muss ungefähr 400 Pfund wert sein. Ich frage mich, warum sie weggeschmissen wurden. Welche Geschichte sich wohl dahinter verbergen mag?«, sagte er, während er die kleinen Tabletten mit eingeprägtem Schmetterling betrachtete, die aus einer Entsorgungsbox stammten, die bei einem Rave aufgestellt worden war. »Warum würde jemand eine so riesige Menge Drogen wegwerfen? Es ist ein Rätsel.« Ramsey besitzt den umfassendsten Drogenvorrat der Welt – und es ist sehr wahrscheinlich, dass er bald größere Räumlichkeiten brauchen wird. Was neue Drogen betrifft, werde die Situation seit der Entdeckung von Mephedron zunehmend komplexer, sagt Ramsey, und entwickle sich rasanter, als irgendjemand überblicken könne. »Zu einem gewissen Teil sind die Drogenverbote an alldem schuld. Die entscheidende Rolle spielt bei der ganzen Sache die chinesische Chemiebranche, die Möglichkeit, die Erzeugnisse eines kleinen Heimlabors im industriellen Maßstab herstellen zu lassen«, sagt er. »Ich bin sicher, dass es Leute gibt, die wie Shulgin an den Stoffen herumbasteln und sie dann selbst nehmen. Massentauglich werden diese Stoffe erst, wenn man sie in ausreichender Menge produzieren kann.«

Doch selbst wenn man auf hoher Ebene Druck auf China ausübte, wäre das Ramseys Meinung nach keine Lösung, weil sich die Herstellung dann einfach in ein anderes Land verlagern würde. »Das würde [den Händlern] gewisse Unannehmlichkeiten bereiten, doch es wäre nur eine Frage der Zeit, bis sie sich einen anderen Ort suchten.« Laut einem der von mir befragten Händler ist diese Situation bereits eingetreten, jedoch nur zum Teil aufgrund von politischem Druck. Seiner Ansicht nach haben sich die chinesischen Behörden sogar am Mephedronhandel beteiligt oder zumindest nichts gegen ihn unternommen. Allerdings nur so lange, bis auch die eigenen Bürger die Droge für sich entdeckten. »Das trägt alles zum dortigen Wirtschaftsboom bei«, erklärte er mir. »Im Fall von Mephedron gab es zwar einen gewissen Druck von der britischen Regierung, aber die Substanz begann vor allem in Clubs in Taiwan, Hongkong und sogar China aufzutauchen. Das ist wahrscheinlich letztlich der Grund, warum sie dort verboten wurde. Wir haben versucht, ein Geheimlabor einzurichten, aber die chinesischen Behörden haben uns einen Strich durch die Rechnung gemacht, selbst nachdem wir mit Bestechungsgeldern gewunken hatten, also mussten wir klein beigeben.«

Ramseys Labor könnte nicht weiter von den schlammigen Konzertgeländen und bunt beleuchteten Clubs entfernt sein, von denen seine beschlagnahmten oder freiwillig abgegebenen Drogen stammen. Die mit Pillen oder weißem Pulver gefüllten Beutel auf den Arbeitstischen tragen Aufschriften wie »V Festival 2011« oder »Glastonbury 2011«. Andere Beutel tragen die Namen von Onlinehändlern aus der ganzen Welt, auch von solchen, die von Taiwan oder den USA aus ihren Geschäften nachgehen. »Manchmal bezahlen wir in Euro oder Pfund, aber die Lieferung kommt aus Belize oder von irgendeinem anderen exotischen Ort«, schildert Ramsey. TICTACs jüngste Untersuchungen sagen viel über die aktuellen Drogentrends in Großbritannien aus und dürften vor allem jenen die Augen öffnen, die glauben, man hätte es im Vereinigten Königreich mit einem relativ kleinen Markt zu tun.

Ramsey und sein Team haben anonyme Freiwillige gebeten, eine provisorische Toilette zu benutzen, die sie auf dem Parkplatz eines großen Londoner Clubs aufgebaut hatten. Die spätere Analyse des Urins ergab, dass dieser mehr als 35 verschiedene Metaboliten enthielt, die dort nicht hingehörten, darunter viele Stoffwechselprodukte, die zu den in diesem Buch erwähnten neuen Drogen gehören. »Der Konsum ist sehr weit verbreitet«, sagt Ramsey. »Die Datenlage ist kompliziert, aber wenn ich hier bei einer einfachen Stichprobe zu so einem Ergebnis komme, dann ist das Problem sehr weit verbreitet – und nimmt zu.«

Um die Substanzen in den Pillen identifizieren zu können, lässt Ramsey sie zu feinem Pulver zerstampfen, das dann mit einem Diamant gegen eine durchsichtige Platte gepresst und von unten mit Infrarotlicht angestrahlt wird. Das resultierende Spektrum ist bei jeder Substanz anders, und vergleicht man dieses psychedelisch anmutende Lichtspiel mit dem von bereits katalogisierten Proben, weiß man, ob es sich um eine Droge handelt. Zur weiteren Untersuchung wird das Verfahren der Gaschromatografie eingesetzt, bei der man die Verbindung in einem Lösungsmittel zersetzt und die daraus hervorgehenden Gase analysiert. Dann kommt die Massenspektrometrie dran, bei der die Substanz mit einem Elektronenstrahl beschossen und ionisiert wird. Aus der elektromagnetischen Sortierung dieser Daten ergibt sich dann die wahrscheinliche Zusammensetzung des Stoffes. Wenn dann immer noch nicht klar sein sollte, worum es sich handelt, wird mittels einer Kernspinuntersuchung die Molekülstruktur der Substanz ermittelt und so eine eindeutige Identifizierung erreicht.

Unter dem grellen Licht der Neonröhren werden auch dünne Scheiben aufbewahrt, die aus dem Hirngewebe von Ratten bestehen und in einem mit Sauerstoff angereicherten Puffer »am Leben« gehalten werden. Hier werden die neuen Drogen, die in dem Labor landen, zum ersten Mal empirisch darauf untersucht, wie sie sich im Körper verhalten. Ihre sogenannte Pharmakokinetik wird analysiert, wobei Ratten das Untersuchungsgewebe liefern. Die vom Herzen getrennten Hauptschlagadern der Tiere werden mit den chemischen Stoffen geflutet, die Ramsey sowie Tausende Konsumenten auf der ganzen Welt im Internet gekauft haben. Wie bei allen Säugetieren befinden sich in den Herzen der Nager Serotoninrezeptoren, und mithilfe von winzigen Elektroden wird gemessen, wie viel Serotonin und Dopamin im Hirn- und Herzgewebe der Ratten ausgeschüttet wird und wie diese Neurotransmitter sich im Gewebe verteilen.

Wenn man die Substanzen nicht wie Shulgin an sich selbst ausprobieren und eine Art chemisches russisches Roulette damit spielen will, ist dieses Verfahren, bei dem im Laufe mehrerer Tage die Dosis immer weiter erhöht wird, die einzige Methode, um herauszufinden, ab welcher Menge sie zu wirken beginnen. Und das ist heute beim Konsum von Drogen für viele Menschen möglicherweise eine Schlüsselfrage. Denn sie machen oft das Gleiche wie Shulgin damals und experimentieren mit unbekannten Substanzen – allerdings mit dem Unterschied, dass sie diese weder selbst hergestellt haben noch ihre Herkunft kennen. Untersuchungen zur Rezeptorenbindung, wie sie von professionellen pharmazeutischen Laboren durchgeführt werden, sind lebenswichtig, aber eine komplizierte Angelegenheit, die vermutlich weder die chinesischen Hersteller der Drogen noch die Onlineverkäufer auf sich nehmen wollen, obwohl die Kosten – zwischen 2000 und 3000 Euro pro Probe – nur einen Bruchteil des Gewinns darstellen, den ein illegales Labor mit der Erfindung einer neuen Droge erwirtschaften kann. Aber Drogenhändler sind eben nicht gerade für ihre altruistische Ader bekannt.

Die Drogen können in großen Mengen nach Großbritannien gelangen, weil die Grenzbehörden überarbeitet und unterfinanziert sind. Sind die Substanzen erst einmal hier, treffen sie auf willige Käufer. »Das ist ein Geschäft wie jedes andere«, sagt Ramsey. »Man braucht mehrere Komponenten: einen Erfinder, der sich neue Strukturen ausdenkt, einen Hersteller, der sie produziert, und dann noch Marketing und Werbung.« Das Zusammenspiel dieser Komponenten hat im Jahre 2009 dazu geführt, dass in einem unter Drogenmangel leidenden Land, das von einer durch zu wenig Regulierung entstandenen Bankenkrise angeschlagen war, die Research Chemicals zu einer Massendroge aufsteigen konnten. Die Cathinone, mit ihrem rasch eintretenden, zugleich kokain- und ecstasyartigem Rausch, waren die perfekte Droge für diese gesetzlosen Zeiten. Mephedron war das Kokain der Kreditklemme, weder Fisch noch Fleisch, die Analogsubstanz einer Analogsubstanz. Die Labour-Regierung, deren Drogenpolitik kein bisschen progressiver war als die der konservativen Regierung vor ihr, reagierte mit einem hastigen Verbot der Droge, mit dem sie nicht nur sämtliche wissenschaftlichen Bedenken, sondern auch alle politischen Benimmregeln über den Haufen trampelte. Der exzessive Konsum von Mephedron ist schädlich, und viele Konsumenten hatten ihn nicht im Griff. Aber die Wissenschaftler, die eigentlich ausdrücklich für diese Einschätzung zuständig waren, wurden nie wirklich dazu befragt, wie vergleichsweise schädlich die Droge ist. Das führte bei vielen Konsumenten zu verstärktem Misstrauen gegenüber der Regierung, deren politisch gefärbte Informationen zum Thema Drogen nicht mehr in einem Wissensvakuum existierten und von den im Netz veröffentlichten Einschätzungen der Konsumenten untergraben wurden.

Die antihierarchische Struktur des Internets, das in einem bewusst subversiven Akt der Anarchie von alternativ denkenden, drogenbegeisterten Hippies geschaffen wurde, bot Neugierigen stattdessen ein breites Spektrum an Stimmen, Erfahrungen und Wertvorstellungen, das die strenge Haltung der Prohibitionisten als fadenscheinige Pose enttarnte. Der Dominanzdiskurs war unterbrochen worden – und zwar für immer. Die Reaktionen der Regierenden waren in den kommenden Jahren oft von allzu großer Hast und moralischer Hysterie geprägt, aber viel interessanter war ohnehin der Wandel im Konsum- und Drogenverhalten. Mephedron hatte die allgemeine Haltung zu Drogen praktisch über Nacht verändert. Menschen, die noch nie von Shulgin gehört hatten, die während der ersten Phase der Research Chemicals nie daran gedacht hätten, sich eine Droge online zu bestellen, und die auch noch nie einen Tripbericht gelesen, geschweige denn geschrieben hatten – diese Leute schluckten plötzlich Research Chemicals, die sie sich im Internet besorgt hatten, weil sie glaubten, wenn diese legal waren, müssten sie auch ungefährlich sein – oder weil ihnen beides egal war.

Das Verbot von Mephedron zog eine Reihe von unbeabsichtigten, wenn auch vollkommen absehbaren Folgen nach sich. Anstatt das Risiko für die Konsumenten zu senken, anstatt die Herstellung neuer Ersatzstoffe zu bremsen und anstatt die Nachfrage zu verringern, führte das Verbot in all diesen Punkten zu einer Verschlechterung des Status quo. Von 2009 bis 2010 schlossen sich sämtliche Kreise. Das Internet war zu einem Ort geworden, an dem viele unserer kulturellen und wirtschaftlichen Transaktionen stattfanden. Die Verwendung von sozialen Medien, der freie Austausch von Wissen und der elektronische Handel waren in gewisser Weise sogar zur Norm geworden. Der Konsum von Drogen war in der EU so allgegenwärtig, dass er beinahe schon epidemische Ausmaße hatte. 2010 wurde Mephedron in ganz Europa verboten – und damit die Voraussetzung für die nächste Phase der netzgestützten Revolution in der Welt der Drogen geschaffen. Die Suche nach einem Ersatzstoff für Mephedron kam ernsthaft in die Gänge, und dabei überboten sich Konsumenten und Dealer gegenseitig, was Einfallsreichtum und Gier betraf.

7. Woof Woof ist das neue Meow Meow

Nachdem Mephedron 2010 in der EU verboten worden war, ließen die Händler aus Angst vor rechtlichen Folgen die Finger von der Substanz, die man deshalb nur noch schwer bekommen konnte. Viele Händler und Konsumenten suchten nach potenziellen Ersatzstoffen, doch der Großteil der nächsten Welle von Research Chemicals (oder Legal Highs, wie sie nun listigerweise genannt wurden) war gefährlich, wirkungsarm und von schlechter Qualität. Das ohnehin schon große und vielfältige Angebot an neuen Drogen wuchs rasch weiter an, und immer häufiger handelte es sich dabei um bisher unbekannte synthetische Mischsubstanzen. Viele Konsumenten schluckten blind Stoffe, neben denen sogar chinesisches Mephedron harmlos wirkte. Wie die Konsumenten suchte auch die britische Boulevardpresse händeringend nach einem Ersatz für Mephedron: Zeitungsmacher wissen, dass Drogenhysterie die Auflage steigert und man damit nicht nur besorgte Eltern, sondern auch ausgehungerte oder neugierige Konsumenten an die Kioske locken kann.

Zeitungsredakteure, Politiker, Experten, Polizei – niemand hatte die Fäden bemerkt, die die Szene um die Research Chemicals mit den Anbietern der Legal Highs verbanden, die lichtscheuen Psychonauten mit dem öffentlichen Massenverkauf. Was die zwei Bereiche auf so unentwirrbare Weise miteinander verflochten hatte, war Mephedron, und möglich war diese Verflechtung durch die sozialen Medien und das Internet geworden, von dem sowohl die Konsumenten als auch die Verkäufer so regen Gebrauch machten. Die Research Chemicals waren wieder auf dem Markt – und diesmal beschäftigten sich nicht ausschließlich chemische Tüftler, idealistische Drogenapostel und psychedelische Philatelisten mit den synthetischen Substanzen. Diesmal mischten auch clevere Geldmacher im großen Stil mit.

Zuvor hatte der die Research Chemicals umgebende Markt sich selbst verwaltet, und durch die insgesamt geringe Zahl von Händlern und Konsumenten waren die Risiken auf einen kleinen Kreis von Personen beschränkt geblieben, von denen die meisten, wenn auch nicht alle, damit vertraut gewesen waren. Diese Einschätzung wird durch einen europäischen Anbieter der Stoffe bestätigt, der hier nicht namentlich genannt werden möchte: »Die Szene hatte sich stark verändert. 2003 hatte sowohl auf der Straße als auch im Internet noch niemand von dem Ganzen gewusst, und es hatte nur hier und da ein paar Konsumenten gegeben, die die Bücher *PIHKAL* und *TIHKAL* kannten«, erzählte er mir. »[Die Szene] bestand hauptsächlich aus ein paar Foren, in denen die Administratoren ein wenig privaten Handel trieben. Nach dem Hype um Mephedron war das Thema plötzlich überall, in den Medien, auf der Straße, in sozialen Netzwerken, auf YouTube. Jetzt konnte die Szene nicht mehr in ihrer stillen Ecke bleiben, wo sie eigentlich hingehörte. Jeder wollte mit Mephedron das schnelle Geld machen, und es gab Jugendliche, die die Chemikalie zu vollkommen absurden Preisen verkauften. Der Markt wurde überschwemmt ... Natürlich hatten diese Leute [keine Ahnung], womit sie da überhaupt handelten.«

Ein als legales Produkt verkauftes Pulver, Ivory Wave, schien eine Zeitlang gute Chancen zu haben, die Nachfolge von Mephedron anzutreten. Ursprünglich, als Mephedron noch legal gewesen war und viele substituierten Cathinone zum ersten Mal auf dem Markt erschienen, hatte dieses Pulver MDPV enthalten – ein potentes, mit Cathinon verwandtes Stimulanzmittel, das schon ab winzigen Dosen wirkt (etwa fünf bis zehn Milligramm) und bei exzessivem Konsum zu Psychosen führen kann.

Die Hersteller von Ivory Wave führten die Inhaltsstoffe nicht auf der Verpackung auf, und die Wahrheit kam erst später ans Licht, als das Produkt von professionellen Organisationen analysiert wurde. Die Macher des Legal Highs mischten außerdem ein Lokalanästhetikum mit in das Pulver hinein, das ähnliche Taubheitsgefühle wie Kokain auslösen sollte, jedoch keine psychoaktive Wirkung hatte. Das Produkt auf diese Weise in die Nähe der bekannten Droge zu rücken war extrem unverantwortlich, da eine Line Koks in der Regel aus so viel Pulver besteht, dass die wirksame Dosis von MDPV um das Fünf- bis Zehnfache übertroffen wird, und die Konsumenten so dazu neigten, viel zu viel zu schnupfen.

Als MDPV zusammen mit Mephedron verboten wurde, behielten die Hersteller von Ivory Wave den Namen ihres Produktes bei, versetzten es nun jedoch stattdessen mit dem weiterhin legalen Wirkstoff Desoxypipradrol, der zur Stoffgruppe der Piperidine gehört, einer noch potenteren Gruppe von Stimulanzien. Desoxypipradrol wirkt bereits ab einer extrem kleinen Dosis von nur ein bis zwei Milligramm, und die Wirkung hält 24 Stunden an. Viele Leute, die zuvor regelmäßig Mephedron gekauft hatten und es dadurch gewohnt waren, sich ihre Drogen im Internet zu besorgen, stiegen nun auf Ivory Wave um. Kurz darauf kam es zu einem starken Anstieg von Patienten, die mit einer Psychose oder paranoiden Wahnvorstellungen ins Krankenhaus eingeliefert wurden. Der auf der Isle of Wight lebende Koch Michael Bishton war das erste Todesopfer: Im August 2010 wurde der 24-Jährige tot aufgefunden, nachdem er – den Berichten zufolge von paranoiden Wahnvorstellungen verfolgt – von einer Klippe gesprungen war. Er starb, bevor er erfahren konnte, dass seine Verlobte ihr erstes gemeinsames Kind erwartete.

Dr. Kate Willmer, beratende Kardiologin am West Cumberland Hospital, erklärte dem *Daily Telegraph*: »Die Menschen kommen in extrem erregtem Zustand zu uns ins Krankenhaus, mit akuten paranoiden Psychosen. Wenn man ihnen etwas geben möchte, um ihnen zu helfen, sind sie überzeugt, man wolle ihnen Böses, und ein paar von ihnen mussten wir komplett ruhigstellen, um sie behandeln zu können ... Es dauert zwei bis drei Tage, bis die Erregung und die Psychose abklingen. Ich habe so etwas noch nie erlebt.«[1]

Konsumenten, die erst durch Mephedron auf den Geschmack von chemischen Drogen gekommen waren, stand in den folgenden Jahren eine überaus harte Zeit bevor. Ihr Mangel an Erfahrung, Wissen und Ehrfurcht, was potente chemische Stoffe anging, musste beinahe zwangsläufig zu verstörenden Episoden dieser Art führen. Ein vollständiges »Arzneibuch« für die Jahre, die auf Mephedron folgten, würde mehrere Bände umfassen, doch mithilfe von ein paar

Zahlen lässt sich ein Eindruck von den Dimensionen des Phänomens vermitteln.

2010 stellte die in Lissabon sitzende Europäische Beobachtungsstelle für Drogen und Drogensucht (EMCDDA*) in ihrem jährlichen Bericht fest, dass zwischen 1997 und 2010 insgesamt nur 150 neue Drogen auf dem Markt erschienen waren.[2] Zu einem ersten Rekordergebnis kam es 2009, als in einem einzigen Jahr 24 neue Stoffe in den Sortimenten der Dealer entdeckt wurden. 2010 waren es 41. Für das Jahr 2011 war zunächst von 150 neuen Drogen die Rede, allerdings wurde diese Zahl später auf 49 nach unten korrigiert. Bis zum frühen März des Jahres 2012 gab es bereits 36 weitere – womit innerhalb von nur gut drei Jahren die gewaltige Zahl von 150 neuen Stoffen ermittelt wurde, ohne dass es irgendwelche Anzeichen dafür gab, dass die Entwicklung sich verlangsamen würde.

Einer der ersten Stoffe, der als würdiger Nachfolger von Mephedron ausgegeben wurde, war Naphyron. Es wurde unter dem Namen NRG-1 verkauft, und aus Angst, andere könnten ihr Produkt im Labor nachbauen und den Markt an sich reißen, so wie es bei den NeoDove- und SubCoca-Kapseln der Firma Biorepublik passiert war, weigerten sich die Händler, die chemische Struktur der Substanz offenzulegen. Laut den Versprechungen des Herstellers sollte die Wirkung jener von Mephedron stark ähneln, worauf sich viele Händler mit der neuen Droge eindeckten und sie an Hunderte ihrer Kunden weiterverkauften. Praktisch sofort tauchten unzufriedene Berichte auf, laut denen der durch die Substanz herbeigeführte Zustand bestenfalls unangenehm und schlimmstenfalls gefährlich war. Kein Wunder: Einem Beitrag zufolge, der im Juni 2010 im *British Medical Journal* erschien, hatte die Analyse von zwölf Legal Highs ergeben, dass die meisten der unter dem Namen NRG-1 oder NRG-2 verkauften Produkte entweder ein illegales Cathinon, Koffein oder aber komplett wirkungslose Stoffe enthielten.[3] Viele Onlinedealer wussten nicht, was sie verkauften, oder scherten sich nicht darum und bezeichneten ihre Produkte ausschließlich deshalb als Legal Highs, NRG-1 oder Naphyron, weil sie hofften, so

* European Monitoring Centre for Drugs and Drug Addiction.

Kunden anlocken zu können. Diese wiederum wollten eigentlich nur einen Ersatzstoff für Mephedron finden.

Im Juni 2010 plapperten die *Cambridge News* unbekümmert die Mitteilung des örtlichen Headshops Cambotanics nach, dort gebe es ein fantastisches neues Legal High zu kaufen, das diesmal den Namen »Woof Woof« trug.[4] In Wahrheit handelte es sich um MDAI, ein nicht-neurotoxisches MDMA-Derivat, das der bereits erwähnte amerikanische Chemieprofessor Dave E. Nichols im Rahmen seiner Forschung an Serotoninrezeptoren entwickelt hatte. Doch die Wirkung war wohl sehr schwach, und die Droge konnte sich nicht durchsetzen.

Die chinesischen Labore, in denen die neuen Drogen hergestellt werden, gehören für gewöhnlich zu legalen Unternehmen, die auch normale Medikamente produzieren oder auf die Herstellung von Feinchemikalien, Rohstoffen, pharmazeutischen Zwischenprodukten und biologischen Stoffen spezialisiert sind. In beiden Konstellationen läuft es in der Regel so, dass bestimmte Mitarbeiter, bei denen es sich meist um junge Chemieabsolventen handelt, die Synthesen nach Feierabend durchführen und die dafür nötigen Vorläuferstoffe von der normalen Produktion abzweigen. Häufig stecken sie aber auch mit den Besitzern der Labore unter einer Decke, an die sie dann einen Teil ihrer Gewinne abtreten.

Die Zahlungen für die Chemikalien gehen an unbeteiligte Dritte und werden oft über den globalen Geldtransfergiganten Western Union abgewickelt. Der Versand läuft über legale Kurierfirmen wie EMS, FedEx, TNT oder DHL. Besticht man die richtigen chinesischen Beamten, benötigt man weder eine Ausfuhrgenehmigung noch andere lästige Papiere für den Export der Drogen. Wiegen die Lieferungen mehrere Kilo, werden sie als Windeldeo oder Teppichreiniger getarnt, kleinere Bestellungen hingegen steckt man schlicht in Briefumschläge und verschickt sie als Dokumentensendung. Die Abnehmer sind entweder Privatpersonen oder Händler in der EU oder den USA. Manche Händler verpacken die Substanzen dann in bunte Tütchen oder Röhrchen und verkaufen sie als Legal Highs. Andere bieten sie in Reinform an und verkaufen sie in Mengen von einem oder mehreren Gramm.

»Eric«, ein Labortechniker aus Shanghai, ist ein typischer Betreiber eines solchen chinesischen Labors. Bei einem Undercovereinsatz, den ich im April 2010 für eine Reportage im Magazin der britischen Zeitung *Mail on Sunday* organisiert hatte, hat der Journalist Simon Parry Erics Labor besucht, das zu jener Zeit für die Produktion des größten Teils des Mephedrons verantwortlich war, das in Europa konsumiert wurde.

Im Laufe eines mehrere Wochen dauernden E-Mail-Verkehrs, bei dem ich mich als bedeutender Londoner Großhändler für Legal Highs ausgab, war es mir gelungen, Eric so weit von meiner Story zu überzeugen, dass ich eine Bestellung über 120 Kilo MDPV bei ihm aufgeben konnte – genug für 2,4 Millionen wirksame Dosen. Ich hatte bewusst MDPV gewählt, weil es unter die gegen Cathinone gerichteten Verbote fiel, die kurz zuvor in Großbritannien erlassen worden waren, und ich sehen wollte, wie sich das Verbot auf die Angebotsseite im Geschäft mit den neuen Drogen auswirkte. Eric erklärte uns, dass er die Ware per Expressdienst in ein »weiches« Land wie Griechenland schicken könnte, wo sie dann umgeladen würde. »Wir haben Mitarbeiter in Europa, deshalb können wir die Lieferung nach Irland, Österreich, Spanien oder Italien senden«, erläuterte Eric meinem Kollegen. »Danach wird das Paket von diesen Ländern aus nach Großbritannien verschickt. Wenn es von außerhalb Europas kommt, könnte es Schwierigkeiten geben. Aber Sendungen innerhalb Europas werden vom britischen Zoll normalerweise nicht kontrolliert. Wenn die Ware beschlagnahmt wird, erstatten wir grundsätzlich das Geld oder probieren es mit einer neuen Lieferung. Deshalb haben wir so viele Kunden in Großbritannien. Sie gehen kein Risiko ein.«

Bevor ich die Bestellung bestätigte, bestand ich darauf, dass einer meiner Mitarbeiter vor Ort das Labor besichtigen durfte. Parry gab sich als dieser Mitarbeiter aus und tat bei seinem Besuch so, als wolle er sich einen Überblick über die Anlage verschaffen. In Wirklichkeit jedoch war er vor allem darauf aus, Eric im persönlichen Gespräch weitere Informationen zu entlocken und Fotos von den Räumlichkeiten des Labors zu schießen, das bis zu dem Verbot in Großbritannien mehrere Hundert Kilo Mephedron pro Woche verschickt hatte.

Erics Labor hatte die Größe einer kleinen Wohnung und lag in der Nähe des internationalen Flughafens. In unmittelbarer Nachbarschaft gab es Büros von GlaxoSmithKline, Novartis und AstraZeneca. Im Innern des Labors war ein Team aus jungen Chemikern mit weißen Kitteln und Mundschutzmasken mit verschiedenen Aufgaben beschäftigt. Wenn man über einen Abschluss in organischer Chemie oder ähnliche Kenntnisse verfügt, die richtigen Geräte zur Hand hat und leicht an die nötigen Vorläuferstoffe und Reaktanten gelangen kann, ist die Synthese der Stoffe nicht schwierig. Das Labor war in einem schmutzigen und desorganisierten Zustand, jedoch mit denselben Geräten ausgerüstet, die auch in jedem legalen Chemielabor zu finden sind: Vakuumpumpen, Heizplatten, Reaktionszylinder, Trocknungsanlagen.

Parry berichtete:

»Eric ist jung, reich, strotzt vor Energie und verkörpert durch und durch den neuen Unternehmergeist, der im modernen China herrscht. Während er an seinem Schreibtisch sitzt und die Kunden aus Übersee großzügig mit Spirituosen und Zigarren bewirtet, die in dem Wandschrank über seinem Tisch lagern, kommen ständig Sekretärinnen mit neuen Proben und Preislisten herein.

Eric trägt Designerklamotten, fährt einen Geländewagen der Marke Buick und arbeitet jeden Abend so lange, dass seine Frau sich beschwert, er würde die Luxusvilla, in der sie leben, wie ein Hotel bewohnen. Doch so ansteckend sein Charme auch wirkt, während er in seinem Büro in dem exklusiven Shanghaier Apartmentblock sitzt und in markigem Englisch mit mir plaudert, seine Geschäfte haben eine finstere Seite, die dem jungen chinesischen Chemiker bereits im Alter von nur 35 Jahren zu auffällig großem Wohlstand verholfen hat.»[5]

An einer Dose Red Bull nippend – seiner einzigen Sünde –, erklärte der junge Unternehmer Parry: »Ich habe keine Zeit, um Urlaub zu machen ... Die Geschäfte nehmen mich voll und ganz in Anspruch. Ich brauche jedes bisschen Energie, das ich kriegen kann.«

Uncle Fester, alias Steve Preisler, der amerikanische »Vater« der Amphetaminherstellung, der schon als großer Drogenverführer geächtet wurde, bevor es das Internet gab, hat sich auf seinem Gebiet auf dem Laufenden gehalten und ist der Meinung, das Outsourcing nach China sei ein logischer Schritt für die Hersteller in den USA gewesen. »Das Zusammenkochen der Stoffe wurde nach China ausgelagert, weil es hier unmöglich wäre«, erklärte er mir per E-Mail:

»Diese Stoffe sind zu komplex, um von einem Heimchemiker in seinem Keller zusammengebraut zu werden, und erfordern einen Zugang zu Vorläuferstoffen, den sich Drogenköche in den USA nicht leicht verschaffen können ... Selbst wenn das Ganze quasi legal wäre, würden die Bullen ihnen das Leben zur Hölle machen und sie zur Not allein deshalb ins Gefängnis stecken, weil sie angeblich Giftmüll unsachgemäß beseitigt haben oder ihr Labor nicht den Gesundheits- und Sicherheitsvorschriften entspricht. Darüber muss man sich in China keine Sorgen machen, und die Aufträge lohnen sich, wenn man sie bekommt ... Die Akteure auf amerikanischer [und europäischer] Seite kann man eher als reine Vermarkter betrachten. Außer sich auszusuchen, welchen Stoff sie herstellen lassen wollen, haben sie mit der Produktionsseite wenig zu tun.«

Preisler machte sich auch über die Risiken Gedanken, denen die Konsumenten durch die neuen Entwicklungen ausgesetzt sind. »Ich bin ebenfalls der Meinung, dass diese Designeranaloge ziemlich gefährlich sind, gefährlicher als die bereits verbotenen Drogen, die sie nachahmen oder ersetzen sollen«, schrieb er. »Die verbotenen Drogen haben bereits eine längere Geschichte, daher weiß man über ihre Nebenwirkungen Bescheid und hat Erfahrung mit dem langfristigen Gebrauch. Bei den Designervarianten ist das anders. Dabei handelt es sich um experimentelle Stoffe, für die sich die Konsumenten als Versuchskaninchen hergeben.«

Nicht lange nach unserem Bericht fing Eric an, besonders gefährliche neue Stoffe zu verkaufen, und zwar unter dem Namen von Substanzen, die bei den Konsumenten gerade populär waren. Im Netz ging daraufhin die Warnung um, man könne ihm nicht trauen.

Die chinesischen Chemiker profitieren von den Unterschieden in der internationalen Drogengesetzgebung – zur Zeit unserer Reportage für *The Mail on Sunday* war keine der von uns bestellten Drogen in China illegal, und viele Hundert Arten von Designerdrogen sind dort bis heute legal. Die diesbezüglichen Gesetze hinken denen in Europa und den USA weit hinterher, auch weil sich die chinesischen Behörden eher auf die Verfolgung jener Drogen konzentrieren, die in ihrem eigenen Land besonders stark verbreitet sind – Methamphetamin, Heroin, Ketamin und, durch die wirtschaftliche Modernisierung und die wachsende Mittelklasse bedingt, zunehmend auch Ecstasy. Und während das Geschäft mit den maßgeschneiderten Drogen früher eher bescheidene Ausmaße hatte und heimlich im Internet abgewickelt wurde, hat die Ausweitung der Branche wie auch des elektronischen Handels heute dazu geführt, dass viel mehr Hersteller zu diesem Geschäft bereit sind als zuvor und dieses oft sogar ganz offen und ohne moralische Bedenken ausführen.

Während chinesische Chemiker ständig neue Substanzen hervorbrachten, indem sie riesige Datenbanken aus wissenschaftlicher Literatur und Onlinepostings anzapften oder sich Rat bei Büchern wie *TIHKAL* und *PIHKAL* holten, versuchten die europäischen Regierungen weiterhin verbissen, das neu freigelegte narkotische Massiv Stück für Stück mit dem stumpf, rostig und unbrauchbar gewordenen Werkzeug der Prohibition abzutragen. In Irland schlossen die Behörden Hunderte von Headshops, und im Mai 2011 berichtete Reuters, dass Ladenbesitzer, die in dem rezessionsgeplagten Land Substanzen mit »psychoaktiver Wirkung« verkauften, mit lebenslangen Haftstrafen rechnen müssten. (Wie überall hatten die dortigen Headshops ursprünglich Haschpfeifen, Bongs und anderes Zubehör für den Cannabiskonsum verkauft. Als Mephedron und weitere Legal Highs auf den Markt kamen, fand man aber auch diese neuen Drogen bald in den Regalen der Geschäfte – ein Bild, das sich so inzwischen auf der ganzen Welt darbietet. Das aufkeimende Geschäft mit den Legal Highs hatte bereits nordirische paramilitärische Gruppen aufgeschreckt, die ihr Monopol auf den herkömmlichen Drogenhandel in Gefahr sahen und mit Strafexekutionen von Headshopbetreibern reagierten.)

In den skandinavischen Ländern ging man 2010 gegen Mephedron, Dutzende verwandte Cathinone und verschiedene synthetische Cannabinoide vor, und auch in den meisten anderen europäischen Ländern wurden viele der neuen Drogen verboten, die in den vorangegangenen zwei Jahren aufgekommen waren (wenngleich auch kein übergreifendes Verbot wie bei Mephedron erlassen wurde). Mithilfe kruder Gesetze, die den Verkauf von »substituierten Drogen« untersagten, wurden in Polen 1200 Headshops sowie Hunderte Verkaufsseiten dichtgemacht. In den Tagen vor dem Inkrafttreten der Gesetze standen zum Teil bis zu 50 Kunden vor den Shops Schlange.

Im August 2010 beschloss die britische Regierung, dem Geschäft mit den neuen Drogen durch den Erlass neuer Gesetze entgegenzutreten. Der Abgeordnete James Brokenshire, der damals in der neuen Koalitionsregierung den Posten des Ministers für Verbrechensbekämpfung innehatte und inzwischen im Innenministerium für Sicherheit und Immigration zuständig ist, kündigte an, dass der Misuse of Drugs Act von 1971 ein weiteres Mal ergänzt werden sollte. Trotzdem sollte es bis zum Erlass des neuen Gesetzes noch mehr als ein ganzes Jahr dauern. Am 15. November 2011 wurde im Rahmen des Police Reform and Sociability Act die neue Geheimwaffe der Regierung gegen die neuen Drogen eingeführt: neue Maßnahmen, die als Temporary Class Drug Orders (TCDOs) bezeichnet wurden. Diese erlaubten der britischen Regierung, gegen jede Substanz, die den Argwohn des AMCD – oder der Medien – weckte, ein vorübergehendes, auf die Dauer von einem Jahr begrenztes Verbot auszusprechen, damit der Drogenrat innerhalb dieser Frist die Gefährlichkeit und pharmakologische Wirkung der Substanz ermitteln konnte. »TDCOs ermöglichen der Regierung, schneller auf die Ratschläge des Advisory Council on the Misuse of Drugs (ACMD) zu reagieren, um so die Öffentlichkeit vor neu aufkommenden schädlichen psychoaktiven Substanzen zu schützen, während eine umfassende Bewertung durch die Experten vorbereitet wird«, teilte das Innenministerium mit.[6]

In diesem neuen Gesetz – das es in Deutschland in dieser Form nicht gibt – wurden keine konkreten neuen Substanzen aufgeführt;

die dahintersteckende Absicht war politischer Natur. Das Gesetz sollte die Regierung in die Lage versetzen, schnell und entschlossen auf das Erscheinen neuer Drogen reagieren zu können, jedoch ohne dass dabei die Autorität des ACMD weiter untergraben wurde, die man bei der gegen Mephedron gerichteten Gesetzesänderung so unhöflich übergangen hatte.

In der Zeit zwischen dem Mephedronverbot im April 2010 und der Einführung des neuen gesetzlichen Instruments im November 2011 waren allerdings bereits wieder zahlreiche neue Drogen auf den Markt gekommen. Das Stimulanzmittel Alpha-Methyltryptamin (AMT), das Empathie und Euphorie fördert, war ursprünglich in Russland unter dem Namen Indopan als Antidepressivum verschrieben worden. Nach dem Mephedronverbot wurde es 2010 auf dem britischen Markt angeboten, wieder einmal als Pflanzendünger. Mit trockener Brillanz hatten die russischen Forscher vermerkt, dass das Medikament, das hauptsächlich älteren Menschen verschrieben wurde, zu grundlosem Lächeln führe. Da die Wirkung der Droge 20 Stunden anhielt und die meisten Konsumenten in der Regel auf ein kürzeres High aus sind, wurde AMT jedoch nie so beliebt wie Mephedron. Darüber hinaus verursachte die Substanz bei manchen Konsumenten Bauchkrämpfe und Durchfall. Den Todesstoß mag der Droge schließlich ihr Geruch versetzt haben: Bei der Synthese, bei der Indol-3-Carbaldehyd als Ausgangsstoff verwendet wird, kann es aufgrund von Unreinheiten manchmal zur Bildung eines Stoffverbindung namens Skatol kommen, auch 3-Methylindol genannt, die hauptsächlich für den Geruch von tierischem Kot verantwortlich ist.

Während in Deutschland Besitz und Verkauf von AMT illegal sind, war die Substanz zur Zeit der Abfassung dieses Buches in Großbritannien noch legal und fiel weder dem Namen noch der chemischen Zusammensetzung nach unter irgendein gesetzliches Verbot. Zwar waren im Zuge der 1977 erfolgten Änderung des Misuse of Drugs Act, der im House of Lords für so viel Verwirrung gesorgt hatte, viele substituierte Tryptamine für illegal erklärt worden. Doch AMT, das chemisch gesehen eine sehr einfache Struktur besitzt, war weiterhin legal geblieben.[7]

Seit Mephedron verboten wurde, sind auch viele andere Arten von Drogen im Angebot der Onlinehändler aufgetaucht. Tranquilizern etwa wird ein so hohes Missbrauchs- und Suchtpotenzial zugeschrieben, dass man sie eigentlich nur auf Verschreibung erhält. Nun erschien jedoch auf denselben Websites, über die zuvor Mephedron unters Volk gebracht worden war, ein legales Präparat namens Phenazepam, das den verschreibungspflichtigen Mitteln ähnelte, für dessen Kauf allerdings kein Besuch beim Arzt, sondern nur ein kurzer Ausflug ins Internet nötig war. Auch in Deutschland, wo seit 2008 wieder vermehrt Phenazepam konsumiert wurde, war das Mittel zu jener Zeit legal. Bevor es im Internet und in den sozialen Medien zum Thema geworden war, war das Mittel weder bekannt noch erhältlich noch gefragt gewesen, weshalb auch nie jemand auf die Idee gekommen war, es könnte eine Gefahr darstellen. Dass es so lange legal bleiben konnte, zeigt, wie hoffnungslos anachronistisch die alte Form der Drogengesetzgebung oft ist.

Phenazepam kostete nur zwei Cent pro wirksamer Dosis, und viele empfanden die Wirkung des Präparats als Segen, besonders nachdem sie sich eine ganze Nacht lang mit Aufputschmitteln zugedröhnt hatten. Viele dosierten die Substanz allerdings nicht genau genug – was bei einer Wirkdosis von nur einem Milligramm auch ziemlich schwer war –, und hatten dann mit den unberechenbaren Nebenwirkungen des Präparats zu kämpfen, zu denen manchen Konsumenten zufolge tagelange Blackouts zählten. Das Medikament hat außerdem eine Halbwertszeit von 60 Stunden und wird somit viel langsamer vom Körper abgebaut, als die meisten der ungefährlicheren illegalen oder verschreibungspflichtigen Stoffe. Da das Präparat zu Gedächtnisverlust führt, kann es ebenfalls vorkommen, dass die Konsumenten sich an die erste Einnahme nicht mehr erinnern und unbesorgt zu einer zweiten Dosis greifen. Die genauen Auswirkungen all dieser Risiken sind schwer einzuschätzen, doch im Juli 2011 berichteten Forscher der University of Dundee der BBC, die Droge sei bereits bei neun Obduktionen festgestellt worden (wobei sich allerdings nicht eindeutig klären ließ, ob sie für den Tod der betroffenen Konsumenten verantwortlich gewesen ist).[8]

In Deutschland wurde Phenazepam 2013 dem Betäubungsmittelgesetz unterstellt. In Großbritannien wurde das Präparat bereits im Juni 2012 in die Liste kontrollierter Substanzen aufgenommen[9], doch dauerte es nur ein paar Wochen, bis mit Etizolam ein anderer Tranquilizer im Sortiment der Onlineheadshops auftauchte, der zur Umgehung der Arznei- und Nahrungsmittelvorschriften als Pflanzendünger in Pelletform angeboten wurde. Aber auch als Pulver war Etizolam erhältlich, und zwar zu einem Grammpreis von knapp 50 Euro. Bei einer Wirkdosis von einem Milligramm bedeutet das, dass man für diese Summe insgesamt tausend wirksame Dosen erhielt, womit der Preis einer einzelnen Dosis bei lächerlichen vier Cent lag. Wie alle Substanzen seiner Klasse, zu denen unter anderem Valium (Diazepam), Phenazepam und Xanax (Alprazolam) gehören, kann Etizolam abhängig machen und verursacht Entzugserscheinungen, die nicht nur qualvoller, sondern auch gefährlicher als die von Heroin sind, da eine zu plötzliche Absetzung zu Krampfanfällen führen kann. Wie immer wurde die Substanz mit dem Hinweis »Nicht für den Verzehr geeignet!« verkauft.

Etizolam fiel weder unter den britischen Medicines Act von 1968 noch unter den Misuse of Drugs Act von 1971, da das Präparat zur Zeit der Abfassung dieser Gesetze noch nicht kommerziell vertrieben worden war und vor allem da es damals das Internet und den regen Handel mit Research Chemicals und Legal Highs noch nicht gegeben hatte. Wie Phenazepam ist auch Etizolam seit 2013 in Deutschland verboten. In Großbritannien hingegen war es zur Zeit der Abfassung dieses Buches nach wie vor legal und ließ sich problemlos über eBay beziehen.

Auch 4-AcO-DMT, das zwar in Großbritannien und Deutschland illegal war, jedoch in den USA, Spanien und mehreren osteuropäischen Ländern frei verkauft wurde, wurde in jenem Jahr im großen Stil im Internet angeboten und fand zahlreiche Käufer. Diese waren der Meinung, die Wirkung der Substanz ähnele stark der von magischen Pilzen – was kein Wunder war, da sie ursprünglich entwickelt wurde, um bei medizinischen Versuchsreihen als Ersatzstoff für Psilocybin zu dienen, und einmal mehr dem Labor von Professor David E. Nichols entstammte. Wirksam wurde die potente Substanz bereits ab 5 Milligramm, und ihre Standarddosierung lag bei 10 bis 18 Milligramm, sodass die Konsumenten gezwungen waren, sich eine Feinwaage zuzulegen, bevor sie die Droge halbwegs gefahrlos zu sich nehmen konnten. Trotzdem sind im Internet nur wenige negative Erfahrungsberichte dazu zu finden, und manche Konsumenten schwärmen geradezu von den mystischen Erfahrungen, zu denen ihnen die Einnahme verholfen habe. Die Droge stammte aus einem wissenschaftlichen Artikel, den Nichols im Jahre 1999 unter dem Titel »Improvements to the Synthesis of Psilocybin and a Facile Method for Preparing the O-Acetyl Prodrug of Psilocin«* veröffentlicht hatte. Darin beschrieb er eine besonders ertragreiche Methode zur Herstellung psychoaktiver Substanzen, die sich bei Versuchen zu Rezeptorbindungs-Eigenschaften und Struktur-Wirkungs-Beziehungen sowie bei der Suche nach neuen Antidepressiva verwenden ließen.[10]

Es erschienen immer mehr neue Drogen auf dem Markt. Verbindungen wie 4-HO-MET, eine weitere Droge, deren Wirkung jener von Magic Mushrooms ähnelt, wurden zum Verkauf angeboten. Laut den Konsumenten führte sie zu leuchtenden, bunten, cartoonartigen Visionen und sorgte dafür, dass einem beim Tanzen nicht die Puste ausging. Dann gab es auch noch neue Amphetamine, bei denen ein Fluormolekül an die 3- oder 4-Position des Kohlenstoffrings angefügt worden war und die dadurch offenbar die Wirkung von hochwertigem Kokain erhalten hatten. In Deutschland und Großbritannien waren solche substituierten Amphetamine illegal, doch in den USA und anderen Ländern waren die Gesetze zu derartigen Stoffen weniger klar definiert. Ob legal oder nicht, im Internet bestellbar waren diese Substanzen natürlich in jedem Fall. Auch neue synthetische Cannabinoide tauchten auf, die zugleich legal und hochwirksam waren. Doch wonach eigentlich jeder suchte, in Großbritannien zumindest, war eine zweite Substanz wie Mephedron, also ein euphorisch machendes Aufputschmittel, das ab einer mittelgroßen Dosis wirksam war. Als 2010 Berichte über ein neues,

* »Verbesserungen bei der Synthese von Psilocybin und eine einfachere Methode zur Herstellung der O-Acetyl-Prodrug von Psilocin«.

legales MDA-Analog namens 6-APB im Netz die Runde machten, kam wieder größere Bewegung in den Markt. MDA ist selbst ein Analogstoff zu MDMA, doch da seine Struktur ausdrücklich in der 1977 erlassenen Ergänzung zum Misuse of Drugs Act erwähnt wird, ist der Stoff in Großbritannien illegal. In den USA war er in den 1960ern für kurze Zeit in Mode gewesen und damals als »the hug drug« oder »the Mellow Drug of America« bekannt gewesen.* Die Wirkung ähnelte der von MDMA, war allerdings ein wenig speedähnlicher und viel trippiger.

Wie aus den Aufzeichnungen der Schweizer Datenbank ecstasydata.org sowie Dutzender niederländischer Drogenanalysezentren hervorgeht, war MDA nach dem Snowball-Phänomen Anfang der 1990er auf dem europäischen Schwarzmarkt kaum mehr aufgetaucht, während die Droge in den USA anscheinend regelmäßig weiter angeboten wurde. Für die anhaltende Knappheit der Substanz gibt es zwei Gründe: Zum einen ist die Droge nicht so einfach zu verwenden wie MDMA, da sie eine länger anhaltende und stärker bewusstseinsverändernde Wirkung besitzt, die, wie in den vorangegangenen Kapiteln geschildert, zu erschreckenden Halluzinationen führen kann. Zweitens lässt sich chemisch gesehen eine höhere Ausbeute erzielen, wenn man die teuren illegalen Vorläuferstoffe, die in beiden Fällen zur Synthese nötig sind, zur Herstellung von MDMA statt von MDA verwendet. Deswegen galt in der Subkultur der Internetdrogen – die mit den Legal Highs Mainstreamstatus erlangt hatte – das Aufkommen eines legalen MDA-Analogs als große Neuigkeit.

Zunächst war im Internet über ein MDA-Analog berichtet worden, und zwar von dem Bluelight-Foristen fastandbulbous, der 2006, als die Szene um die Research Chemicals nach den spektakulären Verhaftungen im Zuge der Operation Web Tryp noch tiefer abgetaucht war, einen Beitrag über eine Substanz namens 6-APDB verfasste. Für fastandbulbous stellte es offensichtlich kein Problem dar, selbst an besonders ausgefallene »Forschungschemikalien« heranzukommen, und seine Berichte erinnerten in ihrem klaren Stil an

* Die »Umarmungsdroge« oder »die Milde Droge Amerikas«.

die Shulgins. Auch schwang darin häufig eine unterhaltsame Exzentrizität sowie eine hippieartige Empfindsamkeit mit – wie es von einem Drogenfan, dessen Onlinepseudonym auf ein Lied des Experimentalrockers und Frank-Zappa-Freunds Captain Beefheart zurückgeht, eigentlich nicht anders zu erwarten war.

Da es aufgrund seiner chemischen Struktur unter die Ergänzungen des Misuse of Drugs Act fiel, war 6-APDB illegal. Nicht dass das für fastandbulbous von Bedeutung gewesen wäre; sein Appetit auf psychedelische und narkotische Novitäten war grenzenlos, und um die Gesetze scherte er sich dabei nicht groß. »Die Wirkung [von 6-APDB] ähnelt der von MDMA …«, schrieb er. »Die Empathie wird gesteigert und es stellt sich ein Zustand tiefer Zufriedenheit ein, ebenso wie eine herrliche Intensivierung des Tastsinns. Anders als bei MDMA kommt es jedoch nicht zu einem verstärkten Bedürfnis nach sprachlicher und motorischer Aktivität – auch wenn ich die Verbindung in keiner Weise als sedierend beschreiben würde.«

Ein anderer Forist namens robatussin stellte den aus heutiger Sicht fast schon prophetisch klingenden Kommentar ein: »Ich bin froh, dass es Leute da draußen gibt, die wissen, was sie tun, und von Shulgins Geist erfüllt sind! Der Staat wird bald Grundelemente wie Stickstoff und Sauerstoff verbieten müssen, wenn er mit den Chemikern mithalten will.«

Aufgrund der dramatischen Veränderungen im allgemeinen Drogenverhalten, die Mephedron verursacht hatte, gab es bereits vier Jahre später, also im Jahre 2010, eine sehr viel höhere Zahl von Menschen, die sich auf Forenseiten wie bluelight.org tummelten und im Internet nach Drogen suchten. In jenem Sommer stolperte irgendjemand über die seltsamen narkotischen Memoiren, die fastandbulbous im Netz hinterlassen hatte, und ließ eine legale Version von 6-APDB, nämlich 6-APB, in einem ungarischen Labor synthetisieren. Dazu nahm man eine winzige Änderung am MDA-Gerüst vor, bei der an einem der Kohlenstoffringe der Verbindung ein Sauerstoffmolekül entfernt und eine Zweifachbindung hinzugefügt wurde, so wie es in den folgenden Abbildungen zu sehen ist:

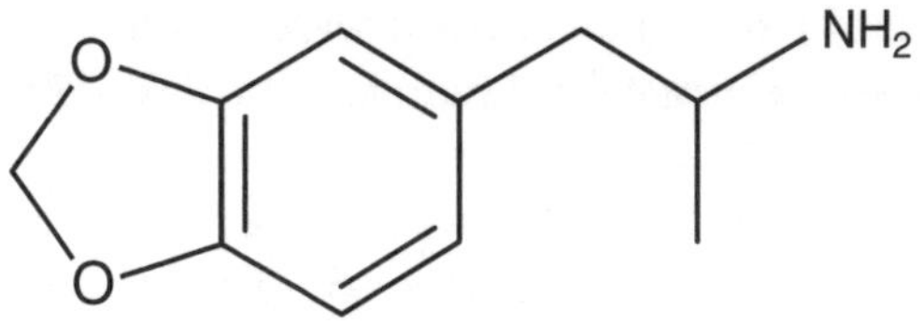

MDA

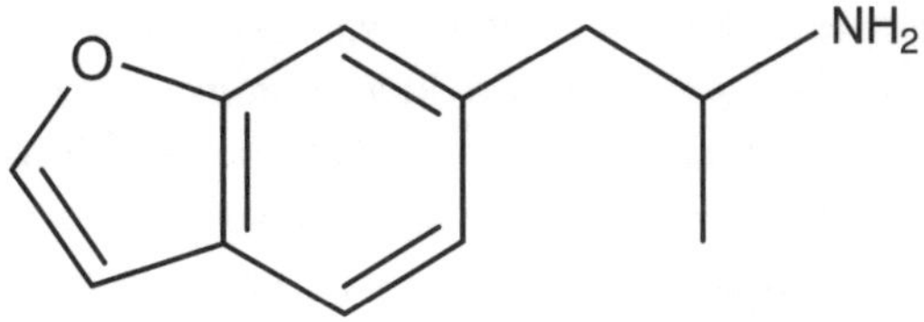

6-APB

Durch diesen kleinen Handgriff fiel die Droge in eine andere chemische Kategorie: Sie verfügte nun über einen Benzofuranring und gehörte deshalb zu einer komplett anderen chemischen Klasse, wodurch 6-APB in den meisten Ländern der Welt von den Gesetzen nicht mehr erfasst wurde, auch von den britischen und deutschen Bestimmungen nicht. Eine neue, vollkommen legale Droge war entstanden. Ein Forist namens GZero stellte am 7. Mai 2010 folgenden Tripbericht zu der Substanz ins Netz: »Das ist eine absolut wunderbare Droge ... Der Trip ist wie bei MDMA, aber nicht ganz so schweißtreibend und intensiv. Cocktailparty-MDMA. Die Wirkung ähnelt stark der von MDA, ist aber sanfter und auf visueller Ebene farbenfroher. Es ist verrückt, so gut habe ich mir die Sache nicht vorgestellt.«

In der Vergangenheit hatten Drogen wie MDMA Jahre, wenn nicht Jahrzehnte gebraucht, um allgemein gängig und beliebt zu werden. Bei 6-APB dauerte es nur Wochen. Eine Gruppe von fünf in Großbritannien ansässigen Händlern behauptete, das exklusive Vertriebsrecht für die Substanz zu besitzen, die anfänglich für knapp 100 Euro pro Gramm verkauft wurde – womit der Preis für eine Einzeldosis bei ungefähr 15 Euro lag. Um ihren Pillen die Aura eines Markenprodukts zu verleihen, stellten die Händler Videos bei YouTube ein, auf denen zu sehen war, wie sie gepresst und verpackt wurden (inzwischen sind die Clips wieder gelöscht). Sogar eine filmische Anleitung dazu, wie man die Droge mit einem der gängigen Pillentest-Sets auf ihre Echtheit überprüfen konnte, veröffentlichten die umsichtigen Vertreiber im Netz.

Am frechsten war jedoch der Name, den sie sich für ihr Produkt ausdachten: Benzo Fury. Eigentlich war das eine seltsame Wahl, da »Benzo« im Drogenjargon für einen Tranquilizer steht, die wie Diazepam (Valium) häufig zur Substanzklasse der Benzodiazepine gehören, diese Droge jedoch alles andere als ein Beruhigungsmittel war; es handelte sich vielmehr um ein psychedelisches Aufputschmittel. Doch auf chemischer Ebene gab es eine Verbindung: Die chemische Flüssigkeit Benzofuran besteht aus einem Benzolring – einer Kreisstruktur aus sechs Kohlenstoff- und sechs Wasserstoffatomen –, der mit einem Furanring verbunden ist, welcher wiederum aus vier Kohlenstoffatomen und einem Sauerstoffatom besteht. Und genau wie 3,4-Methylendioxymethylamphetamin erst wirklich zum Verkaufsschlager wurde, als es unter dem Namen Ecstasy bekannt wurde, und 4-Methylmethcathinon plötzlich viel beliebter war, als es Meow hieß, so gewann auch 6-(2-Aminopropyl)benzofuran, alias 6-APB, viel mehr Fans, nachdem man es auf Benzo Fury getauft hatte. Die orangefarbenen Tütchen, in denen es im Sommer 2010 auf den Markt kam, waren professionell bedruckt und sogar mit einem Strichcode versehen (der sich trotz seines offiziellen Aussehens bei vielen Päckchen allerdings als der des 1986 erschienenen Genesis-Albums *Invisible Touch* herausstellte).

Der auffällige Name entpuppte sich auch bei der Vermarktung der Droge im Internet als Glücksfall. Wenn man die zwei Suchbegriffe »Benzo« und »Fury« bei Google eingab, sorgte die ungewöhnliche Wortverbindung dafür, dass die Verkaufsseiten für die Substanz stets als oberste Suchergebnisse auf dem Bildschirm erschienen. Auch in die zu den Seiten gehörenden Metadaten, die von Suchmaschinen automatisch erfasst und indexiert werden, fügte man sowohl den Produktnamen der Droge als auch ihre chemische Bezeichnung ein. So effektiv waren die Google-Roboter noch nie auf das Auffinden und Apportieren einer im Internet angebotenen Designerdroge abgerichtet worden. Zugegeben, damals waren noch nicht viele Leute aus der Branche auf die Idee gekommen, mit so perfider Dreistigkeit vorzugehen. Das hat sich seitdem geändert.

Kaum standen die Tripberichte von GZero im Netz, behaupteten Dutzende verschiedene europäische Hersteller, den Stoff erfolgreich hergestellt zu haben. Auch mehrere chinesische Hersteller behaupteten, sie hätten ihn produziert, brachten fingierte Belege in Umlauf und schickten dann Dutzende Kilogramm gefälschter Chemikalien an Händler in ganz Europa. Die Händler wiederum verkauften diese Chemikalien ungeprüft an die Kunden weiter; Dutzende Konsumenten erkrankten, und mindestens ein Mann erlitt einen Krampfanfall. Doch innerhalb weniger Monate hatte auch eine große Zahl von Händlern angefangen, echtes 6-APB an ihre glücklichen Kunden zu verkaufen. Eine ganze Zeitlang blieb die Substanz in den USA und den meisten Ländern Europas eine legale und häufig konsumierte Droge. Erst im Sommer des Jahres 2013 wurde sie sowohl in Großbritannien als auch in Deutschland verboten.

Mit atemberaubender Geschwindigkeit kamen in den folgenden zwei Jahren Hunderte neuer Stoffe auf den Markt, die hauptsächlich über die von England aus betriebenen Websites verkauft wurden, die auch bereits das Geschäft mit dem Mephedron in Gang gebracht hatten. Das ohnehin schon unübersichtliche Angebot an Research Chemicals und Legal Highs splitterte sich durch die gierige Suche der Händler nach immer neuen legalen Stoffen noch weiter auf. Statt zwei solcher Substanzen hatten die einschlägigen Websites plötzlich mehrere Dutzend davon im Sortiment – oder gaben das zumindest vor. Für sämtliche Drogen, die unter das 2010 erlassene Gesetz gegen Cathinone und JWH-Varianten fielen, fanden sich rasch Ersatzstoffe. Das synthetische Marihuana-Imitat JWH-018 wurde durch AM-2201 und AM-2203 ersetzt – zwei gänzlich unerprobte Stoffe, die noch stärker waren als ihr Vorgänger. Das Ganze glich einer chemischen Reise nach Jerusalem. In jenem

Jahr kam auch Camfetamin heraus, eine legale Analogsubstanz zu dem verbotenen Appetitzügler Fencamfamin, rasch gefolgt von Methiopropamin, einer Analogdroge zu Crystal Meth. Als Nächstes war Ethylphenidat dran, ein legales Analog des ADHS-Medikaments Ritalin. Die Händler durchforsteten auch Shulgins alte Stoffsammlungen *PIHKAL* und *TIHKAL* ein weiteres Mal nach verwertbaren Substanzen und schafften es tatsächlich, ein oder zwei Kuriositäten zu finden, die noch nicht verboten worden waren. Bald darauf gelangten Dissoziativa in den Onlineverkauf, also Drogen, die zur gleichen Familie gehören wie Ketamin und das als Angel Dust bekannte PCP. Mit Methoxetamin erschien dann auch bereits die nächste Erfolgsdroge auf dem Plan, zu der 2010 der erste Tripbericht eingestellt wurde.

Ketamin (auch als »K« bekannt) wird in der Humanmedizin als Allgemeinanästhetikum verwendet. Ein Vorteil des Mittels besteht darin, dass es anders als andere Anästhetika kaum atemdepressiv wirkt, weshalb es besonders bei der Notfallversorgung im Straßenverkehr oder auf dem Schlachtfeld eine Rolle spielt, bei der die Patienten nicht mit künstlichem Sauerstoff versorgt werden können. Ketamin ist außerdem das einzige Anästhetikum, das schmerzlindernd und schlaffördernd wirkt. Es wurde auch bereits von neugierigen Drogenkonsumenten ausprobiert, die sich ursprünglich vielleicht von den Experimenten inspirieren ließen, die der amerikanische Neurologe und Universalgelehrte John Lilly in den 1960ern mit der Substanz durchgeführt hat. Dieser kombinierte die Einnahme oft mit einem Aufenthalt in einem mit Salzwasser gefüllten Isolationstank, in dem er in vollkommener Dunkelheit und Stille versuchte, die Grenzen des menschlichen Bewusstseins zu erkunden – und sich gleichzeitig von seinen lebenslangen Migräneanfällen zu erholen. (Lilly war auch von der Verständigung zwischen Menschen und Delfinen und der Suche nach außerirdischem Leben fasziniert und stellte später die verwirrte Behauptung auf, er könne mit einer extraterrestrischen Intelligenz kommunizieren, die Gut und Böse verkörpere. Die von ihm geschaffene kosmologische Lehre kreiste um ein für irdische Zufälle zuständiges Amt namens ECCO, was für Earth Coincidence Control Office stand.)

Ketamin ist wie gemacht für all jene, die sich in einen Zustand kompletter Besinnungslosigkeit versetzen wollen. Es tauchte Mitte der 1990er zum ersten Mal in der Drogenszene auf und wurde damals oft von Goa-Reisenden aus Indien eingeschmuggelt, wo es zu jener Zeit noch legal und leicht erhältlich war. Als Transportmittel dienten Einliterflaschen mit Rosenwasser, die in der Regel mit etwa 50 Gramm der Substanz versetzt waren. Der Preis für so eine Flasche lag bei 250 bis 700 Euro, womit sich die sorgenfreie Auszeit im fernen Indien in der Regel um mehrere Monate verlängern ließ. Von Mitte der 1990er bis 2010 herrschte in Europa an Ketamin kein Mangel, und der Preis lag oft nur bei 10 bis 20 Euro pro Gramm. Zuerst dröhnten sich die Leute bei Hausbesetzerpartys und Lagerhallenraves damit die Birne zu, und es wurde eher mit dem verlotterten Teil der Szene in Verbindung gebracht. Manche Clubgänger machten sich sogar über die Konsumenten von Ketamin lustig, was man gut verstehen kann, wenn man mal einen von ihnen über die Tanzfläche hat torkeln sehen, als sei er vorzeitig aus seiner OP-Betäubung erwacht.

Andere standen dem Konsum offener gegenüber, und in dem bekannten Berliner Technoclub Berghain entwickelte sich Mitte der 2000er sogar eine eigene Musikrichtung, die nach der Droge benannt war. »Ketamin House« wurde von DJs wie Ricardo Villalobos, Dominik Eulberg und Anders Trentemøller aufgelegt und versetzte die Raver laut dem amerikanischen Musikjournalisten Philip Shelburne in einen »psychotropen Zustand, in dem verschobene Sounds, hypnotische Wiederholungen und möbiusartige Musikschleifen dafür sorgten, dass Raum und Zeit sich aufzulösen begannen«.[11] Die Musik zur Droge schien gut zu einer Phase zu passen, in der sich Afterpartys wieder zunehmend über mehrere Tage spannten und das Zeitgefühl vieler Raver generell ziemlich dissoziativ wirkte. Was an dieser Art der musikunterlegten Vollnarkose so verlockend war, mag für viele ein Rätsel sein, doch auch heute noch gibt es Menschen, die sich ihr gern hingeben.

Laut einer auf Umfragen basierenden Schätzung, die vom britischen Innenministerium für das Haushaltsjahr 2010/11 herausgegeben wurde, haben mehr als 700 000 britische Bürger Ketamin schon einmal ausprobiert, wobei bei mehr als 200 000 von ihnen der Konsum weniger als ein Jahr zurücklag.[12] 2006 wurde Ketamin (das in Deutschland verschreibungspflichtig ist, aber nicht dem Betäubungsmittelgesetz unterliegt) in Großbritannien in die Liste kontrollierter Substanzen aufgenommen. Allerdings bewiesen die wissenschaftlichen Berater der Regierung diesmal wenig Weitsicht und versäumten, auch mögliche Varianten der Droge zu verbieten – das heißt Substanzen, bei denen das molekulare Grundgerüst von Ketamin mittels Ringsubstitution abgewandelt wurde. Das geschah keineswegs aus Nachlässigkeit; vielmehr existierte zu diesem Zeitpunkt einfach noch kein Beispiel für eine solche Variante. Und weil Ketamin weiterhin relativ leicht verfügbar blieb, gab sich auch niemand die Mühe, eine solche herzustellen. Anfang 2011 jedoch wurde die Substanz auch in Indien verboten, sodass aus der kleinen Trockenphase auf dem Ketaminmarkt bald eine ausgewachsene Dürre wurde, die ein volles Jahr anhielt und in der sich die Grammpreise von zehn auf 30 Euro verdreifachten.

Berichte über ein legales Ketaminanalog waren zum ersten Mal im Mai 2010 aufgetaucht. Die Droge wurde von Karl erfunden, einem im Verborgenen arbeitenden theoretischen Chemiker, für den die verworrenen Drogengesetze eine Art intellektuelle Herausforderung darstellen. Am 18. April 2012 traf ich mich mit ihm in einem ungemütlichen Pub im Norden Englands. Karl ist ein besessenes Genie, das zwar keiner geregelten Tätigkeit nachgeht, aber mehr über Drogen weiß als die meisten bezahlten Experten. Er hat einen Abschluss in Biochemie, ist seit jeher von veränderten Bewusstseinszuständen fasziniert und hat mehr Drogen aufgestöbert, designt, erdacht und konsumiert, als die meisten Politiker sich auch nur ansatzweise vorstellen können. Er ist persönlich für das Aufkommen von zwei der populärsten Drogen verantwortlich, die auf Mephedron, 6-APB und Methoxetamin gefolgt sind. Er kennt Dutzende mehr, die alle von den Drogenbestimmungen der meisten Länder nicht erfasst werden. Er hält den chemischen Aufbau der meisten dieser Substanzen allerdings vorerst geheim.

Der schüchtern und sanft wirkende Mann ist kein Dealer und kein Laborchemiker, und er verdient weder mit Designerdrogen sein Geld, noch möchte er das. Seine Arbeit spielt sich eher auf theoretischer Ebene ab und gleicht einem intellektuellen Unterfangen, das genauso viel mit Wissenschaft wie mit Hedonismus zu tun hat. Die Gesetze interessieren ihn dabei nur insoweit, als sie die Eckpunkte für seine chemischen Gedankenspiele abstecken. Karl behauptet, bei dem britischen Verbot von Mephedron und anderen substituierten Cathinonen seien viele mögliche Spielarten solcher Stoffe durchs Raster gefallen. »Sie glauben, sie hätten alle machbaren Strukturen verboten«, erklärte er mir, »aber das haben sie nicht.« In jedem der Sätze, die er als Nächstes sagte, kamen Strukturen vor, die mehrere Hunderttausend Euro, wenn nicht sogar mehr wert wären, wenn man sie vermarkten würde, und bei vielen davon ist das auch schon geschehen.

Seit er als Jugendlicher bei einer Explosion seine Hand verloren hat, wird Karl an der Stelle von einem Phantomschmerz geplagt, und aus der medizinischen Fachliteratur wusste er, dass Ketamin ihm Linderung verschaffen konnte. Allerdings empfand er gewisse Aspekte des von Ketamin herbeigeführten Zustands als traumatisch. Was zum Beispiel? »Dass man von Aliens entführt wird«, antwortet er trocken. Und es gab auch andere Probleme: Die Droge macht süchtig, und der bei der Verstoffwechslung entstehende Metabolit Norketamin kann den Harntrakt so schwer schädigen, dass manchen Konsumenten die Blase entfernt werden musste. Um das Jahr 2009 durchsuchte Karl die Fachliteratur nach einer Lösung und designte daraufhin Methoxetamin. »Ich stöberte in wissenschaftlichen Artikeln und fand heraus, dass sich die bizarreren Elemente eines K-Trips durch leichte Veränderungen am Ausgangsmolekül beseitigen ließen«, erklärte er. »Ich wollte etwas, das weniger verrückt war. Also erfand ich Methoxetamin. Es ist im Grunde Ketamin, hat aber anstatt einer 2-Chlor-Gruppe eine 3-Methoxy-Gruppe am Phenylring.« Die folgenden Abbildungen zeigen sowohl die neue Droge, die Karl für seine Zwecke erfand, als auch das Ketaminmolekül, auf dem sie basierte:

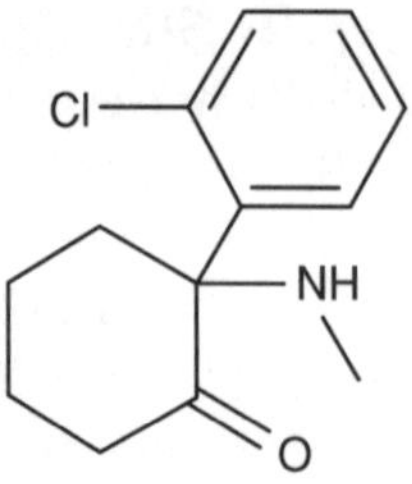

Ketamin

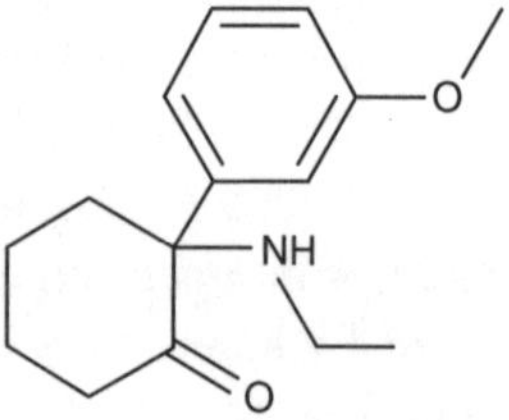

Methoxetamin

Methoxetamin entkoppelte Geist und Körper auf genauso effektive Weise wie die Ausgangsverbindung und war legal. Anfangs wurde es für etwa 80 Euro pro Gramm im Internet verkauft, doch es wirkte ab einer viel niedrigeren Dosis als Ketamin. Ein Gramm Methoxetamin genügte, um etwa hundert Leute high zu machen. Innerhalb weniger Monate fiel der Preis, sodass das Preis-Leistungs-Verhältnis noch besser wurde. Die Reaktion im Internet fiel prompt und positiv aus.

Bald gab es Dutzende von Websites, die die Substanz anboten (manche von ihnen ganz unverhohlen als »Ks Schwester«), und eine E-Mail genügte, um für etwa 8000 Euro ein ganzes Kilo der Droge in einem chinesischen Chemielabor herstellen zu lassen. Wie schon beim Geschäft mit Mephedron nahmen auch jetzt manche der Händler Googles kostenpflichtigen AdWords-Service in Anspruch, damit bei Suchen nach »Legal Highs«, »Methoxetamin« oder dem chemischen Namen der Verbindung bezahlte Links zu ihren Websites eingeblendet wurden, wodurch Google einmal mehr Gewinn aus dem Handel mit halblegalen Drogen schlagen konnte.

Methoxetamin verkaufte sich schnell und gewann rasch Tausende von Konsumenten, von denen manche nur von der Legalität des Stoffes angelockt wurden, andere an jeder Art von neuem Drogenerlebnis interessiert waren und wieder andere nach einem Ersatz für Ketamin suchten. Bei der *Mixmag*-Umfrage von 2011 kam heraus, dass fast fünf Prozent der 7000 Teilnehmer Methoxetamin schon einmal ausprobiert hatten, was die Zeitschrift dazu veranlasste, in ihrer Januarausgabe ausführlich über die Gefahren – und Freuden – der Droge zu berichten.[13] 350 Konsumenten mögen nicht nach viel klingen, allerdings sollte man sich die Zahl der Personen vor Augen halten, die bei der Operation Ismene, dem britischen Gegenstück zu Operation Web Tryp, verhaftet wurden: nicht mehr als 22. Außerdem bezog sich die Frage der Zeitschrift nur auf eine einzige Droge, die dazu noch ziemlich ungewöhnlich und skurril war, weil Dissoziativa für gewöhnlich nur von einem ziemlich kleinen Teil der Drogenszene konsumiert werden. Nimmt man die Umfrage als Maßstab, war der Markt für extrem obskure Research Chemicals innerhalb von nur einem Jahrzehnt um das Fünfzehnfache gewachsen.

Aber diese Zahlen vermitteln nur ein unvollständiges Bild. Durch Gespräche mit Laboren, die Großbritannien beliefern, konnte ich herausfinden, dass dort zwischen 2010 und 2012 mehrere Hundert Kilo Methoxetamin eingeführt worden sind. In jedem Gramm stecken 100, in jedem Kilo 100 000 wirksame Dosen, auch wenn diese nicht immer so klein wie anfangs bleiben – der Toleranzeffekt führt dazu, dass manche Konsumenten irgendwann sehr große Mengen der Substanz zu sich nehmen müssen, bevor sie etwas spüren. Es gibt nicht viele systematische Untersuchungen zu der Droge und als Anhaltspunkte können höchstens einzelne Erfahrungsberichte dienen, doch zwischen 2010 und 2012 übte sie auf junge Menschen, die weder über das nötige Kleingeld noch die nötigen Kontakte für andere Drogen verfügten, aufgrund ihrer Stärke und Legalität zweifellos eine extrem hohe Anziehungskraft aus. Wie eigentlich immer, wenn es um den Konsum von Dissoziativa geht, waren die Schilderungen der Konsumenten ziemlich bizarr – so berichteten zum Beispiel jene aus dem Artikel in *Mixmag* davon, wie sie sich für Schneemänner in einem Kate-Bush-Video hielten oder glaubten, sich an Bord eines typischen englischen Kanalboots zu befinden, obwohl sie sich in Wirklichkeit im Shacklewell Arms aufhielten, einem schmuddeligen Hipsterpub in East London.

Am Morgen des 28. März 2012 erklärte die britische Regierung, dass Methoxetamin mithilfe des neuen gesetzlichen Instruments der Temporary Class Drug Order (TCDO) vorläufig in die Liste kontrollierter Substanzen aufgenommen werden sollte. Der ACMD hatte von der Substanz Wind bekommen und die Regierung auf die neue Gefahr hingewiesen. Zwar war es der Droge nicht gelungen, die Fantasie der Zeitungsredakteure auf die gleiche Weise zu beflügeln wie damals Mephedron, was vor allem daran lag, dass sie nie so stark verbreitet war. Doch hatte es eine Reihe von Todesfällen im Zusammenhang mit Methoxetamin gegeben, auf die im nächsten Kapitel näher eingegangen wird. Die Webhändler begannen, ihre Lagerbestände zu einem Preis von 5500 Euro pro Kilo zu verkaufen – ein Abschlag von knapp 80000 Euro auf die Summe, die in den Anfangstagen mit einem Kilo der Substanz erwirtschaftet werden konnte, jedoch immer noch ein einträgliches Geschäft, wenn man von den 3500 Euro ausgeht, auf die der Kilopreis inzwischen im Großhandel gesunken war. Nur eine Stunde nach der offiziellen Ankündigung des Verbots war die Chemikalie aus dem Angebot der Websites verschwunden.

Doch die Gesetzgeber versäumten erneut, sich die Struktur der Droge anzusehen und das volle Potenzial der chemischen Familie zu begreifen, zu der die neue Verbindung gehörte. Das vorläufige Verbot gegen Methoxetamin enthielt keine der mehr als 50 möglichen psychoaktiven Abwandlungen des Arylcyclohexylamin-Gerüsts. Noch am Tag des Verbots begannen Websites, die mit Tiletamin und 4-MeO-PCP zwei weitere Ketaminanaloge aus der PCP-Familie anboten, sich einen Weg an die Spitze der Google-Ranglisten zu bahnen, indem sie das Schlagwort »Methoxetamin« in ihre Seitenbeschreibung aufnahmen und so ihr Onlineangebot für die Suche optimierten. Ende 2012 tauchte ein weiteres dissoziatives

Ketaminsubstitut namens N-Ethyl-Ketamin auf Dutzenden der Seiten auf.

Als der ACMD im Oktober 2012 seine abschließende Bewertung von Methoxetamin einreichte, riet das Gremium der Regierung, die Droge komplett zu verbieten, da ihr Schadensprofil dem von Ketamin so sehr ähnelte (auch in Deutschland wurde die Analogsubstanz im Juli 2013 ins Betäubungsmittelgesetz aufgenommen). Ebenso empfahl der Drogenrat, dass viele andere spezifisch genannte Ketaminderivate für illegal erklärt werden sollten – wobei allerdings nicht alle Spielarten des Grundstoffes berücksichtigt wurden. Ketamin und seine Derivate, zu denen auch Methoxetamin gehört, sind allesamt suchterzeugend oder führen zumindest zu Gewöhnungs- und Toleranzeffekten, das heißt bei regelmäßigem Gebrauch müssen sie in zunehmend größeren Mengen konsumiert werden, damit die gleiche Wirkung erzielt wird. Außerdem beeinträchtigen sie das Kurzzeitgedächtnis, und wie oben bereits erwähnt, kann es durch den Ketaminmetaboliten Norketamin zu schweren Schädigungen des Harntrakts kommen. Karl hatte Methoxetamin unter anderem erfunden, um die körperlichen Risiken zu verringern, die mit dem Konsum von Ketamin einhergehen. Die Ergebnisse des ACMD deuten jedoch darauf hin, dass er in diesem Punkt versagt hat.

Ungefähr zu der Zeit, als Mephedron im Jahre 2008 zum ersten Mal auf der Bildfläche erschien, fing ich an, die chemische Untergrundszene genauer unter die Lupe zu nehmen. Besonders eine Website schien auf geradezu symbolhafte Weise dafür zu stehen, wie das Geschäft mit den neuen Drogen funktionierte. Bis zum September des Jahres 2010 wurde über diese Seite praktisch unaufhörlich im Internet geredet, wobei die Kunden nicht nur von der Qualität der dort erhältlichen Stoffe schwärmten, sondern auch von dem großen Sortiment, dem Erfindungsreichtum und dem unschlagbaren Kundenservice des Anbieters. Im September 2010 wurde die Seite dann plötzlich ohne Vorwarnung geschlossen und hinterließ eine lukrative Lücke im Markt, die andere Anbieter im Laufe der folgenden Jahre mit großem Eifer auszufüllen versuchten. Es hatte sich um den größten Einzelhändler für Research Chemicals gehandelt, den das Internet je gesehen hatte. Die Größe dieses einen Unternehmens – das in den zwei Jahren vor Beendigung seiner Geschäftstätigkeit jeweils auf einen Umsatz von etwa zehn Millionen Dollar gekommen war – ist ein guter Indikator für die Größe des gesamten Marktes, der seither nur noch weiter gewachsen ist.

2011 stieß ich auf eine neue Website, deren Name eine gewisse Ähnlichkeit mit dem der geschlossenen Seite hatte, und die Vermutung, dass der frühere Betreiber sich aus dem Einzelhandel zurückgezogen hatte und stattdessen nun im Großhandel tätig war, entpuppte sich als richtig. Für die Zwecke dieses Buches wollen wir ihn Matthew nennen. Matthew und ich haben mehrere E-Mails ausgetauscht, lange, nachdenkliche Schreiben, die mir viele wertvolle Details und Einsichten in die Branche geliefert haben.

Laut Matthew schickte sein Unternehmen, dessen Abwicklungszentrum in Taiwan lag, auf dem Höhepunkt seiner Geschäftstätigkeit etwa 100 Lieferungen pro Tag in die ganze Welt hinaus. Die Stoffe wurden in Standardumschlägen versendet, die oft mit Hello-Kitty-Aufklebern verziert waren, damit sie aussahen wie Geburtstagskarten oder Liebesbriefe. In Wirklichkeit enthielten sie jedoch Research Chemicals wie 2C-P, 2C-E, 2C-I (Shulgins psychedelische Phenethylamine aus *PIHKAL*), 4-AcO-DMT (eine aus *TIHKAL* stammende Droge mit ähnlicher Wirkung wie Magic Mushrooms) oder irgendeinen anderen potenten synthetischen Stoff. Matthews Geschäft verfügte über ein so umfangreiches Lager und wurde so gut geführt, dass es den Spitznamen »Wal-Mart« verliehen bekam.

»Ich hatte regulär angestellte Mitarbeiter [in Taiwan], die das Produkt wogen und abpackten, und andere, die es dann in die Umschläge steckten. Das geschah alles in Handarbeit. Damit keine Fehler passierten, haben wir ziemlich strenge Qualitätskontrollen durchgeführt. Am Back-End habe ich eine spezielle gesicherte Datenbank zur Verwaltung der Lagerbestände und der Kundendaten aufgebaut«, erzählte er.

Matthew war früh in den riesigen Mephedronmarkt eingestiegen. Von Anfang an richtete er ein besonderes Augenmerk auf die Qualität seiner Produkte. »In der Frühphase war sämtliches Mephedron, das man bekommen konnte, schlecht synthetisiert und roch schrecklich nach Krebsen, weil die Nachfrage so hoch war und die chinesischen Labore es so schnell produzierten, dass sie nicht jeden Schritt komplett ausführten oder es nicht richtig trocknen ließen, bevor sie es verpackten und verschickten. Ich habe mich mit meinen Laboren wegen dieses Themas oft in die Haare gekriegt und habe mehrere Labore ausprobiert, bis ich eins gefunden hatte, das mir ein Produkt mit gleichbleibend guter Qualität liefern konnte. Zu diesem Zeitpunkt war [Mephedron] in Großbritannien jedoch bereits verboten worden, und das Handelsvolumen begann abzunehmen.«

Matthew sagt, er spreche halbwegs gut Mandarin, weil er zuvor zehn Jahre lang in China gelebt und gearbeitet hatte. Mit den chinesischen Laboren arbeitete er zusammen, obwohl er wusste, dass viele von ihnen nicht über die nötigen pharmazeutischen Fachkenntnisse verfügten, um die Drogen so herzustellen, wie er und seine Kunden sie haben wollten. »Wenn man sonst nur Melamin oder irgendeine andere Industriechemikalie herstellt, muss man über pharmazeutische Standards nicht Bescheid wissen, geschweige denn sie einhalten. Natürlich wusste ich, dass die Leute dieses Zeug nicht wirklich zum Düngen ihrer Pflanzen verwendeten, daher war das Thema für mich wichtig. Ich war in einem Labor, in dem herrschte ein solcher Gestank und Schmutz, dass ich beinah kotzen musste, als ich hereinkam. Nachdem ich die Zustände dort mit eigenen Augen gesehen hatte, habe ich die Zusammenarbeit mit dem Labor sofort beendet.«

Die Geschäfte liefen gut. Die Firma verschickte 700 Bestellungen pro Woche, die im Durchschnitt jeweils drei verschiedene Produkte enthielten – das bedeutet, sie wickelte im Jahr 100 000 einzelne Bestellungen ab, und insgesamt war sie mehr als drei Jahre lang in Betrieb. Viele der Drogen, die Matthew verkaufte, waren bereits im einstelligen Grammbereich wirksam – was heißt, dass allein sein Unternehmen jedes Jahr mehrere zehn Millionen Einzeldosen chemischer Drogen versendete. Der Handel mit den Research Chemicals war nun ein weitverbreitetes, weltweites Phänomen, bei dem die Profite noch irrer waren als die Drogen, die man kaufen konnte. »Wir lieferten mehr oder weniger an jeden Ort der Welt. Der Gewinnaufschlag lag für gewöhnlich bei 3000 bis 4000 Prozent. Das Unternehmen warf aus dem Stand mehrere Millionen Dollar Gewinn pro Jahr ab. Es wurde sehr schnell erfolgreich. Die meiste Zeit war die Website sogar für neue Kunden geschlossen, weil wir keine weiteren Lieferungen bewältigen konnten. Das Hauptgeschäft machten wir mit Stammkunden. Wären wir in der Lage gewesen, noch mehr Kunden zu bedienen, hätten wir die Umsatzzahlen mühelos verdoppeln können.«

Der Internetprofi führt den Erfolg seines Unternehmens auf die beruflichen Erfahrungen zurück, die er zuvor in der Betreuung von Versandkunden, der Internetvermarktung und dem Programmieren von Websites gesammelt hatte. Bevor er seine Seite eröffnete, waren die Online-Drogenhändler nur per E-Mail zu erreichen gewesen oder hatten ihre Waren auf primitiven kostenlosen Websites angeboten. »Ich führte den ›Einkaufswagen‹ in den Onlineverkauf von Research Chemicals ein«, sagt er. »Ich besorgte mir eine freie Verkaufssoftware als Grundlage und programmierte dann eigenhändig die Schnittstellen für die Zahlungsabwicklung und andere Kundenfunktionen der Webseite. Jetzt brauchte man nur wenige Minuten, um seine Bestellung aufzugeben und zu bezahlen (mit AlertPay), und wurde dann automatisch per E-Mail über den Status auf dem Laufenden gehalten.« So setzte Matthews Seite den technischen Standard für jene, die folgen sollten.

Dank des Netzes konnte Matthew sein Unternehmen aus der Ferne leiten, und oft ließ er es einfach von selbst laufen. »Als ich die Lieferungen nicht mehr selbst bewältigen konnte (was ziemlich schnell passierte), baute ich ein Abwicklungs- und Logistikzentrum im Ausland auf«, erzählt er. »Das Abwicklungszentrum lag in Taiwan, die Labore in zwei oder drei anderen Ländern, und ich hielt mich in einem weiteren Land auf und reiste aus verschiedenen Gründen oft in der Weltgeschichte herum, trotzdem war jeder miteinander verbunden und häufig konnte man zwei Stunden nach einer Bestellung schon sehen, dass sie verschickt worden war.«

Da es ihm sehr schnell gelang, einen großen und breit gefächerten Warenbestand aufzubauen, belieferte er auch andere Händler auf der ganzen Welt. Schließlich hatte er mehr als 20 verschiedene

Produkte im Sortiment, von denen die überwiegende Zahl den meisten Regierungen und Zollbehörden der Welt gänzlich unbekannt waren – zu denen man jedoch unzählige Threads in den einschlägigen Drogenforen finden konnte. Nur zehn Jahre zuvor hatte sich für die meisten Konsumenten die Auswahl an erhältlichen Drogen noch auf Heroin, Kokain, LSD, Marihuana oder Haschisch, Amphetamine und Ecstasy beschränkt. Nun hatte Matthew fünf verschiedene synthetische Cannabinoide, ein Heroinanalog, mehrere Halluzinogene, drei oder vier Drogen, die Kokain ähnelten, sowie vieles mehr im Angebot.

Er war einer der ersten Twitternutzer und verwendete die Mikrobloggingplattform, um Kunden über Sonderangebote, Rabatte und andere Verkaufsaktionen zu informieren. Früher als die meisten anderen Onlinehändler, nicht nur in der Drogenbranche, setzte er außerdem bei der Vermarktung QR-Codes ein – jene einscannbaren, beinah bitmapartigen schwarz-weißen Icons, über die die Kunden dann zu geheimen Adressen auf seiner Website gelangen konnten, wo ebenfalls besondere Preisnachlässe auf sie warteten. Während der Arbeit blieb er nüchtern und sorgte dafür, dass das bei seinen Mitarbeitern nicht anders war. Auf die Frage, wie es mit seinem Drogenkonsum außerhalb der Arbeitszeit aussieht, möchte er nicht näher eingehen.

Matthews Meinung nach war es die Bereitschaft des Bezahldienstes AlertPay, Kreditkartenzahlungen für die neuen Drogen abzuwickeln, die das große Geschäft damit erst möglich machte. »Wenn mich jemand fragt, wodurch die RC-Revolution von 2008 bis heute möglich wurde, dann lautet meine Antwort AlertPay«, sagt er. »Die haben mehr oder weniger bewusst weggeschaut, was diese Überweisungen angeht. Bei AlertPay gab es eine Liste mit verbotenen Produkten, die das Unternehmen auch heute noch führt, aber das war eine total wahllose Aufstellung, ohne Bezug zu irgendwelchen Gesetzen, und da kein globales Abkommen zu diesen Stoffen existiert, hätte es sowieso keinen Unterschied gemacht. Ohne AlertPay wäre das RC-Geschäft nie und nimmer so erfolgreich geworden. [AlertPay] hat durch den RC-Handel Millionen verdient.«

Nachdem es 2009 im House of Commons eine Anfrage zu der

Firma gegeben hatte, beendete AlertPay seine geschäftlichen Beziehungen zu gewissen Websites. Die Familie von Max Llewellyn, einem 18-Jährigen aus Wales, der nach einem Mephedronrausch depressiv geworden war und sich erhängt hatte, sprach im März 2010 mit AlertPay und bat das Unternehmen, keine Zahlungen mehr abzuwickeln, die an Mephedronhändler gingen. Elsworth Weekes, die damalige Geschäftsführerin der Firma, beharrte darauf, dass ihr Unternehmen den Missbrauch von Mephedron, das zu jener Zeit noch legal war, nicht unterstütze. »Sollte die britische Regierung etwas beschließen, das Einfluss auf den gesetzlichen Status von Mephedron hat, wird AlertPay die geeigneten Maßnahmen ergreifen, um sicherzustellen, dass bei seinen Dienstleistungen die Handelsgesetze weiterhin zu hundert Prozent eingehalten werden«, sagte sie einer walisischen Lokalzeitung.[14]

Im Mai 2012 hat sich AlertPay in die Firma Payza verwandelt und behauptet nun, das Unternehmen akzeptiere keine Zahlungen für »Drogen und Drogenzubehör (einschließlich, aber nicht beschränkt auf Research Chemicals und illegale Kräutermischungen)«. Heute wickelt die National Westminster Bank den Zahlungsverkehr der größten britischen Verkaufsseite für Research Chemicals ab, während PayPal, der beliebteste Bezahldienst im Internet, den Verkauf von Research Chemicals über seine Website nicht duldet und Guthaben von den Verkäufern, die sich nicht an die Regeln halten, dauerhaft einzieht. Manche der heutigen Websites umgehen das Problem, indem sie einfach mehrere Konten benutzen. Aber die Tatsache, dass PayPal über adäquate Mittel verfügt, um den Verkauf solcher Stoffe über seine Plattform zu verhindern, zeigt, dass es mit ein bisschen gutem Willen und der gebotenen Wachsamkeit durchaus möglich ist.

Matthew sagt, er habe sich 24 Stunden am Tag aus der Ferne darum gekümmert, dass auf der Seite alles glattlief. »Ich habe mein Unternehmen wie ein Profi geführt, nicht wie ein zwielichtiger Krimineller. Außerdem konnte man sich auf mich verlassen, und ich war ehrlich, was vielleicht genau das Gegenteil von dem war, was die Leute gewohnt waren. Jeder hätte tun können, was ich getan habe, nur war ich zufällig der Erste, und zu einem gewissen Grad habe ich davon wohl profitiert.« Geld sei nie sein Antrieb gewesen; vielmehr habe er sich als eine Art chemischer Apostel gesehen. »Eigentlich wollte ich dieses Zeug einfach nur mit der Welt teilen, aber dann hat das Ganze schnell ein Eigenleben entwickelt. Im Grunde war es nur ein Hobby, das mir dann auch schließlich irgendwann langweilig wurde. Vielleicht hilft das ein bisschen zu verstehen, warum ich den Laden von heute auf morgen einfach so dichtgemacht habe, obwohl wir uns gerade auf dem Höhepunkt unseres geschäftlichen Erfolges befanden. Wie sich herausstellte, habe ich wohl zum richtigen Zeitpunkt aufgehört, denn schon bald nach unserem Verschwinden hat sich die RC-Industrie zum Schlechteren entwickelt.«

In den Jahren nach dem Mephedronverbot wurde für jedes Forum, das sich neu gründete, ein anderes geschlossen oder umbenannt, weil die Teilnehmer sich untereinander verstritten oder es aufgekauft wurde, was kennzeichnend für den ständigen Wandel war, in dem sich die Welt der neuen Drogen befand. Auf einer Seite namens legalhighguides.com tummelten sich von Inhalt, Ton und Sprache her zu urteilen hauptsächlich amerikanische Teenager. Auf der Seite herrschte extrem reger Betrieb, und täglich kamen dort Tausende von Nutzern zusammen, die Hunderte von Threads posteten. Zu der Seite gehörte auch eine beliebte »Tauschbörse«, über die man Drogen tauschen oder verkaufen konnte. Es dauerte nicht lange, bis es in dieser Börse vor Händlern, chinesischen Laboren und anderen Anbietern neuer Drogen wimmelte. Das Forum war öffentlich und global zugänglich und wurde bald von Dealern gesponsert, die Anzeigen schalteten und im Gegenzug kostenlose Proben ihrer Drogen verteilten. Von Shulgins Chemikalien bis hin zu synthetischen Cannabinoiden konnte man auf der Seite alles bekommen, dazu noch eine breite Auswahl anderer Stoffe, und ob das Ganze legal war, scherte niemanden.

Kurz nachdem ein Dealer Dutzende von Nutzern um Tausende von Dollars betrogen hatte, ging die Seite außer Betrieb, und bald darauf wurde eine ähnliche Seite namens The Euphoric Knowledge gegründet. Sie wurde von einem Server in den Niederlanden aus gehostet, und es dauerte nicht lange, bis auch darauf wieder zahlreiche Gruppeneinkäufe, Tauschgeschäfte und Verkäufe verabredet wurden. Die Seite wurden hauptsächlich von jungen Männern genutzt, die mit einer begeisterten Unverfrorenheit Designerdrogen untereinander verkauften, die nur von ihrem Leichtsinn übertroffen wurde. Diese unbekümmerten Vertreter der Generation Facebook, die so sehr daran gewöhnt waren, offen und wahllos Informationen auszutauschen und in ihrer reibungsfreien Welt sowohl flüchtigen Bekannten als auch mithörenden Adservern noch die privatesten Details anzuvertrauen, ließen sich von der Untätigkeit, in der die US-Behörden seit der Jahre zurückliegenden Operation Web Tryp verharrt waren, in falscher Sicherheit wiegen – den unwahrscheinlichen Fall vorausgesetzt, dass sie überhaupt je von dieser Operation gehört hatten.

Ein so argloser Umgang mit dem Thema ist nicht selten und nicht auf einschlägige Drogenwebsites beschränkt. Auf der deutschen Plattform gutefrage.net etwa erkundigte sich ein Nutzer im September 2011: »Wo kauft ihr Research Chemicals wie JWH-210 oder AM-2210?«, und erklärte genauer: »Ich suche einen Shop für oben genannte Chemikalien, der auch Banküberweisungen annimmt. Nach DE versendet. Und bei safeorscam.com ein gutes Rating hat!« Er bekam zehn Antworten, samt Warnungen vor schlechten Shops und dem Hinweis, dass die von ihm gesuchten synthetischen Cannabinoide längst verboten sind. Doch er bekam auch drei Shops empfohlen, über die er die verbotenen Substanzen beziehen konnte – und zumindest zwei von diesen waren zu der Zeit, als dieses Buch geschrieben wurde, noch in Betrieb.[15]

Dass diese Kommunikation ohne Weiteres einsehbar war, machte den Nutzern der Seite offenbar nichts aus. Gutefrage.net dient Ratsuchenden dazu, von anderen Nutzern persönliche Antworten auf individuelle Fragen zu erhalten. Anders als Websites wie land-der-traeume.de oder drogen.to handelt es sich dabei aber um eines der reichweitenstärksten Angebote im deutschen Netz, mit knapp 13 Millionen Usern. Schon lange wird dort allerdings nicht nur über Alltagsfragen und Kuchenrezepte diskutiert, sondern auch ganz unverhohlen über Drogen.

Doch auch die Behörden sind nicht vollkommen blind, weder in Deutschland noch anderswo, und wie die sorglosen Nutzer von

The Euphoric Knowledge glauben konnten, dass sie auf Dauer so weitermachen könnten, versteht man nicht. Für eine gewisse Zeit jedoch war die Seite eine der meistbesuchten Anlaufstellen der Szene, wo täglich Informationen und Angebote zu extrem seltenen und potenten Substanzen ausgetauscht wurden, die noch wenige Jahre zuvor höchstens ein paar Tausend Leute auf der Welt gekannt hatten. Unter den Nutzern waren Hunderte unterschiedliche Stoffe im Umlauf, und ihr Appetit auf Neues war beinahe unersättlich. Sie glaubten, selbst unter dem amerikanischen Analog Act könnten sie nicht wegen Substanzen verfolgt werden, die noch nicht ausdrücklich für illegal erklärt worden waren, und hofften, sich im Falle des Falles auf die übliche Verzehrwarnung berufen zu können. Sie eröffneten Tausende von Threads, in denen sie sich offen über die Kosten der groß angelegten Ein- und Ausfuhr von Chemikalien austauschten, die die meisten amerikanischen Richter auf der Stelle als illegale Analoge von verbotenen Substanzen eingestuft hätten. Es war nur eine Frage der Zeit, bis die Party ein Ende hatte.

Am 10. April 2012 wurde Justin Steven Scroggins, der unter dem Kürzel w00t auftretende Gründer der Seite, verhaftet. Verdeckte Ermittler des FBI hatten die Seite unterwandert – was aufgrund der jedem offen stehenden Registrierung nicht schwer gewesen war – und Scroggins' Telefonate mit einem chinesischen Labor in der Provinz Jiangsu abgehört, das auch heute noch in Betrieb ist. Zum Zeitpunkt der Ermittlungen stellte das Labor 17 Produkte her, bei denen es sich laut der damaligen Anklage ausnahmslos um Analoge zu Substanzen handelte, die im Anhang I des amerikanischen Controlled Substances Act aufgeführt wurden. Scroggins wurde angeklagt, eine kaum mehr als zwei Kilo große Menge an Cathinonen eingeführt zu haben, von denen damals keines ausdrücklich verboten war, die jedoch sämtlich als Analoge zu Methcathinon und anderen verbotenen Substanzen eingestuft wurden. Er bekannte sich schuldig und musste mit einer empfindlichen Strafe rechnen.

Der Handel mit Research Chemicals wird heute über Tausende von Websites abgewickelt, die Hunderte verschiedene Stoffe an eine unbekannte Zahl von Konsumenten verkaufen. Die Betreiber sind ein bunter Haufen, dem paranoide US-Teenager und idealistische Spanier ebenso angehören wie verschiedene chinesische Labore, die inzwischen ihre eigenen Verkaufsseiten aufgebaut haben und mit Freuden jedem ihre potenten weißen Pülverchen schicken, der eine Zahlungsanweisung bei Western Union ausfüllen kann. Die unklaren Grenzen zwischen Legal Highs, Research Chemicals und illegalen Drogen machen die ohnehin schon labyrinthische legale und chemische Situation noch unübersichtlicher, und stellen Gesetzgeber, Konsumenten und Vollzugsbehörden im Grunde alle vor das gleiche Dilemma.

Wie leicht ist es, die Drogengesetze in ihrer jetzigen Form zu umgehen? »Es ist einfach, lächerlich einfach«, sagte mir Karl, der Erfinder von Methoxetamin, bei unserem Treffen. Kann er mir ein Kokainanalog nennen, das derzeit nicht von den Gesetzen erfasst wird? Sofort antwortet er mit einer chemischen Bezeichnung und der dazugehörigen Formel. »Es ist genauso potent wie normales Kokain. Es hat die gleichen Bindungsaffinitäten an den Rezeptoren und hemmt auch die Wiederaufnahme wie Kokain.« Hat er es probiert? Ein Nicken. »Das einzige Problem bei dieser Verbindung ist, dass man als Ausgangsstoff Ecgonin braucht, und das ist eine kontrollierte Substanz«, sagt er. »Aber jemand könnte einen Syntheseweg finden, um das herzustellen. Da spricht nichts dagegen.«

Wie ist es mit einem legalen Heroinanalog? »Da gibt es Dutzende.«

Auch Karl hat die Werke Alexander Shulgins gelesen und sich Methoden ausgedacht, wie man aus den inzwischen verbotenen Verbindungen wieder legale Substanzen machen könnte. Er rattert eine Reihe vielsilbiger chemischer Fachausdrücke herunter, die nur einem ausgebildeten Chemiker wirklich etwas sagen. »Bei einigen davon könnte man den Methylendioxyring mit einer geraden Drei-Kohlenstoff-Brücke ersetzen – statt der Anordnung Sauerstoff-Kohlenstoff-Sauerstoff könnten dort drei Kohlenstoffatome sitzen«, erklärt er. »Wenn man bei manchen der Substanzen in *PIHKAL* die Methylendioxygruppe durch eine Trimethylengruppe ersetzen würde, würden sie aus dem Misuse of Drugs Act von 1971 herausfallen und wären trotzdem noch wirksam.«

Karl mag zu den extremsten Vertretern der neuen Untergrundszene gehören, trotzdem ist sein Beispiel lehrreich. Es gibt Dutzende wie ihn, die in den einschlägigen Foren Beiträge verfassen. Manche haben sich auf Heroin und Opiate spezialisiert, andere auf Stimulanzmittel. Für jede Gruppe von Drogen gibt es eine Handvoll Experten, die sich über Mittel und Wege austauschen, wie sich legale Versionen verbotener Substanzen herstellen lassen. Sie alle sind intelligent, gut ausgebildet und verfügen über die nötigen Kenntnisse und Kontakte, um innerhalb weniger Monate komplett neue Drogen herzustellen, und jeder kann ihre Postings mitverfolgen. Das Problem ist weniger, dass sie keine Achtung vor dem Gesetz hätten, sondern eher, dass sich auf nationaler Ebene nicht leicht Gesetze formulieren lassen, mit denen man ihren Einfallsreichtum zügeln kann, ohne gleichzeitig die legitime Forschung in Medizin und Industrie zu stark zu behindern.

Erweitert man den Blickwinkel auf die weitgehend unregulierte chinesische Chemiebranche und nimmt dann die dort herrschenden Drogengesetze in den Fokus, die denen der westlichen Länder um Jahrzehnte hinterherhinken, lässt sich die Lage nur noch extrem schwierig, wenn nicht unmöglich beherrschen.

Doch das Ganze ist nicht nur ein Problem der Gesetze und wie sie sich durchsetzen lassen. Die noch wichtigere Frage ist die der Sicherheit, und trotz der professionellen Standards, die Leute wie Matthew ihren eigenen Angaben zufolge dort eingeführt haben, kann es in der Branche zu Unfällen kommen, und diese gibt es auch immer wieder. Wenn sie passieren, hat das ernste, wenn nicht sogar tödliche Folgen. Im Jahre 2010 bekamen neun von Matthews Kunden Päckchen zugestellt, die 2C-P enthielten – eine psychedelische Substanz aus Shulgins Labor, die ab einer Dosis von acht bis zwölf Milligramm wirksam ist. Der Beutel wurde jedoch versehentlich als Buphedron etikettiert, eine Mephedronspielart, bei der die übliche Dosierung bei 80 bis 100 Milligramm liegt. Mehrere der Kunden konsumierten die Substanz und dosierten sie viel zu hoch. Einer von ihnen sogar zwei Mal. Ihre Geschichten folgen im nächsten Kapitel.

Eine Website, die sich mit dem Problem von betrügerischen oder gefährlichen Händlern beschäftigt, ist SafeOrScam.com. Die unter dem Kürzel SOS bekannte Seite ist keine Plattform, über die man Research Chemicals oder herkömmliche Drogen beziehen kann, und genauso wenig kann man dort Drogen verkaufen oder auch nur über sie reden. SOS ist eine Seite zur Bewertung von Online-Drogenhändlern, über die man erfahren kann, ob eine Verkaufsseite, deren Namen man bereits kennen muss, von anderen als sicher und vertrauenswürdig, also »safe« eingestuft wird oder ob es sich dabei um einen »scam«, also einen Schwindel handelt. Die Seite veröffentlicht keine Listen, und ihre Datenbanken sind verschlüsselt, also lassen sich darüber keine neuen Händler ausfindig machen. Sie dient lediglich der Klärung folgender Fragen: Bekommt man von einem Händler auch tatsächlich das Produkt geliefert, das er auf seiner Seite anbietet, oder versucht er, einem einen gefährlichen Ersatzstoff unterzujubeln? Streicht er vielleicht einfach nur die Zahlung ein und schickt einem gar nichts? Und wurde die Seite möglicherweise von verdeckten Ermittlern der Polizei ins Internet gestellt? Auch dieser Dienst ist wieder nur durch die geordnete Zusammenarbeit vieler einzelner User möglich geworden und spiegelt einmal mehr die neue Vorrangstellung wider, die das Kollektiv gegenüber dem Individuum einnimmt.

Die Seite ist Teil des sogenannten Surface Webs, also der allgemein zugänglichen »Oberfläche« des Internets, und um seine extrem nützliche Grundfunktion zu nutzen, muss man sich nicht als Mitglied registrieren. Man gibt einfach die Adresse einer Website ein, dann wird das Ergebnis in Form von zwei Zahlen eingeblendet. Bei der einen handelt es sich um einen Wert zwischen eins und zehn, der anzeigt, wie lange es her ist, dass die Seite in der Datenbank zum ersten Mal angefragt wurde. Die andere Zahl gibt an, wie die Seite in den vorhergehenden 30 Tagen im Durchschnitt bewertet wurde, wobei die Gesamtzahl der Bewertungen ebenfalls aufgeführt wird. Wenn man sich durch die Bewertungen klickt, findet man außerdem Angaben zum Ruf, den der Bewerter selbst unter den Nutzern der Seite genießt, und kann so die Urteile besser einschätzen. Dieser Ruf, der als »Karma« bezeichnet wird, richtet sich nach der Zahl der nützlichen Bewertungen, die man bereits auf der Seite abgegeben hat, und er kann nicht nur mit der Zeit besser werden, sondern auch leiden, wenn man ungenaue oder unehrliche Angaben macht. Das System mag nicht vor absolut jeder Art von Betrug schützen, sorgt jedoch auf clevere Weise dafür, dass die Seite nicht mit versteckter Werbung und fingierten Bewertungen von skrupellosen Dealern überschwemmt wird. Diese Seite, die anzeigenfrei und einfach, aber brillant programmiert ist, hat so manchem Benutzer bereits das Leben gerettet.

Im Grunde stellt SOS nicht mehr als ein Netzwerk dar, eine Plattform zum Informationsaustausch und ein virtueller Treffpunkt für Menschen, die ihr Wissen teilen möchten, ohne dass es ihnen dabei um persönlichen Gewinn geht. Der Betreiber der Seite, ein amerikanischer Softwareprogrammierer, ist ein redegewandter und sehr rational und präzise denkender Verfechter des freien Austauschs von Informationen, besonders was Research Chemicals und andere Drogen betrifft. Es wird ungefähr 10 000-mal pro Tag auf die Seite zugegriffen, und die Threads zu jedem Eintrag bestehen im Durchschnitt aus etwa 150 Kommentaren. Laut dem Betreiber, der sich schlicht Admin nennt, ist die Zahl der auf der Seite eingestellten Kommentare im März 2010, also kurz vor dem Mephedronverbot, im Vergleich zum Vormonat um etwa 60 Prozent gestiegen (von 632 auf 1078) und hat sich bald darauf wieder auf normalem Niveau eingependelt. Das könnte darauf hindeuten, dass sich viele Konsumenten Vorräte anlegen wollten und herauszufinden versuchten, ob sie es auch mit seriösen Anbietern zu tun hatten. Durch das rasante Wachstum, das der Handel mit Research Chemicals im folgenden Jahr erlebte, habe sich auch die Zahl der auf der Seite hinterlassenen Bewertungen um das Fünffache gesteigert, berichtete mir der Betreiber.

Wie so viele Betreiber von drogenaffinen Websites beharrt auch Admin darauf, dass seine Seite weder zum Drogenkonsum ermuntere noch diesen ermögliche. Seine Ansichten lesen sich wie ein inoffizielles Manifest der Szene, deren Vertreter sich oft eher als Informationsaktivisten denn als Vorkämpfer einer generellen Drogenreform verstehen. Statt darauf zu warten, dass die Gesetze sich der wachsenden Zahl von Menschen anpassen, die der Meinung sind, dass Drogen legal und Informationen frei sein sollten, hat der Administrator von SOS schlicht die Mittel des Informationszeitalters genutzt, um Vorschriften zu umgehen, die noch aus der Zeit vor dem Internet stammen:

»Ich habe große Anstrengungen unternommen, um zu verhindern, dass auf der Seite nach Bezugsquellen für Drogen oder Research Chemicals gefragt wird oder diese weitergegeben werden. Vom philosophischen Standpunkt aus betrachtet habe ich nichts gegen die freie Verfügbarkeit solcher Quellen, aber vom praktischen, gesetzlichen Standpunkt aus gesehen ist es keine gute Idee, sie weiterzuverbreiten. Ich war schon immer von chemischen Stoffen und der Wirkung fasziniert, die sie auf den menschlichen Körper haben. Ich bin nicht der Meinung, dass es Aufgabe des Staates ist, jemanden dafür zu verurteilen, was er im privaten Bereich seines eigenen Zuhauses mit seinem Körper anstellt. Meiner Ansicht nach besteht die primäre Aufgabe des Staates darin, Gewalt zu verhindern. Sorgt das Verbot einer Substanz in jedem Fall dafür, dass Gewalt verhindert wird? Wenn es sich bei dieser Substanz um Sarin handelt, würde meine Antwort ja lauten. Wenn es um Marihuana geht? Ganz klar nein. Dasselbe gilt für Kokain, Heroin, 4-AcO-DMT, Mephedron, usw. Informationen sollten absolut und uneingeschränkt frei sein. Es sollte niemals illegal sein, Informationen zu empfangen. Es sollte niemals eine Straftat darstellen, Informationen weiterzugeben. Von diesen Grundsätzen bin ich zutiefst überzeugt, und ich bezweifle, dass ich jemals davon abkommen werde.

Die größte Veränderung innerhalb der Szene um die Research Chemicals besteht darin, dass die Menge der verfügbaren Informationen dramatisch zugenommen hat. Vor fünf Jahren konnte man an solche Informationen nur über zwielichtige Foren und Chatrooms gelangen, und sie stammten oft von Personen, deren Glaubwürdigkeit mehr als fraglich war. Heute kann man detaillierte Angaben zu Hunderten von Research Chemicals bei Wikipedia (und in den verlinkten Quellen) finden. Wenn SOS Menschen hilft, fundierte und erfolgreiche Entscheidungen zu treffen, dann bin ich unglaublich froh. Genau dafür ist die Seite da. Was sie nach dieser Entscheidung tun, geht mich nicht das Geringste an. Und es bereitet mir auch keine Sorgen.«

Auf der Plattform wurden bereits 13560 Händler bewertet, sie hat 3086 registrierte Benutzer, und auf ihren Seiten haben sich im Laufe der Zeit unzählige Kommentare gesammelt. Wenn man bedenkt, dass man eine Empfehlung braucht, um sämtliche Funktionen der Seite nutzen zu können, und nur vollwertige Mitglieder Kommentare unter den Bewertungen einstellen dürfen, dann erscheint der Gesprächsumfang noch höher. Auch die Theorie der Participation Inequality muss man mit in Rechnung stellen, die sogenannte Ein-Prozent-Regel, der zufolge es für jeden, der in einem Forum einen Kommentar einstellt, 99 andere gibt, die nur still mitlesen.

Ein Labor in Hongkong, das auf SOS eine hohe Bewertung hat, schickte mir auf meine Frage, welche Substanzen es anbietet, folgende Antwort:

»Alle Produkte werden in China hergestellt und von China aus verschickt. Der Versand inklusive Sendungsverfolgung ist für alle Zielorte kostenlos. Der Versand dauert bei den meisten Ländern etwa 3–7 Tage, und die Bestellungen werden normalerweise innerhalb von 5 Werktagen nach Zahlungseingang verschickt. Die Zahlung kann über Liberty Reserve (5% Rabatt), MoneyGram oder Western Union erfolgen (bitte den Beleg aufbewahren).

Die Produkte, die wir zurzeit vorrätig haben, werden unten aufgeführt. JWH-018; JWH-019; JWH-073; JWH-081; JWH-122; JWH-203; JWH-210; JWH-250; A-796,260; AB-001; AKB48; AM-694; AM-1220; AM-1248; AM-2201; AM-2233; RCS-4; CB-13; URB597; URB602; URB754; UR-144; JTE-907; MDA-19; 5-MeO-DMT; 5-MeO-DIPT; 5-MeO-DALT; 2C-B; 2C-C; 2C-D; 2C-E; 2C-H; 2C-I; 2C-P; 2C-T-2; 2C-T-4; 2C-T-7; 25I-NBOMe (NBOMe-2C-I); Methiopropamin (MPA); 2-Fluoramphetamin (2-FA); 2-Fluormethamphetamin (2-FMA); 4-Fluoramphetamin (4-FA); 4-Fluormethamphetamin (4-FMA); Methylon (bk-MDMA); Ethylon (bk-MDEA); Butylon (bk-MDBD); Eutylon (bk-EBDB); Pentylon (bk-MBDP); Ethcathinon; 4-Methylethcathinon (4-MEC); 4-Ethylmethcathinon (4-EMC); Benzedron (4-MBC); 3,4-Dimethylmethcathinon (3,4-DMMC); Flephedron (4-FMC); Buphedron; Mebuphedron (4-MeMABP); NEB; Pentedron; alpha-PPP; MPPP;

alpha-PBP; MPBP; alpha-PVP; MDPV; MDAI; 5-IAI; Desoxypipradrol (2-DPMP); Dimethocain (DMC); Methoxetamin (MXE).

Auf Kundenwunsch hergestellt werden kann 4-AcO-DMT, 4-HOMET, 4-HO-DET, 4-HO-MPT, 4-HO-MiPT, 4-HODiPT, 4-AcO-DiPT, 5-MeO-MiPT, 5-MeO-AMT, AMT, DPT, DiPT, MET, MiPT, NBOMe-Meskalin, 25C-NBOMe, MBDB, 3-FA, 4-Methylamphetamin (4-MA), 3-Methylamphetamin (3-MA), MMA, IAP, JWH-Serie, AM-Serie, URB-Serie, AB-Serie und viele andere.

Mit freundlichen Grüßen
[Name des Labors]

So sieht die Realität von Drogen 2.0 aus, dem Drogenhandel im Internetzeitalter. In jener unlesbaren Buchstabensuppe aus Drogennamen findet man Halluzinogene, Stimulanzmittel, Empathogene und Cannabinoide. Um festzustellen, welche davon legal oder in gewissen Ländern verboten sind, müsste selbst ein Anwalt mehrere Tausend Stunden seiner kostbaren Zeit aufwenden.

Das von mir angeschriebene Labor gilt als vertrauenswürdig; die Lieferungen enthalten die verabredeten Substanzen, und was die Kunden damit anstellen, interessiert dort niemanden. Die alte Verbindung zwischen Kunde und Dealer, jenes kleine Netzwerk aus gleichgesinnten Individuen oder sogar Freunden, das es früher gab, ist in vielen Fällen durch einen Rechner in einem Internetcafé in Westlondon, Alabama, Kiew, Scunthorpe oder Amsterdam ersetzt worden, der mit einem namenlosen verschlüsselten E-Mail-Server in Hongkong kommuniziert.

Und zu jener Vielzahl neuer Drogen gehören neben solchen, die relativ harmlos sind, auch solche, die einen Menschen innerhalb von Sekunden töten oder schwer schädigen können, wenn er die korrekte Dosierung nicht kennt. Noch beängstigender wird diese Tatsache, wenn man sich gleichzeitig eine andere vor Augen hält: Bei der *Mixmag*-Umfrage von 2012 gaben 25 Prozent der Teilnehmer zu, sie würden bereitwillig »mysteriöse weiße Pulver« zu sich nehmen, ohne deren Inhalt zu kennen.[16]

8. Vorgesalzene Zombies und eine neue Drogenhysterie

Zu den zwangsläufigen Gefahren jedes übermäßigen Drogenkonsums gehören Sucht, Überdosierung und Gefängnisstrafen – und bei den neuen Drogen, die im vergangenen Jahrzehnt erschaffen worden sind, verhält es sich nicht anders.

In den frühen Tagen der Online-Drogenszene hatte es eine begrenzte Zahl von Lieferanten, einen winzigen Kreis von Konsumenten, ein hohes Maß an gesetzlicher Unsicherheit und ein mindestens ebenso hohes Maß an Verschwiegenheit und Vorsicht gegeben. Selbst damals war es aber schon zu Todesfällen gekommen. Doch erst nach der Operation Web Tryp erlangte die im Verborgenen operierende Subkultur eine höhere Bekanntheit, und in den acht Jahren, die seit dem harten Durchgreifen der amerikanischen Behörden vergangen sind, ist der Markt exponentiell gewachsen. Hier tummeln sich nun vermehrt Konsumenten, die nur sehr wenig über die Szene wissen, aus der die heutige hervorgegangen ist. Und zusammen mit der Zahl der Konsumenten ist auch die Zahl der verfügbaren Drogen gewachsen – ebenso wie die der Todesfälle.

Es muss allerdings gesagt werden, dass auch die hysterischen Berichte der Medien und die reflexartigen Reaktionen der Politik den immer gleichen Mustern zu folgen scheinen. 2010 konnte man über mehrere Monate hinweg praktisch jeden Tag vor Fehlern und Ungenauigkeiten strotzende Berichte über Jugendliche lesen, die angeblich an der Mörderdroge Mephedron gestorben waren. Die Wahrheit lautet jedoch, dass es in Großbritannien lediglich zwei Todesfälle gegeben hat, die eindeutig mit der Droge in Zusammenhang gebracht werden konnten, und dass bei einem dieser Todesfälle das Opfer die Sucht entwickelt hatte, sich die Droge intravenös zu verabreichen.

In Deutschland verzeichnete das Bundeskriminalamt 2012 einen Toten durch monovalente Vergiftungen durch neue psychoaktive

Substanzen und elf Todesopfer durch Mischkonsum mit anderen Drogen.[1] Eine Erklärung, warum es vergleichsweise wenige Todesopfer durch Legal Highs in Deutschland gibt, liefert Dr. Roland Härtel-Petri, Facharzt für Psychiatrie und Psychotherapie und Leiter des Suchtbereichs am Bezirkskrankenhaus Bayreuth. Der Experte auf dem Gebiet der Methamphetamine sagt:

»In Deutschland existiert kein bundesweites Obduktionssystem, und deswegen gibt es hier auch keine Mephedrontoten. Wenn jemand stirbt, wird der Leichnam nicht zwangsläufig obduziert und auf sämtliche Substanzen getestet, die der Konsument eingenommen hat. Denn das würde 350 bis 500 Euro kosten. Bei einem Autounfall etwa wird Blut abgenommen und ausschließlich auf Alkohol getestet. Kommt ein Patient hochpsychotisch zu mir ins Krankenhaus, dann nehme ich ebenfalls Blut ab und teste auch den Urin, ich verfüge als Angestellter des Krankenhauses jedoch nicht über den Etat, diesen an die Abteilung Experimentelle und Klinische Toxikologie zu senden, die ein Screening machen würde. Erst das würde aber ergeben, welche Substanzen wirklich verantwortlich sind. Deutsche Kliniker sind sich heute einig: Es gibt die Todesfälle, man kann sie nur nicht nachweisen, weil niemand das Geld dafür hat.«

Selbst wenn das Geld für eine Untersuchung da ist, sorgt laut dem Toxikologen John Ramsey allerdings der in der Szene weitverbreitete Mischkonsum dafür, dass eine eindeutige Zuordnung oft schwerfällt. »Die meisten Menschen nehmen mehr als eine Droge zu sich, und manche sterben leider daran«, erklärt er. »In dem Fall ist es aber in der Regel unmöglich zu sagen, welche der Drogen zum Tod geführt hat. Unglücklicherweise besteht die Neigung, den Tod auf die zuletzt konsumierte Droge zurückzuführen und das mit dem Konsum verbundene Risiko entsprechend überzubewerten.«

Admin, der Betreiber der Händlerbewertungsseite SOS, glaubt, dass vor allem der Mangel an Informationen daran schuld ist, dass Menschen an den neuen Designerdrogen sterben, und in den USA, Großbritannien und dem Rest Europas trifft das auch häufig zu. »In seiner jetzigen Form ist der Markt wahnsinnig gefährlich«, sagt Admin. »In den USA richtet die Art, wie der Analog Act formuliert ist, unglaublich viel Schaden an. Besonders problematisch ist, dass laut diesem Gesetz Analoge von kontrollierten Substanzen nicht für den menschlichen Verzehr verkauft werden dürfen.« Wie er erklärt, bedeutet das, dass der Verkäufer keine Angaben über die richtige Dosierung der Droge machen darf, die er an die Kunden abgibt: »In den USA ist weder die Substanz illegal, noch ist der Verkauf der Substanz illegal. Was illegal ist, sind die *Informationen*, die der Verkäufer an den Käufer weitergibt – und zwar wenn diese Informationen irgendwelche Angaben darüber enthalten, um was für eine Substanz es sich handelt und wie sie richtig und gefahrlos zu konsumieren ist. Das führt dazu, dass die Research Chemicals ohne Etikett und Gebrauchshinweise verkauft werden. Dieser einzelne Punkt ist für jeden mit Research Chemicals in Zusammenhang stehenden Todesfall verantwortlich, der mir bekannt ist. Meiner Meinung nach sollte jeder erwachsene Mensch die Möglichkeit haben, in die Apotheke zu gehen und sich dort jede Droge zu kaufen, die er haben möchte. Es sollten ausführliche Gebrauchsanweisungen beiliegen, die sowohl über die Wirkung als auch über mögliche Gegenanzeigen und Wechselwirkungen aufklären. Der Apotheker sollte sich mit diesen Drogen auskennen und die Käufer nach seinem besten Können beraten.«

Das ist ein radikaler, in den Augen mancher Menschen vermutlich zu weit gehender Standpunkt. Aber ist uns ein Szenario lieber, in dem die Menschen jede nur denkbare Droge von chinesischen Chemielaboren oder als Legal High in einem Headshop kaufen können, ohne die geringsten Hinweise zur Dosierung und zu etwaigen Kontraindikationen, und ohne jede Reinheitsgarantie? Denn exakt so verhält es sich im Moment. Würde die von Admin vorgeschlagene Lösung noch mehr oder vielleicht weniger Schaden anrichten? Solange wir sie nicht ausprobieren, lässt sich das unmöglich sagen. Und solange uns keine Strategie einfällt, mit der sich verhindern ließe, dass die Menschen im Internet nach Drogen suchen, wäre das vielleicht gar kein so dummer Gedanke.

Eine andere, subtilere und nichtchemische Gefahr besteht darin, dass das Netz der Drogenkonsumenten zwar eine Art Gemeinschaft bieten mag, diese aber auch schnell zu einer Echokammer werden kann, zu einem Spiegelkabinett, in dem Verhaltensweisen, die einmal als extrem gegolten haben, den Anschein der Normalität erhalten. Ein Konsument etwa erzählte mir: »Natürlich gibt es viele Leute, die sich vormachen, ihr selbstschädigendes Verhalten diene einem höheren Zweck, dass es ihnen bei der Entfaltung ihrer Persönlichkeit hilft, beim Sammeln neuer Erkenntnisse oder bei irgendeiner spirituellen Suche. Der Umgang mit einem Haufen anderer außer Kontrolle geratener Polytoxikomanen, die im Internet mit ihren Taten prahlen, hilft diesen Leuten natürlich nicht gerade dabei zu erkennen, dass sie ein Problem haben. [Das] Problem ist, dass der Markt für Research Chemicals einem riesigen Süßigkeitenladen gleicht, in dem jeder die Erlaubnis hat, von allem mal zu naschen. Und manches von dem Zeug ist echt schädlich, aber einfach zu verlockend, um die Finger davon zu lassen.«

Während sich Europas Drogenkonsumenten 2009 mit Mephedron zudröhnten, machte sich die ursprüngliche Szene um die Research Chemicals auf ein hartes Durchgreifen der Gesetzgeber gefasst und war alles andere als glücklich über die plötzliche Aufmerksamkeit, die man ihnen schenkte. Dann kam es gegen Ende jenes Jahres zu einer verstörenden Serie von Überdosen, die selbst erfahrene Beobachter erschreckte. Falsche Kennzeichnung stellt womöglich die größte Gefahr dar, die beim Konsum von Research Chemicals besteht. Wenn man eine Droge bestellt, die ab einer Dosis von zehn Milligramm wirkt, und aus irgendeinem Grund eine andere Droge geliefert bekommt, die zehnmal so potent ist, dann stehen die Chancen denkbar gut, dass man sich eine Überdosis verabreicht oder sogar stirbt.

Am 3. Oktober 2009 nahm ein 22-jähriger Däne namens Dannie Haupt Hansen 18 Milligramm einer Substanz, die er bei einem chinesischen Labor bestellt hatte und für 2C-B-FLY hielt, ein potentes psychedelisches Phenethylamin, das ein Analog von Shulgins 2-CB ist. Bevor Haupt die Droge selbst ausprobierte, hatte er sie über seine Website, haupt-rc.com, auch an Kunden in aller Welt verkauft. Da die Substanz wie viele Stimulanzmittel und psychedelische Drogen dieser Klasse stark gefäßverengend wirkt, starb Haupt an einem Herzinfarkt – sein Herz schaffte es nicht mehr, das Blut durch seine verengten Arterien zu pumpen, und versagte. Doch er hatte die »richtige« Menge genommen – vor der Einnahme hatte er sich über die korrekte Dosierung der Droge im Internet schlaugemacht. Was war also schiefgegangen?

Während Haupt sich seine Überdosis verabreichte und an den Folgen starb, wippte zur gleichen Zeit in Kalifornien der 18-jährige Brian Sullivan mit dem Kopf zur Musik, nachdem er sich zusammen mit seinem Bruder John und dessen Freundin zugedröhnt hatte. Auch sie hatten die Droge aus Dänemark genommen, die sie im Internet bestellt und innerhalb weniger Tage in neutralem Umschlag an die amerikanische Westküste geschickt bekommen hatten. Auch sie dosierten die Substanz zu hoch. Brian Sullivan starb; sein Bruder und dessen Freundin hatten schwere Krampfanfälle, kamen jedoch mit dem Leben davon. Und auch diese drei Konsumenten hatten nur eine kleine Menge der Substanz zu sich genommen, die weit unter der als sicher eingestuften Dosis lag, über deren Höhe sie sich in verlässlichen Foren und chemischen Fachzeitschriften informiert hatten.

Am 5. Oktober, also zwei Tage später, wurde auf erowid.org und bluelight.org die Warnung ausgegeben, dass eine potenziell tödliche Lieferung 2C-B-FLY im Umlauf sei und bei jedem User auf der Welt im Briefkasten landen könne.

Am selben Tag saß in Barcelona um fünf Uhr nachmittags ein Mann vor seiner selbst gemachten Pizza und konnte seine Augen nicht davon abwenden. Der Belag aus Ziegenkäse und Tomatensoße hatte sich plötzlich in ein widerliches Gemisch aus Blut und Eiter verwandelt. Ein paar Stunden zuvor hatte der Mann etwas 2C-B-FLY sowie verschiedene andere Research Chemicals gewogen, die er gekauft hatte, darunter mehrere synthetische Marihuana-Imitate und ein MDMA-Analog. Er nahm den winzigen Krümel eines weißen Pulvers, der auf dem Tisch gelandet war, mit der Fingerspitze auf und wischte sie sich an der Innenseite der Lippe ab. Dann legte er sich hin, schloss die Augen und wollte zur Musik des Beatles-Albums *Rubber Soul* relaxen, wurde bald jedoch von heftigen Halluzinationen heimgesucht. Er wusste es nicht, aber auch er hatte eine Überdosis genommen. Um 5.24 Uhr war er so verängstigt und überhitzt, dass er ins Internet ging und eine Googlesuche startete. Er stieß auf erowid.org und fand eine Eilmeldung über mehrere Fälle von Überdosierungen, die auf eine gefährliche Lieferung 2C-B-FLY zurückgingen.

Eine Woche später schilderte er auf der Website unter dem Namen Joan Miro seine Erlebnisse. »Mir ist das Herz in die Hose gerutscht, als ich gesehen habe, dass der Beutel auf dem Foto genau der gleiche war wie der, der auf meinem Tisch lag. Ich bin wütend geworden, aufgeregt.«[2]

Er loggte sich bei bluelight.org ein und bat um Hilfe. Man sagte ihm, er müsse schnellstmöglich das nächste Krankenhaus aufsuchen. Sein Leben wurde durch ein Forum gerettet – dessen Teilnehmer ihn informierten, dass er sechs Stunden Zeit hätte, bevor sich sein Zustand dramatisch verschlechtern würde –, wie auch durch die Mitarbeiter des Krankenhauses, die ihm ein Beruhigungsmittel verabreichten und seine Herzfrequenz und Körpertemperatur überwachten.

Miro berichtete, was die nächsten Stunden angeht, könne er sich eigentlich nur noch an die durch seinen drohenden Tod ausgelösten Angst-, Panik- und Schuldgefühle erinnern, die alle noch durch die potente psychedelische Droge in seinem Blut verstärkt wurden, während er in der chaotischen und von Schreien erfüllten Notaufnahme lag. »Ich habe in jenen Momenten sehr viel darüber nachgedacht, wie schrecklich es wäre, wenn ich auf diese Weise sterben würde«, schreibt er. »Besonders für meine Familie und meine Freunde. Was würde es für sie bedeuten, wenn ich auf diese Weise von ihnen gehen würde? Durch etwas so Dummes [und] Vermeidbares, und – was ich besonders schlimm fand – ohne mich von ihnen zu verabschieden und ihnen zu sagen, dass ich sie liebe. Ich war fest entschlossen, wieder lebend aus dem Krankenhaus herauszukommen.«

Ein Forist namens Voltech postete am 16. Oktober eine Nachricht auf bluelight.org, die das Ergebnis der Laboranalyse der Droge enthielt, welche die Konsumenten auf so schreckliche Weise krank gemacht und getötet hatte. Wie sich herausstellte, hatte das chinesische Labor versehentlich eine weitaus potentere Droge verschickt, nämlich Bromo-DragonFLY statt des harmloseren 2C-B-FLY. Bromo-DragonFLY war 1998 im Labor von David Nichols synthetisiert worden und ursprünglich dazu gedacht gewesen, eine Lagekarte der zerebralen Serotoninrezeptoren zu erstellen. Die Substanz war nicht für den menschlichen Verzehr hergestellt worden, sondern um damit Labortests an Gehirngewebe durchzuführen. (Selbst in einer Petrischale oder unter dem Mikroskop reagiert Gehirngewebe noch auf chemische Stoffe, wodurch nützliche Daten über ihre Wirkung gesammelt werden können, die zur Entwicklung neuer Medikamente beitragen.)

Diese oberflächlich gesehen sehr ähnlichen Abbildungen (unten) zweier extrem unterschiedlicher Drogen führen vor Augen, auf wie radikale und gefährliche Weise noch die kleinste strukturelle Abweichung eine Droge verändern kann: In diesem Fall ist die in der zweiten Abbildung dargestellte Substanz aufgrund ihrer besseren Rezeptorbindung ab einer viel niedrigeren Dosis wirksam. Bromo-DragonFLY, das die »Libelle« im Namen trägt, weil seine Strukturformel einem fliegenden Insekt ähnelt, ist bereits ab einer Menge von nur 200 Mikrogramm wirksam – also ab einem Fünftel Milligramm. Haupt hatte somit das 90-fache der normalen Dosis zu sich genommen.

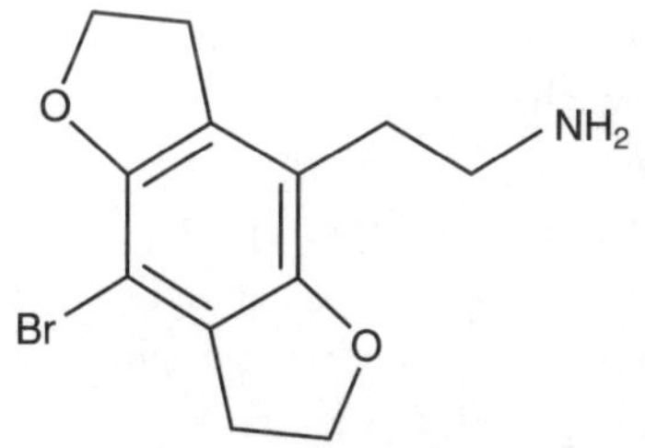

2C-B-FLY, ab 18 Milligramm wirksam

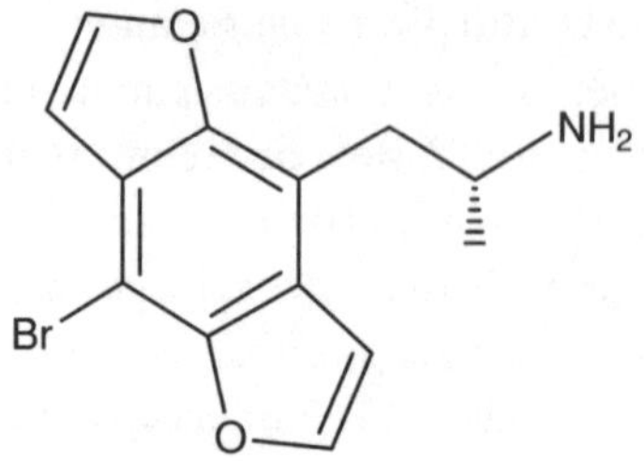

Bromo-DragonFLY,
ab 200 Mikrogramm wirksam

Nichols' Resultate wurden 1998 in einem Forschungsbericht mit dem Titel »A novel (benzodifuranyl) aminoalkane with extremely potent activity at the 5-HT2A [serotonin] receptor«* im *Journal of Medicinal Chemistry* veröffentlicht.[3] Wie es bei Artikeln in chemischen Fachzeitschriften üblich ist, enthielt das Paper auch eine Beschreibung des Synthesewegs. Es könnte sein, dass die chinesischen Chemiker nach dieser Anleitung vorgegangen sind und so die falsche Substanz hergestellt haben, während der junge dänische Händler und seine Kunden es ihrerseits versäumten, die gebotenen Sicherheitstests durchzuführen. Diese können in einem einfachen Reagenztest bestehen, aber auch in einer aufwendigeren Laboruntersuchung durch Dritte, sei es mittels Kernspinresonanzanalyse, Massenspektrometrie oder Hochdruck-Flüssigkeitschromatografie. Vielleicht hat aber das chinesische Labor auch gar nichts falsch gemacht und der Händler einfach nur die falsche Droge bestellt. Was wirklich passiert ist, werden wir nie erfahren. 2C-B-FLY, also die Droge, die eigentlich hätte verschickt werden sollen, war zu jener Zeit in Dänemark legal und ist es auch heute noch.

Auch Bromo-DragonFLY war damals in jedem der beteiligten Länder (also in China, Großbritannien, den USA und Dänemark) legal oder zumindest nicht als kontrollierte Substanz gelistet, solange es nicht als für den menschlichen Verzehr gedachtes Produkt

* »Ein neues (Benzodifuranyl)-Amin mit extrem potenter Aktivität am 5-HT2A-[Serotonin]-Rezeptor«.

verkauft wurde. Die Einnahme jedes möglichen psychoaktiven Analogs oder Stoffes vorherzusagen ist unmöglich, deshalb kann das Gesetz oft erst im Nachhinein reagieren. Wenn der Erfindungsreichtum der Hersteller so groß ist, dass in der EU jede Woche eine neue Droge auf den Markt kommt, hat das alte Regelwerk ausgedient und ein neuer, intelligenterer Ansatz muss gefunden werden.

Allein Schweden, Dänemark, Norwegen, Rumänien, Australien und Finnland haben Bromo-DragonFLY inzwischen verboten. (In Finnland wurde die Substanz für illegal erklärt, nachdem sie eine Rolle in einer der seltsamsten Episoden gespielt hatte, die es bisher im Zusammenhang mit den Research Chemicals gegeben hat, und von einer psychisch kranken Frau zu einem bizarren Mord verwendet worden war, bei dem sie ihr Opfer mit einer Spritze erstach, die mit dem Mittel gefüllt war.)

Diese Vorfälle erklären, warum die Grenz- und Zollkontrollen in Skandinavien zurzeit so extrem streng sind. Doch sie werfen mehr Fragen auf, als sie beantworten. Wenn laut der klassischen Sichtweise Drogenmissbrauch oft mit sozialen Missständen wie hoher Arbeitslosigkeit und schlechten Bildungschancen einhergeht, warum sind die reichen und wohlhabenden Länder Skandinaviens – und von diesen vor allem Schweden – dermaßen überrepräsentiert, wenn es um Designerdrogen aus dem Internet geht? Warum ist es in Schweden zu einer weitaus größeren Zahl von Todesfällen und Überdosierungen durch die neuen psychoaktiven Drogen gekommen als in den Nachbarstaaten, wie zum Beispiel in Deutschland? Die Antwort könnte mit den Drogengesetzen Schwedens zu tun haben, die zu den strengsten Europas gehören, und das seit Jahrzehnten. In Schweden dürfen Arbeitgeber verlangen, dass Bewerber vor einem Einstellungsgespräch ihr polizeiliches Führungszeugnis vorlegen, und die Hälfte der Arbeitgeber tut das auch. Wenn man in Schweden wegen Drogenmissbrauchs verurteilt wird, gehört man damit automatisch zur Unterschicht, und vielen werden Bildungs- und Berufschancen nach einer solchen Verurteilung sogar ganz offen verweigert. Die extrem strikte Drogengesetzgebung des Landes geht auf die Arbeit des zum Aktivisten gewandelten Mediziners Nils Bejerot zurück, ein strenger Hardliner, der in den 1960ern, als in Schweden noch eine liberalere Drogenpolitik herrschte, als einsamer Rufer in der Wüste galt, doch dessen Einfluss auch 24 Jahre nach seinem Tod noch zu spüren ist. In einem Bericht für das Schwedische Carnegie-Institut hielt der Drogenforscher Jonas Hartelius fest:

»Bejerot zeigte, dass der von Drogen ausgehende Reiz zwar biologische Gründe haben mag, das Ausmaß des Drogenkonsums in einer Gemeinschaft, einem Land und auch in der Welt als Ganzes jedoch nicht von neurobiologischen Faktoren abhängt, sondern davon, wie die Gesellschaft auf den Konsum von Drogen reagiert. Wird der Gebrauch von Drogen toleriert oder, schlimmer noch, gefördert, dann weitet sich der Konsum zu einer tödlichen, sich wie von selbst fortpflanzenden Verhaltensepidemie aus. Geht man jedoch gegen die Drogenkonsumenten vor, lehnt ihr Verhalten ab und besteht auf erzwungener Abstinenz, dann kann man der Drogenepidemie Einhalt gebieten. Bejerots Argumentation zufolge ist Drogenpolitik tatsächlich so einfach.«[4]

Akzeptiert man die einfache, wenn für manche Leute auch bittere Wahrheit, dass Menschen manchmal das Bedürfnis haben, ihr Bewusstsein zu verändern, dann wird die in Schweden so weitverbreitete Suche nach legalen Alternativen verständlicher. Bejerots Vorstellungen von »Gemeinschaft« und »sozialen Reaktionen« stammen aus einer Zeit, in der es noch kein Internet gab, und wenn man sich heute über die Durchsetzung solcher Reaktionen Gedanken macht, darf man nicht vergessen, dass sowohl Dealer als auch Konsumenten inzwischen vollkommen unsichtbar agieren können. Dannie Haupts Drogen, die legal waren, haben ihn und seine weltweite Kundschaft per Post erreicht.

Bejerot hatte zweifellos gute Absichten. Aber in unserem stark gewandelten, globalisierten Internetzeitalter weiterhin auf der von ihm vertretenen Drogenpolitik zu beharren, ist meiner Meinung nach unausgegoren und trägt den grundsätzlichen Wahrheiten des Lebens im 21. Jahrhundert nicht ausreichend Rechnung.

Im Juli 2012 meldeten schwedische Gerichtsmediziner, dass 5-IT, eine weitere neue Designerdroge, die durchs Raster der britischen Gesetzesänderungen gefallen war, in 14 Fällen bei Obduktionen gefunden worden war.[5] Zur Zeit meiner Berichterstattung gab es noch nicht viele zusätzliche Informationen zu der Meldung, doch nachdem sie aufgetaucht war, verschwand die Droge innerhalb weniger Tage von den Websites der Händler. Todesursache ist in solchen Fällen für gewöhnlich das sogenannte Serotonin-Syndrom, bei dem das Gehirn so stark mit den Neurotransmittern überschwemmt wird, dass die Temperatur der Betroffenen stark ansteigt, sie unter unwillkürlichen Muskelzuckungen leiden und in schweren Fällen auch sterben können.

Wenigstens ist Schweden in seiner strengen Haltung gegenüber Rauschmitteln konsequent: So ist dort Alkohol mit mehr als 3,5 Volumenprozent ausschließlich in Geschäften erhältlich, die zum *Systembolaget* gehören, dem staatlichen »Systemunternehmen«. Gleichzeitig ist es allerdings immer noch so, dass schwedische Headshops und Internethändler hochpotente Research Chemicals unters Volk bringen dürfen, ohne dafür belangt zu werden.

Im August 2010 wurde im Internet über einen weiteren Fall berichtet, bei dem es um falsch gekennzeichnete Research Chemicals ging. Agnetha, eine Bluelight-Foristin, war eine erfahrene Konsumentin und hatte ihr Wissen über ihre Quellen, ihre Drogen und deren Wirkung im Laufe der Jahre immer mehr verfeinert. Sie kannte die Dosierung jeder Droge, die sie zu sich nahm, und ging mit geradezu akademischem Erkenntnisdrang an den Konsum der Substanzen heran; sie war eine seltsam puritanisch wirkende Hedonistin. Sie hatte Shulgins gesamtes Werk gelesen und sich auf methodische Weise darangemacht, Dutzende der in den Büchern beschriebenen Stoffe auszuprobieren. Als sie jedoch merkte, dass eines der Stimulanzmittel Halluzinationen bei ihr auslöste, wusste sie, dass etwas nicht stimmte.

Der damals größte Anbieter der Szene, der über mehrere Abwicklungszentren in Taiwan verfügte, hatte ihr ein Päckchen mit 2C-P geschickt – eine psychedelische Droge aus dem Labor Shulgins, die ab acht bis zwölf Milligramm wirksam ist. Doch der Beutel war fälschlicherweise als Buphedron ausgewiesen worden, eine

Mephedronspielart, bei der die Standarddosis bei etwa 80 bis 100 Milligramm liegt. Agnetha nahm innerhalb einer Woche zweimal eine Überdosis. In einem Posting auf bluelight.org schilderte sie ihre Erlebnisse:

»Es dauerte fünf Stunden, bis die Wirkung des Stoffes einsetzte. Es fing damit an, dass ich stark schwitzte und meine Muskeln unkontrolliert zuckten, und danach wurde alles nur noch schlimmer. Der Trip dauerte mehr als 30 Stunden ... Die Nacht war chaotisch und apokalyptisch, kein Schlaf, kaum noch ein Gefühl für Zeit und Raum. Keine Musik, kein Licht, die visuellen und akustischen Verzerrungen waren sowieso zu heftig, um irgendwelchen äußeren Input zu verstehen. Psychotisch und deliriös würde eine präzise Beschreibung meiner geistigen Verfassung in jenen Stunden lauten.«[6]

Eine Woche später verabreichte sie sich eine weitere Überdosis, weil sie davon ausging, dass der Fehler beim ersten Mal bei ihr gelegen hatte – sie dachte, sie hätte zwei der vielen Beutel, aus denen ihre Drogensammlung bestand, miteinander verwechselt. Doch sie hatte ihre Drogen nicht durcheinandergebracht; ihr Händler hatte die Substanzen verwechselt. Sie schrieb:

»Der zweite Vorfall ereignete sich eine Woche später, als ich endlich dazu kam, das Stimulanzmittel zu testen, wie ich es ursprünglich vorgehabt hatte. Diesmal gab es keinen Zweifel. Der RC-Lieferant hatte die Beutel falsch etikettiert. Er hatte mir eine sehr potente unbekannte psychedelische Droge geschickt – höchstwahrscheinlich aus der 2C-Familie – und sie in einen Beutel mit der Aufschrift ›Buphedron‹ gesteckt. Ich nahm erneut eine Überdosis von 80 Milligramm. Sehr beängstigende Aussichten. Es war einer der seriöseren Anbieter. Ich musste an den Irrtum mit dem Bromo-Dragon-FLY denken, der eine Weile zuvor mehrere Menschen das Leben gekostet hatte.

Ich liebte den Moment, als die Sonne aufging. Ich verbrachte die Morgendämmerung nackt auf meiner Terrasse. Die Welt um mich herum sah aus wie ein von Wirbeln und Strudeln erfülltes

Van-Gogh-Gemälde – nur war alles viel schärfer und deutlicher. Ein nacktes Tier, vergiftet und erschöpft ... Ich wusste, dass ich diese Sache überleben würde, dass es einen Ausweg gab ... Ich meldete mich krank ... musste aber ein paar E-Mails schreiben, ein oder zwei Anrufe machen und mir mehrere Texte ansehen. Im Nachhinein hat sich herausgestellt, dass ich an jenem Tag tatsächlich hochwertige Arbeit geleistet habe, die durch meine kristallklare, superpräzise psychedelische Denkweise nur verbessert wurde.«

Agnetha überlebte, was sie keineswegs dem Anbieter zu verdanken hatte. Dass Beschriftungen und Verpackungen verwechselt werden, kommt im Internet-Drogenhandel zum Glück selten vor, doch die Gefahren sind real und die Folgen können tödlich sein, so gering rein statistisch gesehen die Wahrscheinlichkeit eines solchen Missgeschicks auch sein mag.

Neun weitere Konsumenten wurden vergiftet. Agnetha hat die meisten von ihnen ausfindig gemacht. »In den etwa acht Wochen, die die Seite danach noch in Betrieb war, hat der Betreiber den Vorfall mit keinem Wort erwähnt. Allerdings fand er innerhalb dieses Zeitraums durchaus die Zeit, auf mehrere sehr verlockende Sonderangebote hinzuweisen«, teilte sie mir per E-Mail mit.

Während wir uns aus der Folgezeit des Mephedronhypes herausbewegen, sind beunruhigenderweise mehr starke Drogen für eine größere Zahl von Menschen verfügbar als je zuvor, und die Kultur und Praxis, Drogen auf diese Weise im Internet zu kaufen, greift immer mehr um sich. Durch die Zunahme an Drogen, die auf das Mephedronverbot folgte, nahm auch die Zahl der Todesfälle zu. Von 2010 an wurden Drogen wie Methoxetamin auf dem gesamten Globus extrem populär. Manche Menschen nahmen die Substanz, weil sich damit ihre chronischen Schmerzen betäuben oder ihre Neurosen mildern ließen, Tausende andere fanden Gefallen an dem quasiaußerirdischen Zustand, in den einen die Droge versetzt, und steigerten ihre Dosis, bis sie einen Ort außerhalb jeder Zeit, jeder Geografie und jeder menschlichen Interaktion fanden, an dem sie Tausende von Meilen in ihrem Geist reisen konnten, obwohl sie in Wirklichkeit reglos auf ihrem Sofa oder Zimmerboden lagen.

Manche Konsumenten, die vielleicht nicht mehr über die Droge wussten, als dass es sich um ein legales weißes Pulver handelte, das einen high machte, wurden von der Wirkung schlicht nur überwältigt; wer jedoch besonderes Pech hatte, konnte auch sterben.

Berichte über Fälle von Methoxetaminsucht und problematische Konsummuster, bei denen so oft »nachgelegt« wurde, bis Wahnvorstellungen oder Psychosen eintraten, tauchten innerhalb weniger Monate auf, nachdem die Droge auf den Markt gekommen war. Zum ersten durch Methoxetamin verursachten Todesfall kam es im Dezember 2010, als ein schwedischer Konsument sich die Droge zusammen mit einer massiven Dosis des von Nichols erfundenen Serotoninagonisten MDAI intravenös injizierte. Intravenöser Konsum ist leichtsinnig, selbst bei Drogen wie Heroin oder Kokain, die schon seit Jahrzehnten auf diese Weise verwendet werden. Denn Drogen zu injizieren bedeutet, sie werden weder von der Leber metabolisiert noch vom Magen verdaut, sodass sich bereits Sekunden nach der Injektion ein extremes Rauschgefühl in Körper und Kopf einstellt. Genau hinter diesem intensiven Gefühl sind manche Konsumenten her, die so ihre Drogen entweder effizienter nutzen wollen, da bei intravenösem Konsum geringere Dosen nötig sind, oder es um jeden Preis auf das extremste High abgesehen haben, das sich mit der Substanz erreichen lässt. Research Chemicals auf diese Weise zu verwenden ist extrem gefährlich und kann als Anzeichen dafür gesehen werden, dass der Konsument ein ernsthaftes Drogenproblem hat. In dem schwedischen Drogenforum flashback.org meldete sich eine Foristin zu Wort, die den Todesfall offenbar unmittelbar miterlebt hatte. »Sein Herz fing an, ungefähr eine Million Mal pro Sekunde zu schlagen, und dann *bang*. Tot. Auf meiner Couch. Also lasst es lieber gaaanz ruhig angehen.«[7]

Anfang 2012 nahm der Londoner Autor und Musiker Fred Methoxetamin, während er seinen 45. Geburtstag in einem der vielen Pubs der Stadt feierte. Wie er mir per E-Mail berichtete, war er auf das, was als Nächstes passierte, nicht vorbereitet:

»Es war ein Sonntagnachmittag-Pub-Geburtstag. Alle sehr zivilisiert und in den mittleren Jahren. Als der Nachmittag zum Abend wurde und die Kinder mit dem Babysitter nach Hause gingen, kam jemand von der Bar mit einer Runde Kurzer zurück, die nur 30 Sekunden nach der Runde kam, die wir gerade schon runtergekippt hatten. Dadurch wurde meine hedonistische Ader so angefeuert, dass ich automatisch an eine Line Koks oder irgendetwas anderes dachte, was dem Abend eine abenteuerliche Note verleihen könnte. Den meisten Leuten dort waren Substanzen der Klasse A nicht fremd, also ging ein fragendes Gemurmel durch den Raum, jedoch ohne Erfolg. ›Ich hab das hier‹, sagte ein Kumpel in begeistertem Tonfall und drückte mir ein Briefchen in die Hand. ›Wir haben es aus dem Netz, und wir haben es in Berlin genommen. Es ist grauenhaft, aber dir könnte es gefallen.‹

Nicht gerade eine Empfehlung. Aber ich bin ein neugieriger Typ. In den zwei Jahrzehnten meines Drogenkonsums habe ich eine recht ordentliche Auswahl an Pillen und Pulvern zu mir genommen. Ecstasy, Kokain und Ketamin standen regelmäßig auf dem Speiseplan, aber auch gelegentliche Acid- oder Mushroom-Trips waren dabei. Ich habe sogar mal DMT genommen und bin 2005 auf dem Burning-Man-Festival herumgegeistert und habe dabei die Postleitzahlendrogen in mich reingestopft (2C-B, 2C-E und Konsorten). Also habe ich meinen Kumpel um ein bisschen mehr Info gebeten. Wie sich herausstellte, handelte es sich um etwas Synthetisches. ›Eine dieser neuen Sachen, aus dem Netz‹, sagte er. Wichtig war nur, dass man nicht mehr als eine winzige Menge davon nahm. Er sagte mir das mit Nachdruck: ›Nur die Hälfte von dem, was du nehmen würdest, wenn es K wäre.‹ Ich wusste über die neuen synthetischen Stoffe Bescheid, und ich wusste auch, dass man die Dosierung nicht auf die leichte Schulter nehmen durfte: Wenn man es auch nur ein bisschen übertrieb, konnte man nach der Einnahme keinen Finger mehr rühren oder Schlimmeres.

Alles, was ich wollte, war ein lockeres kleines High, daher war ich fest entschlossen, nur ganz wenig zu nehmen, als ich in die Klokabine ging, und wirklich vorsichtig zu sein. Aber kaum hatte ich die Tür zugemacht, übernahm der Alkohol die Kontrolle, sämtliche vernünftigen Gedanken verflüchtigten sich und ich schaltete auf Autopilot – nur ein Besoffener in einem Pub, der tat, was er schon hundertmal zuvor gemacht hatte: im Klo was durch die Nase ziehen. Automatisch lautete der einzige Gedanke in meinem Kopf: ›Nimm, was auf einen Hausschlüssel passt … zweimal.‹

Hätte es sich um einen der alten Bekannten gehandelt, hätte diese altbewährte Faustregel wunderbar funktioniert. Ich war auf die verzerrenden Effekte von Ketamin vorbereitet, nach denen man immer wieder relativ schnell in die Realität zurückfand, oder auf die geistige Schärfe, die einem Kokain verleiht. Stattdessen jedoch hatte ich mir eine Überdosis Methoxetamin verabreicht. Alle meine Erfahrungswerte sagten mir, die geringe Menge, die ich geschnupft hatte, würde höchstens dafür sorgen, dass für ein paar flüchtige Momente die Grenzen der Realität etwas durchlässiger wurden. Nichts, womit ich nicht umgehen konnte. Meine Instinkte sagten mir, der Rest des Abends würde mehr oder weniger so verlaufen, wie er bisher verlaufen war. Ich würde weiter mit meinen Freunden plaudern, nur eben mit einer ganz leicht veränderten Wahrnehmung.

Stattdessen saß ich innerhalb weniger Minuten zusammengesackt auf dem Sofa und konnte mich weder bewegen noch ein weiteres Wort von mir geben. Ich habe tapfer gekämpft, aber das Zeug hat mich umgehauen. Der größte Teil der nächsten drei Stunden ist weg, und wie schrecklich peinlich es war, in aller Öffentlichkeit zu kotzen, ist eigentlich das Einzige, woran ich mich wirklich erinnern kann. Nicht gerade die kultivierte und weltmännische Art, Drogen zu nehmen, die ich in den letzten zehn Jahren von mir gewohnt war. Was die Droge selbst angeht, die fühlte sich wie eine total unnütze Version von Ketamin an: keine psychedelischen Effekte, kein angenehmes Abgleiten in gummiweichen Unsinn, nur der plötzliche Sturz in eine Welt, in der sich alles verkehrt anfühlte. Den Kram mit Alkohol zu mischen machte die Sache zweifellos doppelt so unangenehm. Noch Stunden danach hatte ich das Gefühl, irgendein Schalter stehe auf der falschen Position. Ich war gleichzeitig betäubt und aufgekratzt; ich konnte noch nicht mal schlafen, um so den Rausch loszuwerden.

Für mich war das der Tag, an dem sich etwas veränderte. Nie wieder werde ich mir auf irgendeine Weise ein unbekanntes Pulver beschaffen und mich dabei blind auf meine Erfahrung und meine

Instinkte verlassen. Mit diesen neuen Drogen muss man so vorsichtig umgehen, dass es mit einer wilden Partynacht nicht vereinbar ist. Meine Generation hat sich ein paar in Fleisch und Blut übergegangene Regeln dazu angewöhnt, wie man auf gefahrlose und gesellige Weise Drogen nehmen kann, und diese Regeln haben uns lange gute Dienste geleistet. Tja, die alten Regeln gelten nicht länger.«

Diese Botschaft ist es wert, wiederholt zu werden: Die für den Drogenkonsum geltenden Verhaltensregeln haben sich geändert.

Am 30. Januar 2012 sind in Canterbury zwei Männer gestorben, die unter dem Einfluss von Methoxetamin standen. Der beliebte und talentierte Straßenmusiker Daniel Lloyd (25) und sein beatboxender Freund Hugo Wenn (17) wurden beide ertrunken im Reed Pond gefunden, einem Teich in der Nähe der in Canterbury gelegenen Armeekaserne. Hugos Mutter Fiona erzählte der *Kentish Gazette* von der ländlichen Umgebung, in der ihr Sohn aufgewachsen war, und von ihrer vergeblichen Hoffnung, diese Umgebung könnte ihn vor Drogen schützen: »Wir haben mit all unseren Kindern sehr offen über die Gefahren des Drogenkonsums geredet, aber Hugo wuchs in einem kleinen Ort auf dem Land auf und keiner seiner Freunde gehörte einer solchen Szene an. Solche Probleme existierten bei uns nicht. Es gab nie irgendwelche Hinweise oder Anzeichen, dass Hugo Drogen nahm. So war er einfach nicht.«[8]

Im Februar 2012 wurden in der Grafschaft Leicestershire eine 59-jährige Frau und ein 32-jähriger Mann tot in ihren jeweiligen Wohnungen aufgefunden, nachdem sie eine Überdosis Methoxetamin zu sich genommen hatten.[9] Im selben Monat verschwand der aus dem Londoner Wohnbezirk Crystal Palace stammende 29-jährige Drummer Andrew Cooke in East London und konsumierte anscheinend entweder bewusst oder unbewusst Methoxetamin. »Zuletzt wurde er am Sonntag (12. Februar) zwischen drei und vier Uhr nachmittags auf einer unangemeldeten Hausbesetzerparty in der Lea Valley Road 1 in der Nähe von Chingford gesehen«, schrieben seine Freunde auf Facebook. Seine Leiche wurde am 14. März in einem nicht weit entfernt liegenden Kanal gefunden.[10]

Nachdem im späten März jenes Jahres das staatliche Verbot verkündet worden war, schrieb Sally Bercow, die Frau von John Bercow, dem Sprecher des Unterhauses, auf Twitter: »Mexxy ist ein Legal High, das, äh, nicht länger legal ist. Und nun, da wir alle davon gehört haben, wird die Nachfrage in die Höhe schnellen.« Und damit war die Szene um die Research Chemicals im Herzen des politischen Lebens Großbritanniens angekommen, tauchte als Thema in der *Daily Mail* auf, Mittelenglands beliebtestem Boulevardblatt, und wurde auf Twitter von der Frau des Unterhaussprechers kommentiert.[11] In jeder großen britischen Stadt wie auch in vielen Kleinstädten kauften Menschen nun neue, unerprobte und hochwirksame psychoaktive Drogen, die als Legal Highs vermarktet wurden und keinerlei Hinweis trugen, worum es sich bei der Droge handelte, wie sie wirkte oder wie man sie am besten einnahm.

Auch in Deutschland haben sich die synthetischen Stoffe längst flächendeckend etabliert. In den vergangenen acht Jahren wurden hier insgesamt 127 neue Designerdrogen entdeckt, womit die Bundesrepublik EU-weit sogar auf dem Spitzenplatz landet.[12] 2012 wurden 37 neue psychoaktive Wirkstoffe polizeilich festgestellt, die noch nicht in den Anlagen des Betäubungsmittelgesetzes gelistet waren. Diese waren vor allem in als Legal Highs angebotenen Kräutermischungen enthalten, die über Onlineshops verkauft wurden. In einem Fall in Halle wurden bei zwei deutschen Betreibern eines Internetportals über 5500 Verpackungen mit mehr als 70 unterschiedlichen Substanzen sichergestellt und gleichzeitig 375 Postsendungen abgefangen, die die Betreiber innerhalb eines Zeitraums von nur fünf Tagen aufgegeben hatten.[13] In der Regel bestellen die deutschen Konsumenten allerdings nicht aus Deutschland, sondern aus angrenzenden Nachbarländern, in denen weniger strenge Gesetze herrschen. Das weiß auch Karsten Tögel-Lins. Er ist Mitarbeiter der in Frankfurt angesiedelten Website legal-high-inhaltsstoffe.de, die auf neuartige Weise im Internet Informationen, Beratung und Hilfe zu Legal Highs anbietet. Der Suchthilfeverein kauft Research Chemicals, lässt sie im Labor analysieren und veröffentlicht die Ergebnisse auf seiner Homepage. Tögel-Lins spricht aus Erfahrung: »Deutsche Shops dürfen aufgrund der harten Gesetzeslage sehr viele

Substanzen nicht anbieten. Sie werden von der hiesigen Polizei relativ schnell geschlossen. Das birgt für die Konsumenten ein Risiko, denn die Polizei arbeitet auch die Bestsellerlisten ab. In der Regel halten sich die Shops nicht länger als ein, zwei Jahre. Die konstanten Händler befinden sich in Holland, Belgien und Großbritannien.«

Bei einem in Holland ansässigen, seit einem Jahr sehr beliebten Onlinehändler, der sich dadurch hervortut, dass er auf seiner Website in deutscher Sprache Produkte vertreibt, gibt auf Anfrage eine Mitarbeiterin freundlich Auskunft: Die Substanzen und Trägerstoffe würden aus Asien bezogen und vor dem Verkauf eigenhändig getestet. Es sei dem Anbieter wichtig, dass seine Kunden nicht mit dem deutschen Gesetz in Konflikt geraten, daher verkaufe er ausschließlich Substanzen, die noch legal, aber sehr wirkungskräftig seien. 20 verschiedene Produkte sind momentan im Angebot. Neben fertig rauchbaren Kräutermischungen auch Badesalze, etwa das »sehr starke, ergiebige und intensive Partypulver Ocean Burst Exreme«. Ein Blick auf die Seite legal-high-inhaltsstoffe.de verrät allerdings, dass Ocean Burst Exreme den Wirkstoff MPA enthält, der in Deutschland seit Mitte 2013 verboten ist. Der Anbieter reagiert auf diese Information mit der Aussage, die Substanz sei falsch getestet worden und das Angebot müsse noch einmal überarbeitet werden. Die Mitarbeiterin meint abschließend:

»Die Nachfrage in Deutschland ist gut, momentan haben wir circa 130 Bestellungen täglich von Kunden aus Deutschland. Die User in den Niederlanden haben ein sehr geringes Interesse an Legal Highs, da hier ja wie bekannt sogenannte Coffeeshops existieren und man Cannabis fast an jeder Ecke bekommt. Durch das Verbot und die starke Strafverfolgung seitens der Behörden in Deutschland wird der Markt für Legal Highs unserer Ansicht nach nur noch mehr gestärkt. Generell sind wir aber für eine Legalisierung von Cannabis. Wenn Sie sich Statistiken anschauen, hat die Legalisierung in den Niederlanden nicht zu einer höheren Anzahl von regelmäßigen Konsumenten geführt. Das Gegenteil ist der Fall.«

Da es schlichtweg unrealistisch ist zu erwarten, dass die Menschen mit dem Kauf, Verkauf und Konsum von Drogen aufhören, brauchen wir einen nuancierteren und einsichtsvolleren Ansatz, als die Substanzen einfach zu verbieten, sobald sie auftauchen. Das Wissen ist vorhanden, die Drogen sind vorhanden, der Markt ist vorhanden – was fehlt, ist Aufklärung sowie eine neue gesetzliche Strategie.

Dr. Adam Winstock ist ebenfalls der Meinung, dass die breite Gesellschaft nicht für die neueren Research Chemicals und die größere Verfügbarkeit solcher Substanzen, die sich seit Mephedron eingestellt hat, bereit ist. Er sagte mir: »Durch das Internet sind diese neuen Drogen wie aus dem Nichts in den Händen der Konsumenten gelandet, und dadurch fehlte die Möglichkeit, sich sorgfältig über den korrekten und sicheren Gebrauch und Fragen wie Dosierung und Wirkungseintritt auszutauschen. Daher drang etwa bei Methoxetamin die Information, dass es bereits ab zehn Milligramm wirkt und später anschlägt als Ketamin, zu niemandem durch, was dazu führte, dass viele Konsumenten zusätzliche Dosen einnahmen und sich so in Gefahr brachten. Aufgrund der staatlichen Verbote und unklaren Gesetzeslage lassen sich diese Informationen aber nicht auf effektive Weise unters Volk bringen. Sie sollten auf dem Etikett stehen!«

Besonders beunruhigend an der Ausweitung des Konsums von Research Chemicals auf die Allgemeinbevölkerung ist, dass viele neue Konsumenten die einfachsten Regeln der Schadensminimierung nicht befolgen. Erfahrene Konsumenten haben schon immer betont, wie wichtig es ist, seiner Bezugsquelle vertrauen zu können, aber heute greifen viele Konsumenten einfach auf die erstbeste, günstigste oder bequemste Quelle zurück. Der einzige Weg sicherzugehen, dass einem auch die richtige Substanz zugeschickt wurde, besteht darin, sie mittels teurer chemischer Verfahren testen zu lassen; dennoch ist diese Vorgehensweise lebenswichtig, da schon ein an sich selbst durchgeführter »Allergietest« mit nur einem Milligramm zu einer Überdosis führen kann.

Wenn man die Onlineszene um die Research Chemicals heute betrachtet, hat man den Eindruck, sie sei in eine unregulierte Spätphase kapitalistischer Anarchie eingetreten. Aus der Sicht von Leuten, die die Entwicklung verfolgt hatten, wurde der Szene in den Jahren 2009 bis 2010 der Todesstoß versetzt, als von Händlern gesponserte Foren aufkamen, in denen Banneranzeigen herabgesetzte Research Chemicals jeder Art anboten. In den frühen Tagen der Szene wurde man aus den einschlägigen Foren und Mailinglisten ausgeschlossen, wenn man es wagte, nach Quellen zu fragen. 20 Jahre später wurden neben und unter den Forumsbeiträgen Links zu Händlern eingeblendet, deren Substanzen noch nie von irgendjemandem auf der Welt ausprobiert worden waren. In der Vergangenheit wurden Gespräche über neu synthetisierte Stoffe mehr oder weniger in kleinen Privatclubs geführt, digitale Speakeasys, die ähnlich geheim waren wie diese Flüsterkneipen der Prohibitionszeit und über die nur ein paar drogengegerbte Altkonsumenten und Radikale Bescheid wussten. Seit 2008 und 2009 gibt es einen endlosen Echtzeit-Stream solcher Gespräche, in denen komplett öffentlich und komplett unmoderiert Informationen darüber ausgetauscht werden, wo man Drogen finden, kaufen und verkaufen kann, die es bis vor fünf Jahren nicht einmal gab.

»In den frühen Tagen bestand die Sorge, wenn man Quellen öffentlich weitergab oder zu explizit über die Stoffe redete, könnte das zu Verhaftungen oder, schlimmer noch, zum ausdrücklichen Verbot eines Stoffes in den USA führen, wie es nach der Operation Web Tryp zahlreiche gegeben hatte«, erzählte mir ein Konsument. »Vor allem diente das auf die Quellen bezogene Schweigegebot aber als Bollwerk gegen Dummheit, als Schutzmaßnahme in einer Welt, in der es keine Regeln gab. Der Gedanke dahinter lautete, wer nicht selbst die nötigen Nachforschungen anstellte, der hatte vermutlich auch nicht genug Ahnung von der Sache, um diese Drogen nehmen zu können. Nach Mephedron ist alles vollkommen aus dem Ruder gelaufen, weil sich so viel Geld mit dem Ganzen verdienen ließ. Der Hauptgrund, warum früher Quellen nicht weitergegeben wurden, bestand darin, dass ein großer Teil dieser Drogen einen umbringen konnte – selbst wenn man tatsächlich den richtigen Stoff geschickt bekam. Wer möchte schon eine solche Verantwortung auf sich nehmen?«

Falsche Etiketten und Beschriftungen sind also nicht die einzige Gefahr. Auch Unwissenheit kann tödlich sein. In den vergangenen Jahren ist es in den USA zu einer Serie von Todesfällen unter Teenagern gekommen. Vielleicht greifen sie auf Research Chemicals zurück, weil sie schwerer an herkömmliche Drogen herankommen, und vielleicht sind sie leichtfertiger und weniger gut unterrichtet, was die Wirkung der Drogen angeht. In der kleinen amerikanischen Stadt Blaine in Minnesota nahm am 17. März 2011 eine Gruppe von Highschool-Schülern bei einer Spring-Break-Party gemeinsam die Droge 2C-E. Die Nacht endete in einer Massenvergiftung durch diese potente psychedelische Substanz aus Shulgins Labor sowie in einer tödlichen Überdosis. Mehrere Teilnehmer von Drogenforen hatten den Verdacht, wie in Haupts und Agnethas Fall könnten die Etiketten vertauscht worden sein, und es herrschte eine spürbare Verunsicherung in der Szene. Wie forensische Tests ergaben, hatte es sich bei der Droge jedoch tatsächlich um 2C-E gehandelt – sie war nur falsch und fahrlässig dosiert worden.

Trevor Robinson-Davis, der 19-jährige Vater eines sechs Monate alten Sohnes, wurde ins Krankenhaus gebracht, nachdem er eine groß portionierte Line der Droge geschnupft hatte. Er zeigte sofort ein sehr stark erregtes Verhalten und starb schließlich an einem Herzinfarkt. Die Teenager hatten keine Waage benutzt, um die Droge zu portionieren, sondern hatten die Dosis stattdessen nach Augenmaß eingeschätzt – mit tödlichen Folgen. 2C-E ist ab 8 Milligramm wirksam und besitzt eine ungewöhnlich steile Dosis-Wirkungs-Kurve, was bedeutet, dass 18 Milligramm der Substanz einen sehr viel stärkeren Effekt haben als nur 14 Milligramm. Diejenigen der jungen Menschen, die überlebten, berichteten von Delirien, Halluzinationen, Verfolgungswahn, akustischen Verzerrungen und körperlicher Überhitzung. Der 22-jährige Timothy Lamere wurde wegen Totschlags angeklagt, weil er das 2C-E besorgt hatte, und 2012 zu neun Jahren und sechs Monaten Haft verurteilt – die längste Haftzeit, die unter den örtlichen Richtlinien zur Strafbemessung möglich war.

Lamere sagte dem Gericht, er habe die Droge im Internet gekauft und geglaubt, sie sei legal; zu jener Zeit war sie nicht ausdrücklich als kontrollierte Substanz gelistet, und ob es sich um einen illegalen Analogstoff handelte oder nicht, war noch nie vor Gericht erörtert worden. Ungewöhnlicherweise mischten sich Bundesanwälte in den Fall ein und drohten mit einer noch schwereren Anklage, wenn Lamere, der im Zusammenhang mit einer bipolaren Störung schon mehrere Aufenthalte in einer Psychiatrie hinter sich hatte, nicht zur Höchststrafe verurteilt wurde.

Die örtliche Lokalzeitung, die *Star Tribune*, zeigte auf ihrer Internetseite Videos von den Überlebenden des Abends. Katrina Loomis erzählte der Journalistin Pam Louwagie: »Ich denke die ganze Zeit daran, jeden Tag. Ständig, würde ich sagen. Ich werde Drogen nie wieder anrühren. Wenn wir einfach nur schlauer gewesen wären und vorher über das nachgedacht hätten, was wir tun wollten, dann wäre unser Freund noch bei uns. Und Timmy war unser Freund. Also haben wir zwei Freunde an dem Tag verloren.«[14]

Wie in Deutschland und Großbritannien auch haben die Research Chemicals in den USA von den Websites der Onlineanbieter in die Regale der Headshops gefunden. Wie in Deutschland wurden sie dort zumeist als »Badesalze« angeboten, und auch in diesem Fall diente die augenzwinkernde Etikettierung zur Umgehung der Gesetze. 2010 entwickelte sich in den USA ein reger Handel mit Badesalzen und Marihuana-Imitaten, und bis 2011 wurde beides legal in manchen Tabakläden und anderen Geschäften verkauft. Die Produkte enthielten ein sehr breites Spektrum an Substanzen. Die sogenannten Badesalze enthielten Stimulanzmittel wie MDPV, 2-DPMP, Flephedron oder Mephedron, von denen damals noch keines in den USA als kontrollierte Substanz gelistet war. Die Läden boten auch »Kräutermischungen« an, die in Wahrheit Stoffe aus der damals noch legalen JWH-Serie von Cannabinoid-Rezeptor-Agonisten enthielten.

Unter den Produktnamen der Badesalze (sicher die größte Fehlbezeichnung aller Zeiten für Drogen, die eher zu Herzklopfen als zu Entspannung führten) waren Namen wie Bliss, Blizzard, Blue Silk, Charge+, Hurricane Charlie, Ivory Snow, Ivory Wave, Ocean Burst, Pure Ivory, Purple Wave, Red Dove, Snow Leopard, Star Dust, Vanilla Sky, White Dove, White Knight und White Lightning.

Über Tankstellen, kleine Lebensmittelläden und Skate-Shops wurden auch synthetische Marihuanaprodukte an Millionen von amerikanischen Konsumenten verkauft. Sie trugen Namen wie Blaze, Dream, Aroma, Mr. Smiley, Red X Dawn, Kush, K2 und Abama (vielleicht eine Anspielung auf den für seinen Marihuanakonsum berühmten Präsidenten), kosteten zehn bis 25 Dollar pro Beutelchen und enthielten Drogen aus der JWH-Reihe, genau wie es bei dem unter dem Namen Spice verkauften Legal High in der EU der Fall gewesen war.

Bis Mitte 2012 nahmen die Berichte der US-Medien über Konsumenten, bei denen die Einnahme von Badesalzen zu gewalttätigem oder bizarrem Verhalten führte, eine geradezu surreale, filmische Qualität an. Der berühmteste Fall, bei dem angeblich Badesalze im Spiel gewesen sein sollen, ist vielleicht der des 31-jährigen Obdachlosen Rudy Eugene, der als jener Mann in trauriger Erinnerung bleiben wird, der von der Polizei getötet wurde, nachdem er im Mai 2012 in Miami einem anderen Obdachlosen das halbe Gesicht weggebissen hatte. Die Story ging sofort um die Welt und enthielt unter anderem die Aussagen von Polizisten, die bei der Verhaftung gar nicht dabei gewesen waren, aber trotzdem glaubten, der Angreifer könnte unter dem Einfluss irgendeiner Art von Badesalzdroge gestanden haben. Eugene schien unempfindlich gegenüber den Schüssen der Beamten zu sein, sagte die Polizei, und habe mehrere Kugeln von Scharfschützen eingesteckt, bevor er starb.

Auch das amerikanische Center for Disease Control and Prevention (CDC) spielte in jener Woche verrückt und ließ sich zu einer ernsthaften Reaktion auf das im Internet umgehende Gerücht einer Zombieapokalypse hinreißen, das aufgekommen war, nachdem es in den USA und anderswo eine Reihe von weiteren Berichten gegeben hatte, in denen es um Kannibalismus ging. »Das CDC hat keine Kenntnis von einem Virus oder einem Zustand, der Tote neu beleben könnte (oder zu zombieartigen Symptomen führt)«, sagte der Sprecher der Behörde der *Huffington Post*.[15]

Es besteht kein Zweifel daran, dass Rudy Eugene psychisch krank war, und möglicherweise haben die Drogen, die er am Tag des Angriffs zu sich nahm, zu einer Verschlimmerung seines Zustands geführt. Aber als die ersten Berichte über die Tat erschienen, lagen keine eindeutigen Beweise dafür vor, dass Eugene tatsächlich Badesalzdrogen konsumiert hatte. In seinem Magen wurden mehrere unverdaute und bis heute nicht identifizierte Tabletten gefunden, aber bei den in den USA erhältlichen Legal Highs handelt es sich normalerweise um Pulver, die durch die Nase eingenommen werden. Auch menschliches Fleisch wurde in seinem Magen nicht gefunden, was bedeutet, dass die anfänglichen Berichte über Kannibalismus ebenfalls nicht zutrafen. Der örtliche Fernsehsender CBS4 machte eine »LSD-artige Droge« für den Angriff verantwortlich. Doch selbst wenn man über die Tatsache hinwegsieht, dass zu jenem Zeitpunkt noch kein toxikologischer Bericht vorlag und keine Badesalzdroge LSD auch nur entfernt ähnelt, stand diese Behauptung auf mehr als wackligen Beinen: Wie Jack Shafer von der Agentur Reuters berichtete, hatten weder der Arzt noch der Polizeibeamte, die in den ersten Berichten zitiert wurden, unmittelbar mit dem Fall zu tun.[16]

Es ist so schon schwer genug, in Medienberichten über neue psychoaktive Substanzen Fakt und Fiktion auseinanderzuhalten. Wenn dann aber noch der Medienhype dafür sorgt, dass die Ereignisse auf fast schon vorsätzlich wirkende Weise aufgebauscht und verzerrt werden, wird es praktisch unmöglich.

Jede Generation hat ihre eigene Drogenhysterie, ob sie im Gewand von in den Tod springenden LSD-Konsumenten in den 1960ern auftritt, die Gestalt von PCP-Freaks in den 1980ern und übermenschlichen Cracksüchtigen in den 1990ern annimmt oder in Form von mephedrongeilen und vollkommen frei erfundenen Schülern daherkommt, die im frühen 21. Jahrhundert ihren Lehrern höhnisch ihre Beutel mit Legal Highs unter die Nase halten. Wie Alasdair Forsyth vom zur Glasgow Caledonian University gehörenden Institute for Society and Social Justice Research zu mir sagte: »Vor ein paar Jahren war in [der Satirezeitschrift] *Punch* ein Cartoon abgebildet, der zwei vor einer riesigen Vogelscheuche stehende Bauern zeigte und die Bildunterschrift trug: ›Wenn sie wirken soll, muss ich sie jedes Jahr ein bisschen angsteinflößender machen.‹«

Die Geschehnisse um Rudy Eugene lassen sich nur komplett

darstellen, wenn man dabei auch das soziokulturelle und wirtschaftliche Klima berücksichtigt, in dem sie sich zugetragen haben. Sicher kann man die Leser damit nicht so schön gruseln wie mit einer kannibalischen Zombieapokalypse, doch blieb die Tatsache unerwähnt, dass der Bundesstaat Florida in Bezug auf die finanziellen Mittel, die für die Versorgung psychisch Kranker ausgegeben werden, in den USA an zweitletzter Stelle steht. Es gibt 325 000 Erwachsene mit schweren und dauerhaften psychischen Problemen in Florida, doch laut einem 2009 erschienenen Bericht des Florida Center for Fiscal and Economic Policy erhalten nur 41 Prozent dieser Menschen staatliche Unterstützung. Das bedeutet, mehr als 190 000 Menschen mit schweren psychischen Erkrankungen erhalten nicht die Hilfe, die sie benötigen.[17] Im März 2011 schlug der im Hauhaltsausschuss sitzende Senator Joe Negron vor, dass der Etat für die psychiatrische Versorgung um weitere zwei Drittel gekürzt werden sollte. Eine Droge zu verbieten mag Politikern die Möglichkeit bieten, sich als Herr der Lage aufzuspielen, aber die Probleme, die zu Rudy Eugenes Beinahmord an Ronald Poppo geführt haben, lassen sich nicht auf so einfache Weise lösen.

Am 8. Februar 1914 berichtete der Arzt Edward Huntingdon Williams in der New York Times über die gefährliche Ausbreitung des Kokainkonsums in den »trägen« schwarzen Arbeiterklassegemeinden des amerikanischen Südens.[18] Der Beitrag spiegelt sehr schön den beiläufigen Rassismus wider, der zu jener Zeit so verbreitet war, aber auch wenn man von diesem wohlfeilen Kritikpunkt absieht, ist es interessant zu sehen, wie das maßgebliche Vorstellungsbild – nämlich das eines extrem gewalttätigen schwarzen Mannes, der durch Drogen übermenschliche Kräfte erlangt und sogar gegen Kugeln immun ist – noch ein Jahrhundert später fortbesteht. 1914 reagierte man mit dem Beschluss, schwerere Bewaffnung sei nötig, um solche gefährlichen Neger im Zaum zu halten. Der Fall vom sogenannten Zombiekannibalen in Miami löst zugleich Mitleid und schieres, instinktives Entsetzen aus. Die Berichte darüber präsentierten dem Leser jedoch das gleiche Gemisch aus ethnischer Zugehörigkeit, Drogen und Gewalt, wie es von anderen Rassisten bereits ein Jahrhundert zuvor zusammengebraut worden war.

Badesalzdrogen spielten auch in anderen bizarren Medienberichten eine Rolle, die 2012 in den USA durch die Öffentlichkeit gingen. Der fleischfressende Virus fand in jenem Jahr ein weiteres, wenn auch nicht ganz so spektakuläres Opfer, als das medizinische Fachblatt *Orthopedics* berichtete, bei einer Frau sei es zu einem Fall von nekrotisierender Fascitis gekommen, nachdem sie sich eine Dosis der Badesalze in den Arm injiziert habe. Den Ärzten zufolge breitete sich die fleischfressende Krankheit so schnell im Körper aus, dass man praktisch dabei zusehen konnte und sie der Frau nicht nur Arm, Schlüsselbein und Schulter, sondern schließlich auch eine Brust amputieren mussten.[19] Doch die Erkrankung hatte nichts mit der fraglichen Droge zu tun, sondern eher mit der Methode der Verabreichung – via intramuskulärer oder subkutaner Injektion – sowie dem gesundheitlichen Zustand der Frau. Die meisten Gelegenheitskonsumenten injizieren sich ihre Drogen nicht, und man darf ohne Weiteres annehmen, dass gewohnheitsmäßige intravenöse Konsumenten sich in einem schlechteren gesundheitlichen Allgemeinzustand befinden und dementsprechend auch ein schwächeres Immunsystem haben als andere Drogenkonsumenten.

Wie beliebt und gefährlich die legalen Drogen waren, kam zutage, als die American Association of Poison Control Centers meldete, dass 2011 insgesamt fast 6000 Anrufe wegen Badesalzen und 7000 Anrufe wegen Kräutermischungen bei den Vergiftungszentralen des Landes eingegangen seien. 2009 hatte es noch keinen einzigen solchen Anruf gegeben. Dr. Mark Ryan, Leiter des Louisiana Poison Control Center, sagte gegenüber *ABC News*: »Es ist egal, aus welcher sozioökonomischen Schicht man kommt, bei uns melden sich Konsumenten aus sämtlichen Bereichen – aus allen Altersgruppen, aus allen Einkommensgruppen. Manche Leute kommen zu uns und klagen über so starke Schmerzen in der Brust, dass sie glauben, sie bekämen einen Herzinfarkt. Sie glauben, sie müssten sterben ... Sie leiden unter extremem Verfolgungswahn. Sie haben Halluzinationen. Sie sehen Dinge, sie hören Dinge, Monster, Dämonen, Aliens.«[20]

Im südlichen Bundesstaat Alabama mussten im Mai 2012 insgesamt 30 junge Menschen wegen Nierenversagens stationär behandelt werden, die Kräutermischungen geraucht hatten, die nicht nur mit synthetischen Cannabinoiden, sondern aus Versehen auch mit einem Pestizid besprüht worden waren. Den Ärzten zufolge sind manche von ihnen nun für den Rest ihres Lebens von der Dialyse abhängig.

Die schiere Vielfalt der in den USA angebotenen Legal Highs zeigt, wie beliebt und verbreitet die Drogen dort sind, und die Profite, die sich mit den bunten Tütchen machen lassen, sind enorm. Aus einem einzigen Gramm MDPV, das zu einem Großhandelspreis von drei Dollar in Shanghai eingekauft wurde, lassen sich 40 Päckchen eines Legal Highs fertigen, die für 25 Dollar pro Stück in amerikanischen Minimärkten angeboten werden – ein Profit von 997 US-Dollar (von dem natürlich noch die Kosten für Verpackung und Vertrieb abgezogen werden müssen). Bei Drogen aus der JWH-Reihe und anderen Cannabinoiden sind die Gewinnspannen ebenso hoch.

Es ist deutlich, dass in den USA Badesalzdrogen, synthetisches Marihuana und andere Research Chemicals gut ankommen. Warum das so ist, ist eine viel heiklere und schwierigere Frage. In den Vereinigten Staaten werden mehr herkömmliche Drogen konsumiert als in irgendeinem anderen Land der Welt, und wie bei der National Survey on Drug Use and Health 2010 herauskam, nehmen dort 22 Millionen Menschen, also neun Prozent der Bevölkerung, illegale Drogen. In der Altersgruppe der 18- bis 25-Jährigen ist dieser Anteil noch einmal mehr als doppelt so hoch und liegt bei 21,5 Prozent. Dabei ist zu beachten, dass in diesem 2011 veröffentlichten Bericht die neuen Drogen, die sich in den USA so stark ausgebreitet haben, gar nicht erwähnt werden, obwohl im Internet jeder darüber redet und auch im Fernsehen ständig über sie berichtet wird.

Vielleicht besteht ein Grund für die Beliebtheit der Substanzen darin, dass in amerikanischen Firmen Drogentests sehr viel verbreiteter sind und auch amerikanische Eltern manchmal im Handel erhältliche Tests zur Überwachung ihrer Kinder einsetzen. Wer ein Sportstipendium an einem College hat, muss sich regelmäßigen Drogentests unterziehen; bei einem positiven Testergebnis wird man nicht nur aus der Mannschaft geworfen, sondern verliert auch sein Stipendium und fliegt vom College. Viele der neuen chemischen Drogen sind durch die Tests nicht nachweisbar.

Man bedenke auch, dass 2011 drei Dutzend Bundesstaaten vorgeschlagen haben, Drogentests für die Empfänger von Sozialhilfe, staatlichen Ausbildungsangeboten, Essensmarken, Sozialwohnungen und Arbeitslosenhilfe einzuführen. Zuletzt wurde das Gesetz im Bundesstaat Georgia erlassen, wo sich seit April 2012 »manche« Empfänger von Sozialleistungen (nach welchen Kriterien diese ausgesucht werden, wird nicht näher erläutert) Drogentests unterziehen müssen, bevor ihnen wesentliche Leistungen ausgezahlt werden. Als genüge es nicht, die Zahlungen an Menschen ins Visier zu nehmen, die zu den ärmsten und bedürftigsten der Gesellschaft zählen – mittellose Suchtkranke und Drogenkonsumenten –, verlangt der Staat auch noch, dass diese 17 Dollar zahlen, um in den Becher urinieren zu dürfen, der über ihr Schicksal entscheidet. Wie die *New York Times* berichtete, müssen in Florida die Empfänger von Unterstützungszahlungen seit Juli 2012 selbst für ihre Drogentests aufkommen. Die Zahl der Antragsteller, heißt es in dem Bericht weiter, sei auf den niedrigsten Stand seit Anfang der Rezession gesunken.[21]

Aber wenn Drogen mit einer Wirkschwelle von wenigen Milligramm an jeden verkauft werden, der 30 Dollar übrig hat, dann liegt die Schuld nicht nur bei den chinesischen Laboren, die diese Substanzen herstellen, obwohl sie über ihren wahren Verwendungszweck nur allzu gut Bescheid wissen, sowie bei den Geschäften und Websites, die sie in den USA anbieten, sondern vor allem bei einem Rechtssystem, das den Verkauf dieser Stoffe profitabel und ihren Konsum attraktiv macht. Der Grund, warum diese Drogen zu Todesfällen, Überdosierungen und Wahnvorstellungen führen, ist, dass sie unter falschen Vorspiegelungen als billige und legale Alternativen zu Drogen wie MDMA, Kokain oder Marihuana verkauft werden.

Während es den behördlichen Stellen nicht gelingt, die Probleme wirksam in Angriff zu nehmen, ergreifen an der Basis arbeitende Freiwilligenorganisationen konkrete Maßnahmen, um gesundheitliche Gefahren von Konzertbesuchern abzuwenden. The Bunk Police ist eine in den USA tätige Gruppe, die Testsets mit einer einfachen Reihe von Reagenzien herstellen, mit denen sich bestimmte chemische Stoffe nachweisen lassen. Dazu füllt man geringe Mengen einer Droge in ein kleines Plastikröhrchen und gibt die verschiedenen Reagenzien hinzu. Je nachdem, welche Substanz enthalten ist, nimmt das Gemisch eine andere Farbe an, die dann mit einer beigelegten Skala verglichen werden kann. Die Organisation führt auch komplexere Labortests an Substanzen durch, nach deren Einnahme die Konsumenten im Krankenhaus gelandet sind. Die Gruppe führt Drogentests bei Raves und Konzerten durch und verkauft ihre Testsets auch an Konsumenten, damit diese die einfache Untersuchung selbst durchführen können.

»Wir haben im Juni 2011 angefangen«, berichtete mir der Sprecher der Gruppe, der anonym bleiben möchte, per E-Mail:

»Als wir die Tests vor Ort durchführten, hing viel vom Veranstaltungsort und der Zahl der Besucher ab, die zu uns kamen. Seit die Leute auch eigene Testsets bei uns bekommen können, haben die Zahlen stark zugenommen, hängen aber immer noch von diesen Faktoren ab. Es ist schon vorgekommen, dass wir bei einer viertägigen Veranstaltung mehr als tausend Sets unter die Leute gebracht haben. Wir sind bei Musikkonzerten und anderen raveartigen Veranstaltungen anwesend, die Campingmöglichkeiten anbieten [wo die Mitarbeiter von Zelt zu Zelt gehen und das Einzelgespräch mit Konsumenten suchen]. Wir bieten auch tragbare Testsets an, die leicht zu verstecken sind und nicht auffallen, wenn man sie bei kleineren Veranstaltungen im Publikum verwendet.

Unser Ziel ist es, die betrügerischen Praktiken zu bekämpfen, die es auf dem Schwarzmarkt gibt. In der Regel ist es so, dass die Konsumenten von illegalen Substanzen keine Möglichkeit haben, die Echtheit dieser Substanzen zu überprüfen. Manche der substituierten Stoffe können viel gefährlicher als das sein, was die Konsumenten eigentlich nehmen wollten. In der Mehrzahl der Fälle stellt sich heraus, dass die Drogen minderwertig sind, aber das hängt auch von der Veranstaltung ab – bei manchen ist es viel schlimmer als bei anderen.«

Wie er erklärt, sei es heute öfter so, dass die Dealer sich ein oder mehrere Kilo Research Chemicals aus China liefern lassen und diese dann als reguläre Drogen ausgeben, als dass sie diese regulären Drogen selbst verkaufen würden:

»Das beste Beispiel ist, dass wenn man ›molly‹ angeboten bekommt (so lautet der amerikanische Slangausdruck für in Pulver- oder Kristallform vorliegendes MDMA), meist nicht MDMA dahintersteckt, sondern irgendein synthetisches Cathinon oder ein anderes Stimulanzmittel. Es werden nur eine Handvoll Substanzen angeboten (LSD, MDMA, Kokain, Meskalin, usw.), aber in Wahrheit könnte es sich bei diesen Substanzen um jedes von mehr als 50 Research Chemicals handeln. Die mit den RCs verbundenen Gefahren sind weitgehend unbekannt. Es gibt sehr wenige wissenschaftliche Untersuchungen zu diesen Substanzen, was bedeutet, dass alle möglichen versteckten Gefahren von ihnen ausgehen können. Und die Gefahren, die mit der Einnahme einer unbekannten Substanz oder eines Gemischs unbekannter Substanzen verbunden sind, sind beträchtlich.«

In unserem promigeilen Zeitalter wurde vielleicht ein kritischer Punkt erreicht und das Thema zumindest in der amerikanischen Öffentlichkeit allgemein bekannt, als eine Freundin von Demi Moore beim Notruf anrief, weil die Schauspielerin auf besorgniserregende Weise auf ein synthetisches Cannabisprodukt reagierte, das sie konsumiert hatte. In dem Anruf, der im Dezember 2011 bei YouTube auftauchte, sagt die Freundin des im Nebenraum leidenden Stars: »Es ist nicht Marihuana, aber so etwas Ähnliches – etwas Ähnliches wie Räucherwerk. Und sie scheint irgendwelche Krämpfe zu haben.«[22]

Wenn Hollywoodstars, die mühelos an die reinsten und exklusivsten Drogen herankommen können, die es auf dem Markt gibt, sich mit Damianaschnipseln und getrocknetem Salbei zudröhnen, die mit John William Huffmans synthetischen Cannabinoiden besprüht wurden, ist das der endgültige Beweis dafür, dass sich der Handel mit Research Chemicals auf eine Weise in der Gesellschaft ausgebreitet hat, die vor zehn Jahren noch undenkbar gewesen wäre. Zwar trifft es zu, dass die neue Drogenszene zum Teil dadurch entstehen konnte, dass bestimmte altbewährte Substanzen zeitweise nicht mehr zur Verfügung standen. Doch genauso trifft es zu, dass viele Drogenkonsumenten stets offen für einen neuen Kick sind.

In Deutschland werden Legal Highs seit dem Hype um Spice und dem Verbot vieler synthetischer Cannabinoide nicht mehr offen und online in Headshops verkauft, und auch in den USA sind die berüchtigten Badesalze inzwischen in den meisten Bundesstaaten illegal. Trotzdem gibt es immer noch zahllose Konsumenten und Hersteller, die mithilfe von Substanzen, die außerhalb der internationalen Kontrollgesetze liegen, den Behörden ein Schnippchen schlagen wollen. Gleichzeitig hat ein anarchisch gesinnter Hightech-Kader einen Onlinemarktplatz für herkömmliche Drogen aufgebaut, der sich als nahezu unangreifbar herausstellen könnte und ein bedeutendes neues Schlachtfeld darstellt, auf dem der Kampf gegen Drogen ausgetragen wird.

9. Dein Crack ist in der Post

Wenn man zum ersten Mal die Website von Silk Road sieht, traut man dem, was die Augen da ans Hirn weiterleiten, kaum, und sämtliche Vorstellungen, die man bisher hatte, scheinen nicht mehr zu gelten. Ein seltsames Lächeln umspielt die Lippen, in dem sich Wiedererkennen mit Verwirrung mischt. Wer regelmäßig im Internet shoppt, der kennt solche Verkaufsseiten, doch gleichzeitig wirkt alles auf unheimliche Weise anders. So eine Seite kann es doch nicht wirklich geben, oder? Doch, es gibt sie. Wenn man will, kann man noch in diesem Augenblick ins Internet gehen und sich jede Droge kaufen, die es gibt. Jede nur vorstellbare Droge und dazu noch ein paar Dutzend andere werden auf dieser Seite offen zum Verkauf angeboten, von altmodischen Rauschgiften wie Crack, Heroin und LSD bis hin zu Research Chemicals jeder Spielart, einschließlich Shulgins Kreationen, Nichols' Forschungsstoffen, Karls Ketaminvarianten und dem Mephedron von Kinetics. Sollte eine Droge fehlen, die man unbedingt haben möchte, kann man jederzeit nachfragen, ob sie nicht jemand anbieten, importieren oder synthetisieren kann. Und ist man selbst Chemiker, findet man dort auch Syntheseanleitungen und Vorläuferstoffe im Angebot.

Statt auf einen Wandel in der Drogengesetzgebung zu warten, haben Aktivisten, Dealer und Konsumenten ihren eigenen unabhängigen Staat im Internet ausgerufen, in dem nahezu jede Art von Handel erlaubt ist und den Segen des mysteriösen Betreibers der Plattform hat. Die Regeln, an die sich die Anbieter halten müssen, sind ziemlich locker: »Es darf nichts angeboten werden, von dem [sic] der Zweck ist, jemandem Schaden zuzufügen oder jemanden zu betrügen, wie gestohlene Waren oder Informationen, gestohlene Kreditkarten, Falschgeld, persönliche Informationen, Auftragsmorde und Waffen irgendeiner Art. Es darf nichts angeboten werden, was mit Pädophilie zu tun hat.«

Auf der Plattform verkaufen Norweger kambodschanische Pilze, Kanadier afghanisches Heroin und Briten konzentrierte Cannabisextrakte aus alten nepalesischen Hanfsorten, die unter künstlichem Sonnenlicht in Lofts gezüchtet werden, die sich vermutlich irgendwo in Basildon befinden. Wie es für eine Website beinah schon Pflicht ist, die nach der Handelsstraße benannt ist, über die diese Drogen zum ersten Mal in den Westen gelangt sind, gibt es dort auch Opiate zu kaufen, darunter Opium, verschreibungspflichtiges Morphin sowie weißes und braunes Heroin aus Afghanistan. Die meisten der Produkte sind illegal, aber ob man nun ein Viertelgramm Heroin oder ein Gramm funkelndes peruanisches *escama-de-pescado*-Kokain kaufen möchte, hier ist man an der richtigen Stelle, und es gibt nicht viel, was die Polizei oder der Zoll tun kann, um einen aufzuhalten.

Silk Road ist das Traumland eines jeden Cyberpunks – nur ist es real, und zwar nicht nur in der düsteren Zukunftsvision irgendeines Romans von William Gibson, sondern in Dutzenden von Ländern. Trotzdem ist es eine Website wie jede andere, zumindest wenn die Kenntnisse im Webdesign noch auf dem Stand der Zeiten wären, als es Google und Amazon noch nicht gab. Beim Aufrufen der einzelnen Seiten erwartet man fast, dass im Hintergrund ein Modem zu kreischen beginnt und die Bits auch genauso langsam wie früher zu einem durch die Telefonleitung gekrochen kommen. Doch statt Büchern oder Haushaltwaren bieten die Inserenten hier in den denkbar einfachsten und unverblümtesten Worten die Drogen an, die sie im Sortiment haben, und nennen auch die zugehörigen Preise. Auf der linken Seite werden in einer säuberlich unterteilten Navigationsleiste verschiedene Kategorien aufgeführt. Es herrscht ein reichhaltiges Angebot an psychedelischen Drogen, zu denen Research Chemicals und Standardoptionen wie LSD ebenso gehören wie eine Vielzahl von Magic Mushrooms. Es gibt 2C-B, 2C-I sowie etliche weitere Leckerbissen aus Shulgins Labor, die sich hauptsächlich an chemische Feinschmecker richten. Auch DMT ist zu haben – jene Droge, für die William Burroughs seinerzeit noch eine monatelange Reise durchs Amazonasgebiet auf sich nehmen musste. Ein Verkäufer namens Seakong bietet ein Gramm des stärker halluzinogen wirkenden MDMA-Vetters MDA an, das laut seinen Angaben von einem aufstrebenden jungen Chemiker gefertigt wurde, mit dem er befreundet ist. Zwölf ฿ sind ein absoluter Spottpreis für eine so selten erhältliche Droge. Das Symbol ฿ steht für Bitcoin, eine mysteriöse Währung, deren Verwendung auf diesem Onlinemarktplatz Pflicht ist und auf die später noch näher eingegangen wird.

Es gibt Tranquilizer wie Valium, jede Menge kristallines MDMA und unzählige Ecstasypillen, dazu Dissoziativa wie Ketamin und Aufputschmittel wie Crack, Ice und andere Amphetamine. Es gibt hochwertiges Cannabis der Sorte Kush, bei dem besonders ein Anbieter von den Kunden gelobt wird, der die stark duftende Ware vakuumverpackt in einem Umschlag verschickt, der gerade noch so in die meisten Briefkästen passt – sodass die Sendung leichter durch den Zoll kommt und die Kunden auch nicht bei einem Paketboten dafür gegenzeichnen müssen. Dass Kush zu den ältesten Hanfsorten der Welt gehört, die einst über die traditionellen Handelsstraßen zuerst nach Europa und von dort in die USA gelangte, ist ein ironischer Nebenaspekt, dessen sich der schlaue, streitlustige und wortgewandte Betreiber von Silk Road, der unter dem Namen Dread Pirate Roberts auftritt, mit Sicherheit bewusst ist.

Wenn man die über diese »Seidenstraße« gehandelten Waren kaufen will, legt man sie einfach in seinen virtuellen Einkaufswagen und bezahlt. Das Geld wird in einem von der Website gehosteten Treuhandkonto aufbewahrt, und man muss zwar eine Lieferadresse angeben, doch die kann verschlüsselt sein und wird nach Empfang der Ware gelöscht. Auf der Seite finden sich auch ausführliche Ratschläge dazu, wie man sich Pakete auf möglichst sichere Weise zustellen lässt:

»Verwende nicht die Adresse, wo die Ware schließlich bleiben soll, sondern eine andere, die nichts mit dir zu tun hat, wie zum Beispiel die Adresse eines Freundes oder die Anschrift eines Postfachs. Sobald der Artikel eintrifft, transportiere ihn unauffällig an seinen Bestimmungsort. Lass dir den Artikel nicht an ein verlassenes Gebäude oder einen anderen Ort zustellen, an dem eine Postsendung verdächtig wirken könnte. Quittiere den Empfang des Pakets nicht.

Wenn du ein Paket von uns erwartest, dann geh nicht an die Tür, wenn der Postbote klingelt, sondern lass ihn das Paket [abliefern] und transportiere es dann wie oben beschrieben weiter. Verwende nicht deinen echten Namen. Diese Strategie funktioniert in manchen Ländern nicht, weil dort keine Zustellungen an Namen gemacht werden, die nicht unter der Anschrift registriert sind. Wenn du glaubst, das könnte ein Problem sein, schick dir selbst zur Probe einen Brief mit falschem Namen und warte ab, ob er ankommt. Wenn du diesen Richtlinien folgst, ist dein Risiko, erwischt zu werden, minimal. Fall du doch erwischt wirst, streite ab, das Paket bestellt zu haben. Jeder kann jedem alles mit der Post schicken, was er will.«

Anfangs gab es bei Silk Road auch einen für den Waffenhandel vorgesehenen Bereich, doch vielen Benutzern bereitete die Gegenwart der Waffenhändler Unbehagen, sodass im Februar 2012 eine neue Unterseite namens The Armory eingerichtet wurde. Diese »Waffenkammer« wurde jedoch schon sechs Monate später aufgrund mangelnden Interesses wieder geschlossen.

Silk Road machte bereits im ersten Betriebsjahr einen Umsatz von 22 Millionen Dollar. Das haben zumindest die Recherchen des Sicherheitsforschers Nicolas Christin ergeben, der die Daten der Website durchkämmt hat, indem er mehrere Benutzerkonten zur Installierung von Software-Agenten einsetzte, die anhand des öffentlichen Bewertungssystems die Kundenaktivitäten überwachten und so ermittelten, wie viele Transaktionen stattfanden. Mitte 2012 errechnete er auf Grundlage dieser Daten das Volumen der über die Plattform abgewickelten Geschäfte.[1] Die Betreiber von Silk Road kassieren bei jedem Verkauf eine Provision von ungefähr sechs Prozent – beim derzeitigen Umsatz also ungefähr 143 000 Dollar pro Monat.

Silk Road bietet auch einen sehr rege frequentierten Forenbereich mit mehr als 100 000 Beiträgen zu 9000 Themen und insgesamt 11 000 Nutzern, die sich auf den trubeligen Gemeinschaftsseiten tummeln. Die Gespräche dort drehen sich um die heilige Dreifaltigkeit der Website: Drogen, Schmuggel und Verschlüsselung. Einmal ist sogar der Beitrag eines angeblichen kanadischen Postbeamten aufgetaucht, der behauptete, infolge eines Unfalls von Opiaten abhängig geworden zu sein, und Ratschläge dazu gab, wie man der Entdeckung durch die Behörden entgehen konnte. Er erklärte, auf diese Weise seine Dankbarkeit gegenüber der Plattform ausdrücken zu wollen, da sie die einzige Möglichkeit für ihn darstelle, an die aufgrund seiner Schmerzen und seiner Sucht benötigten Medikamente zu gelangen. Entweder handelte es sich bei dem Beitrag um einen abenteuerlichen Akt der Subversion oder aber um eine raffinierte Form der verdeckten Ermittlung. Um die Sache noch komplizierter zu machen, hatte man beim Lesen des Postings den Eindruck, es könne sich genauso gut um das eine wie um das andere handeln.

Silk Road ist das beliebteste der stetig wachsenden, verborgenen Netzwerke von Drogendealern, die das aus The Onion Router hervorgegangene Tor-Netzwerk verwenden – einen alternativen internetähnlichen Raum, in dessen unter dem normalen Netz verlaufenden Tunneln es vor Nutzern nur so wimmelt. Eine über diese Tunnel erreichbare Website namens The General Store ist sogar noch minimalistischer aufgemacht als Silk Road, liefert die angebotenen Waren aber zuverlässig: Ketamin, DMT und MDMA. Die Seite Black Market Reloaded funktioniert nach einem ähnlichen Prinzip wie Silk Road und bietet die gleichen Drogen und Dienste, ist allerdings bei Weitem weniger gut besucht. Die Nützlichkeit des von Silk Road zur Verfügung gestellten Dienstes verhält sich proportional zur Zahl der Menschen, die ihn nutzen, und die Website wächst rasch.

Aber wie kann es einen Dienst wie Silk Road überhaupt geben, wenn er auf so offenkundige Weise gegen die Gesetze verstößt? Damit die Kunden der Plattform vollkommen unaufspürbar und vor der Strafverfolgung geschützt bleiben, wird Silk Road als sogenannter Hidden Service im Dark Web angeboten, auf das Google keinen Zugriff hat. Die Websites in diesem Netzwerk haben per Zufallsgenerator erstellte Adressen, die aus einer willkürlichen Aneinanderreihung von Buchstaben bestehen und statt auf .com auf .onion enden. Der Betreiber und die Kunden der Website – also sowohl die

Dealer als auch ihre Kunden – bleiben komplett anonym. Der Standort des Servers, der die Website hostet, ist unbekannt und kann auch nicht ermittelt werden. Und erstaunlicherweise ist die US-Marine zu einem gewissen Teil für diesen Zustand mitverantwortlich.

Silk Road wird im Tor-Netzwerk gehostet, das Nutzern über ein mehrschichtiges Netzwerk aus freiwilligen Servern, die Datenströme verschlüsseln, das anonyme Browsen von Zugriffsseiten ermöglicht, die als »Hidden Services«, also versteckte Dienste, bezeichnet werden. Wie es auf der Website torproject.org beschrieben wird: »Tor ist eine freie Software und ein offenes Netzwerk, die dir dabei helfen, dich gegen eine Form der Netzwerküberwachung zu verteidigen, die sowohl die persönliche Freiheit und Privatsphäre als auch die Vertraulichkeit von geschäftlichen und zwischenmenschlichen Beziehungen bedroht, sowie dich gegen eine staatliche Sicherheitsmaßnahme namens Datenstromanalyse zu schützen.«

Der Informationsaktivist Andrew Lewman pendelt zwischen den USA und Island hin und her und fungiert als Sprecher der Tor-Organisation. Wenn er sich an die Gespräche erinnert, zu denen es in den 18 Monaten seit Populärwerden von Silk Road auf von ihm besuchten Konferenzen gekommen ist, muss er lachen: »Die Leute sind auf mich zugekommen und haben gesagt: ›Wow, danke für Silk Road!‹ Ich habe geantwortet: ›Langsam! Kann gut sein, dass jemand mithört! Wir hosten Silk Road nicht – es ist nur eine Adresse. [Die versteckten Dienste von Tor] sind nur ein Algorithmus, der eine Adresse bereitstellt.«

Die Tor-Software und das Tor-Netzwerk wurden 2001 von zwei Informatikabsolventen des Massachusetts Institute of Technology erschaffen. Die beiden nahmen ein Stück unbenutzter Software, die 1995 von der US-Marine geschrieben worden war, um eine einfache, anonyme Benutzung des Internets zu ermöglichen, und stellten mit Genehmigung der Marine eine eigene Version des Programms online. »Die Marine hatte dieses Projekt namens Onion Routing, und es läuft auch heute noch«, erklärt Lewman. »Das Ziel war, die Analyse des Datenverkehrs zu verhindern, durch die sich feststellen lässt, wer man ist, mit wem man redet und wie viele Daten man verschickt und empfängt. Wenn man an die Postanschrift auf einem Briefumschlag denkt, dann ist das die Basis dieser Art von Informationserfassung.« Aus irgendeinem Grund wollte die Marine diese Technologie haben und hat das Projekt intern ins Leben gerufen, doch Lewman zufolge hatte sie eigentlich nie die Absicht, es öffentlich freizugeben. »Dann hat Paul Syverson, ein Mathematiker, der immer noch der wichtigste Entwickler beim Onion Routing für die Marine ist, bei einer Konferenz den Doktoranden Roger Dingledine kennengelernt«, sagt der Tor-Sprecher. »Roger fragte Paul: ›Haben Sie je daran gedacht, das ins Internet zu stellen?‹ Damals hatte die Marine ja eigentlich keine derartigen Verwendungspläne. Aber Paul sagte, warum nicht? Also musste als erstes Problem gelöst werden, dass die Marine ihre Anonymität aufgeben müsste, wenn sie dieses Programm online stellen und damit in die Welt entlassen würde.« Doch ein Netzwerk würde wohl kaum als anonym akzeptiert werden, wenn es der Marine gehörte. »Es kann kein von der Marine betriebenes anonymes Netzwerk geben«, erklärt Lewman. »Denn egal welcher einzelne Soldat man ist, der Feind weiß immer noch, dass man zur Marine gehört, und behandelt einen auch so.«

Wenn ein Anonymisierungsdienst nur von einer bestimmten Kategorie Menschen verwendet wird, ist es für Außenstehende einfach zu erkennen, um wen es sich handelt. Wenn zum Beispiel ausschließlich Polizeibeamte weiße Autos fahren würden, würde man immer wissen, dass ein Polizist drinsitzt, wenn man ein weißes Auto sieht. Man wüsste nicht, um welchen einzelnen Polizisten es sich handelt, doch man wüsste, es muss ein Polizist sein, und wäre in der Lage zu erkennen, wohin die Männer der Polizei fahren und in welchen Abständen. Deshalb wäre es besser, wenn eine möglichst große Zahl von Menschen das System verwenden würde – denn in der Menge kann man sich besser verstecken.

Das ursprüngliche Ziel der Doktoranden Roger Dingledine und Nick Mathewson bestand darin, den Nutzern eine bessere Kontrolle über ihre Daten zu ermöglichen, wenn sie ins Internet gingen. Damals fand gerade der erste Dotcom-Boom statt, und viele Firmen boten ihre Dienste kostenlos an – oder besser gesagt im Austausch gegen die eigenen Daten und Surfgewohnheiten, die sie dann an

Dritte verkauften. Informationsaktivisten lehnten dieses Geschäftsmodell ab und wollten eine Alternative anbieten, also entwickelten Dingledine und Mathewson eine Variante des Marineprotokolls und nannten sie Tor. Die Funktionsweise von Tor lässt sich am besten in einfachen Worten erklären. Wenn man eine Internetadresse in einen Standbrowser wie Firefox oder Internet Explorer eingibt, wird die Internetverbindung von einer nur einmal vorhandenen Adresse aus hergestellt – der eigenen Internetprotokoll- oder IP-Adresse – und läuft auch wieder zu dieser Adresse zurück. Die Adresse ist in dem Datenpaket enthalten, das verschickt wird, wenn man Enter drückt. Die Datenanforderung oder das Paket wird über die schnellstmögliche Route zu der Adresse übertragen, die man eingegeben hat, und die Anforderung wird dann über dieselbe Route erfüllt, nur in umgekehrter Richtung. Sowohl die Anforderung als auch die von einem selbst empfangenen Daten werden von dem Internet Service Provider gespeichert, bei dem man Kunde ist, und können an vielen Punkten entlang des gesamten Vorgangs eingesehen werden. Seine IP-Adresse bekommt man von seinem Provider zugewiesen, sie besteht aus einer durch Punkte gegliederten Ziffernfolge. Es kann sein, dass die Adresse nur vorübergehend gültig ist; mancherorts wechselt sie jeden Tag, anderswo gilt sie so lange, bis mehr als acht Stunden lang der Strom gekappt ist. Die IP-Adresse bestimmt, über welche Route einen die angeforderten und zurückgesendeten Daten im Netzwerk erreichen, und lässt sich am besten als eine Art digitale Privatadresse vorstellen.

Wenn ein britischer Internetnutzer eine Suchanfrage bei Google durchführt, leitet sein Provider sie an einen Server von Google weiter, der zum Beispiel in den USA stehen kann. Der Datenstrom durchquert das Meer zu Google, und Google schickt die angeforderten Daten zurück zur eigenen IP-Adresse. Aufgrund der örtlichen Zuteilung der Adressen weiß Google jetzt, wo man sich befindet. Es gibt geografische IP-Datenbanken, über die IP-Adressen bis zu einer bestimmten Straße oder zumindest bis zu einem bestimmten Viertel zurückverfolgt werden können – was Leuten, die übers Internet mehrere Pfund Haschisch kaufen beziehungsweise verkaufen wollen, natürlich gar nicht recht ist.

Der Provider kann den gesamten Datenverkehr sehen, den man über seine IP-Adresse abwickelt, sowie alles, was man über diesen Verkehr tut, genauso wie jeder andere, der sich zwischen Ausgangspunkt und Ziel einer Anfrage befindet. In diesem Fall handelt es sich dabei um den Google-Konzern, der sehen kann, wo auf der Welt man lebt, und seine Werbung entsprechend abstimmt.

»Die IP-Adresse, die ich benutze, kann bis zu meiner Straße zurückverfolgt werden«, sagt Lewman. »Sie wissen genau, wo ich bin und wo ich lebe, kennen meine Straße und können sich vermutlich sogar denken, in welchem Haus ich wohne.« Wenn man Tor herunterlädt und installiert, erklärt er, öffnet sich ein ganz normales Browserfenster, in dem man Adressen eingeben kann. Dann gräbt Tor einen virtuellen Tunnel von einem Punkt zum anderen und verbirgt sämtliche darüber verschickten Daten in einer Reihe von verschlüsselten Schichten, die den Schichten einer Zwiebel gleichen.

»Tor baut einen Tunnel, der über mindestens drei sogenannte Relays auf der Welt verläuft. Obwohl man sich also physisch gesehen in Großbritannien befindet, kann die erste Verbindung nach Hongkong gehen, die zweite nach Argentinien und die dritte nach Japan. Um verfolgen zu können, was man treibt, müssten die Netzbehörden das gesamte Internet beobachten«, sagt Lewman.

Das Netzwerk und die Software, die kostenlos auf torproject.org heruntergeladen werden kann, konnten sich unter anderem dank der finanziellen Unterstützung von Voice of America ausbreiten, einer staatlichen amerikanischen Nachrichtenseite, die auf der ganzen Welt gelesen wird. Die Macher traten 2006 an das Tor-Projekt heran, weil sie bemerkt hatten, dass Nutzer aus Ländern mit repressiven Regimes die Tor-Software oft verwendeten, um ihre Websites miteinander zu verbinden. Man bat die ehrenamtlichen Betreiber des Netzwerks, eine Firma zu gründen, damit es sich besser verbreiten ließe, was die Leute von Tor dann auch taten. »Damals waren wir noch gleichzeitig unabhängige Auftragnehmer der EFF [der für Meinungsfreiheit im Netz eintretenden Electronic Freedom Foundation, die von .alt-Newsgroup-Gründer John Gilmore geschaffen wurde] und des amerikanischen Verteidigungsministeriums, was zu ein paar seltsamen Meetings geführt hat!«, berichtet Lewman.

Tor wird nicht nur von Leuten benutzt, die in rechtswidrige Aktivitäten verwickelt sind. Die große Mehrheit der Tor-Nutzer besteht aus Menschen, die beim Surfen im Internet schlicht ein wenig Privatsphäre haben wollen, schließlich wächst das Wissen, das Suchmaschinen und soziale Medien über uns ansammeln, jeden Tag ein bisschen weiter an. Wenn sie sich über Krankheiten oder andere sensible Themen informieren, möchten manche Nutzer nicht, dass ihre Suche bei Facebook oder Google von beunruhigend genau passenden Werbeanzeigen begleitet wird. 2012 wurde die Software 36 Millionen Mal heruntergeladen, auch wenn sich daraus nicht unbedingt die Zahl der täglichen Nutzer folgern lässt, die bei ungefähr einer Million liegt. In repressiven Staaten wie dem Iran können Tor-Nutzer auch auf Seiten zugreifen, die von der Regierung blockiert wurden. »Im Iran nutzen zwischen 60000 und 100000 Menschen das Tor-Netzwerk täglich, meistens um unverfängliche Dinge wie Promiklatsch abzurufen – [aber es wird auch benutzt von] politischen Aktivisten, die ihre Mitteilungen dem streng überwachten Netzbereich des repressiven Regimes entziehen wollen. Die Bürger Irans haben viel Erfahrung darin, die Zensur zu umgehen. Angefangen hat es in den 1960ern, als die Kurzwelle verboten wurde und sie einen Weg gefunden haben, sich darüber hinwegzusetzen. Dann kam das Satellitenfernsehen, bei dem man nur die staatlichen Sender empfangen durfte; der Iran stört alle anderen Signale. Die Menschen sind sehr gut darin geworden, ihre illegalen Schüsseln zu verstecken, oder haben sie tragbar gemacht, damit sie fernsehen und dann alles schnell abbauen können«, schildert Lewman. »Heute ist es eben das Netz. Und je mehr Leute ins Internet gehen und sich dort mit Nachrichten versorgen und je mehr sich ihr Leben im Internet abspielt, umso stärker versucht der Iran, dem Ganzen einen Riegel vorzuschieben und die Zensur aufrechtzuerhalten. Aber die Iraner sind sehr geübt darin, diese Maßnahmen zu umgehen.« Die Tor-Software wird ins Land geschmuggelt und heimlich unter den Nutzern verteilt, und zwar durch das sogenannte »Turnschuhnetz« aus Freunden und Gleichgesinnten, die von Haus zu Haus gehen und das Programm auf USB-Sticks, in verschlüsselten Dateien auf Kameraspeicherkarten oder auf offiziell erlaubten CD-Roms gespeichert haben.

Natürlich hat diese Technologie der Freiheit auch eine dunkle Seite. Wenn man etwas tiefer in diesem versteckten oder »dunklen« Netz gräbt, dann stößt man auf Websites, die auch dem extremsten Verfechter der Freiheit zu denken geben würden. Die Seite Quick Kill unterbreitet einem das Angebot, »das Problem in deinem Leben zu beseitigen« – gegen die Zahlung von 10 000 Dollar im Voraus sowie weiteren 10 000, sobald das Ziel eliminiert ist. »Wir sind hier, um Geschäfte zu erledigen«, erklärt der Betreiber der Seite und beruhigt (oder enttäuscht) seine potenziellen Kunden damit, dass jedoch keine Morde an Vertretern der Politik ausgeführt werden. Wahrscheinlich steckt eine Betrugsmasche dahinter, jedoch eine ziemlich verstörende, wie man sagen muss. Noch tiefer in den Schichten dieser .onion-Seiten verbergen sich Waffenhändler, die ihren Kunden sagen, sie sollen sich woanders umsehen, wenn sie weniger als 10 000 Dollar ausgeben möchten. Hier zieht man die Grenze bei biologischen Waffen.

»Jemand hat mir ein Forum gezeigt, das die italienische Mafia auf Tor betreibt und wo sie über ein elektronisches schwarzes Brett mit Waffen, Drogen sowie Tonnen von Müll und Giftmüll handelt«, berichtet ein von mir befragter Kenner der Szene. »Das findet abseits des öffentlichen Netzes, aber doch ganz offen statt. Sie benutzen keine Codewörter, und sie machen die gleichen kindischen Witze, wie sie auch in einem normalen Mailboxsystem gemacht werden.«

Lewman ist sich darüber im Klaren, dass das Netzwerk auch von Kriminellen, Pädophilen, Drogendealern und Betrügern benutzt werden kann. »Tor ist lediglich eine Technologie. Wäre Tor nicht da, würde es Silk Road und all diese anderen Dinge irgendwo anders geben. Ich weiß nicht, warum sie sich Tor ausgesucht haben, und es ist mir auch egal. Unser Programm ist komplett quelloffen, alles, was wir tun, ist quelloffen und wird auf der ganzen Welt auf anderen Servern gespiegelt. Selbst wenn also aus irgendeinem Grund die Vereinigung der pädophilen terroristischen Drogenbosse und die vier apokalyptischen Reiter Tor übernehmen und das Netzwerk von solchen Elementen am meisten genutzt wird, dann kann man es zwar in seiner jetzigen Form abschalten, aber es wird wie ein

Phönix aus der Asche wieder neu entstehen. Dann wird es vielleicht zehn oder 1200 Tor-Netzwerke geben, weil jeder sein eigenes betreibt.«

Eigentlich könnte man annehmen, Drogen wären die geringste Sorge der Behörden, wenn es um den versteckten Unterleib des Internets geht. Aber so ist es nicht: Im Juni 2011 machten die USA deutlich, dass es ihr nicht genügt, endlose und kostspielige Kriege in der echten Welt zu führen, sondern nun auch beabsichtigt, ihre opferreichen Schlachten ins Internet hineinzutragen. In jenem Monat verlangten die demokratischen Senatoren Charles Schumer (New York) und Joe Manchin (West Virginia) in einem an den Generalbundesanwalt Eric Holder sowie an die DEA-Chefin Michele Leonhart gerichteten Schreiben, dass Silk Road geschlossen wird. Ihr erschreckender Mangel an Wissen darüber, wie dieser Teil des Internets in Wirklichkeit funktioniert, wäre bei einem ganz normalen Netzbenutzer vielleicht noch verzeihlich. Wenn aber selbst Gesetzgeber, die für ihre Schließung eintreten, nicht begriffen haben, dass die Website nicht gefunden werden kann und selbst, wenn man sie finden und schließen könnte, sie einfach an anderer Stelle im Dark Web wieder auftauchen würde, dann ist damit praktisch garantiert, dass dieses Netzwerk und andere seiner Art noch sehr viele weitere Jahre lang existieren, wachsen und an Stärke gewinnen werden – und zwar genau so lange, wie Drogen illegal sind. Silk Road stillzulegen wäre eigentlich nur möglich, wenn mehrere Staaten gleichzeitig eine weltweite Blockierung des gesamten Internets durchführen würden – ähnlich jener, die Ägypten im Januar 2011 ein paar kurze Tage lang umgesetzt hat, um den Arabischen Frühling zu ersticken. Als die ägyptischen Unternehmen Geld zu verlieren begannen, konnte man jedoch bald wieder online gehen.

»Durch den Krieg gegen Drogen werden einzig und allein die Idioten an der Ecke ausgeschaltet, die verdeckten Ermittlern in die Falle gehen«, meint Lewman. »Die großen Drogenkartelle können sich U-Boote und Flugzeuge leisten und ganze Polizeibehörden bestechen, was bedeutet, dass das Geld irgendwo hinfließt. Die DEA aber verfolgt die Menschen.« Er sagt, durch das Gepolter der zwei Senatoren sei auch die DEA auf die Angelegenheit aufmerksam geworden. »Auf der langen Liste von Dingen, die Amerika umbringen werden, ist Silk Road momentan das schlimmste Übel. Das hat für viel Aufmerksamkeit und Berichterstattung gesorgt, letztlich aber genau das Gegenteil von dem bewirkt, was beabsichtigt war. Was die Leute mitgenommen haben, war, dass man bei Silk Road wirklich gute Drogen kaufen kann!«

Die Betreiber von Silk Road sind komplett anonym. Doch der Name des derzeitigen Seitenadministrators bietet einen sehr interessanten Hinweis darauf, wie der Dienst geführt werden könnte. Anfangs war Dread Pirate Roberts in den zu der Handelsplattform gehörenden Forumsseiten unter dem Namen Silk Road aufgetreten und hatte sich innerhalb des eigentlichen Marktplatzes schlicht Admin genannt. Im Februar 2012 gab er sich jedoch einen neuen Namen und drückte schon Tage zuvor in verschiedenen Postings seine Freude darüber aus, wie gut dieser passen würde. Wie sich zeigte, hatte er beschlossen, sich nach einer verwegenen Piratengestalt aus dem 1973 erschienenen Fantasyroman *The Princess Bride* zu benennen, der aus der Feder des berühmten amerikanischen Drehbuchautoren William Goldman stammt. In diesem Buch ist der gefürchtete Pirat Roberts eine fiktive Gestalt, deren Rolle von verschiedenen Figuren des Buches übernommen wird, die jeweils den Namen, den Umhang, die Verantwortung und das Schiff des Piraten an einen von ihnen bestimmten Nachfolger weitergeben. Deshalb ist es gut möglich, dass Silk Road nicht von einem einzelnen Betreiber geleitet wird, sondern von einem lose verbundenen Konglomerat von Einzelpersonen, von denen jede nacheinander die Gefahren auf sich nimmt (und damit auch die Gewinne einstreicht), die mit dem Betreiben der Seite einhergehen müssen. Vielleicht geht der Name aber auch einfach nur auf den allgemeinen Respekt für Internetpiraten und ihren Erfolg in einer Welt zurück, in der das illegale Herunterladen von Filmen vielen sehr viel weniger verwerflich erscheint, als eine DVD in einem Geschäft zu klauen.

Passenderweise war es auch William Goldman, der den Satz »Folge dem Geld!« ins Drehbuch des 1976 erschienenen Watergate-Films *Die Unbestechlichen* schrieb – eine Wendung, die zum Kriegsruf jedes investigativen Journalisten geworden ist, der Amtsmissbrauch und Korruption auf der Spur ist.[2] Der Aufbau von Bitcoin, der bei den Geschäften auf Silk Road verwendeten Währung, sorgt jedoch dafür, dass man in diesem Fall nicht einfach dem Geld folgen kann. Die Überweisungen finden beinahe anonym statt, und die Gespräche zwischen den Geschäftspartnern sind verschlüsselt und können nicht belauscht werden.

Der Beweis, dass die Seite hält, was sie verspricht, ging im Februar 2012 in Großbritannien über den Äther, als Reporter einer BBC-Radiosendung eine Probe von hochwertigem DMT geschickt bekamen. Die Probe wurde von John Ramsey von der St. George's University getestet, der dem Stoff eine ausgezeichnete Qualität bescheinigte. Die Story wurde ausgestrahlt und auch auf der Webseite der BBC veröffentlicht. Andrew Lewman lässt hörbar das Gesicht in die Hände sinken, während er die Geschichte am Telefon erzählt. »Bessere Werbung hätten sie gar nicht machen können«, sagt er. »Auf dieser illegalen Seite werden also nicht nur Drogen verkauft, der Stoff hat auch noch eine erstklassige Qualität.« Doch man musste sich nicht allein auf die Empfehlung der BBC verlassen. Auch in den Foren von Silk Road stimmte der Schwarm ausführlich über die besten Anbieter und schlimmsten Betrüger ab. Im Juni 2012 umfassten die Bewertungen für den besten LSD-Anbieter 50000 Statements auf 81 Seiten, bei Heroin konnte man 8000 Meinungen auf 22 Seiten einholen. Kokainhändler wurden auf endlosen 292 Seiten mit mehr als 90000 Meinungen bewertet, bei MDMA waren es immerhin noch 129 Seiten mit gut 60000 Stellungnahmen.

Ein Anbieter gestand sogar ein, auf dieser Seite mit Drogen zu dealen bringe durchaus gewisse moralische Probleme mit sich. »Die Vorstellung, dass sich irgendein Zwölfjähriger bis unter die Haarspitzen mit MDMA zuknallt, finde ich nicht gerade angenehm. Auch dass ich selbstschädigendes/süchtig machendes Verhalten fördern könnte, beunruhigt mich. Wenn man im wirklichen Leben dealt, kann man Missbrauch erkennen und Kunden wissen lassen, dass man sich Sorgen macht. Aber im Internet muss man praktisch blind vorgehen.«

Er gab allerdings auch zu, dass der Verkauf über die Seite lukrativer sei als jener im wirklichen Leben: »Im wirklichen Leben werden einem dadurch gewisse Grenzen gesetzt, wie viele Leute man kennt, aber hier ist alles nur eine Frage von Angebot, Kapital und Zeit. Das Verpacken ist echt eine Qual. Es ist extrem monoton und erfordert einen hohen Grad an Konzentration, damit man keinen Fehler macht, der den Empfänger gefährden könnte. Wenn besonders viele Aufträge reinkommen, verbringe ich manchmal 70, 80, 90 Stunden mit Verpacken, das immer extrem langweilig ist. Abgesehen von dem Risiko, für die nächsten zehn Jahre hinter Gitter zu gehen, ist das auf jeden Fall der unangenehmste Teil. Im wirklichen Leben zu dealen ist sehr viel angenehmer.«

Zu den negativen Seiten gehört auch die größere Angst vor den Behörden: »Öffentliche Drogenmärkte [wie dieser] werden von vielen mächtigen Interessengruppen als enorme Provokation betrachtet, daher steht die politische Motivation, sie zu schließen und die Beteiligten einzusperren, in keinem Verhältnis zum Ausmaß des illegalen Handels, der dort stattfindet. Letzten Sommer war ich eine Zeitlang der »Spitzenanbieter« auf der Seite (einfach gesagt der mit dem größten Verkaufsvolumen), und da habe ich wirklich angefangen, Angst zu bekommen. Ich habe nachts wach gelegen und mir Sorgen gemacht, habe mir vorgestellt, sie könnten jeden Moment meine Tür eintreten und mich fortschleifen. Inzwischen kann ich damit sehr viel besser umgehen, aber hätte ich von Anfang an gewusst, wie viel Stress und wie viele geistige Qualen mit dem Verkauf verbunden sind, hätte ich wahrscheinlich nicht damit angefangen.«

Doch es gibt, wie er sagt, auch positive Seiten: »Ich finde die tägliche Plackerei des Onlinehandels schlimmer als im wirklichen Leben zu dealen, aber was auf zwischenmenschlicher Ebene abläuft, ist im Internet in gewisser Weise oft sehr viel erbaulicher. Im wirklichen Leben sind meine meisten Kunden Clubkids/Ravertypen, die eher zum Hedonismus neigen (wogegen ich natürlich nicht das Geringste habe!) und weniger aus spirituellen/emotionalen Gründen Drogen konsumieren, wodurch das Feedback weniger berührend ist, was für mich auf jeden Fall einen Nachteil darstellt. Von meinen Kunden bei Silk Road bekomme ich E-Mails, in denen sie mir erzählen, wie die Drogen, die ich ihnen verkauft habe, ihnen mit ihren emotionalen, spirituellen oder sexuellen Problemen geholfen haben, wie sie dadurch eine kaputte Beziehung kitten konnten oder zu neuer Intimität gefunden haben.«

Wem die Prognose, Seiten wie Silk Road könnten in Zukunft noch gängiger oder sogar normal werden, abwegig erscheint, muss nur 17 Jahre zurückdenken. Zu jenem Zeitpunkt war amazon.com ein Drei-Personen-Startup in einer Garage; heute ist es der erste Ort, den die meisten Menschen aufsuchen, wenn sie irgendeinen Gegenstand kaufen möchten, der sich liefern lässt.

Und auch die Fragen, die sich die heutigen Kunden von Online-Drogenhändlern stellen, gleichen jenen, die einem durch den Kopf gegangen sind, wenn man in den 1990ern die Nummer seiner Kreditkarte eingab, um im Internet ein Buch zu kaufen. Wird der Händler die Ware auch wirklich liefern? Kann ich dieser Software mein Geld anvertrauen? Der einzige Unterschied besteht darin, dass die Kunden von Silk Road sich meist zusätzlich die Frage stellen müssen, ob sie wegen ihres Einkaufs im Gefängnis landen könnten.

Bei dem vorherrschenden gesetzlichen Klima ist jedoch die Motivation der Menschen, die »Seidenstraße« zu benutzen, hoch. Wenn man bedenkt, dass die Royal Mail pro Jahr 15,9 Milliarden Sendungen an die 29 Millionen Adressen Großbritanniens zustellt[3] und dass kleine Umschläge und Päckchen selten geöffnet und noch sehr viel seltener mit dem Röntgengerät durchleuchtet oder von Hunden beschnüffelt werden, dann erscheint die Gefahr, festgenommen, strafrechtlich belangt und inhaftiert zu werden, gering.

Einer der Onlinehändler bietet für extrem vorsichtige Kunden sogar fingierte Paketlieferungen an: Für ein geringes Entgelt schickt er einem ein leeres Paket oder einen leeren Umschlag, damit sich der Postbote daran gewöhnt, Päckchen aus Übersee zuzustellen.

Viele Händler der Seite sollen bei der Verpackung der Sendungen erstaunlichen Einfallsreichtum beweisen, und es gilt die unausgesprochene Regel, in den Foren und Feedbackformularen unter den Einkäufen nie genauer auf diesen Punkt einzugehen. Auch gibt es auf der Seite Anbieter aus so vielen Ländern, dass man sich um internationale Zustell- oder Zollprobleme kaum Sorgen machen muss: Konsumenten aus den USA, Großbritannien oder Deutschland – wie auch aus vielen anderen Ländern der Welt – finden leicht einen Dealer, der von heimischem Boden aus operiert, sodass die Gefahr einer Entdeckung durch Zollbeamte wegfällt.

Was die technische Ebene betrifft, ist das Tor-Netzwerk zwar zurzeit noch relativ klein, was dazu führt, dass seine Seiten länger zum Laden brauchen als normale Internetseiten. In den kommenden Jahren könnte aber die Fortentwicklung des Cloud Computing dafür sorgen, dass die Relays, über die der Dienst läuft, billiger einzurichten sind und dementsprechend auch zahlreicher werden. Im November 2011 haben die Cloudserver von Amazon angefangen, Tor-Bridges zu hosten. Für drei Dollar im Monat können Nutzer das Projekt mit einem Klick unterstützen, ohne die geringste Ahnung von der damit verbundenen Technologie zu haben. Und Ende 2012 sorgten die Onlineaktivisten des Noisebridge-Hackerspace dafür, dass man zur Förderung des Tor-Netzwerks nicht mehr tun muss, als einen Spendenbutton auf noisetor.net anzuklicken. Anonymität 2.0 – zum Kaufen bitte hier klicken.

Die meisten Politiker reden, als würden sie glauben, das Internet hätte einen Ausschaltknopf, den man drücken kann, ohne dass gleichzeitig Unternehmensinteressen beeinträchtigt werden. Doch die Träume der ersten Internetpioniere werden jetzt tatsächlich wahr – wohin auch immer das führen mag.

Die Menschen sind heute miteinander verbunden, ohne dass eine zentrale Instanz diesen Prozess steuert; die Informationen bahnen sich ungehindert ihren Weg, respektieren keinerlei übergeordnete Autorität, und das Netzwerk ist unzerstörbar.

Wie Roy Amara, Zukunftsforscher, Informatiker in Stanford und Präsident des Institute for the Future, sagte: »Wir neigen dazu, die kurzfristigen Auswirkungen einer Technologie zu überschätzen und ihre langfristigen Auswirkungen zu unterschätzen.«

Eine neuartige Währung macht die staatliche Kontrolle dieses Bereiches sogar noch schwieriger. Bitcoin ist ein elektronisches Zahlungssystem, das mithilfe kryptografischer Techniken geschaffen wurde. Es ist eine Peer-to-Peer-Währung, die von Nutzern hergestellt wird, was bedeutet, dass es keine zentrale Instanz gibt, die Geld druckt oder Überweisungen überwachen kann. Auf jeden legalen Bitcoinbenutzer, der sich für seine Dienste als Webdesigner oder Programmierer in der Währung bezahlen lässt, kommen sehr viele andere, die Bitcoins zum Erwerb von Drogen auf Silk Road verwenden. Bitcoin ist heute das bevorzugte Zahlungsmittel von Hunderten von Drogendealern. Man kann Bitcoins auf unzählige Arten mit anderen Währungen kaufen, wobei der Grad der Anonymität unterschiedlich ist. Je nach Verwendungsweise kann man bei der Benutzung von Bitcoins nahezu komplett anonym bleiben.

Ursprünglich wurden Bitcoins von »Miners« erzeugt, also digitalen »Minenarbeitern«, die Rechnerzeit auf ihren PCs für das Projekt zur Verfügung stellten und dafür mit Bitcoins entlohnt wurden. Die Währung, oder besser gesagt das System zur Erschaffung der Währung, wurde am 1. November 2008 zur öffentlichen Nutzung ins Netz gestellt, als das Weltwirtschaftssystem gerade am Rand des Zusammenbruchs stand. Die Open-Source-Anwendung wurde von einem unter dem Pseudonym Satoshi Nakamoto auftretenden Softwareprogrammierer veröffentlicht, der eine heimliche Anspielung auf die jüngste Bankenrettung durch Großbritanniens damaligen Schatzkanzler Alistair Darling im Code für den sogenannten Genesis Block unterbrachte – jene digitalen Münzen, die im Januar 2009 als erste Bitcoins überhaupt in den Tiefen des Netzes »gefördert« wurden.[4]

Zuvor hatte eine rein digitale Währung vor allem deshalb nie Fuß fassen können, weil Daten, die wie Geld verwendet werden, ein grundsätzliches Manko haben. Wie die Musik- und Filmindustrie in den vergangenen Jahren schmerzlich feststellen mussten, lässt sich digitale Information unendlich oft kopieren. Bisher hatte man digitales Geld deshalb immer wieder aufs Neue ausgeben können. Um das zu verhindern, wäre ein zentraler Bankier nötig gewesen, der über alle Geldbewegungen Buch führt. Doch wem könnte man eine solche Aufgabe anvertrauen? Bitcoin löste das Problem, indem es die Antwort bei der Crowd suchte, der Gemeinschaft von Internetnutzern, und das Verzeichnis der Transaktionen auf sehr ähnliche Weise unter ihnen verteilte wie eine .torrent-Datei.

Torrents sind über mehrere Nutzer laufende Downloads. Wenn also ein Nutzer seinen BitTorrent-Client anwirft und zum Beispiel einen Film mithilfe einer Torrent-Datei von einer illegalen Website wie Pirate Bay herunterlädt, dann lädt er nicht eine Datei von einem zentralen Server herunter, sondern Millionen einzelne Brocken der Datei, die ihm simultan von einem ganzen Schwarm von Nutzern zugespielt werden. Die Torrent-Software auf dem Computer des Nutzers setzt diese einzelnen Stücke dann wieder zu einer vollständigen Film- oder Musikdatei zusammen.

Nakamotos elegante Lösung für das Problem des doppelten Ausgebens bestand in der Schaffung einer sogenannten Block-Chain (»Blockkette«), einer unter den Teilnehmern verteilten Datenbank, in der alle Überweisungen von Bitcoins verzeichnet werden. Eine crowdgesourcte, dezentrale und großflächig verteilte Form des verschlüsselten Geldes war geboren.

Nutzer, die sich als »Miner« betätigen, stellen Rechenleistung zur Verfügung, mit der die Block-Chain verwaltet und auf dem neuesten Stand gehalten wird, und »graben« dabei gleichzeitig nach neuen Münzen. Die Geldbewegungen der Bitcoin-Nutzer werden an alle Rechner im Netzwerk verbreitet, und die Computer der Miner wetteifern darum, einen ganzen Block dieser Transaktionen durch das Lösen einer irreversiblen kryptografischen Aufgabe als gültig zu bestätigen. Der erste Miner, der die Aufgabe löst, erhält als Belohnung 50 Bitcoins, die er somit neu »gefördert« hat, und der neue Block aus gültigen Transaktionen wird der bei allen Nutzern gespeicherten Block-Chain hinzugefügt. Die Aufgaben sind so konzipiert, dass sie mit der Zeit immer schwieriger werden und von der stetig wachsenden Menge der »Geldgräber« nicht zu schnell gelöst werden können. So bleibt die Bestätigung neuer Blocks beschränkt, auf einen Block alle zehn Minuten, und auch der Förderhythmus neuer Bitcoins bleibt entsprechend stabil. Zusätzlich halbiert sich die Zahl der für das »Graben« vergebenen Bitcoins alle 210000 Blocks (von 50 Bitcoins auf 25 usw.), was einem Zeitraum von etwa vier Jahren entspricht. Ab dem Jahr 2140 können keine neuen Bitcoins mehr geprägt beziehungsweise gefördert werden – zur Verhinderung von Inflation setzt die Software der Erzeugung der virtuellen Münzen eine Grenze, von denen es daher niemals mehr als 21 Millionen Stück geben wird. Allerdings können sie bis zur achten Dezimalstelle aufgeteilt werden, wobei die kleinste mögliche Einheit von 1/100 000 000 zu Ehren des Erfinders »Satoshi« genannt wird.

Das Bitcoin-System wirkt beinah wie eine Aktion von Performancekünstlern; es demonstriert auf ganz praktische Weise, worüber viele Menschen noch nie nachgedacht haben: dass jedes Geldsystem, jede Ausgabe einer Währung, bestenfalls auf Illusionen beruht – und schlimmstenfalls auf Betrug. Wie zur Veranschaulichung dieser Tatsache wurde im Juli 2011 auf Silk Road ein wahrhaft psychedelischer Artikel zum Verkauf angeboten, als ein Verkäufer namens Uglysurfer amerikanische Kupferpennys zum Preis von 10,43 ฿ pro Pfund anbot. Der Nennwert der Münzen lag bei 14,60 US-Dollar, zu jener Zeit war der Kupferpreis jedoch so hoch, dass das in einem amerikanischen Penny enthaltene Metall beinahe drei Cents wert war. Uglysurfer führte mit seinem Angebot vor Augen, dass man dem auf dem »Fiat«-Prinzip basierenden Geld- und Mindestreservensystem, bei dem Banken aus dem Nichts Geld schaffen können und dies auch tun, nicht trauen darf.

»Im bestmöglichen Fall könnte ich zu einer Bank gehen, 25 Dollar in Geldscheinen einzahlen und mit einer Kiste voller [vor 1982 geprägter] Pennys wieder herauskommen, die zu 95 Prozent aus Kupfer bestehen und deren Metallwert bei ungefähr 64 Dollar liegt«, erklärte er. »Kein schlechtes Geschäft! Natürlich werden nicht alle Pennys in der Kiste zu 95 Prozent aus Kupfer sein, aber der Anteil solcher Pennys wird proportional höher liegen«, erklärte er mir. »Nun muss ich noch die Kupferpennys von den Zinkpennys trennen, aber dafür habe ich ein auf Mustererkennung basierendes System entworfen, das die Münzen automatisch anhand ihrer Zusammensetzung sortiert. Ich setze zum Sortieren also Technologie ein und erreiche einen Grad der Effizienz, der das Ganze profitabel macht. Meiner Meinung nach können Fiatwährungen ganz einfach aus dem Grund nicht überleben, dass bei ihnen so viel Täuschung im Spiel ist. Sobald die Bevölkerung aufgeklärt ist (und wie es aussieht, wird diese Aufklärung den Massen bald schmerzhaft aufgezwungen – schauen wir nur Griechenland an), kann der Untergang des Fiat-Systems nicht mehr aufgehalten werden. Wenn man von Tyrannen umgeben ist, ist Anonymität oder die Fähigkeit zu anonymem Handeln ein entscheidendes Mittel zur Wahrung der persönlichen Freiheit. Ich bin ein zutiefst überzeugter Anhänger des Rechts auf finanzielle Privatsphäre. Ich glaube, wer heute nach persönlicher Freiheit strebt, wird zum Feind des Staates (soweit es den Staat betrifft) und ist in den Augen des Staates ein Krimineller. Nicht unähnlich jenen, die auf Silk Road mit Drogen dealen.«

Im Jahre 2009 wurden Bitcoins zum ersten Mal verwendet, um etwas in der echten Welt einzukaufen. Der amerikanische Programmierer Laszlo Hancyez schickte die Bitcoins einem Briten, der dann aus Übersee anrief, um per Kreditkarte zu zahlen.[5] Was da auf so umständliche Weise bezahlt wurde, war eine Pizza, und sie kostete 10 000 ฿ – eine Summe, deren Wert im November 2012 bei ungefähr 90 000 Euro lag. Heute sind viele Tausende Bitcoins unter den Nutzern von Silk Road im Umlauf, und etwa 12 000 der virtuellen Münzen werden pro Tag auf der Website zum Bezahlen verwendet, zu einem Stückwert, der Ende 2012 bei etwa neun Euro pro Münze lag.

Die Kunden von Silk Road schätzen die Währung wegen ihrer vermeintlichen Anonymität, doch vollkommen unverfolgbar ist sie nicht, wenn jemand genug Neugier und Können mitbringt, und auch nicht vollkommen sicher. Das Netz gibt es, das Netz nimmt es: Im Juni 2011 behauptete ein Nutzer namens Allinvain, 25 000 Bitcoins seien von seinem Computer gestohlen worden. Eine Woche später nutzte ein Hacker eine Sicherheitslücke bei Mt.Gox, einer japanischen Firma, die bis 2013 einer der größten Handelsplätze für Bitcoins war, und gab vor, einen riesigen Teil der Währung abzustoßen. Der Preis der Bitcoins fiel daraufhin auf null, wodurch der Hacker Tausende der virtuellen Münzen stehlen konnte. Anschließend fielen Spekulatoren über das System her, sodass Mt.Gox Abhebungen auf Bitcoins im Wert von 1000 Dollar pro Tag begrenzen musste, um den Abfluss des Geldes einzudämmen und den Dollarwert der Währung zu stützen.[6]

2012 schrieben die Netzwerkforscher Fergal Reid und Martin Harrigan vom University College Dublin einen wissenschaftlichen Artikel mit der unverblümten Überschrift: »Bitcoin ist nicht anonym«. Darin legten sie dar, was die Nutzer der Hightech-Münzpresse bereits wussten – dass in der Block-Chain sämtliche Transaktionen verzeichnet werden. Wie Reid in einem kommentierenden Thread postete, nachdem der Artikel erschienen war: »Das System verhilft einem nicht automatisch zu Anonymität. Viele Leute da draußen glauben jedoch, dass es das tut.«[7]

Wer wirklich will, kann seine Anonymität jedoch ohne großen Aufwand wahren, zumindest in den USA. Dazu muss man nur in eine Bank gehen und Bargeld auf das Konto eines Bitcoin-Händlers einzahlen, denn mit der virtuellen Währung wird inzwischen ebenso Handel getrieben wie mit Dollars und Euros. (Mittlerweile entscheidet der Markt über ihren Wert. Der gesamte Marktwert aller im Umlauf befindlichen Bitcoins wurde im November auf knapp 90 Millionen Euro geschätzt – bei einer Menge von ungefähr zehn Millionen virtueller Münzen, deren Wert im Sekundärmarkt bei etwa 9 Euro pro Stück lag.) Auf diese Weise verlässt das Bargeld die echte Welt und kann von dort in die nebulösen Sphären dieses Marktes eingespeist werden.

Bitcoin-Adressen werden anonym, augenblicklich und in endloser Zahl generiert. Man kann Bitcoins, die man mit Euros von seinem Bankkonto gekauft hat, innerhalb weniger Stunden waschen, indem man sie durch 100 oder auch 1000 anonyme Bitcoin-Konten laufen lässt, die man alle selbst generiert hat und selbst kontrolliert, und danach kann man sie zum Kauf von Drogen verwenden. Der Prozess hinterlässt keine Spuren, besonders wenn man sich mithilfe von Tor mit dem Netz verbindet.

Außerdem gibt es viele Onlinedienste, bei denen man andere digitale Währungen kaufen kann, die sich dann in Bitcoins umtauschen lassen. Bis das zugehörige Unternehmen im Mai 2013 von den US-Behörden geschlossen wurde, existierte zum Beispiel mit Liberty Gold eine virtuelle goldgestützte Währung aus Costa Rica, die sich über Bareinzahlungen bei Western Union auf automatisiertem Wege von anonymen Servern erwerben ließ, wodurch die Einzahler die Überweisungsnummer gegen eine unsichtbare Währung eintauschten, die sie dann wieder gegen andere Währungen tauschen konnten. 2011 konnte man Bitcoins sogar für kurze Zeit per SMS kaufen: Die Nutzer besorgten sich eine SIM-Karte aus Polen, Belgien oder einem von etwa zehn anderen Ländern, luden sie per Barzahlung auf, verschickten eine Nachricht und bekamen die virtuellen Münzen auf ihr Handy zurückgeschickt. Sogenannte Mixing-Dienste wiederum schleusen die Münzen durch Tausende von Transaktionen und machen so das dichte Gewirr aus Zahlen und Daten, hinter dem sie sich verbergen, noch undurchdringlicher. Wenn die meisten Ermittler schon die einfachsten Grundlagen der Verschlüsselung nicht verstehen, ist die Wahrscheinlichkeit, dass sie oder einer der Geschworenen das Bitcoin-System begreift, minimal.

Und wenn die meisten kleinen Drogengeschäfte unter hundert Euro liegen, wer interessiert sich schon dafür? Die Antwort lautet, dass es bisher noch keine Verhaftung gab, bei der Daten aus der Bitcoin-Block-Chain als Beweismittel verwendet wurden. Bitcoin-Adressen, unter denen man die virtuellen Münzen empfängt und aufbewahrt, bestehen aus einer zufällig ausgewählten Folge von Zahlen und Buchstaben, ein System zur Identitätsprüfung gibt es nicht – und wenn man eine weitere Adresse erstellen will, braucht man dazu nur einen kurzen Augenblick. Wem das noch nicht anonym genug ist, der kann einen Dienst wie Bitcoinfog nutzen, bei dem Guthaben und Überweisungen einander per Zufallsprinzip zugeordnet werden und die eingezahlte Gesamtsumme in mehreren kleineren Summen wieder ausgezahlt wird. Dann gibt es noch die sogenannten Instawallets, vorübergehende, nur einmal verwendbare Aufbewahrungskonten, in denen die digitalen Münzen über eine anonymisierte Internetverbindung ein paar Sekunden lang gelagert werden können, um dann woanders wieder ausgespuckt zu werden. Mithilfe des spaßigen Coinapult-Dienstes wiederum können sich die Nutzer ihre Bitcoins praktisch über den Äther hinweg einander zuwerfen. Es gibt Glücksspiele wie Satoshi Dice, bei dem man Mikrowetten auf Zufallsalgorithmen abschließen kann. Durch die unzähligen winzigen Wetten mit der bis zur achten Dezimalstelle teilbaren Währung wird die Block-Chain noch komplexer und eignet sich so noch besser zur Verschleierung krimineller Machenschaften.

Es lässt sich nicht bestreiten, dass all das noch ein mit großen

Mühen verbundener Nischensport ist, bei dem man auch gehörig auf die Nase fallen kann. Online-Geldbörsen zum Beispiel, in denen man virtuelles Geld aufbewahren kann, wenn man es nicht auf der eigenen Festplatte haben möchte, dienen oft nur dem Zweck, die Nutzer abzuzocken. Auch bietet sich das hochkomplexe System nicht gerade für die Art von Impulskäufen an, die manche Drogenkonsumenten gern tätigen. Das hat jedoch Tausende von Silk-Road-Nutzern nicht davon abgehalten, die neue Technologie zu verwenden. Netzwerke wachsen und breiten sich aus, wenn sie Nutzer haben, ein Bedürfnis erfüllen und ihre Software mit dem Wachstum zurechtkommt. Sowohl Bitcoin als auch Tor und Silk Road erfüllen diese Kriterien.

Könnte diese geheimnisvolle verborgene Welt neue, andersartige Versionen ihrer selbst hervorbringen? Wer dieses System für zu kompliziert hält, um Schule zu machen, sollte vielleicht bedenken, dass vor gar nicht langer Zeit allein schon für die Konfigurierung eines schlichten Internetzugangs ein hohes Maß an Expertenwissen nötig war. Heute hingegen nehmen wir unsere Verbindungen ins Internet eigentlich nur noch wahr, wenn sie ausfallen.

Es ist die Verschlüsselung, die diesen Markt möglich macht und ihn so gut gegen die Attacken der Gesetzgeber abschirmt. Das Grundprinzip der Verschlüsselung lautet, Informationen zu chiffrieren und nur den Inhabern zweier Schlüssel zu erlauben, diese Informationen zu dekodieren. Der öffentliche Schlüssel wird veröffentlicht und ist jedermann bekannt. Den geheimen Schlüssel besitzt allein der Empfänger. Alice möchte Bob sensible Informationen mitteilen – oder einfach irgendwelche Informationen, die nur für seine Augen bestimmt sind. Also verwendet Alice Bobs öffentlichen Schlüssel, um die für ihn bestimmte Nachricht zu chiffrieren. Bob wiederum verwendet ihren geheimen Schlüssel, um die Nachricht zu entriegeln beziehungsweise zu entschlüsseln. Niemand sonst kann sie lesen.

In einem wissenschaftlichen Artikel aus dem Jahr 1991 schrieb der Programmierer und Sicherheitsexperte Phil Zimmermann, der die viel benutzte freie Verschlüsselungssoftware Pretty Good Privacy (PGP) entwickelt hat:

»Es ist persönlich. Es ist privat. Und es geht niemanden außer einen selbst etwas an. Ob man eine politische Kampagne plant, über seine Steuern redet oder eine heimliche Affäre hat. Oder mit einem politischen Dissidenten in einem repressiven Land spricht. Was es auch sein mag, man möchte nicht, dass die elektronische Post (E-Mail) oder die vertraulichen Dokumente, die man verschickt, von irgendjemand anderem gelesen werden. Es ist nichts falsch daran, auf seinem Recht auf Privatsphäre zu bestehen. Privatsphäre ist so amerikanisch wie die Verfassung. Die einzige Möglichkeit, im Informationszeitalter sein Recht auf Privatsphäre durchzusetzen, besteht in starker Verschlüsselung.«[8]

Wenn Regierungen oder Polizeibehörden den Nachrichtenverkehr zwischen Silk-Road-Nutzern lesen wollten, müssten sie ihn jahrelang mit der sogenannten Brute-Force-Methode bearbeiten, bei der nacheinander Hunderte Millionen Passwörter ausprobiert werden.

Während in Deutschland der Beschuldigte durch Schweigerecht und Unschuldsvermutung geschützt wird, wird man in Großbritannien eines Verbrechens angeklagt und gemäß dem Regulation of Investigatory Powers Act (RIPA) ins Gefängnis gesteckt, wenn man sich im Visier polizeilicher Ermittlungen befindet und sich weigert, die Passwörter für verschlüsselte Nachrichten herauszugeben. Egal welche Rechtfertigung man dann vorzubringen hat, egal um welches Vergehen es bei den Ermittlungen geht, und selbst beim Fehlen jeglicher sonstiger Beweise wird man als Straftäter angesehen und inhaftiert, wenn man sein Recht auf vertraulichen Informationsaustausch aufrechterhalten will.

Wie die IT-Website *The Register* 2009 berichtete, war der erste Beschuldigte, der nach Abschnitt III des RIPA-Gesetzes inhaftiert wurde »ein schizophrener Hobbyforscher ohne jegliche Vorstrafe«. Nachdem eine Modellrakete bei ihm gefunden worden war, als er von Paris nach London zurückkehrte, weigerte er sich, der Polizei die Schlüssel zu seinen verschlüsselten Dateien zu geben oder auch nur mit den Beamten zu sprechen, und wurde daraufhin für 13 Monate eingesperrt. Nach sechs Monaten Haft wurde der Mann, der nur unter dem Namen JFL bekannt ist, unter dem Mental Health

Act in eine psychiatrische Klinik eingewiesen und weiß bis heute nicht, wann er wieder entlassen wird.[9]

Es ist sehr wahrscheinlich, dass die Gesetzgeber irgendwann den Onlinehandel mit Drogen als Rechtfertigung dafür verwenden werden, dass sie in die Privatsphäre der Bürger eindringen. Für den Staat wird die Bekämpfung dieses angeblichen Volksverderbers den nützlichen Nebeneffekt haben, uneingeschränkten Zugang zu allen unseren privaten Gedanken und Gesprächen zu erlangen.

Laut Jon Callas, einem amerikanischen Experten für Computersicherheit, der mit Zimmermann zusammen die PGP Corporation gegründet hat, kann man ohne Verschlüsselung nie wirklich sicher sein, ob ein Gespräch auch wirklich privat ist. Wie er mir ausgerechnet über eine Skype-Verbindung berichtet, haben deutsche Ermittlungsbehörden die Verschlüsselungsverfahren der Internet-Telefonie-Software geknackt und Schadprogramme und Viren in die freie Wildbahn entlassen, mit denen sie Skype-Gespräche nach Belieben belauschen können. »In der guten alten Zeit konnte man einfach nach draußen gehen und einen Spaziergang machen, wenn man sich etwas Vertrauliches zu erzählen hatte, und es war unmöglich, dass irgendjemand zuhörte«, sagt Callas. »Heute [wo Unterhaltungen viel öfter über große Entfernungen geführt werden] ist das ohne technologische Hilfsmittel kaum noch möglich. Mithilfe von Verschlüsselung kann man mit jedermann vertrauliche Gespräche führen, und das ist sowohl für Unternehmen notwendig wie für jeden, der auf seine Privatsphäre Wert legt.«

Die Entstehung der Verschlüsselung ist eine faszinierende Geschichte über frühe Netzüberwachungsgegner, die sich mit dem Staat anlegten – und gewannen. Von den 1970ern an wurde in den USA alles, was mit Verschlüsselung zu tun hatte, als Militärtechnik eingestuft und durfte nicht ausgeführt werden. 1995 ließ Phil Zimmermann den Quellcode für PGP in Buchform drucken und von den USA nach Deutschland schicken, da die Ausfuhr von Literatur nicht verboten war. In Deutschland scannte ein Informatiker den Code ein, kompilierte ihn neu und verbreitete ihn im Internet. Die Exportvorschriften wurden irgendwann gelockert, da die Regierungen einsehen mussten, dass Verschlüsselung eigentlich nicht mehr als Mathematik war. »Diese Netzwerke sind nicht dafür gemacht, Befehlen zu gehorchen«, scherzt Callas trocken.

Könnten die Regierungen die Fortschritte auf dem Gebiet der Verschlüsselung rückgängig machen, um den Onlinehandel mit Drogen und die heimliche Kommunikation im Netz zu verhindern? »Ich glaube, der Geist ist aus der Flasche«, sagt Callas. »In irgendeiner Form benutzt man heute ständig Verschlüsselung. Wann immer man etwas im Internet kauft, werden sämtliche näheren Informationen zu Kauf und Lieferung verschlüsselt. Das hat gute Gründe – es gibt Banden, die diese Informationen stehlen und für betrügerische Zwecke einsetzen wollen. Die Wahrheit lautet, wenn wir verhindern wollen, dass die Mafia alte Damen beklaut, und viele andere Probleme lösen möchten, dann brauchen wir Verschlüsselung. Es ist technologisch schlicht unmöglich, Verschlüsselung zu kontrollieren.«

Callas ist sich sicher, dass die Staaten in den bevorstehenden Debatten um Verschlüsselung und Privatsphäre das Thema Drogen in den Vordergrund stellen werden. »Verschlüsselung ist der Grund, warum die NSA [National Security Agency] eine so riesige Anlage in Utah baut. Die NSA hat begriffen, dass wir uns in einem neuen Jahrhundert befinden und sie neue Technologien für das braucht, was sie tut«, sagt er. Die neue NSA-Anlage in dem Wüsten- und Mormonenstaat dient hauptsächlich dem Sammeln von Daten. Sie wird zwei Milliarden Dollar kosten, sich über eine Fläche von fast zehn Hektar erstrecken und 500 Trillionen Seiten mit Informationen speichern können. Callas glaubt, die Aufgabe des Rechenzentrums wird darin bestehen, den Datenverkehr zu analysieren – also zu beobachten, wer mit wem wie oft und wie lange kommuniziert – sowie neue Technologien zum Knacken von Passwörtern zu entwickeln. Während Verschlüsselung im Grunde nicht zu knacken ist, fällt es bei Passwörtern relativ leicht. Die Analyse des Datenaustauschs kann auch verwendet werden, um kostbare Informationen über Nachrichten zu sammeln, die über Tor weitergeleitet wurden.

In etwas weniger als zwei Jahren haben die Administratoren von Silk Road mithilfe der neuen Technologie, ihrem eigenen Erfindungsreichtum und einer crowdgesourcten Absicherung gegen äußere und innere Bedrohungen das durchgesetzt, wofür Tausende von Aktivisten seit den 1960ern vergeblich gekämpft haben: das Recht, natürliche und künstliche bewusstseinsverändernde Drogen nach Belieben zu kaufen und zu verkaufen, ohne dass der Staat sich einmischt. Dieser Paradigmenwandel ist nicht mehr so leicht umzukehren.

Das Wachstum von Silk Road könnte auch die 2012 mit viel öffentlichem Tamtam durchgeführte Schließung eines der ältesten Handelsplätze für Drogen provoziert haben, den es im Netz gab. Der unter dem Kürzel TFM bekannte Onlineladen The Farmer's Market schwebte allerdings schon lange über dem Abgrund. Mehrere Jahre lang hatte man die Waren der Seite nur über die E-Mail-Adresse adamflowers@hushmail.com bestellen können. Später verlegten die Betreiber ihr Geschäft in das anonyme Tor-Netzwerk, waren jedoch so töricht, die Bestellungen ihrer zahlreichen weltweiten Kunden weiter über den verschlüsselten E-Mail-Dienst abzuwickeln, statt eine eigene Verschlüsselung zu verwenden. Auf der Seite wurden gängige psychedelische Drogen verkauft – MDMA, LSD, Ketamin, hochpotentes Marihuana und Haschisch sowie DMT, psilocybinhaltige Pilze und Meskalin. Die Anbieter waren echte Kenner und hatten seltene Cannabiszüchtungen im Sortiment, die man sonst nur schwer bekommen konnte. Das Ganze glich einer Internetboutique für Grasliebhaber, und auch die Warenbeschreibungen waren mit entsprechender Sachkunde verfasst.

In der Community der Onlinedealer und -drogenkäufer war die Existenz des Ladens ein offenes Geheimnis – viel zu offen, als dass es lange hätte gutgehen können. Das einzig Überraschende an der Schließung war, dass sie erst so spät erfolgte. Die Seite wirkte wie ein Vorläufer von Silk Road, doch wie 2012 aus den Gerichtsakten hervorging, waren dort Zahlungsmethoden akzeptiert worden, die sich zurückverfolgen ließen und somit keineswegs sicher waren. Auch brauchte man als Kunde keine Empfehlung oder Einladung, persönlicher Hintergrund und Internetreputation wurden nicht gecheckt. Mit ihren aufklappbaren Menüs, dem knarrenden Lo-Fi-Design und den krakeligen Fonts hatte die Seite etwas von einem kleinen Bauern- oder Handwerksmarkt – wenn es bei solchen Märkten alte Eichenfässer gäbe, die statt mit sortenreinen Kaffeebohnen und überteuertem Sauerteigbrot mit glitzernden Ketaminkristallen und duftenden Marihuanazweigchen gefüllt wären.

Die Razzia erfolgte ein Jahr, nachdem auch die Mainstreammedien auf die Existenz von Silk Road aufmerksam geworden waren; es handelte sich um eine für die Öffentlichkeit inszenierte Aktion, mit der man auf den in den USA herrschenden Druck reagieren wollte, etwas gegen den neuen Onlinehandel mit Drogen zu tun – und die vielleicht gleichzeitig Konsumenten davon abschrecken sollte, sich auf diesem Wege mit Betäubungsmitteln zu versorgen. Es waren keine technisch hochkomplizierten oder auch nur besonders einfallsreichen Ermittlungen für den Coup nötig gewesen, obwohl die Polizei das natürlich gern so darstellen wollte. Beamte waren schlicht als Kunden aufgetreten und hatten Bestellungen aufgegeben, aus denen die internationalen Verbindungen des Netzwerks sowie sämtliche relevanten Namen, Kontodaten und Adressen abgeschöpft werden konnten.

Jedes kriminelle Unternehmen hat eine Schwachstelle, und die Betreiber von TFM machten den grundlegenden Fehler, Zahlungen über Dienstleister wie PayPal und Western Union anzunehmen, was alles andere als anonym war. Sie akzeptierten auch die digitale Goldwährung iGolder sowie Pecunix, eine ähnliche Währung, deren Barren in der Schweiz lagern, die aber von dem mittelamerikanischen Bankenparadies Panama aus verwaltet wird.

Die Pecunix-Zahlungen wurden mithilfe mehrerer PayPal-Konten gewaschen und dann durch weitere Konten in Ungarn geschleust. Die Überweisungen per Western Union hüpften so lange über die Kontinente und verwandelten sich auf dem Bildschirm in iGolder- und Pecunix-Guthaben und wieder zurück, bis die TFM-Dealer überzeugt waren, dem Geld eine blütenreine Weste verschafft zu haben. Doch da lagen sie falsch. Mit diesen Systemen ließen sich keine anonymen Transaktionen durchführen; die Spur aus belastenden Unterlagen und Belegen war nicht schwer zu verfolgen. Hätten sie Bitcoin verwendet, wären die Betreiber der Website heute noch freie Männer.

Laut der Anklageschrift wurden von Januar 2007 bis Oktober

2009 5256 Bestellungen in einem Gesamtwert von mehr als einer Million Dollar über The Farmer's Market abgewickelt. Die Seite hatte über 3000 Kunden aus 35 Ländern, und es gab keinen amerikanischen Bundesstaat, aus dem in diesem Zeitraum keine Bestellung dort aufgegeben worden ist. Der 42-jährige Hauptangeklagte Marc Willem, der unter dem Pseudonym adamflowers aufgetreten war, wurde am 16. April 2012 im niederländischen Lelystad verhaftet. Einen Tag zuvor war bereits der in Buenos Aires lebende Amerikaner Michael Evron bei der versuchten Ausreise aus Kolumbien festgesetzt worden. An verschiedenen Orten der USA wurden sechs weitere Dealer und Komplizen festgenommen. Von den 3000 Kunden der Seite war zum Zeitpunkt der Recherche für dieses Buch noch keiner in irgendeiner Form belangt worden. Die Anklageschrift war 66 Seiten lang und enthielt Belege zu Hunderten von Drogendeals, die von der Gruppe abgewickelt worden waren. Das Netzwerk war gewaltig und spannte sich von Latein- und Nordamerika bis hinüber nach Mittel- und Osteuropa. Die Männer wurden vor dem mittelkalifornischen Bundesbezirksgericht wegen Drogenhandels im großen Stil, der Verabredung zur Geldwäsche, des Handels mit LSD sowie der Beihilfe angeklagt. Als die Nachricht im Netz die Runde machte, brach auf Dutzenden von Websites Besorgnis aus.

Die Polizei nannte die Gruppe »raffiniert« und berichtete, sie habe »hoch entwickelte Anonymisierungstechnologien« verwendet. Das traf nicht zu; die Gruppe hatte die proprietäre Verschlüsselung eines Webmail-Dienstes, nämlich Hushmail, verwendet, der kein Geheimnis daraus macht, dass er auf Anfrage mit der Polizei kooperiert. Und bei der »hoch entwickelten« Anonymisierungssoftware handelte es sich schlicht um Tor, dessen Technologie zwar in der Tat hoch entwickelt ist, aber von jedem Anfänger verwendet werden kann. Laut Brian Grey von der DEA sollte die »Adam Bomb« genannte Operation »ein klares Signal an Organisationen aussenden, die technologische Hilfsmittel zur Durchführung ihrer Straftaten verwenden, dass die DEA und die mit ihr zusammenarbeitenden Polizeibehörden sie aufspüren und zur Rechenschaft ziehen werden«.[10] Die Polizei wollte den Eindruck erwecken, sie hätte einen gut organisierten, komplexen Markt infiltriert; das aber hatte sie nicht – sie hatte lediglich ein paar E-Mails und Zwangsvorladungen verschickt und war so der Spur des Geldes gefolgt.

Letzten Endes ist TFM ein leichtes Ziel für die Polizei gewesen, durch das sie sich dazu verführen ließ, ihre Karten zu früh auf den Tisch zu legen und die Schwachstellen jedes für den Drogenschmuggel verwendeten Peer-to-Peer-Netzwerks im Internet zu offenbaren – Kommunikation und Bezahlung. Aufgrund der ausführlichen Berichterstattung über das Thema erfuhr außerdem jeder, den es interessierte, dass man im Internet Drogen kaufen konnte und es nicht die 3000 zufriedenen Kunden, sondern die Dealer waren, die dafür von der Polizei belangt wurden.

Das Zahlungs- und Kommunikationssystem der Silk-Road-Website bleibt praktisch undurchdringlich. Hier auf der virtuellen »Seidenstraße« ist die von den frühen Netzaposteln gepredigte Vision von einer Welt, in der die Information frei fließen darf, keine zentrale Instanz regiert und das Netzwerk Vorrang vor dem Einzelnen hat, endlich Wirklichkeit geworden. Ob man es nun begrüßt oder bedauert, dass Drogen wie Kokain, Heroin und LSD heute beinahe ohne Mühe und mit extrem geringem rechtlichen Risiko im Internet erhältlich sind, es lässt sich nicht bestreiten, dass wir an einem Wendepunkt der Rechtsgeschichte angekommen sind.

Durch einen jahrzehntelangen Prozess der chemischen und technischen Innovation haben die Hersteller und Konsumenten von Drogen über die Gesetze eines politischen Systems gesiegt, dessen einzige Antwort auf den Drogenkonsum in einer schädlichen, kostspieligen, kontraproduktiven und letztendlich gescheiterten Strategie der Kriminalisierung besteht.

Im Laufe der etwa hundert Jahre, seit denen es Gesetze zu Drogen nun in irgendeiner bedeutenden Form gibt, hat sich ein klares Muster herausgebildet. Sobald ein neues Gesetz zur Verhinderung des Drogenkonsums erlassen wird, werden Mittel zu dessen Umgehung gesucht und auch gefunden. Diese Mittel können chemischer, legaler, sozialer oder technologischer Natur sein. Wir stehen heute an einem Kreuzweg, der von diesen vier Elementen gebildet wird, während das Netz gleichzeitig die Verständigung zwischen weit entfernt lebenden Fremden erleichtert, den Austausch von nahezu unbegrenzten Informationsmengen erlaubt und den Versand von Drogen an jeden Ort der Welt ermöglicht. Welche Richtung wollen wir einschlagen?

10. Prohibition im digitalen Zeitalter

Im Jahre 1920 wurde in den USA auf Betreiben der Kirche der Verkauf von Alkohol verboten. Während der ersten zwei Jahre der Prohibition sank der Konsum zunächst, stieg dann jedoch wieder in gewaltigem Maße an – den Aussagen von Versicherungsgesellschaften zufolge erhöhten sich die Fälle von Alkoholismus um das Dreifache. Illegale Kneipen schossen wie Pilze aus dem Boden, und bald gab es in New York insgesamt etwa 30 000 dieser sogenannten Speakeasys.[1]

Es kam zu verstärkten Maßnahmen gegen das Einschmuggeln von Alkohol aus Nachbarländern, doch organisierte Verbrechersyndikate übernahmen die Kontrolle über den neuerdings so lukrativen Handelszweig und sammelten rasch genug Kapital an, um auch andere Projekte wie Casinos damit zu finanzieren. Als die Grenzen dichtgemacht wurden, suchten die Kriminellen nach Alternativen und stahlen riesige Mengen Industriealkohol, der eigentlich für die chemische Industrie gedacht war, nun jedoch erneut destilliert wurde, um ihn von Schadstoffen zu befreien und für den menschlichen Verzehr aufzubereiten. Die Behörden ärgerten sich so sehr über die hohnlachende Missachtung der Gesetze, dass sie den Alkohol vergifteten, um die Menschen von seinem Genuss abzuschrecken. In einem Akt des bewussten Massenmords, über den nur selten berichtet wird, mischten die Vertreter des Staates ihm neue, noch gefährlichere Substanzen bei. In einem 2010 erschienenen Artikel des Onlinemagazins *Slate* werden diese Stoffe aufgeführt als »Kerosin und Brucin (ein eng mit Strychnin verwandtes pflanzliches Alkaloid), Benzin, Benzol, Kadmium, Jod, Zink, Quecksilbersalze, Nikotin, Ether, Formaldehyd, Chloroform, Kampfer, Karbolsäure, Chinin, Aceton und Methanol«.[2]

Im Dezember des Jahres 1926 starben innerhalb weniger Tage 26 Menschen, die bei weihnachtlichen Feiern vergifteten Alkohol getrunken hatten. Rechtlich gesehen war der Staat nicht verantwortlich, da er ja Verkauf und Konsum von Alkohol verboten hatte, egal wie er beschafft worden war. Aus staatlicher Sicht trafen die Menschen selbst die Entscheidung, sich zu vergiften. »Die Regierung weiß, dass sie die Menschen nicht vom Trinken abhält, indem sie Alkohol mit Gift versetzt«, sagte New Yorks oberster Gerichtsmediziner Charles Norris bei einer hastig organisierten Pressekonferenz. »Trotzdem fährt sie mit der Beigabe der Gifte fort und geht achtlos über die Tatsache hinweg, dass Menschen, die vom Trinken nicht abzubringen sind, dieses Gift täglich zu sich nehmen. Da sie davon weiß, muss der Regierung der Vereinigten Staaten die moralische Verantwortung für die Todesfälle angelastet werden, zu denen es durch vergifteten Alkohol kommt, wenn sie auch rein rechtlich gesehen nicht verantwortlich gemacht werden kann.«

Wer ist dann in heutiger Zeit moralisch verantwortlich, wenn 30 junge Menschen aus Alabama verunreinigte Kräutermischungen rauchen und zum Teil schwere Nierenschäden davontragen? Die rechtliche Verantwortung liegt bei den Herstellern und Verkäufern des Marihuana-Imitats, das nicht nur mit einem Research Chemical, sondern auch mit einem Pestizid versetzt war und so die Konsumenten schädigte. Die persönliche Verantwortung liegt bei den jungen Frauen und Männern selbst, deren eigene Entscheidung es war, halblegale Kräutermischungen zu rauchen. Doch in einem Land, in dem 850 000 Menschen wegen Cannabiskonsums verhaftet wurden, seit der einstige Marihuanafreund Barack Obama Präsident geworden ist, wo liegt da die moralische Verantwortung?

Es sind vor allem die jungen Menschen, die unter den Folgen der Unfähigkeit unserer Gesellschaft, ihre Drogengesetze der modernen Zeit anzupassen, zu leiden haben. Fast ein Drittel aller jungen Menschen sucht nach Wegen, um auf legale Weise high zu werden – so lautet das Ergebnis der jüngsten Umfrage im Auftrag der Angelus Foundation, einer 2009 ins Leben gerufenen Stiftung von Maryon Stewart, deren 21-jährige Tochter Hester, eine begabte Medizinstudentin und begeisterte Sportlerin, kurz zuvor am Konsum von GBL gestorben war. (Gamma-Butyrolacton, ein Abbeizmittel und Industriereiniger, das in der Clubszene gerne als Rauschmittel verwendet wird. Es wirkt ab einer Dosis von einem Milliliter und hat einen euphorisierenden und enthemmenden Effekt. Aufgrund seiner hohen Potenz kommt es jedoch oft zu Überdosierungen, die einen komaartigen Zustand auslösen können. In Großbritannien war es bis Ende 2009 legal; in Deutschland wird die Substanz nicht im Betäubungsmittelgesetz aufgeführt, darf laut Arzneimittelgesetz aber nicht zum Zwecke des menschlichen Verzehrs verkauft werden.)

Zwei Drittel der 1011 16- bis 24-Jährigen, die im Oktober 2012 von der Angelus Foundation befragt wurden, haben zugegeben, dass sie über die Risiken, die mit den neu auf den Markt gekommenen Drogen verbunden sind, nicht gut informiert sind.[3]

Auch wenn PR-Leute manchmal ein anderes Bild in der Presse unterzubringen versuchen, sind Konzerte seit Woodstock ein typischer Ort, an dem Drogen konsumiert werden, und was sich bei ihnen abspielt, verrät viel über aktuelle Drogentrends und die damit einhergehenden Gefahren. Man muss nur mal den Kopf in eines der Erste-Hilfe-Zelte am Rand des Publikums stecken, schon steht man dort, wo das Netz, die neuen Drogen und die Jugend aufeinandertreffen. Laut Monty Flinsch, Leiter der nicht kommerziellen Hilfsorganisation Shanti Camp, die auf Konzerten in den USA eine Art Auffangstation für überforderte Konsumenten bietet, müssen sie sich in jüngster Zeit weniger um psychologische Probleme kümmern, die durch LSD, Psilocybin oder MDMA verursacht werden, sondern haben es mit Krampfanfällen, Delirien, gewalttätigem Verhalten und Todesfällen zu tun. »Selbst wenn man die übertriebenen Berichte über gesichtsfressende Zombies einmal weglässt, ist die Situation durch die Research Chemicals doch beträchtlich schlimmer geworden, als sie jemals war«, berichtet er. »Für amerikanische Jugendliche ist es heute einfacher, sich eine starke psychedelische Droge zu besorgen, als an Alkohol heranzukommen. Durch das Aufkommen der vielen Research Chemicals, die von gängigen Badesalzen wie MDPV und Methylon bis hin zu obskuren chemischen Stoffen wie 25C-NBOMe und Methoxetamin reichen, ist die Szene heute viel komplexer als früher.«

Die Gründe für den Konsum der Drogen sind vielfältig, doch Flinsch glaubt, dass neben kulturellen Einflüssen die Legalität der

Substanzen eine große Rolle spielt. »Die Kids haben das Gefühl, sie gehen ein geringeres Risiko ein, wenn sie Drogen nehmen, für die sie nicht verhaftet werden können«, meint er. »Außerdem hängt der Konsum extrem stark von Trends ab, die aus der Gegenkultur kommen, und was die coolen Kids nehmen, wird auch schnell bei anderen beliebt. In vielen Fällen stehen die rechtlichen Folgen des Drogenkonsums in keinem Verhältnis zu den damit verbundenen gesundheitlichen Risiken. Die Drogengesetze hier bei uns in den USA zwingen die Konsumenten, mit immer gefährlicheren Stoffen zu experimentieren, weil sie sonst Gefahr laufen, dass ihnen eine strafrechtliche Verurteilung ihr Leben ruiniert.«

Eine Verbesserung der Lage hält Flinsch für unwahrscheinlich. »Die neuen Drogen sind allgegenwärtig, und die damit verbundenen Probleme wachsen«, erklärt er. »Wir hier an der Front haben den Eindruck, dass die Situation eher immer schlimmer als besser wird. Die neuen Stoffe sind wenig erforscht und haben keine oder nur eine sehr kurze Geschichte menschlichen Konsums, deshalb sind die Probleme, die wir sehen, schlechter einzuschätzen und zu behandeln. Es ist traurig, dass die Stoffe, die derzeit legal sind, erheblich gefährlicher sind als jene, die illegal sind.«

Die gesamte Debatte um Drogen, die sowohl auf gedanklicher als auch auf praktischer Ebene ohnehin schon kompliziert war, ist durch das Aufkommen der neuen Drogen und ihrer Vertriebswege noch schwerer lösbar geworden. Unser hartnäckiges Bestehen darauf, der digitalen Welt anachronistische Modelle der Drogenkontrolle überzustülpen, könnte in zukünftigen Jahren als fataler Fehler gesehen werden, den wir nicht korrigiert haben, als wir noch die Zeit dazu hatten.

Die Verbreitung der Research Chemicals stellt Gesetzgeber, Politikmacher und Polizeibehörden vor ein beinahe existenzielles Dilemma. Ihre Aufgabe besteht darin, die Gesundheit der Bevölkerung zu schützen und Verbrechen zu bekämpfen, doch die neuen Drogen sind zwar gesundheitsschädlich, aber gleichzeitig auch legal. In den chinesischen Laboren, die die Drogen herstellen, werden zwar keine der Verfahren zur Qualitätskontrolle angewendet, die eigentlich bei pharmazeutischen Herstellern üblich sind, doch bei den Kunden finden die Substanzen trotzdem begeisterten Zuspruch. Durch jedes Verbot kommt eine neue, möglicherweise noch gefährlichere Droge auf den Markt, und es ist unmöglich vorherzusagen, was Hersteller und Händler sich als Nächstes einfallen lassen.

Rechtliche Reaktionen scheinen nicht nur nicht zu funktionieren, sondern das Problem noch zu verschärfen. Der amerikanische Analog Act konnte weder die Verbreitung der JHW-Stoffe zwischen 2009 und 2011 verhindern noch das Aufkommen der in Badesalzdrogen enthaltenen Cathinone noch den Verkauf anderer synthetischer Cannabinoide, die in Europa und den USA im Jahre 2008 auf den Markt kamen. Und während die frühen Anbieter der synthetischen Cannabisprodukte den Verkauf noch hauptsächlich übers Internet abgewickelt hatten, wurde das Geschäft in den USA noch größer und professioneller aufgezogen, lief der Handel mit den Drogen noch öffentlicher und kommerzieller ab.

Im Oktober 2011 reagierte die amerikanische Drogenbehörde DEA, indem sie mehrere der neuen Drogen auf die Liste der kontrollierten Substanzen setzte und sie so offiziell und ausdrücklich für illegal erklärte. Durch den Synthetic Drug Control Act von 2011, der dann schließlich erst im Juli 2012 abgesegnet wurde, wurden auf einen Schlag gleich mehrere Dutzend Research Chemicals verboten. Kurz nach Erlass des Gesetzes befragte die Zeitschrift *Time* den in Tennessee praktizierenden Arzt Sullivan Smith zu dem Thema, dass der Bundesstaat von den neuen Drogen praktisch überschwemmt wurde. »Das Problem ist, dass sich diese Drogen verändern und man bestimmt welche finden wird, die chemisch ein bisschen anders sind und deshalb nicht unter das Gesetz fallen«, berichtete er. »Genügt es, fünf, zehn oder 20 von ihnen aufzuführen? Die Antwort lautet nein, denn dafür verändern sie sich zu schnell.«[4]

Innerhalb von drei Wochen, nachdem das Gesetz erlassen worden war, kamen in den USA Dutzende weiterer neuer Drogen auf den Markt. Eine Gruppe, die als NBOMe-Reihe bekannt ist, besteht aus nicht gelisteten Analogen der verbotenen Shulgin-Drogen 2C-I, 2C-B, 2C-D und so weiter. Während Shulgins Stoffe in der Regel ab zehn bis 20 Milligramm wirksam waren, sind diese aus der medizinischen Forschung stammenden Substanzen sehr viel potenter und wirken bereits ab 200 Mikrogramm. Jedes Gramm dieser neuen, unerforschten Drogen enthält 5000 Dosen, und jede Dose kostet nur den Bruchteil eines Cents. Die Stoffe haben bereits vor den jüngsten Verboten existiert, doch auf die Verwendung als Drogen ist man erst durch ebendiese Gesetze gekommen. Wie immer breiten sich die Stoffe umso stärker aus, je mehr im Internet über sie geredet wird. Auch erste Opfer haben sie bereits gefordert. Im Oktober 2012 starb der 23-jährige Konzertbesucher Clayton Otwell beim Voodoo-Festival in New Orleans, nachdem er einen Tropfen einer NBOMe-Droge zu sich genommen hatte. Von der *New Orleans Times Picayune* befragte Festivalbesucher berichteten, bei dem Event sei die Droge 25I-NBOMe im Umlauf gewesen und von vielen Dealern als künstliches LSD oder Meskalin verkauft worden. »An diesem Wochenende war der Stoff überall«, sagte Jarod Brignac, der mit Otwell zusammen das Festival besucht hatte, gegenüber der Zeitung. »Die Leute hatten unzählige Flaschen davon dabei. Sie liefen durch die Menge und versuchten, den Besuchern ein bisschen Geld aus der Tasche zu ziehen.«[5]

Wie Ende 2012 auf erowid.org zu lesen war, ist es in den USA zu mindestens sechs weiteren Todesfällen durch 25I-NBOMe gekommen.[6] Es gibt noch Dutzende andere NBOMe-Drogen, und ihre Verbreitung nimmt zu. Im Bluelight-Forum befassen sich drei Threads mit 25I-NBOMe, die insgesamt eine Länge von 75 Seiten haben und mehr als 100000 einzelne Beiträge enthalten. Auch auf dem deutschen Gegenstück land-der-traeume.de gibt es schon drei Threads mit jeweils über 80 Beiträgen, und hier hat der Sachverständigenausschuss für Betäubungsmittel auch bereits ein Verbot der Droge vorgeschlagen. Gibt man jedoch bei Google ein, dass man die Substanz kaufen möchte, erscheinen ganz oben auf der Ergebnisseite gleich mehrere Anbieter. Ein ganzes Kilo des gefährlichen Stoffes ist für ein paar Tausend Dollar in China erhältlich.

Sowohl in Großbritannien als auch in Deutschland können viele verbotene Substanzen leicht aus Nachbarländern bezogen werden, und da die Lieferung über E-Commerce-Plattformen und Kurierdienste stattfindet und höchstens unterbunden werden könnte, wenn man jede einzelne Sendung mit einem Röntgengerät durchleuchten oder von Drogenhunden beschnüffeln lassen würde, werden die Drogen weiter ins Land strömen, auch in Großhandelsmengen. Vergessen wir nicht, dass in Deutschland und Großbritannien auch mehrere Tonnen Kokain pro Jahr konsumiert werden – und das ist bereits seit mehr als einem Jahrhundert verboten.

In Großbritannien werden die neuen Drogen derzeit per vorläufiger Verordnung verboten, sobald sie auftauchen, in Deutschland versucht man mithilfe des Arzneimittelgesetzes, unmittelbar auf neue Stoffe zu reagieren. Doch den Überblick über die Research Chemicals zu behalten und ihren Vertrieb wirksam zu kontrollieren stellt Polizei, Gerichtsmediziner und andere Behörden vor eine unmögliche Aufgabe: Wie die jüngste Zählung der Europäischen Beobachtungsstelle für Drogen und Drogensucht (EMCDDA) ergab, gibt es in Europa insgesamt 690 Internetshops, in denen mindestens eine synthetische Droge verkauft wird. Und all die aus Stein und Mörtel bestehenden Headshops und anderen Geschäfte, in denen die Pulver auf herkömmliche Weise über die Ladentheke gehen, sind dabei noch gar nicht mitgezählt.[7]

Das Problem wird nicht verschwinden, so sehr sich die Gesetzgeber das auch wünschen mögen. »Die neuen Drogen sind zu einem globalen Phänomen geworden, das sich mit noch nie da gewesener Geschwindigkeit entwickelt«, heißt es in einem Bericht der EMCDDA vom April 2012.[8] Wolfgang Götz, der Leiter der Beobachtungsstelle, schreibt: »Die neuen Drogen werden mittlerweile in attraktiven Verpackungen im Internet angeboten oder in Clubs und an der Straßenecke verkauft. Wo die Drogen auch herstammen, die schlichte Wahrheit lautet, dass sich alle, die die stetig wachsende Vielfalt von Pulvern, Pillen und Mixturen konsumieren, ohne genau über ihre Inhaltsstoffe und die potenziellen Gesundheitsrisiken Bescheid zu wissen, auf ein gefährliches Roulettespiel einlassen.« Er fügt hinzu: »Europas Fähigkeit, diese Entwicklungen zu erkennen und schnell und angemessen darauf zu reagieren, muss weiter verbessert werden. Dazu ist eine stärkere Vernetzung und ein intensiverer Austausch von Informationen nötig, und dazu sind auch höhere Investitionen in die forensische Analyse und Forschung nötig.«

Die EMCDDA hat sogar eingeräumt, dass sowohl für den Einzelnen als auch für die Allgemeinheit gesundheitliche Gefahren von den neuen Drogen ausgehen und sich durch das Verbot der Drogen der gewohnte Kreislauf einfach nur ein weiteres Mal wiederholen könnte: »Die gesetzgeberische Prozedur, durch die eine Substanz dem Drogengesetz unterstellt wird, kann in manchen Ländern mehr als ein Jahr dauern. Auch kann das Verbot einer Substanz unbeabsichtigte Folgen haben, wie zum Beispiel das Aufkommen eines noch schädlicheren, noch nicht verbotenen Ersatzstoffes.« Doch obwohl sie die Gefahren für unzählige Drogenkonsumenten in ganz Europa erkannt hat und zugibt, dass ihre Strategie zu noch größerem Leid führen könnte, schlägt die Behörde keine andere Lösung vor als genau die Politik der Prohibition, von der sie selbst sagt, dass sie den Handel mit Ersatzdrogen eigentlich nur fördert.

Auch Rob Wainwright, der Direktor von Europol, wird in dem Bericht der Beobachtungsstelle zitiert. »Der Verkauf illegaler Drogen und neuer psychoaktiver Substanzen ist ein weiterer Bereich, in dem das Internet vom organisierten Verbrechen missbraucht wird«, meint er dort. »Wir müssen sicherstellen, dass die Strafverfolgungsbehörden über zeitgemäße operative und legislative Werkzeuge zur effektiven Bekämpfung solcher Fälle verfügen.«

Innerhalb der britischen Polizei gibt es zu diesem Punkt andere Sichtweisen. Tim Hollis, einer der hochrangigsten Polizisten Großbritanniens mit 35 Jahren Diensterfahrung und Drogenfachmann der Association of Chief Police Officers, hat bestätigt, dass die Bekämpfung der Research Chemicals und anderer halblegaler Drogen bei der Polizei keine besonders hohe Priorität genießt und das Gleiche manchmal sogar für die strafrechtliche Verfolgung beim Besitz herkömmlicher Drogen gilt. Er beharrt darauf, dass Verhaltensweisen und Einstellungen zu ändern der beste Weg sei, um den Konsum von Drogen zu verhindern: »Straßencops wissen, dass man zwar die Dienstvorschriften erfüllt, wenn man Kids mit Drogen vor den Kadi zerrt – aber ändert sich dadurch auch ihr Verhalten? Offen gesagt, nein. Die Polizei macht sich keine Illusionen darüber, wie viel Einfluss sie auf die Entscheidungen junger Menschen hat. Ich halte uns zu einer besser informierten Diskussion darüber in der

Lage, wie sich wissenschaftliche und medizinische Informationen dazu verwenden lassen, junge Menschen zu guten Entscheidungen zu führen, und wie man denjenigen helfen kann, die Entscheidungen getroffen haben, die für sie selbst und die Gesellschaft ungesund sind.«

Hollis, der die Unfähigkeit beider Seiten in der Drogendebatte beklagt, zu einem Konsens zu finden, statt auf polarisierten und politisierten Positionen zu beharren, legt überzeugend dar, dass für die Mehrheit der Menschen, die keine Drogen nehmen, Entkriminalisierung keine gangbare Option darstellt. »Der Ansatz der Entkriminalisierung und Legalisierung beunruhigt viele der gesetzestreuen Bürger, aus denen die überwältigende Mehrheit der Nichtkonsumenten besteht«, erklärt er. »Wie die Zahlen des Innenministeriums zeigen, lautet die Wahrheit, dass die große Mehrheit der Menschen keine Drogen nimmt. Es ist auch eine Gefühlsfrage: Wenn man den Eltern eines gestorbenen Kindes erzählt, die für seinen Tod verantwortliche Droge sei ungefährlich, dann wird das nicht funktionieren.«

Hollis, einer der ranghöchsten Drogenbeamten Großbritanniens, betrachtete die derzeitige Situation allerdings ebenfalls mit nüchternem Blick und ist der Meinung, dass die Öffentlichkeit von der Polizei vor allem die Bekämpfung von Straftaten erwartet, die realen Schaden in den Gemeinden anrichten, und weniger die Jagd nach Internetdealern. »Ist es etwa so, dass jede Menge Beamte vor irgendwelchen Computern sitzen und das Ganze überwachen?«, fragte er. »Nein. Die Bevölkerung will Sichtbarkeit, Polizisten auf der Straße – und nicht einen Polizeibeamten, der in einem Büro sitzt, das Internet überwacht und dort irgendwelche Personen ausfindig zu machen versucht [die Drogen verkaufen]. Wir leben hier auf dem Planeten Erde!«, sagte er mir. »Als Polizisten haben wir es mit allen Arten von Problemen zu tun, vom Terrorismus und dem organisierten Verbrechen bis hin zu Verkehrsunfällen, bei denen wir den Eltern der Toten sagen müssen, was passiert ist. Wir gehen ins Krankenhaus und sprechen mit Opfern von Gewalttaten und sexuellen Übergriffen. Wie sehr interessieren uns also aus polizeilicher Perspektive irgendwelche jungen Leute, die ein weißes Pulver in einem Headshop kaufen, bei dem es sich vielleicht nicht um das handelt, als was es ausgegeben wird? Gibt es ein Risiko? Natürlich, die ganze Welt steckt voller Risiken. Können wir sie ständig [überwachen]? Nein, das ist nicht realistisch.«

Obwohl die Flut der chemischen Stoffe unvermindert anhält, halten die britischen Grenzbehörden das Einsperren von Dealern weiterhin für ein geeignetes Mittel der Abschreckung. Im Februar 2012 führten die Ermittlungen der Border Agency zur Verurteilung von Jeremy Detheridge, einem 26-jährigen Mann aus der Grafschaft Kent, der mit Drogen aus China gehandelt hatte, von denen er glaubte, mit der üblichen Verzehrwarnung sei ihr Verkauf legal. Detheridge hatte die Rauschmittel als Rasendünger getarnt. Es war mit der erste derartige Fall, der eine Verurteilung nach sich zog.

Laut Ankläger Paul Tapsell wurden im April 2010 zwei Pakete mit dem Absender »Shanghai Yiyi Maoyi Co, China« am Flughafen Stansted abgefangen. Sie waren an den Decknamen David Saunders adressiert, wohnhaft in der Botany Road in der südenglischen Kleinstadt Broadstairs. Bei der noch am Flughafen durchgeführten Analyse der in den Sendungen enthaltenen Substanzen stellte sich heraus, dass es sich dabei um das Lokalanästhetikum Lidocain sowie um MBZP handelte, eine erst kurz zuvor in Großbritannien verbotene Droge aus der Klasse der Piperazine. Die Richterin Adele Williams warf Detheridge vor, nicht gewusst zu haben, welche Inhaltsstoffe die von ihm importierten Drogen enthielten – genauso wenig wie seine Kunden, wenn sie die Pulver auf den Seiten happykat.co.uk oder perfectpowder.co.uk gekauft hätten. Nachdem der Angeklagte zugegeben hatte, dass er bei seinem Versuch, vermeintlich legale Drogen ins Land zu bringen, ein Katz-und-Maus-Spiel mit den Behörden veranstaltet hatte, wurde er zu drei Jahren Haft verurteilt.

»Er wusste nicht, welche Wirkung sie bei den Menschen haben könnten, die er damit beliefern wollte«, erklärte die Richterin. »Es hätte sich um Substanzen handeln können, die sich als tödlich herausstellen. Er wusste nicht, ob es so war.«[9]

Zwar arbeiten die europäischen Behörden mit Herstellerländern wie China zusammen, und dass Mephedron 2010 nicht nur in Europa, sondern auch dort verboten wurde, führen sie auf diese Zusammenarbeit zurück. Der Konsum der Droge ist seither allerdings dennoch um 20 Prozent angestiegen, trotz des nun zum Teil doppelt so hohen Preises, und der Teufelskreis, bei dem jedes neue Verbot nur wieder neue Legal Highs hervorbringt, wurde keineswegs durchbrochen. Durch das Verbot einer Droge verschwindet diese nicht aus dem Sortiment der Dealer – vielmehr erweitert sich ihr Angebotsspektrum noch. Und auch der internationale Druck auf die Herstellerländer führt im Zweifelsfall nur dazu, dass sich die Produktion einfach in ein anderes Land verlagert: So wird etwa das meiste illegal nach Großbritannien eingeführte Mephedron inzwischen nicht mehr in China, sondern in Indien hergestellt.

Die speziell für solche Zwecke gegründeten Serious Organised Crime Agency (SOCA) ist es zwar schon gelungen, 120 von Großbritannien aus operierende Websites zu schließen, die weiterhin verbotene Drogen angeboten hatten.[10] Doch die meisten davon haben schlicht unter anderem Namen wieder aufgemacht und verkaufen nun legale Stoffe.

Es ist sehr wahrscheinlich, dass die Flut an chemischen Drogen eher noch zu- als abnehmen wird. Auch der amerikanische Urvater der synthetischen Highs, Alexander Shulgin, mischt noch immer mit und hat mit *The Shulgin Index, Volume 1: Psychedelic Phenethylamines and Related Compounds** sogar ein neues Buch veröffentlicht. Es stellt die Krönung seiner lebenslangen Arbeit dar, und hinter dem nüchternen Ledereinband verbergen sich mehr chemische Daten, als die meisten Menschen in ihrem Leben auch nur lesen könnten. Es enthält mehr als 1300 chemische Verbindungen. Laut dem amerikanischen Herausgeber ist »es ein unschätzbares Hilfsmittel für Forscher, Ärzte, Chemiker und Gesetzeshüter«. Es kostet 150 Dollar, doch seine Seiten stehen kostenlos im Internet zur Verfügung, wo es zurzeit von einer Gruppe Freiwilliger überarbeitet und mit Anmerkungen versehen wird. Band 2, in dem Hunderte neuer Tryptamine aufgeführt werden, soll in wenigen Jahren folgen.[11]

---

* *Der Shulgin-Index, Band 1: Psychedelische Phenetyhlamine und verwandte Verbindungen.*

Im Mai 2012 ist die britische Drogenpolitik neu überprüft worden, und zwar unter Mitwirkung von Vertretern des politischen Establishments, Drogenhelfern, Wissenschaftlern, Lehrern, Mitarbeitern aus dem stationären Entzug, Prominenten, Medienvertretern, Unternehmern sowie einigen der ranghöchsten Polizeibeamten des Landes. Mitglieder des Home Affairs Select Committee (HASC), einem mit der Prüfung von Politik, Verwaltung und Ausgaben des Innenministeriums beauftragter Sonderausschuss des Unterhauses, besuchten Drogen produzierende Länder wie Afghanistan und Kolumbien und untersuchten die Verbindungen zwischen Drogen, Kriminalität und gesellschaftlichen Unruhen. Auf so hoher politischer Ebene war seit mehr als zehn Jahren nicht mehr über das Thema Drogen diskutiert worden.

In einem Brief an den im ACMD sitzenden Professor Les Iversen räumte Innenministerin Theresa May ein, wie schwierig die Lage sei:

»Angesichts des Tempos, mit dem neue Substanzen im Vereinigten Königreich erhältlich werden, und angesichts der zu den herkömmlichen Versorgungswegen hinzukommenden Beschaffungsmöglichkeiten, die das Internet für NPS [neue psychoaktive Substanzen] bietet, stehen die Regierung, die Strafverfolgungsbehörden und die forensischen Dienste vor einer beachtlichen Herausforderung.«[12]

Der Ausschuss verkündete zur selben Zeit seine Absicht, eine neue Debatte über die Drogenpolitik zu führen, als eine Reihe einflussreicher internationaler Persönlichkeiten zum ersten Mal öffentlich die Meinung vertraten, dass der Krieg gegen herkömmliche Drogen nicht funktioniere und ein neuer Ansatz nötig sei. Zu diesen gehörten die Präsidenten von Mexiko, Guatemala und Kolumbien, die alle Zeugen von Ereignissen geworden waren, die als untragbar betrachtet würden, wenn sie sich auf den Straßen Europas oder der USA wiederholten. Etwa 100000 Mexikaner sind in den vergangenen neun Jahren durch das Treiben der kriminellen einheimischen Gangs gestorben, die die USA – den weltweit reichsten und gierigsten Konsumenten von Drogen – mit Kokain, Heroin, Marihuana und Crystal Meth versorgen.

Der Präsident von Guatemala schrieb im *Guardian*, dass für sein Land als einem der Hauptumschlagplätze des Drogenhandels der Zeitpunkt gekommen sei, über eine Legalisierung nachzudenken. »Guatemala wird weiterhin sämtliche seiner internationalen Verpflichtungen zur Bekämpfung des Drogenhandels erfüllen«, versprach er. »Gleichzeitig möchten wir nicht länger stumme Zeugen eines weltweiten Selbstbetrugs bleiben.«[13]

Kolumbiens Präsident Juan Manuel Santos rief im Jahre 2011 in ähnlicher Weise zu einer Neubetrachtung des Themas auf: »Die Welt muss über neue Ansätze reden ... wir denken im Grunde immer noch im selben Rahmen, in dem wir schon seit 40 Jahren denken.« Er ging noch weiter und sagte, dass sein Land, der weltgrößte Hersteller von Kokain, eine vollständige Legalisierung in Betracht ziehe. »Wenn das Legalisierung bedeutet und die Welt darin die Lösung sieht, dann werde ich sie begrüßen«, erklärte er gegenüber dem Journalisten John Mulholland. »Ich bin nicht dagegen.«[14]

Auch in Deutschland regt sich seit einiger Zeit verstärkt Widerstand gegen die althergebrachte Sicht des Themas. Besonders hervor tut sich dabei der sogenannte Schildower Kreis, ein Netzwerk von Experten aus Wissenschaft und Praxis, die seit knapp zehn Jahren auf die schädlichen Folgen der Drogenprohibition aufmerksam machen. Sprecher des Schildower Kreises ist der emeritierte Bremer Strafrechtsprofessor Lorenz Böllinger. Ende 2013 setzte er sich für eine Petition an den Deutschen Bundestag ein, die die Einrichtung einer Enquete-Kommission zur grundlegenden Überprüfung des Betäubungsmittelstrafrechts fordert. Böllinger meint: »Die Resolution ist inzwischen von 122 Strafrechtsprofessoren unterschrieben worden – das bedeutet fast die Hälfte aller Universitätsprofessoren in Deutschland, und das bedeutet auch, dass sich inzwischen in der Wissenschaft die Erkenntnis ausgebreitet hat, dass das Strafrecht nicht geeignet ist, dem Drogenproblem Herr zu werden.«

In der Resolution wird zur Überprüfung der Strafbarkeit des Cannabis-Konsums aufgerufen und darauf verwiesen, dass in Ländern, in denen liberalere Regelungen als in Deutschland herrschen und der Besitz von geringen Mengen toleriert wird, die befürchtete Ausweitung des Drogenkonsums ausgeblieben ist. Der Strafrechtsprofessor glaubt: »Die Irrationalität der Verhinderung einer adäquaten Erhältlichkeit von medizinischem Cannabis in Deutschland ist skandalös. Sie ist einzig damit begründet, dass man eine Ausbreitung des hedonistischen Konsums verhindern will. Darunter leiden viele Kranke, die eine entsprechende Behandlungsindikation haben.«

Insgesamt hat sich die öffentliche Meinung in den letzten Jahren gewandelt oder ist zumindest ein Stück weit gesprächsbereiter geworden, was die Entkriminalisierung von Drogen angeht – deren gesetzlicher Status meiner Meinung nach zu einer Ausbreitung von oftmals gefährlichen Alternativen geführt hat. Ein paar Hardliner gibt es allerdings immer noch. So habe ich zum Beispiel Kathy Gyngell vom Centre for Policy Studies angemailt, die zur HASC-Debatte beigetragen hatte und von der ich gern erfahren wollte, wie ihre Antwort auf den zunehmend gefährlichen Handel mit Legal Highs aussehen würde. Sie setzte diejenigen, die im Internet legale Drogen kaufen oder verkaufen, mit Leuten gleich, die Kinder sexuell missbrauchen. »Wir hören nicht mit der Verfolgung eines Verbrechens und der Durchsetzung des Gesetzes auf, weil das Verbrechen weiter besteht oder die dabei eingesetzte Technologie sich verändert, ob es sich um das Internet handelt oder nicht. Bei so einer Sichtweise könnte man genauso gut das Aufspüren von Pädophilen einstellen, die wie viele Kriminelle inzwischen mithilfe des Internets vorgehen«, erklärte sie. Allerdings ist in Europa, den USA und einem großen Teil der restlichen Welt der Handel mit Legal Highs, wie der Name schon sagt, legal. Der sexuelle Missbrauch von Kindern ist es nicht.

Zusammen mit Gyngell mischte sich auch der konservative britische Journalist Peter Hitchens in die vom HASC angestoßene Debatte ein. Wie die amerikanischen Kirchenmänner der 1920er betrachtet er den Konsum von Drogen in einem moralischen Licht. »Ich bin der Meinung, Drogen zu nehmen ist falsch. Meiner Ansicht nach gibt es einen guten Grund dafür, dass es ein Gesetz dagegen gibt, und wenn es jemand tut, dann sollte er nach dem Gesetz bestraft werden. Wenn wir uns daran halten würden, dann wäre der Drogenkonsum immer noch auf demselben Stand wie vor dem Gesetz von 1971, also minimal verbreitet«, argumentierte er, ohne dabei die geringsten Belege für seine Behauptung vorzubringen.

Hitchens erklärte, bei richtiger und eifrig genug verfolgter Anwendung genüge allein schon die Herrschaft des Rechts, um junge Menschen vom Drogenkonsum abzuhalten: »Wenn es ein konsequent durchgesetztes Gesetz gibt, durch das der Besitz von Cannabis, der illegal ist, bei Entdeckung bestraft wird, dann erreicht man dadurch meiner Meinung nach als eines der wichtigsten Dinge, dass man Menschen, die durch ihre Mitschüler unter starkem Gruppendruck zum Drogenkonsum stehen, eine Art Schild dagegen in die Hand gibt ... Sie können sich umdrehen und sagen: ›Nein, das mache ich nicht. Ich möchte nicht riskieren, eine Vorstrafe zu haben. Ich möchte nicht riskieren, in meinem Leben nie mehr in die USA einreisen zu können. Meiner Meinung nach ist es das nicht wert.«

Wie ihr Erfinder John William Huffman selbst gesagt hat, sind die unzähligen legalen chemischen Stoffe, die heute als Ersatz für Cannabis angeboten werden, sehr viel bedenklicher als die illegale Droge selbst. Kein junger Mensch, der sie raucht, muss sich vor strafrechtlicher Verfolgung, einer Vorstrafe oder dem Verlust von Reiserechten fürchten, doch in gesundheitlicher Hinsicht sind sie sehr viel gefährlicher als Marihuana. Wenn wahr ist, was Hitchens und andere Prohibitionisten über Gruppendruck sagen und die Angst vor rechtlichen Folgen unter Jugendlichen genug wiegt, um als akzeptable Ausrede zu gelten, dann muss ihnen das Rauchen dieser legalen Drogen nur umso attraktiver erscheinen.

Doch gemäßigtere Kommentare, die vor der leichten Erhältlichkeit der neuen Drogen warnen, gibt es auch. Der in Oxford ausgebildete Politologe Kevin Sabet, der strengere Drogengesetze befürwortet, hat bereits als drogenpolitischer Berater von drei Präsidenten gedient – Bill Clinton, George Bush und Barack Obama – und ist in den USA eine der führenden Stimmen zu dem Thema. Er war einer der drei Hauptverfasser von Präsident Obamas erster National Drug Control Strategy und hat die Maßnahmen des Weißen Hauses in der Marihuana-Politik, bei Legalisierungsfragen und beim Umgang mit den neuen synthetischen Drogen entscheidend mitgeprägt. Sabet stimmt zu, dass die Legal Highs Gesetzgeber und

Strafverfolger vor ein großes Dilemma stellen, ist jedoch der Ansicht, einfach jede neue Substanz der Reihe nach zu verbieten sei keine nachhaltige Langzeitstrategie, mit der sich Herstellung, Einfuhr und Konsum dieser Drogen beenden ließen. »Was wir brauchen, sind Gesetze, die den Verkauf, die Produktion und den Konsum von ganzen Substanzklassen verbieten – mit Ausnahme solcher Stoffe, die für medizinische oder wissenschaftliche Zwecke hergestellt werden«, sagte er mir.

»Ich glaube nicht, dass Legalisierung die Antwort ist«, fuhr er fort, »denn wir wissen, dass jede Droge billiger wird und ihr Konsum und ihre Verfügbarkeit ansteigen, wenn man sie legal macht. Es gibt bereits legalen Alkohol, Tabak sowie legale verschreibungspflichtige Medikamente, und all diese Stoffe werden viel stärker konsumiert als die illegalen. Illegale Drogen zu entkriminalisieren oder zu legalisieren würde sie nur gesellschaftsfähiger machen. Was wir brauchen, ist eine Kombination aus Aufklärung und Interventionen, die Konsumenten effektiv vom Konsum abhalten.«

Wie lässt sich aus dieser Sichtweise jedoch erklären, dass in den vergangenen 60 Jahren die Zahl der Raucher stark gesunken ist? Heute rauchen 19,3 Prozent der amerikanischen Bevölkerung, in den 1940ern war der Anteil der Raucher noch ungefähr dreimal so hoch.[15] Wie jeder Raucher einem sagen kann, ist Nikotin stark süchtig machend und extrem schlecht für die Gesundheit. Trotzdem konnte durch öffentliche Informationskampagnen innerhalb von nur einer Generation erreicht werden, dass sehr viel weniger geraucht wird, selbst im privaten Bereich.

Der Pfleger Mark Dunn arbeitet in Großbritanniens erster spezieller Behandlungsstation für Konsumenten von Partydrogen, der zum Londoner Chelsea and Westminster Hospital gehörenden Club Drug Clinic. Während sich die meisten Suchthilfestationen auf Crack- und Heroinkonsumenten konzentrieren, kümmert man sich hier vor allem um Probleme, die im Zusammenhang mit Clubdrogen, Legal Highs und anderen synthetischen Rauschmitteln auftreten können. Die Einrichtung existiert seit 18 Monaten, und in dieser Zeit wurden dort rund 250 Patienten behandelt, von denen die meisten homosexuelle Männer waren. Viele der Patienten kommen wegen Mephedron, das manche Konsumenten sich inzwischen zwanghaft injizieren, weil sie immer wieder das kurzlebige, extrem euphorische High erleben wollen, das ihnen die Droge verschafft. »Mephedron ist eines der Hauptprobleme«, berichtet Dunn. »Die Leute nehmen die Droge exzessiv und haben schreckliche Drogenkater und Wahnvorstellungen. Die vielen Injektionen führen zu ernsten Schäden an den Venen und auch zu Abszessen. Die Patienten werden psychotisch und krank, und manche mussten in die Psychiatrie eingewiesen werden. Dann konsumieren sie erneut und werden sehr schnell wieder krank. Im vergangenen Jahr wurde ein Patient ohne psychiatrische Vorgeschichte insgesamt viermal in die Psychiatrie eingewiesen. Es hat sein Leben zerstört.«

Der letzte gleichermaßen bedeutende Wendepunkt in der britischen Drogenkultur, der 1988 einsetzende Aufstieg von Ecstasy, wurde von der Journalistin Sheryl Garratt in ihrem 1999 erschienenen Buch *Adventures in Wonderland* beschrieben.[16] Garratt war zu jener Zeit Redakteurin des Musik-, Mode- und Designmagazins *The Face* und hatte zu den Ersten gehört, die MDMA als Partydroge entdeckten. Heute hat sie gemischte Gefühle über die Art, wie sich der Drogenmarkt in den vergangenen Jahren verändert hat, und sieht ihre langjährige Haltung zum Thema Drogenkonsum vor allem durch das Phänomen des exzessiven »Komakonsums« infrage gestellt. »Ich war sehr stark für Legalisierung und Entkriminalisierung und zog immer die Prohibitionszeit als Argument heran. Sie wissen schon: ›Drogen zu verbieten hält niemanden davon ab, sie zu nehmen oder zu produzieren, und wir finanzieren nur das organisierte Verbrechen‹ und so weiter. Legalisierung würde bedeuten, man könnte Drogen von reiner Qualität kaufen und das wäre von einer gewaltigen Informationskampagne zu den gesundheitlichen Auswirkungen begleitet. Doch das Risiko besteht darin, dass wir Briten einen Hang zu exzessiven Rauschgelagen haben. Als ich das erste Mal auf Ibiza war, war die Atmosphäre total entspannt und die Leute nahmen ein oder zwei Pillen am Abend – nicht zwanzig. Aber diese Kultur des Komakonsums hat sich mittlerweile über den ganzen Globus ausgebreitet. Ich sehe sie überall, wo ich hingehe, und das macht mir ein bisschen Angst.«

Diese »Komakultur« bereitet auch Dr. Adam Winstock Sorgen, der nicht nur als Suchtarzt arbeitet, sondern auch Erfinder und Leiter des Global Drug Survey ist, der weltweit größten Umfrage zum Thema Drogen. »Jede Diskussion über Entkriminalisierung oder sogar Legalisierung, bei der die Produkte mit verlässlicher Kennzeichnung und Angaben zur Dosierung verkauft werden, klingt nach einer guten Idee«, sagt er. »Aber die Vertreter gehen von einer erwachsenen Bevölkerung aus, die vernünftige Entscheidungen trifft. Ich bin mir nicht sicher, ob das in Großbritannien funktionieren würde, da die Konsumenten hier eher nicht zum Maßhalten neigen. In Holland ist die erwachsene Bevölkerung gut informiert und kann sich im Zaum halten. Aber Großbritannien hat es nicht so mit der Mäßigung.«

Natürlich wäre es naiv zu glauben, man könnte Schritte in Richtung einer liberaleren weltweiten Drogenpolitik machen, ohne dass es Klagen gibt, so logisch diese Schritte auch sein mögen. Laut Matthew Collin, Autor des 1998 erschienenen Buches *Altered State*, der maßgeblichen Geschichte von Acid House und Ecstasykonsum in Großbritannien,[17] muss man die Debatte um Entkriminalisierung im politischen Kontext sehen. Seiner Meinung nach werden die Zwänge der Realpolitik dafür sorgen, dass sich auch durch die neue Lage, die durch die Research Chemicals entstanden ist, in den meisten Ländern nicht viel an den Gesetzen ändern wird. »Ein Politiker, der sich im Wahlkampf befindet, bietet seinen Gegner immer noch eine willkommene Angriffsfläche, wenn er beim Thema Drogen als ›weich‹ gilt, während für eine Regierung, die an der Macht ist, die Rhetorik des Kriegs gegen Drogen trotz ihrer Kosten immer noch leichter verständlich und beruhigender ist als ein Schritt ins Ungewisse, dessen Folgen unvorhersehbar und potenziell beängstigend erscheinen können«, behauptet er. »Die Prohibitionsstrategie mag nicht funktioniert haben, aber besonders in Ländern wie den USA ist es schwer vorstellbar, dass irgendein politischer Führer im Wahlkampf mit Legalisierung wirbt und dann eine Chance hat, gewählt zu werden; so ein Kandidat würde von den aggressiven Kampagnenspots der Gegenpartei in Stücke gerissen werden. Und selbst wenn er oder sie es ins Amt schaffte, würde es unmöglich erscheinen, dass so eine Politik tatsächlich im Gesetzbuch landet. Man muss nur an den heftigen Widersand gegen Barack Obamas Versuch denken, das amerikanische Gesundheitssystem zu reformieren – und nun stelle man sich vor, er würde versuchen, den Kongress und das Repräsentantenhaus davon zu überzeugen, Kokain und Heroin zu legalisieren.«

Dealer, die vom Verkauf verbotener Drogen profitieren, haben manchmal eine klarere Sicht auf die mit einer Legalisierung verbundenen Probleme als viele andere Kommentatoren. Ich habe ein ausführliches Gespräch mit einem der beliebtesten Verkäufer von MDMA bei Silk Road geführt und über eine verschlüsselte E-Mail-Verbindung mit ihm auch über die Legalisierung von Drogen geredet. »Für mich ist das größte Problem bei der Legalisierung die Quantifizierung des Für und Wider und welche Informationen man als Grundlage für seine Entscheidung nimmt«, hat er mir geschrieben. »Welche Metrik ist die wichtigste? Sind es die Suchtquoten, die akuten Gefahren, die ökonomischen Kosten, die zerrütteten Familien oder die Verbrechensraten? Es ist einfach, auf den grausamen, von der Prohibition angeheizten Bürgerkrieg in Mexiko zu blicken, auf die private Gefängnisindustrie in den USA oder auf die um Drogen geführten Bandenkriege in den Städten und zu dem Schluss zu kommen, Legalisierung sei die einzige humane und vernünftige Alternative, denn all diese Ungerechtigkeiten sind offensichtlich und grauenvoll. Schwerer ist es, die weniger offenkundigen Folgen und subtilen persönlichen Probleme abzuwägen, die durch den leichten Zugang zu Drogen entstehen.«

»Als Dealer/Verkäufer bekomme ich diese Probleme aus viel größerer Nähe zu sehen, sowohl bei mir selbst als auch bei anderen«, fährt er fort, »und offen gesagt erschreckt mich das oft. Ich musste schon oft aufhören, bestimmten Kunden weiter etwas zu verkaufen, weil sie ernste Suchtprobleme entwickelt hatten. Ich kenne Leute, die jede Woche MDMA nehmen und deshalb schwere Gedächtnisprobleme und kognitive Beeinträchtigungen haben; Leute, die nicht mit dem Koksen aufhören können, obwohl es ihnen nicht einmal mehr Spaß macht; Leute, die Oxycodon nehmen müssen, nur um durch den Tag zu kommen. All das zu sehen macht mich echt fertig.

Wie viel mehr solcher Leute gäbe es, wenn man einfach zum nächsten Laden gehen und sich ein paar Gramm Koks holen könnte? Ginge es ihnen letztendlich besser, wenn sie Zugang zu allem hätten, was sie wollten, und es gleichzeitig staatlich finanzierte Programme zur Schadensminimierung und Therapien für sie gäbe, wenn es sich als nötig erweisen sollte? Das ist eine Frage, die keineswegs leicht zu beantworten ist. Früher habe ich gedacht, letzten Endes sollten die Menschen selbst das Sagen über ihren Körper und die Substanzen haben, die sie ihm zuführen, und dass die Welt mit der Prohibition unendlich viel schlechter dran sei als ohne sie. Dieser Meinung bin ich immer noch, aber im Laufe der vergangenen paar Jahre ist meine Haltung sehr viel zwiespältiger geworden.«

In Europa hat allein Portugal gewagt, mit radikalen Schritten in Richtung Entkriminalisierung zu experimentieren – und zwar bei Drogen, die weitaus schädlicher und süchtigmachender sind als die meisten gängigen Partydrogen, deren Wirkung Legal Highs und Research Chemicals nachzuahmen versuchen. Vor 2001 war Heroinkonsum in Portugal weitverbreitet. Es gab mehr als 100 000 Fixer in dem Land, und unter freiem Himmel veranstaltete Drogenmärkte waren keine Seltenheit. 2001 entkriminalisierte die Regierung den Besitz und privaten Konsum sämtlicher Drogen, einschließlich Heroin und Kokain. Wer mit solchen Rauschmitteln erwischt wird, muss jedoch vor einem speziellen Therapiegremium erscheinen, wodurch Drogenkonsum von einer Straftat in eine Gesundheitsfrage verwandelt werden soll.

»Die in Portugal vorgenommenen Änderungen erlauben einen interessanten Vorher-nachher-Vergleich zu den Auswirkungen der Entkriminalisierung«, erklärte die europäische Drogenbeobachtungsstelle.[18]

Und das tun sie tatsächlich. Im Jahre 2011 berichtete Dr. Joao Goulao, Vorsitzender des portugiesischen Instituts für Drogen und Drogenabhängigkeit, dass sich die Zahl der Drogenkonsumenten in seinem Land halbiert habe.[19] Auch die Zahl der intravenösen Konsumenten war um die Hälfte auf 0,5 Prozent der Bevölkerung gesunken und lag damit niedriger als in Großbritannien und Italien. Neue HIV-Erkrankungen gab es ebenfalls weniger; 2002 hatte es sich bei der Hälfte aller neu Erkrankten um intravenöse Konsumenten gehandelt; heute liegt dieser Wert bei 17,5 Prozent.

Laut Dr. Adam Winstock hat Großbritannien mit dem Verbot von Mephedron eine Chance vertan, einen neuen Ansatz in der Drogenpolitik auszuprobieren. »Das Erscheinen von Research Chemicals wie Mephedron auf den Mainstreammärkten wäre für die Regierungen eine Gelegenheit gewesen, mal etwas anderes zu versuchen«, sagte er mir. »Für Regierungen ist es schwierig, im Nachhinein Gesetzesänderungen für bereits existierende Substanzen einzuführen, und bei Mephedron hätte die Möglichkeit bestanden, statt des Misuse of Drugs Act Verbraucher- oder Arzneimittelbestimmungen anzuwenden. Diese Chance haben wir verpasst. So konnte der weitverbreitete Konsum zwar zunächst eingedämmt werden, aber dann ist die Droge zu den Straßendealern gewandert, der Preis ist gestiegen und der Reinheitsgrad nach Meinung vieler Konsumenten gesunken.«

Aus Sicht des Toxikologen John Ramsey ist Untätigkeit keine Option. »Was die Kontrolle angeht, sind wir zum Handeln gezwungen, weil jederzeit irgendein Stoff auftauchen kann, der wirklich schrecklich ist«, warnt er. »Das ist beinah unausweichlich, nur eine Frage der Zeit. Es könnte durchaus dazu kommen, dass die Konsumenten dann schon beim ersten Konsum einfach tot umfallen. Wenn man an Molekülen herumbastelt, können Fehler passieren, die dann böse Überraschungen nach sich ziehen.«

Doch wie viele ist Ramsey seit dem Boom des Handels mit Legal Highs und Research Chemicals hin- und hergerissen, was die nächsten Schritte angeht. Da viele der neuen Drogen schädlich sind, sehen die meisten Leute in der Legalisierung keine Option, doch die Branche vollkommen unreguliert zu lassen erscheint ihnen als ebenso unbefriedigend. »Warum sollte man bei Partydrogen einen niedrigeren Sicherheitsstandard als bei Arzneimitteln tolerieren?«, fragt er. »Bei Arzneimitteln wägt man Gefahren und Nutzen gegeneinander ab. Eine Kopfschmerztablette mit allzu vielen Nebenwirkungen wird man nicht akzeptieren; da ist es leichter, die Kopfschmerzen zu ertragen. Wenn man Krebs hat, wird man durch die Chemotherapie krank, impotent und bekommt Haarausfall, trotzdem lässt man sie über sich ergehen, weil man sonst stirbt. Aber wie lässt sich so eine Entscheidung bei Partydrogen treffen? Der einzige positive Effekt einer Partydroge ist Spaß. Wie viele Nebenwirkungen sollten wir also bei einer Spaßdroge tolerieren?«

Andere gesetzliche Maßnahmen, die in Großbritannien in Betracht gezogen werden könnten, sind generische Verbote gegen Analoge, mit denen der Misuse of Drugs Act von 1971 aktualisiert wird. Mit solchen Gesetzen sollen ganze Kategorien von Drogen pauschal für illegal erklärt werden, in den USA allerdings, wo es bereits seit 1986 derartige Bestimmungen gibt, zeigen sie nur wenig Wirkung. Die Chefberater der Regierung haben zwar die Empfehlung ausgesprochen, sich mit dieser Möglichkeit näher zu beschäftigen. Doch Fachleute vom Independent Scientific Committee on Drugs (ISCD) und von der britischen Drug Policy Commission geben zu bedenken, dass die Gerichte mit Klagen gegen die komplexen Gesetzesregeln überschwemmt werden könnten. In einem Bericht des ISCD, der jüngere Eingeständnisse aus den USA zitiert, dass ihre eigenen Gesetze gegen Analoge nicht ohne Fehler seien, heißt es:

»Im allgemeinen Sprachgebrauch wird der Ausdruck ›Analog‹ oft zur Bezeichnung einer Substanz verwendet, die wesentliche chemische Strukturen mit einem anderen chemischen Stoff gemeinsam hat. Für organische Chemiker hat der Begriff ›Analog‹ jedoch eine präzisere Bedeutung. Auch ist es so, dass viele chemische Verbindungen, die ähnlich aussehen und eine ähnliche chemische Struktur haben, sowohl in als auch außerhalb des Körpers sehr unterschiedlich reagieren. Daher ist die Sachlage keineswegs eindeutig.«[20]

John Ramsey glaubt außerdem, dass ein Pauschalverbot von Analogen in Großbritannien unmöglich zu vollstrecken wäre und dass bei anderen Formen der Gesetzgebung ähnliche Schwierigkeiten auftreten würden. Ich habe ihn gefragt, warum wir nicht einfach jede chemische Substanz verbieten können, die eine psychoaktive Wirkung hat. »Das Problem ist, die dafür nötigen Beweise zu sammeln«, sagt er. »Wenn man nur ein oder zwei Stoffe pro Jahr beurteilen muss, ist das machbar. Bei einem pro Woche wird das Ganze unmöglich. Selbst wenn man alle bekannten Substanzen und sämtliche möglichen Substitutionen verbieten würde, gäbe es immer noch etwas, woran man nicht gedacht hat. Es gibt buchstäblich Millionen von organischen Stoffen. Die Frage ist, wie man herausfinden kann, welche als Drogen verwendet werden können und welche nicht. Über dieses Wissen verfügen wir nicht.« Als Beispiel führt der Toxikologe die Agonisten der Cannabinoid-Rezeptoren an. »Diese kommen aus einem breiten Spektrum chemischer Gruppen oder Familien, deshalb ist es extrem schwer, sie chemisch zu definieren. Sie alle reagieren mit dem Cannabinoid-Rezeptor 1, aber manche Stoffe, die in synthetischen Marihuanamischungen verwendet werden, werden auch legal genutzt. Einer zum Beispiel wird als Schmiermittel bei der Herstellung von Plastik eingesetzt, sodass ein Verbot sich auch auf die Industrie auswirken würde.«

Darüber hinaus würde ein Analogverbot die Bürger auf problematische Weise der Strafverfolgung aussetzen, meint Ramsey, da sie vielleicht davon ausgehen, eine legale Substanz zu verkaufen, dann jedoch möglicherweise erleben müssten, dass diese Annahme vor Gericht angefochten wird und sie eine Haftstrafe aufgebrummt bekommen. Wie der Toxikologe hinzufügt, ist unser Wissen über die Funktionsweise von Drogen auch noch lange nicht vollständig, sodass der Erlass von Gesetzen auf dieser Grundlage ebenfalls problematisch wäre: »Nicht alle Drogen wirken, weil sie mit bestimmten Rezeptoren reagieren. So ist zum Beispiel bei Distickstoffmonoxid, also Lachgas, keinerlei Wirkung auf Rezeptoren bekannt, auf die ein Gesetz abheben könnte. Wie sollen wir dann die Abgabe dieses Stoffes mit einem Analogverbot regulieren? Der wissenschaftliche Sachverhalt ist viel komplexer, als diese simplifizierenden Modelle nahelegen.«

In Deutschland wird seit einiger Zeit ebenfalls kritisch über ein Stoffgruppenverbot diskutiert. Der Bremer Rechtsanwalt Dr. Helmut Pollähne ist Gegner eines solchen Weges. Dennoch glaubt er, dass sich an der aktuellen Situation etwas ändern muss:

»Die Diskussionen, die wir aktuell in Deutschland über die Legal Highs führen, sind ein gutes Beispiel für die grundsätzlichen Irrwege der Drogenpolitik. Das Aufkommen immer neuer Substanzen ist so schnell, dass man mit dem Gesetz in der Hand den Laboren, in denen die Substanzen hergestellt werden, hinterherlaufen muss. Das klappt nicht und führt typischerweise zu einer, wie ich es nennen würde, Verelendung des Drogenstrafrechts. Man spricht gern von der Verelendung der Drogenkonsumenten und der Szene oder Gesellschaft, aber was aktuell passiert, bedeutet auch eine Verelendung des Rechts. Der Versuch, den Legal Highs Herr zu werden, indem Betäubungsmitteldelikte mit dem Arzneimittelgesetz verfolgt werden, ist ein Beispiel dafür, dass wesentliche Regeln des rechtsstaatlichen Strafrechts verletzt werden. Und es zeigt, wie verfehlt der ganze Ansatz ist, Drogen mit dem Strafrecht in den Griff bekommen zu wollen. Alle Prohibitionsversuche, etwa des Alkohols, sind letztlich Belege für ihr Nichtfunktionieren. Das Strafrecht hat am Kern des Drogenproblems nichts geändert. Die Reaktion darauf ist eine stetige Verschärfung des Strafrechts. Man sucht die Krankheit mit einem Medikament zu behandeln, es wirkt nicht, man verdoppelt die Dosis, es wirkt aber immer noch nicht. Und das liegt daran, dass das Medikament das falsche ist.«

Für Agnetha, die Drogenkonsumentin, bei der ein falsch gekennzeichnetes, aber legales Research Chemical zu einer zweimaligen Überdosierung innerhalb von nur einer Woche geführt hat, liegt die Lösung in der Legalisierung, zumindest was den privaten Bedarf angeht: »Zwangsmaßnahmen und Prohibition funktionieren nicht, sondern treiben die Menschen nur dazu, noch höhere Risiken einzugehen und immer gefährlichere Stoffe zu konsumieren, von denen jeder irgendeinen ungefährlicheren Stoff ersetzt, der am Tag zuvor verboten wurde. Was wir brauchen, sind risikobewusste und aufgeklärte Konsumenten, die in der Lage sind, auf giftigen Dreck zu verzichten und ihre Neugier mit vergleichsweise ungefährlichen Substanzen zu befriedigen. Wenn die politische Elite nicht die Prohibition aufgeben kann, dann sollte sie wenigstens den persönlichen Konsum komplett entkriminalisieren und nur noch Dealer und Hersteller verfolgen. Ebenso sollte sie aufhören, alle Drogen über einen Kamm zu scheren.«

Nach Meinung eines Mitarbeiters aus dem Gesundheitswesen, der regelmäßig mit schwerem Mephedronmissbrauch zu tun hat, richtet besonders Mephedron noch mehr Schaden an, seit es verboten ist. »Es wird jetzt mit anderen Stoffen verschnitten und verursacht noch öfter gesundheitliche Probleme«, berichtete er mir. »Auch hat sich der Konsum seit dem Verbot noch stärker ausgebreitet. Die Zahl der neu herauskommenden Drogen zeigt deutlich, dass die aktuellen Gesetze nicht den geringsten Einfluss auf den Konsum haben. Den Konsumenten sind sie keinerlei Hilfe. Es funktioniert einfach nicht. Sie konsumieren immer noch, bringen sich immer noch Gefahr, und es macht es noch schwerer, an sie heranzukommen, weil es jetzt eine Straftat ist.«

Vielleicht ist der Ge- und Missbrauch von Drogen für uns in Wirklichkeit nur deshalb ein so schwieriges Thema, weil wir denken, es gebe tatsächlich ein Problem zu lösen. Die Menschen haben schon immer ihren Verstand und die Erzeugnisse ihrer Umwelt dazu verwendet, ihren Bewusstseinszustand zu verändern. Sie haben nach Nervenkitzel und Gefahr gesucht, nach Adrenalinschüben oder nach der tröstenden Wärme menschlicher Gesellschaft und Zuneigung, und dabei haben die Mystiker und die Massen oft genau dieselben Ziele angestrebt, nur mit unterschiedlichen Mitteln. Wenn die von uns gesuchte Lösung lautet, sämtliche Gefahren auszuschalten, der Sucht ein Ende zu setzen und überhaupt alle negativen Folgen des Drogenkonsums zu verhindern, dann können wir nur weiterhin so jämmerlich versagen, wie wir das gesamte letzte Jahrhundert versagt haben – besonders da nun das Netz die Drogenpalette so dramatisch erweitert hat.

Zurzeit sind wir in legislativer, soziokultureller und praktischer Hinsicht auf diese neue Phase des Drogenhandels nicht vorbereitet. Legalisierung ist nicht die Lösung, Drogen zu verbieten ist nicht die Lösung, alles beim Alten zu lassen – also in jenem Zustand der gänzlich unregulierten Anarchie, der sowohl auf den alten als auch auf den neuen Drogenmärkten herrscht – ist auch nicht die Lösung.

Nachdem ich den chemischen Untergrund nun viele Jahre beobachtet habe, bin ich zu dem Schluss gekommen, dass die Veränderungen, die das Netz in der Drogenkultur verursacht hat, ein sofortiges Handeln der Gesetzgeber nötig machen: Es muss eine konzertierte Anstrengung nicht nur zur Schadensminimierung, sondern zur akuten Schadensbegrenzung geben. In zahllosen Interviews, in Tausenden von Postings, in Dutzenden von Foren lautet die explizite und implizite Botschaft der Konsumenten selbst, dass kein Gesetz jemals etwas an ihrem Wunsch ändern wird, high zu werden, oder es in der Vergangenheit getan hat.

In Neuseeland haben die Gesetzesgeber im August 2012 zu noch nie da gewesenen Maßnahmen gegriffen, als der stellvertretende Gesundheitsminister Peter Dunne innovative Schritte ankündigte, die dem Staat ein wenig mehr Kontrolle über die wild wuchernde Legal-Highs-Industrie des Landes verschaffen sollen. Die Hersteller könnten, wie er sagte, ab sofort offizielle Genehmigungen für ihre Legal Highs erlangen, indem sie für die wissenschaftliche Untersuchung der Schadensprofile der Substanzen aufkommen. In der neuseeländischen Szene um die neuen Drogen werden vor allem sogenannte »party pills« konsumiert – verschiedene Piperazinmischungen, die die Wirkung von Ecstasy oder Amphetaminen nachahmen, sowie Ersatzstoffe für Marihuana.

Diejenigen Stoffe, denen nach den mehr als eine Million Euro teuren Versuchen an Tieren und Menschen eine geringe Gefährlichkeit bescheinigt wird, dürfen offiziell in Neuseeland verkauft werden. »Wir werden nicht länger das Katz-und-Maus-Spiel fortsetzen, bei dem wir ständig neuen Substanzen hinterherjagen, sobald sie auf dem Markt erscheinen«, erklärte Dunne der Presse.

Wie sich eine solche Genehmigung auf die Profitabilität der Stoffe auswirkt, ist noch unklar, doch Schätzungen gehen davon aus, dass die hinter den Partypillen stehende Industrie in den vergangenen zehn Jahren knapp 200 Millionen Euro unversteuerte Gewinne eingefahren hat.

Aus Informationspapieren der Regierung geht hervor, dass diese im ersten Jahr mit zehn Anträgen rechnet, von denen dann ein bis zwei tatsächlich in einer Genehmigung münden könnten. Dieser strengere regulatorische Ansatz könnte gut dazu führen, dass den chinesischen Laboren und den profitgierigen Schwarzmarkthändlern die Kontrolle über den Handel mit Legal Highs und Research Chemicals entrissen wird und sie stattdessen in die Hände der demokratisch gewählten Regierung von Neuseeland übergeht. Ein proaktives und evidenzbasiertes Modell der Schadensminimierung wie dieses sollte die Zahl der neuen Drogen, die in Neuseeland auf den Markt kommen, auf einen Schlag senken. Außerdem wird auf diese Weise die Debatte entpolitisiert und die Verantwortung für die Regulierung des Handels jenen übertragen, die zur Beurteilung der Gefahren, die zweifellos von manchen Drogen ausgehen, am besten qualifiziert sind: wissenschaftliche Experten und erfahrene Ärzte. Den Staat kostet das Verfahren wenig oder sogar überhaupt nichts, und das Risiko für die Konsumenten wird dadurch geringer.

Dunne bestätigte, dass durch diese Schritte ein legaler Markt für synthetische Drogen entstehen würde, und sagte dem *New Zealand Herald*: »Das ist genau die Absicht, die hinter dieser Maßnahme steckt. In der Vergangenheit bestand das Problem darin, dass wir einen vollkommen unregulierten Markt hatten, bei dem niemand wusste, was für Substanzen diese Produkte enthalten. Ich werde mich nicht dafür entschuldigen, dass ich einen Wandel herbeiführe, der das Leben junger Neuseeländer ungefährlicher macht.«[21]

Professor David Nichols, der Erfinder mancher der Drogen in diesem Buch, an denen Konsumenten gestorben sind, sagt unmissverständlich, dass seiner Meinung nach die internationalen Drogengesetze nicht länger für ihren Zweck geeignet sind. Viele der in seinem Labor entstandenen Stoffe, einschließlich 4-MTA, MDAI, 6-APB, 5-APB, 2C-B-FLY und Bromo-DragonFLY, wurden zweckentfremdet und auf dem internationalen grauen Markt als Research Chemicals oder Legal Highs verkauft. Diese Drogen, die ursprünglich im Rahmen der Suche nach neuen Arzneimitteln und der neuropharmakologischen Forschung entwickelt wurden, haben in den vergangenen zehn Jahren mehrere junge Menschen getötet. »Das Erste, was [die Verkäufer von Research Chemicals] tun, ist nach allem zu suchen, was ich veröffentlicht habe«, hat Nichols mir gesagt. »Man kann die Artikel für 30 oder 40 Dollar bekommen. Durch das Internet ist das Ganze noch größer und verbreiteter geworden. [Auch in der Vergangenheit] mag es Leute gegeben haben, die sich dafür interessiert haben, aber dass man jetzt ins Internet gehen, die Sachen dort kaufen und sofort mit anderen darüber reden kann, hat die Entwicklung dieses ganzen Bereiches begünstigt. Und diese Entwicklung zeigt ausschließlich in eine Richtung.«

Sein persönliches Albtraumszenario wäre es, wenn irgendwelche Drogen, die er hergestellt hat, dem Laborbereich entkommen und in noch größerem Maßstab vermarktet würden, als es bereits geschehen ist. »Sagen wir, jemand findet etwas mit zugleich psychostimulierender und halluzinogener Wirkung, und die Leute probieren es und mögen es, also werden ein paar Kilo aus China bestellt und dazu wird eine Tablettenpresse gekauft – die kann man für 1000 Dollar auf eBay kriegen. Dann stellen Sie sich vor, jemand macht 50000 Tabletten und bringt sie unter die Leute, und die Menschen nehmen sie jedes Wochenende bei Raves und die Kardiotoxizität ist kumulativ. Was, wenn sich die herzschädigende Wirkung bei der ersten Einnahme gar nicht manifestiert? Die Leute könnten die Droge weiternehmen, sie für tolles Zeug halten und nach ein oder zwei Monaten plötzlich im Krankenhaus landen, weil sie Herzprobleme haben, eine Herzrhythmusstörung oder was auch immer.«

Beinah exakt zu diesem Szenario ist es allerdings bereits bei 4-MTA gekommen, auch wenn die gesundheitlichen Auswirkungen akuter waren; 6-APB wurde ebenfalls bereits als Research Chemical vermarktet, allerdings ohne derart katastrophale Folgen – bisher jedenfalls. Laut Nichols gäbe es für das Problem, dass reihenweise an Molekülen herumgepfuscht und seine Arbeit geplündert wird, eine einfache Lösung. Dabei handelt es sich jedoch um eine Position, mit der er sich bei den politischen Entscheidungsträgern nicht viele Freunde macht. »Die ungefährlichen Stoffe sollten legalisiert werden«, sagt er. »Pilze, Meskalin und Peyote – all diese Stoffe werden schon seit Tausenden von Jahren verwendet und haben sich als ungefährlich erwiesen. Dasselbe gilt für Marihuana, das in den USA verbreiteter ist als jede andere Droge.« Nichols macht die Prohibition für die größere Vielfalt und Wirkstärke der heute erhältlichen Drogen verantwortlich. »Was sie mit Marihuana gemacht haben, ist dämlich. Wir hätten keinen dieser synthetischen Stoffe, die weitaus gefährlicher sind, wenn sie einfach nur gesagt hätten: ›Marihuana wird seit Tausenden von Jahren konsumiert und ist ein Rauschmittel, also stellen wir es wie Alkohol in die Läden und sorgen dafür, dass man 21 sein muss, um es zu kaufen.‹ Man muss die Abgabe einfach nur regulieren. Es gibt Bier, Wein und Spirituosen, und bei Marihuana könnte es eine ähnliche Abstufung geben. Ich hatte einmal einen Doktoranden, der einen Satz gesagt hat, den man wahrscheinlich zu einer Regel erklären könnte: ›Mach eine Droge illegal, und eine andere, noch gefährlichere wird ihren Platz einnehmen.‹«

Wir müssen Drogenkonsumenten ermöglichen, die für ihre Gesundheit richtigen Entscheidungen zu treffen, und das bedeutet ein schrittweises, von Untersuchungen und Auswertungen begleitetes, jedoch konzertiertes Zurückrollen sämtlicher existierender Drogengesetze; besonders jener gegen MDMA, Marihuana, Magic Mushrooms und Meskalin, denn das sind die Drogen, die die meisten Research Chemicals nachzuahmen versuchen. Nur dann wird der gefährliche Erfindungsreichtum ein Ende haben. Gleichzeitig sollte es an sämtlichen Schulen verpflichtende Aufklärungsstunden zum Thema Drogen geben, in denen die Effekte jeder Droge auf glaubhafte, wissenschaftlich unterlegte und ehrliche Weise erörtert werden, sowohl die positiven als auch die negativen, und ohne Tabak und Alkohol dabei auszuklammern. Dadurch wird weder die Debatte ein Ende haben, noch die Drogensucht verschwinden, noch der Konsum sich verringern. Doch es wird bedeuten, dass diejenigen, die in Zukunft Drogen nehmen, besser informiert und sicherer sein werden und die Kosten für die Gesellschaft niedriger. Die Regierungen müssen den Amateuren, Kriminellen und Gangstern die Kontrolle über den Drogenhandel entreißen.

Vielleicht wird die letztendliche und drastischste Auswirkung des Netzes darin bestehen, dass die Drogenkultur ihre geheimnisvolle Aura verliert, ihr Gepräge der aufrührerischen Lässigkeit, und sich zeigt, dass sich hinter der Magie und dem Wahnsinn nichts als Moleküle verbergen. Ihre Bedeutung wird durch die Konsumenten und das kulturelle Umfeld auf sie projiziert. Entfernt man den Reiz der gesellschaftlichen Regelverletzung, den illegale Handlungen mit sich bringen, und setzt Drogenkonsum in einen klinischen Kontext, macht ihn zu einer Gesundheitsfrage, dann könnte sich einiges ändern. Wir wissen sehr genau, wohin der Weg führt, den wir während des vergangenen Jahrhunderts beschritten haben: zu noch stärker verbreitetem und noch gefährlicherem Konsum. Wir brauchen jetzt einen neuen Ansatz und neue Daten, die wir analysieren können. Das Argument dieses Buches lautet nicht, dass irgendeine Droge vollkommen ungefährlich ist; das sind Drogen nachweislich nicht. Aber trotz sämtlicher Belege, dass es das Leid nur vergrößert, im digitalen Zeitalter auf der gescheiterten und willkürlichen Strategie der Prohibition zu beharren, ist unverantwortlich und gefährlich.

Doch obwohl manche Politiker durchaus in der Lage sind, sich zähneknirschend zu ihren jugendlichen Experimenten mit Drogen zu bekennen, scheinen jetzt, da sie die Macht für einen positiven Wandel haben, nur wenige bereit zu sein, auch nur in bescheidenem Maße mit neuen politischen Ansätzen zu experimentieren – selbst in einer Zeit, in der die Menschen, die sie wählen, genau das verlangen und es so nötig ist wie nie zuvor.

11. Das Ende der Straße?

Im Oktober 2013, fünf Monate nach Erscheinen dieses Buches in Großbritannien, ist die am Schluss des neunten Kapitels gestellte Frage zum Teil beantwortet worden. Statt an einem Kreuzweg stehen wir jetzt an einer Weggabelung – denn der angebliche Betreiber der Silk-Road-Plattform befindet sich in Haft und wartet auf seine Verhandlung.

Am 2. Oktober 2013 saß der 29-jährige Texaner Ross Ulbricht (passenderweise) in der Science-Fiction-Abteilung der im Stadtteil Glen Park gelegenen Filiale der öffentlichen Bibliothek von San Francisco. Laut Aussagen der Mitarbeiter war der leger gekleidete junge Mann bereits öfter in die Bibliothek gekommen, um dort an seinem Laptop zu arbeiten. Seine Welt stand kurz davor, sich ebenso dramatisch zu verändern, wie Silk Road den Handel mit Drogen verändert hatte.

Während Ulbricht arbeitete, betraten Agenten des FBI die Bibliothek und nahmen ihn fest, noch bevor er die Möglichkeit hatte, seinen Laptop zu schließen. Ein paar Tage zuvor hatte der FBI-Ermittler Christopher Tarbell vor dem New Yorker Bundesrichter Frank Maas eine schriftliche Erklärung beeidet und unterschrieben, wonach Ulbricht kein anderer sei als Dread Pirate Roberts (DPR) – der Gründer und Betreiber der Silk-Road-Website, der sich seinen freibeuterischen Codenamen aus *Die Braut des Prinzen* geliehen hatte –, worauf ein Haftbefehl gegen ihn ausgestellt worden war. Das FBI hatte umfangreiche Beweise gegen Ulbricht gesammelt, mit denen sich der Behörde zufolge seine Verbindungen zu der Plattform nachweisen ließen.

Die Beamten veröffentlichten später Aufnahmen von Ulbrichts Laptopbildschirm, die zeigten, dass er zum Zeitpunkt der Festnahme unter dem Namen »Dread« in ein Chatprogramm eingeloggt gewesen war (über das er unwissentlich mit einem verdeckten Ermittler kommunizierte) und sich unter dem Benutzernamen »Mastermind« auch in die Silk-Road-Website eingeklinkt hatte, wodurch er sämtliche internen Abläufe und auch die Finanzen der Seite verwalten konnte.[1] Wie aus rechtlichen Dokumenten hervorgeht, wird Ulbricht inzwischen außerdem offiziell beschuldigt, die Ermordung eines Mannes angeordnet und für den Tod von fünf weiteren Personen bezahlt zu haben.[2] Das FBI gab bekannt, es habe den berüchtigtsten Piraten des versteckten Internets demaskiert. In seinem Bitcoin-Wallet fand die Behörde 144000 Münzen, was zum Zeitpunkt der Festnahme einer Summe von 20 Millionen US-Dollar entsprach. Ein zweiter digitaler Geldbeutel, der auf der Website beschlagnahmt wurde, enthielt weitere 29000 Bitcoins. Die Nachricht ließ den Kurs der virtuellen Münzen, die zuvor für ungefähr 130 Dollar pro Stück gehandelt worden waren, in weniger als drei Stunden auf 85 Dollar fallen.

Wer den umfangreichen Strafantrag[3] gegen Ulbrich liest, erkennt schnell, wie lange bereits gegen den 29-Jährigen ermittelt worden war, der dem FBI zufolge ein Unternehmen im Wert von einer Milliarde Dollar geleitet hat (auch wenn erwähnt werden sollte, dass während der meisten Zeit, die Silk Road in Betrieb war, Bitcoins zu einem sehr viel niedrigeren Preis gehandelt wurden, als in den Berechnungen des FBI angenommen wird). Die Website wurde stillgelegt, und wer die Homepage des Marktplatzes aufrufen wollte, wurde von den Wappen der zahlreichen Bundesbehörden begrüßt, in deren Namen sie geschlossen worden war. Die Guthaben sämtlicher Nutzer wurden beschlagnahmt, ebenso wie das auf den Treuhandkonten hinterlegte Geld der Händler. Gleichzeitig kam es weltweit zu Verhaftungen von Nutzern der zwielichtigen Handelsplattform. Das FBI konnte sich für seine erfolgreiche Arbeit selbst auf die Schulter klopfen.

Zur Zeit der Abfassung dieses Buches hatte die Verhandlung gegen Ross Ulbricht noch nicht begonnen. Ulbricht weist sämtliche Anschuldigungen zurück und hat vor, sich gegen die Vorwürfe zu verteidigen. Was seine Schuld oder Unschuld angeht, sollen hier keine voreiligen Behauptungen aufgestellt oder auch nur angedeutet werden. Es werden zweifellos zahlreiche weitere Details und

Gegenbehauptungen in dem Fall auftauchen, doch was unten folgt, sind die Darstellungen des FBI zu einer verblüffenden Geschichte um Drogen, Hochtechnologie und Hinterlist, so wie sie aus den bisher dazu vorgelegten rechtlichen Unterlagen hervorgehen.[4]

Wie ist es dem FBI gelungen, den Kopf einer Organisation dingfest zu machen, der der Behörde schon seit so langer Zeit – und auf so unverschämte Weise – eine Nase drehte? Darf man der offiziellen Darstellung der Ereignisse glauben, dann haben die Ermittler einfach angefangen, das Netz nach der allerersten Erwähnung von Silk Road abzusuchen. Von wem diese stammte, dachten sich die Beamten, der müsse ihr Mann sein. Wie sie feststellten, ging diese fragwürdige Ehre an einen Foristen der Magic Mushrooms gewidmeten Seite The Shroomery, der unter dem Benutzernamen Altoid aufgetreten war. Am 27. Januar 2011 hatte er um 23.28 Uhr abends den folgenden Beitrag gepostet:

»Ich bin auf diese Website namens Silk Road gestoßen. Es handelt sich um einen versteckten Dienst im Tor-Netzwerk, der behauptet, man könne darüber alles anonym kaufen und verkaufen, was man möchte. Ich spiele mit dem Gedanken, etwas dort zu kaufen, wollte aber sehen, ob hier jemand schon davon gehört hat und den Dienst empfehlen kann. Ich habe ihn über silkroad420wordpress.com gefunden, von wo man auf die echte Website weitergeleitet wird, wenn man einen Tor-Browser hat, die sich unter der Adresse http://tydgccykixpbu6uz.onion befindet. Lasst mich wissen, was ihr davon haltet ...«[5]

Der Beitrag war selbst unter Verwendung der Tor-Anonymisierungssoftware verfasst worden, sodass der Halter des Benutzerkontos nicht ermittelt werden konnte. Zwei Tage später jedoch, am 29. Januar 2011, meldete sich auf der Forumsseite Bitcointalk ein Nutzer namens Altoid in einem Thread zu Wort, der die Überschrift »Ein Heroinladen« trug. Bei dem Thread handelte es sich um ein libertäres Gedankenexperiment, bei dem die Teilnehmer mit der Idee spielten, Drogen im Internet zu verkaufen. Dabei wollten sie die nicht zurückverfolgbare Bitcoin-Währung verwenden, um so zu testen, ob sie als Waffe gegen staatliche Gängelung taugte – eines der Hauptziele der frühen Nutzer des Kryptogeldes. Um 19.44 Uhr schrieb Altoid:

»Was für ein geiler Thread! Ihr Leute habt eine Menge großartiger Ideen! Hat sich irgendwer schon Silk Road angesehen? Es ist so eine Art anonymes amazon.com. Ich glaube nicht, dass es dort Heroin gibt, aber sie verkaufen anderes Zeug. Im Prinzip verwenden sie Bitcoin und Tor, um eine Plattform für anonyme Transaktionen zu bieten. Die Adresse lautet http://tydgccykixpbu6uz.onion. Wer sich mit Tor nicht auskennt, kann sich auf silkroad420wordpress.com eine Anleitung besorgen, wie man auf die .onion-Website zugreifen kann. Lasst mich wissen, was ihr Leute davon haltet.«[6]

Das Thema, der Benutzername und nicht zuletzt die nahezu identische Abschiedsformel überzeugten die Ermittler, auf der richtigen Spur zu sein. Der Beitrag wurde später von dem Nutzer wieder gelöscht, doch da hatte er seine Botschaft schon erfolgreich unter die Leute gebracht: Dank Bitcoin, Tor und der Verschlüsselungssoftware Pretty Good Privacy (PGP) konnte man heimlich Drogengeschäfte verabreden, ohne allzu große Angst vor Überwachung und Entdeckung haben zu müssen, während die Ware sich mit dem regulären Postversand mühelos in die gesamte Welt verschicken ließ. Bereits weniger als sechs Monate später, am 1. Juni 2011, postete Adrian Chen auf der beliebten Nachrichtenseite Gawker eine Story mit dem Titel »Die Untergrund-Website, auf der man praktisch jede Droge kaufen kann«. Damit wurde zum ersten Mal in den Mainstreammedien über Silk Road berichtet.[7] Ab diesem Punkt wuchs die Handelsplattform rasch zu dem geschäftigen Marktplatz an, der in Kapitel neun beschrieben wird – und für den sich natürlich auch die Polizei inzwischen ziemlich interessierte.

Im Oktober 2011 stellte Altoid erneut einen Beitrag bei Bitcointalk ein. Diesmal war er auf der Suche nach einem guten Softwareentwickler:

»Ich suche nach dem besten und cleversten IT-Profi, den die Bitcoin-Community zu bieten hat, um die Stelle des Chefentwicklers in einem wagnisfinanzierten Bitcoin-Start-up zu besetzen. Erfahrungen im Start-up-Umfeld sind von Vorteil, aber es genügt auch, wenn man gern viel arbeitet, sich sehr gut selbst motivieren kann und kreativ ist. Die Vergütung kann in Form von Unternehmensanteilen oder eines Gehalts erfolgen, aber auch eine Mischung aus beidem ist möglich.«

Dann kam der entscheidende Satz:

»Bei Interesse bitte die Antworten auf die folgenden Fragen an rossulbricht at gmail dot com schicken.«[8]

So konnten die Ermittler eine Verbindung zwischen Altoid und Ulbricht herstellen, womit sie nun nicht nur in der digitalen, sondern auch in der realen Welt eine brauchbare Spur hatten. Das von Ulbricht beim Businessnetzwerk LinkedIn eingestellte Profil lautete:[9]

»Ich möchte wirtschaftstheoretische Erkenntnisse dazu einsetzen, die Menschheit von Aggressionen und Zwängen zu befreien. Genau wie die Sklaverei beinahe überall abgeschafft worden ist, können meiner Meinung nach auch Aggression, Zwang und sämtliche Formen zwischenmenschlicher Gewaltanwendung beendet werden. Die meistverbreitete und systemischste Form der Gewaltanwendung geht von Institutionen und Regierungen aus, deshalb zielen meine Anstrengungen zurzeit auf diesen Bereich ab. Der beste Weg zur Änderung einer Regierung besteht jedoch darin, die Einstellung der Regierten zu ändern. Zu diesem Zweck entwickle ich gerade eine ökonomische Simulation, durch die man unmittelbar erleben kann, wie es wäre, in einer Welt ohne systemische Gewaltanwendung zu leben.«

Diese »ökonomische Simulation«, behauptet das FBI, war Silk Road.

Wie man vielleicht nicht unbedingt vom wichtigsten Mann des im versteckten Netz stattfindenden Drogenhandels erwarten würde, unterhielt DPR einen Buchclub in seinen Foren, in dem er interessierten Lesern die Werke des amerikanischen Libertarismusvordenkers Murray Rothbard sowie des »Agoristen« Samuel Konkin empfahl. Agoristen lehnen staatliche Macht und Kontrolle ab und betrachten Drogenhandel und andere Schwarzmarktaktivitäten als »kontra-ökonomische Akte«, durch die das Individuum dem Staat Steuern entziehen und sich gegen seine Unterdrückung wehren kann. Am 10. März 2012 hinterließ DPR, dessen Beitragssignatur oft einen Link zu der ebenfalls dem Libertarismus verschriebenen Website mises.org enthielt, folgendes Posting in dem Bücherforum:

»Es waren Rothbard und Konkin, die mich hauptsächlich zur Erfindung von Silk Road inspiriert haben, deshalb ist es interessant zu sehen, dass sie sich nicht in allen Punkten einig waren. Sie verfolgen jedoch beide dasselbe Ziel: die Abschaffung des Staates.«

In dieser Lesart stellte Silk Road nicht einfach nur einen Versuch dar, mit Drogen zu handeln und high zu werden, sondern war der erste Schritt zur Schaffung eines antistaatlichen Bewusstseins, bei dem der Dissens der Drogenkonsumenten für ein sehr viel größeres ideologisches Ziel eingespannt werden sollte.

In einem Forumsbeitrag vom 18. September 2013 hat DPR diesen Anspruch selbst in klaren Worten formuliert:

»Ich bin Drogenkonsument. Ich habe Gras geraucht, Pilze gegessen, MDMA eingeworfen und auch andere Sachen gemacht. Nie habe ich dabei irgendjemandem ein Haar gekrümmt. Eher war ich sogar noch liebevoller, einfühlsamer, kreativer, mutiger, nachdenklicher usw. als im nüchternen Zustand.

Wie viele Menschen mussten schon verhungern, weil die Vertreter des Staates sämtliche Ressourcen aufbrauchen, um endlose Kriege zu führen, invasive und destruktive Projekte zu subventionieren und allgemein alles tun, um sämtliche anderen Menschen unter ihrer Knute zu halten? Es gibt nichts, womit sich all das rechtfertigen ließe. Das bisschen Gute, das sie zustande bringen, reicht gerade dazu, dass sie gewählt werden und es nicht zu einem Aufstand kommt.

Aufs Wesentliche reduziert stellt Silk Road eine moralische Kultur dar, in der Frieden, Zusammenarbeit und im ethischen Rahmen bleibender Wettbewerb die Norm sind und Gewalt und Betrug nur in kleinen Randbereichen stattfinden. Ganz anders sieht es bei den Nationalstaaten der Welt aus, denen Gewalt und Betrug als Mittel dienen, um ihre Bürger unter Kontrolle zu halten und sich gegenseitig zu dominieren. Die Menschen der breiten Öffentlichkeit müssen das Credo von Silk Road übernehmen, ansonsten besteht die Gefahr, dass wir alle vor die Hunde gehen oder bis in alle Ewigkeit unter der Fuchtel von Tyrannen leben müssen.«

Wenn man Ulbrichts Namen bei Amazon eingibt, stößt man auf seine 2009 verfasste Masterarbeit in Materialwissenschaft, in der es um die Eigenschaften von dünnschichtigem Europiumoxid geht.[10] In den Angaben zum Autor schreibt Ulbricht: »Dieses Manuskript stellt die Krönung meiner wissenschaftlichen Laufbahn dar. Ich habe damit das mir selbst gesteckte Ziel erreicht, die Grenzen des menschlichen Wissens über die Natur zu erweitern. Den Rest meines Lebens werde ich der Aufgabe widmen, die Menschen der Welt von der Unterdrückung zu befreien.«

In einem auf Video festgehaltenen Interview, das am 6. Dezember 2012 ein Freund mit ihm geführt hat und das später von beiden ins Internet gestellt wurde,[11] wird Ulbricht gefragt, was er in den kommenden 20 Jahren erreichen möchte. Seine Antwort: »Bis dahin möchte ich etwas Positives und Bedeutendes für die Menschheit bewirkt haben.«

Ulbricht ahnte weder, dass er ein riesiges Team von Ermittlern gegen sich hatte, die ihn um jeden Preis zur Strecke bringen wollten, noch dass er bereits seinen eigenen Niedergang eingeleitet hatte. Wenn er wirklich DPR ist, hat Ulbricht von Anfang an versäumt, selbst die einfachsten Grundregeln der operativen Sicherheit zu beachten, wie sie bei Hackern eigentlich Standard sind. Laut diesen Regeln sollte man in jeder Phase einer Operation seine Spuren verwischen, die Risiken so gering halten wie möglich und jedem denkbaren Gegner stets einen Schritt voraus sein.

In den Wochen nach Ulbrichts Verhaftung habe ich per E-Mail mit »thegrugq« über den Fall gesprochen, einem angesehenen, unter Pseudonym auftretenden Fachmann für IT-Sicherheit, der in Bangkok lebt. Er lieferte mir eine faszinierende Analyse der Story, vor allem wenn man sie unter den Aspekten von operativer Sicherheit und Spionage betrachtet – was sich in diesem Fall geradezu aufdrängt:

»Obwohl ich persönlich den Konsum von Drogen nicht befürworte, halte ich Prohibition für die falsche Politik. Die vergangenen hundert Jahre liefern ausreichend empirische Beweise dafür, dass Prohibition als Politik versagt hat.

Bei der Prohibition wird die Kontrolle über Produktion und Vertrieb potenziell gefährlicher Substanzen in die Hände illegaler Gruppen gegeben. Ich bin im höchsten Maß gegen die Schaffung von finanziell gut ausgestatteten illegalen Gruppen, die einen Hang zur Gewalt haben. Ich bin auch gegen die Kriminalisierung und Dämonisierung von Kranken und Bedürftigen. Ein solches Vorgehen halte ich für extrem kontraproduktiv.

Ich bin weder pro Drogen noch pro versteckter Markt. Ich nehme die Position eines objektiven und neutralen Beobachters ein, um zu verstehen, wie Gegner in einer bestimmten Umgebung miteinander interagieren. Ich betrachte das Ganze wie eine Partie Schach oder irgendein anderes Spiel, bei dem man miteinander in Wettbewerb treten muss. Es gibt Ziele, Beschränkungen, Strategien und Taktiken. Beide Seiten spielen, um zu siegen, aber man zieht keine Seite der anderen vor.

Ich betrachte Silk Road also im Grunde als großes Spiel; worin bestehen die Ziele, worin die Beschränkungen? Welche Strategien wären in diesem operativen Umfeld am effektivsten? Welche Taktiken?«

Wenn die Behauptungen des FBI zutreffen, dann gehen Ulbrichts Fehler laut thegrugq auf eine unzureichende »Kompartimentierung« seiner Identitäten zurück:

»Als erst einmal eine Identität kompromittiert war, wurden auch die anderen aufgedeckt, weil eine öffentliche Verbindung zwischen ihnen bestand. Es ist ihm nicht gelungen, die Identitäten, die er zum Vermarkten von Silk Road, zum Einstellen von Mitarbeitern, zum Erlernen der Technologie und zum Verfolgen privater Interessen einsetzte, voneinander getrennt zu halten.«

Am 5. März 2012 registrierte sich ein neuer Nutzer namens »frosty« bei Stack Overflow, einer Fragen-und-Antworten-Website für Programmierer, die Probleme mit ihrer Seite oder ihrem IT-Projekt haben. Zum Registrieren verwendete Frosty Ross Ulbrichts E-Mail-Adresse. Am 16. März 2012 fragte Frosty: »Wie kann ich cURL in PHP dazu verwenden, eine Verbindung zu einem versteckten Tor-Dienst herzustellen?«

Laut FBI änderte Ulbricht kurz nach dem Posten der Frage die zu dem Benutzerkonto gehörende E-Mail-Adresse in die unechte Adresse frosty@frosty.com um. Dieselbe Adresse wurde später auf dem Server von Silk Road gefunden, auf dem die Ermittler außerdem Programmteile entdeckten, die »identisch mit in dem Posting erwähnten Programmzeilen« waren.

Die Silk-Road-Seite wurde immer größer, gleichzeitig zog sich das Netz immer enger zu.

Das FBI begann die Diskussionsforen der Drogenhandelsplattform zu unterwandern, in denen Käufer und Verkäufer sich über Qualität und Service austauschten, nach neuen Produkten fragten und Klatsch weitererzählten. Die positiven Aspekte des Forums – das starke Gemeinschaftsgefühl und der offene Ton der Teilnehmer – waren zu einer Schwachstelle geworden. Dann unterwanderte das FBI den Drogenmarktplatz selbst und machte mehr als hundert Testkäufe – von denen sich die meisten als Drogen von hohem Reinheitsgrad entpuppten.

Das FBI berichtet, sein nächster Schritt habe darin bestanden, DPR in eine Falle zu locken. Im Dezember 2012 trat ein verdeckter Ermittler, der sich als Großdealer ausgab, mit DPR in Kontakt und bot an, große Mengen Kokain auf der Website zu verkaufen. DPRs enger Mitarbeiter Curtis Clark Green, ein 47-jähriger Mann aus

Utah, der unter dem Pseudonym »chronicpain« bei der Verwaltung der Seite mitgeholfen hatte,[12] spielte bei dem Deal den Mittelsmann und nahm im Januar 2013 die Lieferung von einem Kilo Kokain entgegen. Er wurde verhaftet und wegen des Drogendeliktes angeklagt. DPR kontaktierte daraufhin den vermeintlichen Großdealer und informierte ihn, dass Green verhaftet worden war – und außerdem das Guthaben anderer Nutzer gestohlen hatte. DPR bat den Dealer, der ja in Wirklichkeit ein verdeckter Ermittler war, Green zu foltern und so zur Rückgabe der gestohlenen Bitcoins zu zwingen. Dann dachte er noch einmal genauer darüber nach und upgradete die Folteranweisung zu Mord, da Green zu viel wusste und zweifellos mit der Polizei kooperieren würde. Die FBI-Beamten, die sich als Lieferanten ausgegeben hatten, brachten Green dazu, als Informant für sie zu arbeiten – was nicht schwer war, nachdem sie ihm Beweise dafür vorgelegt hatten, dass DPR ihn tot sehen wollte. Im Februar 2013 täuschte das FBI Greens Ermordung vor und fertigte fingierte Opferfotos an.[13] Nach seiner Verhaftung im Oktober 2013 wurde Ulbricht wegen des angeblich von ihm erteilten Mordauftrags angeklagt.

Laut den Ermittlern war das allerdings nicht der einzige Mord, den er in Auftrag gegeben hat. In den Unterlagen zu dem Fall heißt es, am 13. März 2013 habe ein Nutzer namens FriendlyChemist DPR eine Nachricht zukommen lassen, in der er drohte, die Namen und Adressen von Tausenden Nutzern der Silk-Road-Website zu enthüllen – sowohl von Kunden als auch von Dealern.

FriendlyChemist behauptete, er stecke in der Klemme. Angeblich stand er bei seinem Lieferanten in der Kreide und verlangte von DPR 500000 Dollar für sein Schweigen. Später schickte er ihm auch Kostproben der Daten, die er veröffentlichen würde, wenn seine Forderung nicht erfüllt wurde. Der Erpressungsversuch wurde laut Darstellung des FBI ab diesem Punkt noch komplizierter und bizarrer. DPR kontaktierte die Lieferanten seines Erpressers, die unter dem Decknamen redandwhite auftraten (ein gängiger Spitzname für die gefürchteten Rockergangs der Hells Angels), handelte mit ihnen einen Deal aus und lud sie dazu ein, ihre Waren auf seiner Seite zu verkaufen. Dann bat DPR redandwhite, FriendlyChemist für ihn zu töten:

»Ich würde gern ein Kopfgeld auf ihn aussetzen, wenn es nicht zu viel Mühe macht. Was wäre eine angemessene Summe Geld, um dich dazu zu motivieren, ihn aufzuspüren? Leider sind für jemanden in meiner Position solche Maßnahmen manchmal nicht zu vermeiden.«

Laut FBI erklärte sich redandwhite für ein Honorar von 150000 Dollar in Bitcoins bereit, einen Mann zu töten, der ihm 500000 Dollar schuldete.

Den Ermittlern zufolge endete der Erpressungsversuch damit, dass DPR redandwhite im März 2013 1670 Bitcoins zahlte und ihm die Adresse eines Mannes lieferte, der in dem Küstenstädtchen White Rock in der kanadischen Provinz British Columbia lebte. Zum Beweis, dass der Auftrag ausgefüllt worden war, mailte redandwhite DPR Fotos von der Tat, die dieser jedoch löschte. Auf diese Weise wurde redandwhite zu DPRs Komplizen und Vertrautem – dem dieser angeblich so sehr vertraute, dass er sich später sogar gefälschte Ausweise von ihm besorgen ließ.

Doch die ganze Geschichte wurde noch befremdlicher. Am 18. März 2013 postete ein sogenannter Hacktivist, der nur unter dem Namen »th3j35t3r«* bekannt ist, folgenden rätselhaften Tweet, begleitet von einem manipulierten Link, über den ein Fremdprogramm in den Browser der User geschleust werden sollte, die ihn öffneten: »Ich hab's dir ja gesagt. Dread. Pirate. Roberts. >>http://goo.gl/gkhpC<< stay frosty.«

Th3j35t3r ist ein konservativer Hacker, der in der Vergangenheit bereits Gruppen wie das radikale Hackerkollektiv Anonymous ins Visier genommen hat und bei dem es sehr gut möglich wäre, dass er sich auch Silk Road vorknöpfen wollte. Die Schlussformel »stay frosty« könnte einfach einen Slangausdruck für »bleib cool« sein – es könnte sich dabei aber ebenso um eine Anspielung darauf handeln, dass th3j35t3r in die Server von Silk Road eingedrungen war

* Eine verfremdete Schreibweise für »the jester«: der Spaßmacher oder Hofnarr.

und dort die falsche Adresse gefunden hatte, die sich mit Ulbricht in Verbindung bringen ließ.

Laut den Strafverfolgern ist es zu vier weiteren Mordaufträgen gekommen. Im April 2013 soll Ulbricht redandwhite erneut dafür bezahlt haben, jemanden umzubringen – diesmal den Dealer tony76, der zahlreiche Kunden von Silk Road betrogen hatte. Als redandwhite DPR mitteilte, dass tony76 mit drei anderen Personen zusammenlebe und man nur an seine Bitcoins gelangen könne, wenn man alle vier umbrachte, soll DPR dem FBI zufolge auch diese Morde bestellt haben – diesmal zu einem Preis von 500000 Dollar in Bitcoins. Die Block-Chain ist zwar anonym, aber zugleich auch öffentlich einsehbar, und die Zahlung einer solchen Summe konnte später bestätigt werden. Wovon bis heute jede Spur fehlt, sind allerdings die Opfer: In der echten Welt konnten die Behörden bisher keine Mordfälle finden, die zu den in der virtuellen Welt verabredeten Verbrechen passen. Eine Annahme lautet, DPR könnte bei diesen Morden ebenso hereingelegt worden sein wie bei der fingierten Hinrichtung seines Mitarbeiters durch verdeckte FBI-Ermittler. Nur sei der vom Computer aus agierende Drogenkönig in diesem Fall geschickten Betrügern aufgesessen.

Im Laufe der folgenden Monate fuhr das FBI fort, Druck auf seine Informanten auszuüben, und es gelang der Behörde sogar, einen der erfolgreichsten Dealer von Silk Road umzudrehen – einen auf den Verkauf von Heroin, Kokain und Crystal Meth spezialisierten Händler namens »Nod«. Im Juli 2013 wurde bei Nod eine Razzia durchgeführt, woraufhin dieser nun mit den Ermittlern zusammenarbeitete und den Beamten sein Benutzerkonto überließ, damit sie unter seinem Namen Kunden in die Falle locken konnten.

Die Suche nach Ulbricht begann sich zuzuspitzen. Am 10. Juli 2013 fing die kanadische Grenzpolizei bei einer angeblichen Routinekontrolle ein Paket ab, das neun gefälschte Ausweise enthielt. Auf jedem Ausweis stand ein anderer Name, doch die Fotos auf den Ausweisen zeigten stets ein und dieselbe Person: Ross Ulbricht. Das Paket trug die Anschrift seiner Wohnung. Durch Ermittlungsschritte, über die das FBI bis heute kaum etwas durchblicken lässt, machten die Beamten am 23. Juli 2013 die Server von Silk Road ausfindig – einen davon in Island – und kopierten die darauf befindlichen Daten, womit sie nun über ein Archiv verfügen dürften, dass ihnen auch in Zukunft noch zahlreiche Verhaftungen ermöglichen wird. Am 26. Juli 2013 statteten FBI-Beamte Ulbricht einen Besuch ab und befragten ihn zu den gefälschten Ausweisen. Er ging nicht auf die Fragen ein, sondern wehrte sie mit genau der Aussage ab, zu dem die Empfangshinweise auf Silk Road in einem solchen Fall raten: »Jeder kann jedem alles mit der Post schicken.«

Statt mit seinen Reichtümern das Weite zu suchen oder seine Festplatte zu löschen oder die Website zu schließen oder die Server zu verlegen, blieb Ulbricht aus Gründen, die bisher niemand verstehen oder erklären kann, den Ermittlern zufolge weiter in seinem angemieteten Zimmer wohnen. Laut dem FBI wurden mit Daten versehene Aufzeichnungen über seine Vergehen bei ihm gefunden, ebenso wie eine Vermögensaufstellung, in der Silk Road mit einem Wert von 104 Millionen Dollar aufgeführt wurde.[14] Am 2. Oktober 2013 wurde Ulbricht schließlich verhaftet. Im Dezember 2013 wurde sein Antrag auf Kaution wegen akuter Fluchtgefahr abgelehnt.[15] Seine Verhandlung ist für November 2014 angesetzt.

Nach der zweieinhalb Jahre dauernden Operation zur Ergreifung Ulbrichts sowie zur Stilllegung von Silk Road blieb die Seite aber gerade einmal vier Wochen geschlossen. Im November 2013 ist sie mit einem neuen Dread Pirate Roberts, neuen Supportmitarbeitern und neuen Foren wieder online gegangen. Die Website sah genauso aus wie vorher, doch mit Sicherheit hatte sich hinter den Kulissen auch sonst vieles geändert. Auf der Homepage begrüßte die Nutzer die gleiche amtliche Bekanntmachung des FBI wie zuvor: Nur war in dem groß gedruckten Hinweis, die Seite sei beschlagnahmt worden, der letzte Teil durch die spöttischen Worte »ist wiederauferstanden« überschrieben worden.

Der neue DPR schien in technischer Hinsicht weitaus bewanderter zu sein als der frühere Betreiber und machte mehrere kryptografische Anspielungen, die auf eine waschechte Hackermentalität schließen ließen. Auch wirkte er von Anfang entschlossen, sich einen Ruf als mitfühlender und großzügiger Freibeuter aufzubauen, und richtete ein Bitcoin-Wallet für Spenden zur Katastrophenhilfe auf den Philippen ein, die in jenem Monat gerade von einem verheerenden Taifun getroffen worden waren. In einem Interview mit dem neuen DPR, das ich im Oktober 2013 auf medium.com veröffentlicht habe,[16] lehnte dieser die Methoden seines angeblichen Vorgängers ebenso ab wie die des Kriegs gegen Drogen: »Letztendlich kann man die Menschen nicht davon abhalten, Drogen zu nehmen, aber man kann es ungefährlicher für sie machen und sie von der Straße und der Gewalt wegholen – und genau dafür stehen wir.«

Während der ersten Verkaufswochen auf dem neuen Drogenumschlagplatz herrschte eine Atmosphäre des angespannten Misstrauens, und viele der unzähligen Verkäufer, die sich auf der vorherigen Ausgabe der Website getummelt hatten, blieben der neuen Version vorsichtshalber fern.

Am 20. Dezember berichtete die Nachrichtenagentur Reuters, dass Ulbrichts New Yorker Anwalt Josh Dratel, der sich einen Namen mit der Verteidigung von Terrorverdächtigen und Guantanamohäftlingen gemacht hat, mit dem Staatsanwalt über einen möglichen Geständnisdeal verhandle.[17] Am selben Tag wurden drei weitere Männer festgenommen,[18] die bei der Verwaltung der früheren Silk-Road-Website mitgeholfen hatten, und es sah so aus, als würde die Seite erneut dichtgemacht werden – diesmal vielleicht für immer. Es folgten ein paar chaotische Wochen, in denen die Betreiber schnell und gezielt ihre eigenen Online-Identitäten demontierten und vermutlich auch neue Mitarbeiter rekrutierten. Doch da die Server ständig außer Betrieb waren, büßte die Plattform rasch noch mehr Vertrauen und Glaubwürdigkeit ein.

Im Februar 2014 behaupteten die Betreiber von Silk Road 2.0, dass es einen Hackerangriff auf die Seite gegeben habe und sämtliche Bitcoins der Kunden und Verkäufer – deren Gesamtwert auf 2,6 bis 40 Millionen Dollar geschätzt wurde – gestohlen worden seien. Auf dem Marktplatz und in den Foren machten die wildesten Verschwörungstheorien die Runde, doch die Seite blieb geöffnet und manche Dealer und Kunden machten sogar weiter miteinander Geschäfte, nun allerdings auf direktem Wege und ohne die Treuhandfunktion der Seite zu verwenden, bei der die Bitcoins in einem zentralen, angreifbaren Wallet aufbewahrt werden.

Selbst wenn die neue Silk-Road-Plattform tatsächlich geschlossen worden wäre, hätte das keinen großen Unterschied gemacht, denn inzwischen gibt es Dutzende anderer Websites, auf denen man mit Bitcoins illegale Drogen kaufen kann, und im gesamten Internet wimmelt es vor Informationen zu diesem Thema, besonders auf reddit.com.[19] Durch den angeblichen Hackerangriff Anfang 2014 hatte das Vertrauen gelitten, und auch ob die Idee eines zentralen Marktplatzes wirklich funktionieren konnte, stand jetzt in Frage. Doch das Konzept, mit Bitcoins im Internet Drogen zu kaufen und sie sich mit der Post schicken zu lassen, hatte sich bewährt und wird in den kommenden Jahren mit Sicherheit noch weiterentwickelt werden.

Ähnlich wie die Szene um die Research Chemicals erst wirklich den Mainstream erreichte, als Mephedron verboten wurde, hat die Zerschlagung der »Seidenstraße« lediglich dazu geführt, dass sich die Samen des digitalen Dissens und chemischen Ungehorsams weiträumig über die ganze Welt verteilt haben. Eine neue Handelsplattform einzurichten, dauert heute kaum länger als einen Tag. Es bleibt dann höchstens die Frage, ob die Nutzer dieser Plattform auch vertrauen – und wenn man die Entwicklungen der jüngsten Zeit als Maßstab nehmen kann, ist Vertrauen tatsächlich das Letzte, das man im versteckten Netz zu irgendeiner Seite haben sollte. Nicht umsonst ist es auch unter den Namen Deep Web oder – vielleicht noch treffender – Dark Web bekannt.

Ein kompletter neuer Berufszweig der organisierten Kriminalität ist inzwischen in den Onlinehandel mit Drogen verwickelt – aber auch die Polizei schläft nicht.

Im Laufe des Jahres 2013 konnten die Konsumenten bei Agora, Blue Sky, Flomarket, Tormarket, Modern Culture, Budster, Pandora, RoadSilk, Outlaw, White Rabbit, Three Hares Bazaar, Black Services Market, Tortuga, Litebay, Deepbay, Freebay, Ramp Vault43 und Drugslist ebenso wie bei Sheep Marketplace und der schon länger bestehenden Plattform Black Market Reloaded (BMR) einkaufen. Auf vielen dieser Seiten wurde man auf der Stelle um sein Geld betrogen, bei manchen dauerte es etwas länger. Die Betreiber der Seite Sheep Marketplace warteten lange genug, um sich im

Dezember 2013 mit Kunden-Bitcoins im Wert von etwa 40 Millionen Dollar aus dem Staub zu machen. Andere Websites hingegen, darunter auch BMR, wurden von ehrlichen Gaunern betrieben, die einfach die Prohibition nutzten, um Geld zu machen. BMR wickelte die Website auf geordnete Weise ab und ermöglichte vorher sämtlichen Kunden, ihr Geld von den digitalen Geldbörsen der Plattform abzuheben. Wie es scheint, war der Seitenadministrator von BMR, der unter dem Onlinenamen backopy agierte, in dieser Phase der einzige Marktplatzbetreiber des Dark Web, der nicht das Geld seiner Kunden klaute, Mordaufträge erteilte, mit der Polizei kooperierte – oder sich erwischen ließ. Als ein Hacker 200 Bitcoins von den Verkäuferkonten der Seite entwendete, kam backopy sogar aus eigener Tasche für den Schaden auf, was ihn ungefähr 16000 Dollar gekostet haben dürfte. Im Februar 2014 eröffnete er eine neue Seite namens Utopia. Doch auch diese Seite wurde schließlich wieder geschlossen, diesmal sogar noch im selben Monat, nachdem die niederländische Polizei im Zuge eines Undercovereinsatzes fünf Männer wegen Drogen- und Waffendelikten festgenommen hatte.

»Bisher habe ich den Eindruck, dass viele der Typen aus der ›nächsten Generation‹ keine Techniker sind (denn wenn man technisch was draufhat, dann gründet man lieber einen legalen Start-up, als eine Haftstrafe zu riskieren)«, erklärt thegrugq. »Sie benutzen Outsourcing-Dienste, bei denen man sich einen Programmierer mieten kann, und bringen so irgendeinen nichts ahnenden Entwickler dazu, eine Seite für sie zu bauen. Sie halten sich von der infrastrukturellen Komponente des Geschäftes fern und konzentrieren sich vermutlich auf die Kapitalisierung, die Vermarktung und so weiter.«

Neben Tor, das die NSA bisher trotz aller Anstrengungen nicht unterkriegen konnte, haben inzwischen auch andere Anonymisierungsnetzwerke an Verbreitung gewonnen, darunter das »unsichtbare« Netzwerk I2P, in dem eine neue Plattform mit dem schlichten Namen »The Marketplace« Multi-Signatur-Transaktionen in der Bitcoin-Währung eingeführt hat, damit die Kunden ihr Geld nicht mehr unsicheren Treuhandkonten anvertrauen müssen. Auch neue sichere Kommunikationssysteme wie Bitmessage und Cryptocat[20] sind ins Netz gestellt worden, und zwar stets als Open-Source-Software, sodass die NSA erst gar nicht versuchen konnte, die Hersteller zum Einbau geheimer Hintertüren und Verschlüsselungslücken zu bewegen.

Nach dem vorübergehenden Absturz durch Ulbrichts Festnahme und die Schließung der ursprünglichen Silk Road hat sich die Bitcoin-Währung schnell wieder erholt und ist sogar zu neuen Höhen aufgestiegen: Insgesamt hat sich der Preis im Jahr 2013 um 8,723 Prozent erhöht.[21] Dadurch wurden die frühen Nutzer der Währung zu Millionären, ebenso wie jeder Drogendealer, der schlau genug war, seinen digitalen Schatz zu horten, statt ihn sofort gegen »echtes« Geld einzutauschen. Am 29. November 2013 war eine der virtuellen Münzen mehr wert als eine Unze Gold.[22] Diese Steigerung wurde zwar hauptsächlich auf die stärkere Verbreitung der Währung in China zurückgeführt, wo sie dazu verwendet wird, Geld außer Landes zu bringen und Kapitalverkehrskontrollen zu umgehen, ebenso wie auf das positive Statement, das die US-Notenbank Ende 2013 zu virtuellen Währungen abgegeben hat. Doch lässt sich nicht bestreiten, dass auch Silk Road zur Beliebtheit der Bitcoins beigetragen hat. Im Januar 2014 wurden Bitcoins zu Preisen von mehr als 1000 Dollar gehandelt, womit der Wert von Ulbrichts beschlagnahmtem Wallet von 20 auf 144 Millionen in die Höhe schoss.

Die Maßnahmen gegen Silk Road haben die Währung – wie auch den Drogenhandel im dunklen Netz – sehr viel bekannter gemacht und die Idee einer anonymen, unkontrollierbaren, digitalen Übertragung von Zahlungsmitteln weit über ihren ursprünglichen Anhängerkreis aus Drogenkonsumenten und Hackern hinaus zu Geltung verholfen. Während das Konzept des zentralen Marktes stark gelitten hat, werden unmittelbare, auf Vertrauen basierende Handelsbeziehungen, bei denen die Identität der Beteiligten durch von den Verkäufern genutzte kryptografische Schlüssel und PGP-signierte Nachrichten verifiziert wird, immer beliebter. Der Einfallsreichtum der technologisch versierten Avantgarde wird nicht versiegen und auf alle inneren und äußeren Bedrohungen zu reagieren wissen, die sich ihr in den Weg stellen.

Erst jetzt, nachdem sie für eine Revolution im weltweiten Drogenhandel gesorgt hat, wird die Macht der digitalen Währung, auch andere illegale und legale Branchen umzuwälzen, allmählich wirklich spürbar. Und während einst die Nutzer der kryptografischen Verfahren, auf denen Bitcoin basiert, einen übervorsichtigen, wenn nicht sogar paranoiden Eindruck machten, wirken sie heute erstaunlich vorausschauend und vernünftig.

Diese Geschichte wäre nicht komplett, wenn sie nicht auch auf die Ereignisse des Sommers 2013 eingehen würde. Im Mai jenes Jahres enthüllte ein anderer 29-jähriger Amerikaner namens Edward Snowden, der als technischer Mitarbeiter für die NSA tätig war, dass die Regierungen der USA und Großbritanniens vollkommen wahllos die Aktivitäten sämtlicher Internet- und Telefonbenutzer überwachten. Snowden flüchtete aus den USA und überließ dem *Guardian*-Reporter Glenn Greenwald Tausende von heimlich abgespeicherten Dokumenten, die über das Innenleben des Geheimdienstes Auskunft gaben. Im Juni gab sich Snowden als Quelle der Informationen zu erkennen und bestätigte, dass Geheimdienstmitarbeiter der USA und Großbritanniens nicht nur ihre Feinde, sondern ausnahmslos alle Nutzer des Internets einer dauerhaften und pauschalen Schleppnetzüberwachung unterziehen – genau wie es der Sicherheitsexperte Jon Callas in Kapitel neun dieses Buches vorhergesagt hatte.

Es ist gut möglich, dass sich das FBI zur Ergreifung Ross Ulbrichts wirklich auf altmodische Detektivarbeit verlassen hat und die Darstellungen der Behörde in dem Prozess bestätigt werden, doch ist es auch schon vorgekommen, dass sich das FBI seine eigene Version eines Ermittlungsablaufs zusammenbastelt, und zwar durch ein Verfahren, das sich »parallele Konstruktion« nennt. Die Methode ist das polizeiliche Gegenstück zur Bücherfälschung – eine Art der »Informationswäsche«, durch die dem Beschuldigten eine faire Verhandlung nach den amerikanischen Gesetzen versagt wird.

Im August 2013 deckte die Nachrichtenagentur Reuters auf, dass innerhalb der Drug Enforcement Administration eine spezielle Abteilung zur Weiterleitung von Hinweisen existiert, die von der NSA kommen, und zwar die Special Operations Division (SOD). Die DEA macht auf Grundlage der von der NSA gesammelten Informationen Verhaftungen, verschleiert jedoch, woher diese Informationen stammen.[23]

Snowdens Dokumente brachten die Existenz von Programmen mit Namen wie Prism, Tempora und XKeyscore ans Licht, ebenso wie gescheiterte Versuche, sowohl das Tor-Netzwerk als auch die Verschlüsselungssoftware von Banken, Geschäften und Unternehmen zu knacken. Mithilfe des XKeyscore-Programmes können Beobachter in den USA die IP-Adresse jedes Nutzers herausfinden, der irgendeine Website besucht. Prism konnte sich des unmittelbaren Zugangs zu zahlreichen Firmenservern rühmen, einschließlich jener von Google, Apple und Facebook. Tempora, das vom Government Communications Headquarters (GCHQ), dem britischen Gegenstück zur NSA, verwaltet wurde, ging noch weiter: Es zapfte unterseeische Glasfaserkabel an, über die Internetverbindungen laufen, und schnitt sämtliche Daten mit – jeden Telefonanruf, jede SMS, jede E-Mail, jeden Seitenaufruf sowie jede andere Form digitaler Kommunikation, die durch die Kabel geleitet wurde. Die gewonnenen Daten wurden dann an die USA weitergeben, die so die Gesetze ihrer Verfassung umgehen konnten. Es ist gut möglich, dass diese Methoden auch in irgendeiner Weise dazu verwendet wurden, um gegen Silk Road vorzugehen.

Snowden wurde nach seinen Enthüllungen von US-Agenten von Hongkong nach Russland verfolgt, da er in den USA nun als Verbrecher galt. Sein Pass wurde für ungültig erklärt, und im Juni 2013 musste er mehrere Wochen als Staatenloser im bei Moskau gelegenen Scheremetjewo-Flughafen ausharren. In jenem Sommer veranlassten die USA sogar eine Sperrung des französischen Luftraums und zwangen das Flugzeug des bolivianischen Präsidenten Evo Morales zur Landung, weil sie Snowden an Bord vermuteten. Snowdens Laptop, das manchmal bei Pressekonferenzen zu sehen ist, wird nur von zwei Aufklebern geschmückt, von dem einer das Logo des Tor-Browser zeigt und der andere von der Electronic Frontier Foundation (EFF) stammt, eine für informationelle

Grundrechte eintretende Stiftung, die von John Gilmore mitbegründet wurde, der seinerzeit auch die in Kapitel drei erwähnten rec.drugs-Newsgroups schuf.

Hanni Fakhoury, der als Anwalt für die Stiftung arbeitet, erklärte mir per E-Mail, dass es durchaus Auswirkungen auf Ulbrichts Verfahren haben könnte, wenn bestimmte Überwachungswerkzeuge der NSA zu seiner Ergreifung beigetragen hätten:

»Wenn eines der Programme zur groß angelegten Datenabschöpfung eingesetzt wurde und Hinweise dann an die DEA, das FBI oder irgendeine andere in dem Fall ermittelnde US-Behörde weitergegeben wurden, oder wenn irgendeine sonstige Form der unangemeldeten elektronischen Überwachung stattfand, dann muss diese Tatsache nach Auffassung der EFF offengelegt werden, weil sie für die juristische Anfechtung der Methode, durch die die Beweise zustande kamen, von Relevanz sein könnte.«

Im Augenblick besteht eine engere Verbindung zwischen dem Thema Drogen, der technologischen Entwicklung und Fragen der persönlichen Freiheit als jemals zuvor, und die einzelnen Stränge dieses Buches verflechten sich immer wieder aufs Neue: In einem ständigen Hin und Her aus Attacke und Gegenattacke treiben sich Technik und Drogenkultur gegenseitig zu immer größeren Innovationen an.

Eines wird dabei durch die Ereignisse um die moderne »Seidenstraße« deutlich: Das Phänomen der Onlinebeschaffung von illegalen Drogen steht noch ganz am Anfang seiner Entwicklung. Der Journalist Gwern Branwen, der sich ausführlich mit der Drogenplattform beschäftigt hat,[24] teilte mir per E-Mail mit, dass seiner Meinung nach das dunkle Netz noch eine glänzende Zukunft vor sich hat:

»Nun, da praktisch staatlich geprüfte Zahlen dazu vorliegen, wie profitabel das Geschäftsmodell ist (wofür man sich beim FBI bedanken darf), wird jeder Computerfreak der Welt kapieren, dass er es mit ein bisschen Mut zum Millionär bringen kann. Jetzt fängt das Spiel wieder von vorne an: Neue Markplätze werden auftauchen und so lange laufen, bis sie entweder von den Behörden dichtgemacht werden oder die Besitzer sich mit dem Geld absetzen. Laut den Regeln der Evolution werden diejenigen, die wie bei Silk Road oder Sheep ihre Identität durchsickern lassen oder schlechte Programme schreiben ... entweder ihre Schwächen beheben, oder aber sie werden aussortiert und ersetzt.«

Wer sich bei Entscheidungen, die ihn eines Tages vielleicht seine Freiheit kosten könnten, auf die anonymisierende Funktion der Tor-Software verlässt, den mahnt thegrugq zur Vorsicht:

»Ich persönlich glaube nicht, dass man mit Tor gefahrlos einen Onlinemarktplatz betreiben kann. Das System wurde nicht dafür geschaffen, vor einem globalen passiven Gegner Schutz zu bieten, das heißt vor jemandem, der den gesamten Datenverkehr des Internets im Blick behalten kann. Wie sich herausstellt, ist die NSA ein solcher Gegner. Mich macht sogar misstrauisch, dass bessere Alternativen mit keinem Cent bezuschusst worden sind, während in Tor Millionen hineingepumpt wurden. Mir kommt es so vor, als würden die Bundesagenten das Unkraut düngen, vor dessen Wachstum sie keine Angst haben, und alle anderen Optionen ausjäten. Die von Tor gebotene Sicherheit eignet sich am besten zum Umgehen von Zensur. Will man genug Sicherheit haben, um sich mit einem Gegner vom Rang eines Nationalstaats anlegen zu können, muss man sein ganzes Vorgehen und Verhalten ändern und zum Beispiel einen separaten anonymen Laptop und auch eine separate Internetverbindung verwenden. Tor allein bietet nicht genug Sicherheit vor einem Gegner vom Rang eines Nationalstaats. Ross Ulbricht hatte einen Gegner vom Rang eines Nationalstaats.«

Websites wie The Farmer's Market, die im vorigen Kapitel erwähnt wurde, waren weltweit nur ein paar Hundert oder insgesamt vielleicht Tausend Menschen bekannt, während andere inzwischen stillgelegte Foren und Seiten wie Sandoz Labs, The Bible, Follow the White Rabbit, Follow the Green Biker, Su.pplier.info, Lanel, Open Sore, Club Silencio, The Drugstor, A Figment of Your Imagination, The Looking Glass und Binary Blue Stars sogar alle zusammen höchstens auf ein paar Hundert Leute kamen, denen sie etwas sagten. Mit der Plattform Open Source, die auch als Open Vendor Database bekannt war, begann sich dann die offene Beschaffung von illegalen Drogen durchzusetzen – wie der Name schon sagt, fanden die Geschäfte praktisch in aller Öffentlichkeit statt, und bereits diese Seite zog mehrere Tausend Nutzer an. Silk Road war das Upgrade dazu, vermittelte in weniger als drei Jahren beinahe zwei Millionen Deals und hatte mehrere Hunderttausend Nutzer.

Da viele Drogenkäufe spontan stattfinden, ist es unwahrscheinlich, dass der Onlinehandel den herkömmlichen Verkauf von Drogen irgendwann komplett ersetzen wird. Andererseits ist es auch nicht so, dass alle Drogenkonsumenten süchtig sind oder ihre Impulse nicht unter Kontrolle haben. Viele möchten einfach hochwertige, unverschnittene Drogen erwerben, selbst darüber entscheiden, was mit ihrem Körper geschieht, und bei der Abwägung der gesundheitlichen Risiken als autonome, vernunftbegabte Erwachsene agieren dürfen. Für solche Konsumenten sind die Drogenumschlagplätze im versteckten Netz eine perfekte Übergangslösung. Der Handel mit Drogen – und infolgedessen auch der Konsum – ist inzwischen so großflächig verteilt, dass die Verfolgung jedes einzelnen Konsumenten nicht mehr möglich ist, dennoch halten die Regierungen an dieser Strategie fest, als hätte sich durch das Internet nicht das Geringste geändert. Auch heute, 40 Jahre nach dem ersten Online-Drogendeal, wird die Unruhe stiftende Energie des Netzes und vieler seiner technisch versiertesten Bürger weiterhin in Akte des digitalen und chemischen Dissens umkanalisiert.

Ein anonymer Nutzer von reddit.com, der viele der eben erwähnten Seiten gesammelt hat, meinte:

»Als ich zum ersten Mal mit diesem Mist angefangen habe, ging es darum, high zu werden. Später ging es darum, high zu werden und Quellen zu sammeln. Danach habe ich es für die Community getan und auch weiter für meinen eigenen Bedarf. Noch etwas später habe ich dann tatsächlich ganz gutes Geld damit verdient, aber nicht so viel, dass es aus heutiger Sicht das Risiko wert war ... Seit ein paar Jahren mache ich den ganzen Mist aber kein bisschen mehr, um neue Quellen aufzutun, high zu werden oder Geld zu verdienen, sondern zu 100 Prozent nur noch, um denen da oben zu sagen, ihr könnt mich mal, hört auf, uns wie Sklaven zu behandeln, wir werden uns von euch nicht unterkriegen lassen und wir werden kämpfen und riskieren, ins Gefängnis zu gehen und im Gefängnis zu sterben, um uns gegen eure Lügen zur Wehr zu setzen ...«[25]

Solche politischen Wutreden mögen übertrieben wirken, und wenn sich die Nutzer von Plattformen wie Silk Road zu Freiheitskämpfern und libertären Staatsgegnern stilisieren, dann mag das manchmal nach der weit hergeholten Schutzbehauptung politisch unbedarfter Jugendlicher klingen. Dennoch sollte man bedenken, wie die Welt für jemanden aussieht, dessen Freunde eine langjährige Haftstrafe abbüßen müssen oder nicht studieren oder reisen dürfen, weil sie für ein Verbrechen bestraft wurden, bei dem es aus ihrer Sicht keine Opfer gibt.

2013 hat mir ein Nutzer namens Nightcrawler in einem der Foren von Silk Road berichtet, er sei nicht zum Kauf oder Verkauf von Drogen auf der Seite, sondern um anderen Menschen verstehen zu helfen, wie begrenzt ihre Privatsphäre im digitalen Zeitalter sei und wie sie sich gegen die Einmischung des Staates schützen könnten. Er lieferte mir eine interessante Analyse der aktuellen politischen Situation:

»Ich bin ein Kind des Kalten Krieges. Mein Vater und meine Onkel haben Uniformen angelegt, als 1939 der Krieg erklärt wurde. Auch die Eltern meiner Frau haben beide Uniform getragen. Sie sind rüber nach Europa gegangen, um genau die Art von faschistischem Scheiß zu bekämpfen, von dem es heute heißt, er sei nötig, um ›uns selbst‹ und ›unsere Kinder‹ zu schützen.

Als ich aufwuchs, wurde mir wie so vielen anderen meiner Generation immer wieder erzählt, dass wir ›frei‹ seien und es Behörden, die in der Bibliothek die Lesegewohnheiten der Besucher überwachen, ausschließlich im sowjetischen Russland gebe. Ich kann mich gut erinnern, dass selbst in den 1980ern Nicolae Ceauçescu in den westlichen Medien noch scharf kritisiert wurde, weil sein Regime in Bukarest eine Handvoll Kameras zur Überwachung der Bevölkerung aufgehängt hatte. Da drängt sich doch die Frage auf, was wir in der damaligen Zeit zum heutigen Großbritannien gesagt hätten, wo – wie viele? – vier Millionen Kameras hängen?«

Im Januar 2014 vertrat der Journalist John Harris im *Guardian* eine ähnlich ernüchternde Sichtweise:

»Denken wir einmal darüber nach, was ein politisch denkender Mensch unter 30 als die wesentlichen Funktionen des modernen Staates wahrnehmen muss. Der Staat rettet Banken und kürzt gleichzeitig Unterstützungsleistungen. Er marschiert in souveräne Staaten ein und begeht reihenweise Menschenrechtsverletzungen. Er unterwirft Ärzte, Pflegekräfte und Lehrer aberwitzigen Vorgaben. Er überwacht uns auf Schritt und Tritt mit Kameras und belauscht unsere E-Mails und Telefongespräche. Einige seiner schmutzigsten Geschäfte lagert er an private Firmen aus ... [A]uch wenn die Verfechter des ›freien Marktes‹ sich gerne etwas anderes einbilden, der neoliberale Kapitalismus braucht den großen zentralisierten Staat, um ihm den Weg freizuräumen und seine Irrsinnigkeiten durchzusetzen.«[26]

Die nicht immer leicht zu messenden Bedrohungen, die von Terroristen, Pädophilen, Drogenhändlern und Hackern ausgehen, werden vom Staat dazu benutzt, die umfassende Schleppnetzüberwachung sämtlicher Internetnutzer zu rechtfertigen – was im Jahre 2014 dem Großteil der Bevölkerung der entwickelten Welt gleichkommt.

Jedes Jahr werden Tausende von Behördenmitarbeitern und Millionen von Steuergeldern zur permanenten Beobachtung des Internets und des Dark Webs eingesetzt und so Überwachungsverhältnisse geschaffen, die sich ebenso gut zur Kriminalisierung von Drogenkonsumenten wie zur Unterdrückung demokratischer Debatten eignen. Letzten Endes, argumentieren die digitalen Dissidenten, ist der Krieg gegen Drogen weder ein Krieg gegen den Hedonismus noch gegen die Chemie noch gegen das Verbrechen;

es ist ein Krieg gegen die persönliche Freiheit und das Recht auf Privatsphäre. Ihnen zufolge muss jede staatliche Maßnahme gegen Verschlüsselung, Bitcoin, Tor und PGP als das gesehen werden, was sie ist: ein Versuch des Staates, weiterhin sämtliche Unterhaltungen, Interessen, Beziehungen und finanziellen Transaktionen seiner Bürger überwachen zu können. Die Prohibition gibt da einen bequemen Deckmantel ab.

Thegrugq bringt eine sehr persönliche Begründung dafür vor, warum er eine umfassende Überwachung und die Politik der Prohibition ablehnt:

»Die Prohibition ist die einzige politische Strategie, die derart gründlich widerlegt wurde und trotzdem fortgesetzt wird. Meiner Meinung nach sollten psychoaktive Drogen nicht ›illegal‹ sein, sondern der Zugang [zu ihnen] sollte kontrolliert werden. Ich unterstütze zu hundert Prozent das Konzept der Schadensminimierung. Ein enger Freund von mir, [der berühmte Hacker] Barnaby Jack, ist gerade an einer Überdosis gestorben.[27] Es war ein Unfall, aber vielleicht wäre er noch am Leben, wenn er die Wirkstärke und den Reinheitsgrad der Substanzen gekannt hätte, die er missbraucht hat.

Die Prohibition hat in keiner Weise zur Verhinderung seines Todes beigetragen. Wenn überhaupt, dann hat sie es noch wahrscheinlicher gemacht, dass er stirbt. Die Politik hat seine Möglichkeiten eingeschränkt, sich Hilfe zu suchen, sie stigmatisiert die Menschen, beeinträchtigt ihre Chancen auf eine Erwerbstätigkeit und veranlasst sie zu gefährlichen Praktiken, wie die Drogen heimlich und allein zu nehmen, sodass niemand zum Helfen da ist, wenn etwas schiefgeht. Es gibt berechtigte Gründe für eine Geheimdienstbehörde, ›alles sammeln‹ zu wollen, aber Drogen können nicht als Argument dafür dienen.«

Laut Jon Callas, der nicht nur die Verschlüsselungssoftware PGP mitentwickelt hat, sondern mit seiner Firma Silent Circle auch ausspähsichere Kommunikationsdienste anbietet, ist es in Wahrheit die Demokratie selbst, die durch den neuen digitalen Krieg gegen die Privatsphäre in Gefahr gebracht wird. Er schrieb mir:

»Die größte Bedrohung geht von heimlichen Programmen aus, die auf heimlichen Gesetzen beruhen und von heimlichen Gerichten überwacht werden, die heimliche Entscheidungen fällen, die wiederum heimlich ... von den fest angestellten Anwälten jener Leute ausgelegt werden, die die heimlichen Programme einsetzen. So funktioniert eine freie Gesellschaft nicht.

Die zweitgrößte Bedrohung entsteht durch die Aushöhlung des freien Gedankenaustauschs, zu der es durch Überwachung kommt. Es ist gründlich belegt, dass die Menschen automatisch auf Nummer sicher gehen. Danach kommt die Tatsache, dass solche Programme stets den Hang haben, sich immer weiter auszuweiten und über ihre ursprünglichen Ziele hinauszuschießen. Für besondere Umstände erlassene Gesetze haben plötzlich allgemein Geltung. Mechanismen, die in diesem Jahrzehnt noch dem Kampf gegen Terror dienen sollten, wird die nächste Generation bereits zum Kampf gegen politische Gegner einsetzen. Schließlich ist die Gegenpartei ja darauf aus, unsere Art zu leben zu zerstören, nicht wahr? Mit der Technik lässt sich dieses Problem nicht lösen. Die Lösung kann mithilfe der Technik umgesetzt werden, aber gefunden werden muss sie auf gesellschaftlicher und gesetzlicher Ebene.«

Die von Callas beschriebenen Lösungen könnten Jahre brauchen, um sich zu entwickeln, wenn sie überhaupt jemals entwickelt werden. Von einem neuen, dem digitalen Zeitalter angepassten sozialen und persönlichen Bewusstsein wird schon seit Langem geträumt, doch Wirklichkeit ist es bisher nicht geworden – ein Bewusstsein, das die verbindende Kraft des Netzes nutzt, um einen von Frieden und Fortschritt geprägten internationalen Konsens herzustellen, und nicht eine solipsistische und narzisstische Haltung von der Sorte, wie sie durch die sozialen Medien ermöglicht wird.

Die gesetzlichen Lösungen werden zunächst wohl am ehesten aus den USA kommen, dem Land der von der Verfassung garantierten Freiheitsrechte. Noch während dieses Buch in Druck gegangen ist, hat Präsident Obama eine Reform der NSA angekündigt, durch die die Befugnisse der Behörde möglicherweise eingeschränkt werden könnten. Auch wenn die Annahme, irgendwelche dadurch erreichten Fortschritte könnten von Dauer sein, vielleicht extrem optimistisch ist, so herrscht unter amerikanischen Politikern jeglicher Couleur doch eine grundsätzliche Einigkeit, dass die Demokratie wichtiger ist als die ständige Überwachung des Netzes und aller seiner Nutzer. Und bereits im Juli 2013 kündigte das EU-Parlament eine »gründliche Untersuchung zu den Überwachungsprogrammen der USA« an, bei der der zum Parlament gehörende Innenausschuss auch eine mögliche Verwanzung von EU-Räumlichkeiten durch amerikanische Geheimdienste aufklären soll.[28]

In Großbritannien hat Koalitionsführer David Cameron keine derartigen Schritte zur Untersuchung der illegalen Aktivitäten des GCHQ angekündigt. Stattdessen hat er unter dem Vorwand, Kinder besser vor den Gefahren des Internets schützen zu wollen, den Zugang zum Netz auf eine Weise neu geregelt, die die freie Meinungsäußerung in Bezug auf Themen wie Sexualität, Drogenkonsum und Politik erheblich einschränkt.

Wie die Technologiezeitschrift *Wired* schrieb:

»Auf den Computern der Nutzer könnte nicht nur automatisch ein Filter gegen Pornographie aktiviert werden, sondern auch gegen ›gewalttätiges Material‹, ›extremistische Inhalte‹, ‹Websites über Magersucht und Essstörungen‹ sowie Seiten, auf denen es um ›Selbstmord‹, ›Alkohol‹ oder ›Rauchen‹ geht. Sogar ›Webforen‹ und ›esoterisches Material‹ können blockiert werden.«[29]

Sowohl in technologischer als auch in politischer Hinsicht wird das 21. Jahrhundert von einigen der Kräfte geformt werden, die in diesem Buch beschrieben wurden. Jedes Mal, wenn ein Markplatz des versteckten Netzes – und zwar egal welcher Art – vom Staat geschlossen wird, wird man dadurch nur einmal mehr beweisen, wie enorm profitabel der Betrieb einer solchen Plattform ist. Doch die wahre Zukunft privater Drogenumschlagplätze liegt in den Händen technisch versierter junger Menschen, die sich bereits jetzt neue, dezentrale Marktplätze ausdenken, gegen die von staatlicher Seite höchstens dann noch etwas ausgerichtet werden kann, wenn man anfängt, sämtliche Postsendungen zu überwachen und zu durchleuchten, die auf der ganzen Welt verschickt werden.

Käme es tatsächlich zu einem so unverzeihlichen Eingriff nicht nur in die digitale, sondern in die physische Welt, dann hätte es vielleicht wenigstens den Nutzen, dass viele von uns endlich aus ihrem selbstzufriedenen Dornröschenschlaf erwachen würden.

Epilog

Am 30. Januar 2009, ein Jahr nach der Verbrennung der Safrolvorräte, durch die auf der gesamten Welt die Qualität und Quantität des verfügbaren MDMA schlagartig gesunken war, fand am Rande größerer Handelsgespräche, die in Brüssel zwischen der EU-Kommission und der chinesischen Regierung geführt wurden, ein kleineres Treffen statt. Kommissionspräsident José Manuel Barroso, ein eiserner Prohibitionist, und Chinas Premierminister Wen Jiabao unterzeichneten ein Abkommen über Vorläuferstoffe und andere Chemikalien, die zur illegalen Drogenherstellung verwendet werden konnten. Das Ziel des 2009 vereinbarten bilateralen Abkommens zwischen China und der EU bestand darin, den illegalen Handel mit solchen Grund- oder Vorläuferstoffen zu überwachen und zu verhindern, dass sie aus dem legalen Handel abgezweigt werden. Das Abkommen trat am 11. Juli 2009 in Kraft, und mit ihm haben China und die EU zum ersten Mal ein gemeinsames System zur Überwachung des legalen Handels mit Grundstoffen eingeführt.[1]

Um von der außerhalb der industriellen Nutzung illegalen Chemikalie Piperonylmethylketon, die auch unter dem Kürzel PMK bekannt ist, zu MDMA zu gelangen, sind wie bei Safrol nur wenige Syntheseschritte nötig. Chemische Stoffe wie diese kosten nicht mehr als ein paar Dollar pro Kilo, haben aber einen potenziellen Wert von mehreren Zehntausend Dollar – eine Verwandlung, die sicher jeden mittelalterlichen Alchemisten zum Staunen bringen würde. Selbst zur Herstellung einer aus Naturstoffen gewonnenen Droge wie Kokain ist Kaliumpermanganat nötig, während der wichtigste Reaktant bei der Umwandlung von Opium zu Heroin Essigsäureanhydrid ist. All diese chemischen Stoffe werden jedoch in zahlreichen Industriezweigen auch auf legale Weise verwendet – etwa zur Herstellung von Parfums und Geschmacksstoffen, in der

Arzneimittelindustrie oder zur Wasseraufbereitung – und können deshalb nicht einfach verboten werden.

Anfangs führte das bilaterale Abkommen dazu, dass MDMA weiter knapp blieb. Im Jahre 2011 jedoch schoss die Qualität und Quantität von MDMA in ganz Europa plötzlich wieder in die Höhe. Es war offensichtlich, dass etwas vor sich ging. Der Drogenforscher Peter van Dijk vom niederländischen Trimbos-Institut bestätigte gegenüber Associated Press die Veränderung: »Es sind sehr viele Pillen mit hoher Dosierung im Umlauf«, erklärte er. Volle 25 Prozent sämtlicher analysierten Pillen enthielten einen überdurchschnittlich hohen Wirkstoffgehalt von mehr als 140 Milligramm. »[Sie] sind für viele Leute zu stark«, warnte van Dijk.[2] Auch in Testzentren in Amsterdam stieß man auf Pillen, die gefährlich hohe Dosen von MDMA enthielten: Während normalerweise der Anteil bei 80 bis 145 Milligramm pro Pille liegt, enthielten die neuen niederländischen Tabletten zum Teil 200 oder sogar 220 Milligramm des Wirkstoffes. Es kam zu einer Reihe von Überdosierungen, von denen manche tödlich verliefen. Viele Konsumenten waren daran gewohnt, im Verlauf eines Abends mehrere Pillen zu schlucken, doch jetzt konnte diese Gewohnheit zu gefährlichen Überhitzungszuständen führen.

Bei einer Veranstaltung im Londoner Alexandra Palace kamen Ende 2011 an einem einzigen Wochenende gleich zwei junge Männer ums Leben: Der 21-jährige Lloyd Jones aus Oswestry in Shropshire starb in der Nacht zum 27. November um kurz nach Mitternacht, der 20-jährige Richard Baker um 7.29 Uhr am folgenden Morgen. Rasch ging das Gerücht um, Jones und Baker hätten an jenem Abend außer Ecstasy keine anderen Rauschmittel konsumiert, doch anfangs hielt man das für unwahrscheinlich. Wie jedoch aus den erst im Juli 2012 bekannt gewordenen Obduktionsberichten hervorging, hatte man im Blut der zwei jungen Männer tatsächlich ausschließlich MDMA feststellen können.

Sofort behaupteten die britischen Zeitungen, eine neue, extrem starke MDMA-Variante aus China sei für die Todesfälle verantwortlich. Sie lagen gar nicht so falsch. Der plötzliche Anstieg in Qualität und Quantität der Droge ging auf einfallsreiche Chemiker in den

Niederlanden zurück, die einen Weg gefunden hatten, wie sich trotz der strengeren internationalen Grundstoffüberwachung die Produktion der Droge ungehindert fortsetzen ließ. Anstatt flüssigem PMK, dessen Schmuggel schwierig geworden war, verwendete das hinter der Herstellung stehende Verbrechersyndikat einfach festes PMK-Glycidat als Vorläuferstoff, eine legale Analogsubstanz des verbotenen Grundstoffes, die sich immer noch relativ problemlos aus China importieren ließ.

»Der Prozess nennt sich ›maskieren‹, und die zunehmende Verwendung von maskierten Vorläuferstoffen stellt die Behörden der Drogenkontrolle vor zahllose neue Herausforderungen«, erklärt Justice Tettey, Chef der Labor- und Forschungsabteilung des UN-Büros für Drogen- und Verbrechensbekämpfung (UNODC). »Zur Umgehung der Kontrollen können Rauschgifthändler das Aussehen eines Stoffes verändern, indem sie seinen chemischen Aufbau ein wenig abwandeln. Später lässt er sich dann leicht wieder in den Ausgangsstoff überführen und kann zur Herstellung illegaler Drogen verwendet werden. Die Vielfalt der Möglichkeiten ist dabei nahezu grenzenlos.«[3]

In den Niederlanden stießen die Behörden 2011 bei der Aushebung eines illegalen Labors zur Herstellung von Ecstasy und Crystal Meth nicht nur auf größere Mengen PMK-Glycidat, sondern auch auf eine Anleitung, wie es sich in PMK umwandeln ließ. Zumindest bei Abfassung dieses Buches war PMK-Glycidat noch legal. Solange das so bleibt, wird an hochwertigem – und in manchen Fällen möglicherweise zu hochwertigem – MDMA kein Mangel herrschen. Werden die internationalen Abkommen zur Grundstoffüberwachung hingegen hastig überholt, darf man davon ausgehen, dass hochwertiges MDMA zwar rarer wird, sich aber genauso schnell auch wieder ein Ersatzstoff findet. Ob es sich dabei dann um einen weiteren legalen Analogstoff zu den verbotenen Vorläuferstoffen oder eine neue Droge im Stil von Mephedron handelt, bleibt abzuwarten.

Nachdem die chinesischen Hersteller jahrelang die Gesetze umgangen haben, indem sie durch leichte Veränderungen an der Molekülstruktur legale Analogdrogen erzeugten, gehen die russischen, italienischen und israelischen Kriminellen, die den weltweiten Handel mit synthetischen Drogen kontrollieren, nun einen Schritt weiter und stellen legale Analogstoffe zu verbotenen Vorläuferstoffen her. Die Gesetzgeber werden dadurch vor eine neue Herausforderung gestellt: Für jeden Grundstoff, den sie verbieten, wird rasch ein anderer auf der Bildfläche erscheinen. Der Kreis schließt sich wie eine Ringsubstitution in Shulgins Labor, und diese lange Geschichte der unbeabsichtigten Folgen endet mit einer weiteren cleveren Behelfslösung der Drogenchemiker, die so von der Politik nicht vorgesehen war.

Quellen

Anmerkungen des Übersetzers sind durch Sternchen (*) gekennzeichnet und werden am Fuß der jeweiligen Seite aufgeführt. Die hochgestellten Zahlen in den Kapiteln weisen auf die hier aufgelisteten Quellen und Anmerkungen hin.

Einleitung: Drogen in den Zeiten des Internets

1. www.urban75.net/forums/threads/6-apb-powder-some-mxe-blimey-this-interesting.294934/

Kapitel 1: Vom Feld ins Labor

1. C. F. Gorman, »Excavations at Spirit Cave, North Thailand: Some Interim Interpretations«, *Asian Perspectives*, Bd. 13, 1970, S. 79–108.
2. www.antiquecannabisbook.com/chap2B/China/Pen-Tsao.htm
3. Verordnung über den Verkehr mit Opium und anderen Betäubungsmitteln vom 20. Juli 1920 (RGBl. 1920 I, S. 1464); vgl. Sebastian Scheerer, *Die Genese der Betäubungsmittelgesetze in der Bundesrepublik Deutschland und in den Niederlanden* (Otto Schwartz & Co., 1982), S. 41 ff.
4. Hans-Joachim Jungblut, *Drogenhilfe: Eine Einführung* (Juventa Verlag, 2004).
5. Friedrich Wöhler, »Über künstliche Bildung des Harnstoffs«, *Annalen der Physik*, Band 88, Nr. 2, 1828, S. 253–256.
6. Frank J. Ayd Jr. und Barry Blackwell, Hrsg., *Discoveries in Biological Psychiatry* (J. B. Lippincott Company, 1970); www.psychedelic-library.org/hofmann.htm; Albert Hofmann, *LSD – mein Sorgenkind: Die Entdeckung einer »Wunderdroge«* (dtv, 1993).
7. William S. Burroughs und Allen Ginsberg, *The Yage Letters: Redux* (Penguin Modern Classics, 2008), S. 24.
8. R. Gordon Wasson, »Seeking The Magic Mushroom«, *Life*, 13. Mai 1957.
9. Havelock Ellis, »Mescal, a New Artificial Paradise«, *The Contemporary Review*, Januar 1898.
10. www.independent.co.uk/arts-entertainment/music/news/revealed-dentist-who-introduced-beatles-to-lsd-415230.html

11. http://hansard.millbanksystems.com/lords/1966/aug/04/drugs-prevention-of-misuse-act-1964
12. www.gesetze-im-internet.de/btmg_1981/BJNR106810981.html#BJNR106810981BJNG000101308
13. www.presidency.ucsb.edu/ws/?pid=3047
14. www.strafverteidigervereinigungen.org/Strafverteidigertage/Material%20Strafverteidigertage/37_vortrag_Lemke.pdf
15. http://hansard.millbanksystems.com/lords/1977/jun/20/misuse-of-drugs-act-1971-modification#S5LV0384P0_19770620_HOL_148

Kapitel 2: Die große Ekstase des Werkzeugmachers Shulgin

1. In Werner Herzogs Filmporträt *Die große Ekstase des Bildschnitzers Steiner* von 1974 geht es um den Schweizer Skisprungweltmeister Walter Steiner, der so gut in seiner sportlichen Disziplin war, dass er ständig über die Landezone hinausgesprungen ist; www.imdb.com/title/tt0070136/.
2. Roland W. Freudenmann, Florian Öxler und Sabine Bernschneider-Reif, »The Origin of MDMA (Ecstasy) Revisited: The True Story Reconstructed from the Original Documents«, *Addiction*, Bd. 101, Nr. 9, S. 1241–1245; http://onlinelibrary.wiley.com/doi/10.1111/j.1360–0443.2006.01511.x/abstract.
3. www.nytimes.com/2005/01/30/magazine/30ECSTASY.html?_r=1
4. Julian Palacios, *Syd Barrett and Pink Floyd: Dark Globe* (Plexus Publishing Ltd, 2010), S. 298.
5. Dennis Romero, »Sasha Shulgin, Psychedelic Chemist«, *Los Angeles Times*, 5. September 1995.
6. Alexander Shulgin, *PIHKAL: A Chemical Love Story* (Transform Press, 1991), S. 860.
7. Ebd., S. xvi.
8. Ebd., S. xviii.
9. www.erowid.org/library/books_online/tihkal/shulgin_rating_scale.shtml
10. Shulgin, *PIHKAL*, S. 876–877.
11. Ebd., S. 733; siehe auch www.erowid.org/library/books_online/PIHKAL109.shtml.
12. www.maps.org/media/kleiman040204.html
13. Hugh Milne, »Bhagwan, the God that Failed«, zitiert in Matthew Collin, *Altered State* (Serpent's Tail, 1998), S. 33.
14. Anthony D'Andrea, »Ibiza: The Real Story of a Global Utopia«, *Cultura*, Ibiza, Sommer 2001, S. 46–47; www3.ul.ie/sociology/index.php?pagid=23&memid =18.

15. Peter Nasmyth, »The Agony and the Ecstasy«, *The Face*, Oktober 1986, Nr. 78, S. 52–55.
16. Nicholas Saunders, *E for Ecstasy* (Octavo, Mai 1993); http://ecstasy.org/books/e4x/e4x.ch.02.html.
17. *The Face*, August 1990; http://testpressing.org/2010/07/the-face-europe-a-ravers-guide-august-1990/.
18. www.ons.gov.uk/ons/rel/subnational-health3/deaths-related-to-drug-poisoning/2010/stb-deaths-related-to-drug-poisoning-2010.html

Kapitel 3: Die Geburt der Onlinedrogenkultur

1. John Markoff, *What the Dormouse Said: How the Sixties Counterculture Shaped the Personal Computer Industry* (Penguin, 2005), S. 109.
2. Myron Stolaroff, *Thanatos to Eros: 35 Years of Psychedelic Exploration: Ethnomedicine and the Study of Consciousness* (Thaneros Press, 1994).
3. http://kk.org/ct2/2008/09/the-whole-earth-blogalog.php
4. Markoff, *What the Dormouse Said*, S. 109.
5. www.giganews.com/usenet-history/index.html
6. Philip Elmer-Dewitt, »First Nation in Cyberspace«, *Time*, Dezember 1993; www.time.com/time/magazine/article/0,9171,979768,00.html.
7. www.net.berkeley.edu/dcns/usenet/alt-creation-guide.html
8. Steve Preisler, *Secrets of Methamphetamine Manufacture* (Loompanics, 1994).
9. www.erowid.org/archive/rhodium/chemistry/eleusis/eleusis.vs.fester.html#Eleusis1
10. www.erowid.org/archive/rhodium/chemistry/eleusis/memoirs.html
11. www.erowid.org/psychoactives/faqs/faq_clandestine_chemistry.shtml
12. www.erowid.org/library/periodicals/journals/journals_telr.shtml

Kapitel 4: Aufstieg und Fall der Research Chemicals

1. Shulgin, *PIHKAL*.
2. Xuemei Huang, Danuta Marona-Lewicka und David E. Nichols, »p-Methylthioamphetamine is a Potent New Non-Neurotoxic Serotonin-Releasing Agent«, *European Journal of Pharmacology*, Bd. 229, Nr. 1, Dezember 1992, S. 31–38; www.sciencedirect.com/science/article/pii/0014299992902829.
3. www.gifte.de/Drogen/intox_amphetamin01.htm
4. www.erowid.org/chemicals/4mta/4mta_info1.shtml
5. jimmywoo, »Flatlined Beyond Comprehension: experience with 4-MTA (ID 83154)«, 30. April 2010, erowid.org/exp/83154.

6. www.erowid.org/psychoactives/law/countries/uk/uk_misuse_phen_2.shtml
7. Helmut Pollähne, »Legal Highs vor dem EuGH: Eine Droge ist kein Arzneimittel«, *Legal Tribune Online*, 8. Juli 2013; www.lto.de/recht/hintergruende/h/eugh-legal-highs-amg-verkauf-strafbar/.
8. www.erowid.org/psychoactives/law/cases/federal/federal_analog1.shtml
9. www.erowid.org/library/books_online/pihkal/pihkal043.shtml
10. www.vice.com/read/criminal-chlorination-0000350-v19n9
11. http://everything2.com/title/JLF+Poisonous+Non-Consumables
12. www.erowid.org/chemicals/2ct7/2ct7.shtml#deaths
13. »Operation Pipe Dreams Puts 55 Illegal Drug Paraphernalia Sellers out of Business«; www.justice.gov/opa/pr/2003/February/03_crm_106.htm.
14. www.justice.gov/dea/pubs/pressrel/pr072204.html
15. www.erowid.org/psychoactives/research_chems/research_chems_info1.shtml#dea_announcement
16. www.erowid.org/library/books_online/tihkal/tihkal37.shtml
17. news.bbc.co.uk/1/hi/england/4111625.stm

Kapitel 5: Die Ruhe vor dem Sturm und eine seltsame Zeit der Dürre

1. www.erowid.org/library/books_online/PIHKAL033.shtml
2. http://drogen.to/archive/index.php/t-3375.html
3. http://oreilly.com/web2/archive/what-is-web-20.html. Die Idee vom »Web 2.0« entstand bei einer Brainstormingkonferenz, die O'Reillys Verlag zusammen mit dem Unternehmen MediaLive International veranstaltete. Dale Dougherty, Netzpionier und Vizepräsident des Verlages, argumentierte damals, das Netz sei keineswegs »abgestürzt«, sondern mit all den aufregenden neuen Anwendungen und Seiten, die mit überraschender Regelmäßigkeit auftauchten, wichtiger als je zuvor. Siehe auch www.web2summit.com/web2011/public/content/about.
4. www.imrg.org/ImrgWebsite/User/Pages/B2C_Global_e-Commerce_Overview_2011.aspx
5. Charlotte Walsh, »Magic Mushrooms: From sacred entheogen to class A drug«, *Entertainment and Sports Law Journal*, Bd. 4, Nr. 1, April 2006; go.warwick.ac.uk/eslj/issues/volume4/number1/walsh/. Walsh schreibt: »Die widersprüchlichen Deutungen des Gesetzes, die von der Regierung verbreitet wurden, machten die Lage noch komplizierter. Viele Anbieter der Magic Mushrooms hängten eine Fotokopie des Schreibens ins Schaufenster, in dem Ian Breadmore vom Innenministerium 2003 klipp und klar festgestellt hatte: ›Solange er nicht in irgendeiner Weise zubereitet ist, ist der Verkauf oder die Weitergabe eines frisch gepflückten Pilzes nicht illegal.‹«

6. www.telegraph.co.uk/news/worldnews/europe/netherlands/3441105/Magic-mushrooms-banned-in-Netherlands.html
7. www.bbc.co.uk/news/uk-11816071
8. www.publications.parliament.uk/pa/cm200910/cmselect/cmhaff/74/7408.htm

Kapitel 6: Alle wollen Mephedron: Das Legal High aus dem Heimlabor

1. Fauna & Flora International, Pressemitteilung, 2009: »Destruction of ›Ecstasy Oil Factories‹ deals severe blow to criminals in Phnom Samkos Wildlife Sanctuary«; www.flora-fauna.org. Siehe auch Adam Yamaguchis Video »Forest of Ecstasy«; http://current.com/shows/vanguard/91315580_forest-ofecst asy.htm.
2. www.unodc.org/documents/data-and-analysis/WDR2011/World_Drug_Report_2011_ebook.pdf; die Angaben stammen von S. 33–40.
3. Aus einem Beitrag des Hive-Forums, der inzwischen nicht mehr existiert und zu dem keine Internetadresse verfügbar ist.
4. »Gefährlicher Kick mit ›Spice‹«, *Frankfurter Rundschau*, 12. Dezember 2008; www.fr-online.de/rhein-main/frankfurt-gefaehrlicher-kick-mit-spice-,1472796,3375090.html.
5. »Modedroge Spice aggressiver als Cannabis«, *Handelsblatt*, 19. Januar 2009; www.handelsblatt.com/technologie/forschung-medizin/forschung-innovation/hauptwirkstoff-entdeckt-modedroge-spice-aggressiver-als-cannabis/3091856.html.
6. www.bluelight.ru/vb/threads/272660-Spice-Gold-Unbelievable/page5
7. »Todesursache ›Kräutermischung‹: 32-Jähriger stirbt im Rausch«, *Augsburger Allgemeine*, 28. November 2013; www.augsburger-allgemeine.de/bayern/Todesursache-Kraeutermischung-32-Jaehriger-stirbt-im-Rausch-id27915842.html.
8. http://ericcarlin.wordpress.com/2010/04/02/my-acmd-resignation-letter-to-the-home-secretary/
9. »A Collapse in Integrity of Scientific Advice in the UK«, *The Lancet*, Bd. 375, Nr. 9723, 17. April 2010, S. 1319; www.thelancet.com/journals/lancet/article/PIIS0140–6736(10)60556–9/fulltext.

Kapitel 7: Woof Woof ist das neue Meow Meow

1. www.telegraph.co.uk/health/healthnews/7945058/Ivory-Wave-isnew-Miaow-Miaow.html
2. »2011 Annual Report on the State of the Drugs Problem in Europe: New Drugs and Emerging Trends«; www.emcdda.europa.eu/online/annual-report/2011/new-drugs-and-trends/2.
3. Simon D. Brandt, »What Should Be Done about Mephedrone?«, *British Medical Journal*, 16. Juni 2010; www.bmj.com/rapid-response/2011/11/02/analyses-second-generation-legal-highs-uk-confusing-case-nrg-1.
4. www.cambridge-news.co.uk/News/New-legal-high-to-hit-city-streets.htm
5. www.dailymail.co.uk/home/moslive/article-1267582/The-Chineselaboratories-scientists-work-new-meow-meow.html
6. www.homeoffice.gov.uk/drugs/drug-law/temporary-class-drug-orders/
7. Die 1977 erfolgte Änderung des Misuse of Drugs Act von 1971 führte zum Verbot jeder chemischen Verbindung, die »strukturell von Tryptamin oder von einem Ring-Hydroxytryptamin abgeleitet wurde, bei dem am Stickstoffatom der Seitenkette ein oder mehrere Alkylsubstituenten, aber sonst keine anderen Substituenten eingesetzt wurden«. Diese sehr genaue Beschreibung traf auf ATM nicht zu, deshalb war die Substanz weiter legal.
8. www.bbc.co.uk/news/uk-scotland-tayside-central-14064996
9. www.homeoffice.gov.uk/about-us/corporate-publications-strategy/home-office-circulars/circulars-2012/014–2012/
10. David E. Nichols und Stewart Frescas, »Improvements to the Synthesis of Psilocybin and a Facile Method for Preparing the O-Acetyl Prodrug of Psilocin«, *Synthesis*, Nr. 6, S. 935–938 (1999); www.erowid.org/references/texts/show/6535docid6064.
11. http://www.xlr8r.com/features/2006/01/ketamine-house
12. www.homeoffice.gov.uk/publications/science-research-statistics/research-statistics/crime-research/hosb1011/hosb1011?view=Binary
13. www.mixmag.net/drugssurvey
14. www.walesonline.co.uk/news/wales-news/2010/03/27/company-will-not-stop-handling-meow-meow-drug-payments-91466–26119009/
15. www.gutefrage.net/frage/wo-kauft-ihr-research-chemicals-wiejwh-210-oder-am-2210#answers
16. www.mixmag.net/drugssurvey

Kapitel 8: Vorgesalzene Zombies und eine neue Drogenhysterie

1. »Rauschgiftkriminalität: Bundeslagebild 2012« (Bundeskriminalamt, 2012).
2. Joan Miro, »Thankful that I'm alive: experience with Bromo-dragonFLY (sold as 2C-B-Fly) (ID 81677)«, 12. Oktober 2009, erowid.org/exp/81677.
3. Matthew A. Parker, Danuta Marona-Lewicka, Virginia L. Lucaites, David L. Nelson und David E. Nichols, »A Novel (Benzodifuranyl)aminoalkane with Extremely Potent Activity at the 5-HT2A Receptor«, *Journal of Medicinal Chemistry*, Bd. 41, 1998, S. 5148–5149; www.unc.edu/~dlinz/Papers/A%20Novel%20(Benzodifuranyl)aminoa lkane.pdf.
4. http://media.carnegieinst.se/2012/04/NilsBejerot_inlaga_OK.pdf
5. http://ewsd.wiv-isp.be/Main/5-IT%20deaths%20in%20Sweden.aspx
6. www.bluelight.ru/vb/threads/274696-Describe-your-worst-psychedelic-experience(s)!?p=8658607#post8658607
7. www.flashback.org/sp27563892
8. www.kentonline.co.uk/kentonline/home/2012/march/15/hugo_wenn.aspx
9. www.bbc.co.uk/news/uk-england-leicestershire-17007766
10. http://metro.co.uk/2012/03/14/body-found-in-chingford-canal-believed-to-be-missing-partygoerandrew-cooke-29–357437/
11. www.dailymail.co.uk/news/article-2121565/Will-learn-Mrs-Speaker-sparks-ANOTHER-storm-claiming-shes-tempted-try-Mexxy-drug-outlawed.html
12. www.abendblatt.de/politik/deutschland/article120134958/EU-warnt-Jeden-Tag-eine-neue-Droge.html
13. »Rauschgiftkriminalität: Bundeslagebild 2012« (Bundeskriminalamt, 2012).
14. www.startribune.com/local/north/135800088.html
15. www.huffingtonpost.com/2012/06/01/cdc-denies-zombiesexistence_n_1562141.html?ref=tw
16. blogs.reuters.com/jackshafer/2012/05/31/drug-panics-bath-salts-and-face-eating-zombies/
17. www.huffingtonpost.com/subhash-kateel/its-bigger-than-bathsalts_b_1562014.html
18. Edward Huntington Williams, »Negro cocaine fiends are a new southern menace«, *New York Times*, 8. Februar 1914.
19. Russell Russo, Noah Marks, Katy Morris, Heather King, Angelle Gelvin und Ronald Rooney, »Life-threatening Necrotizing Fasciitis Due to ›Bath Salts‹ Injection«, *Orthopedics*, Bd. 35, Nr. 1, Januar 2012.
20. http://abcnewsradioonline.com/health-news/tag/bath-salts
21. www.nytimes.com/2011/10/11/us/states-adding-drug-test-as-hurdle-for-welfare.html?pagewanted=all

22. www.youtube.com/watch?feature=player_embedded&v=QgX4ICh1wQc

Kapitel 9: Dein Crack ist in der Post

1. Nicolas Christin, »Traveling the Silk Road: A Measurement Analysis of a Large Anonymous Online Marketplace«, Carnegie Mellon INI/CyLab, Juli 2012; http://arxiv.org/abs/1207.7139.
2. www.nytimes.com/2005/06/12/opinion/12rich.html?pagewanted=all
3. Die Antwort des Sprechers der Royal Mail wird zitiert in www.bbc.co.uk/blogs/watchdog/2012/05/royal_mail_1.html.
4. Im Code des Genesis Block war folgender, mit Quellenangabe versehener Satz versteckt: »The Times 03/Jan/2009 Schatzkanzler kurz vor zweiter Bankenrettung«.
5. www.wired.com/magazine/2011/11/mf_bitcoin/all/1
6. Ebd.
7. http://anonymity-in-bitcoin.blogspot.co.uk/2011/07/bitcoin-is-not-anonymous.html
8. www.philzimmermann.com/EN/essays/WhyIWrotePGP.html
9. www.theregister.co.uk/2009/11/24/ripa_jfl/page4.html
10. Pressemitteilung des United States Attorney's Office für den mittleren Bezirk von Kalifornien, 16. April 2012; www.justice.gov/usao/cac/Pressroom/2012/045.html.

Kapitel 10: Prohibition im digitalen Zeitalter

1. www.slate.com/articles/health_and_science/medical_examiner/2010/02/the_chemists_war.html
2. Ebd.
3. www.prnewswire.com/news-releases/tell-your-children-they-can-get-naturally-high-177905211.html
4. www.healthland.time.com/2012/07/25/after-the-ban-on-bath-salts-many-legal-highs-remain/#ixzz244z27e4z
5. www.nola.com/crime/index.ssf/2012/11/21-year-old_dies_after_one_dro.html
6. www.erowid.org/chemicals/2ci_nbome/2ci_nbome_death.shtml
7. »New Drugs Detected in the EU at the Rate of Around One Per Week, Say Agencies«; www.emcdda.europa.eu/news/2012/2.
8. Ebd.
9. www.kentonline.co.uk/kentonline/news/2012/february/9/cat_and_mouse.aspx

10. www.homeoffice.gov.uk/publications/alcohol-drugs/drugs/annual-review-drug-strategy-2010/acmd-letter-to-prof-les-iversen
11. 2010 hat Shulgin einen Schlaganfall erlitten. Während dieses Buch in Druck ging, hat mir seine Stieftochter Wendy per E-Mail geschrieben, dass sich sein Gesundheitszustand sehr verbessert habe. »Sasha geht es gut. Er hat sich auf wunderbare Weise von seiner schweren Demenz erholt, was unserer Meinung nach zum Teil an den Medikamenten liegt, die er jetzt nimmt, nämlich Ergotamin und Hydergin [beides potenzielle Ausgangsstoffe für LSD]. Das hat ihm sehr geholfen. Die Symptome verschlimmern sich nicht mehr so stark, wenn es Abend wird. Er hat einen klareren Kopf, bekommt alles mit, was um ihn herum geredet wird, und gibt seine Kommentare und Witzchen dazu ab (wenn er das tut, dann wissen wir, dass es ihm gut geht!) Durch die andere Ernährung, mehr Sport und die neuen Medikamente geht es ihm jetzt wirklich ziemlich gut.« Ein Jahr zuvor hatte ich Shulgins Frau Ann gefragt, ob die Krankheit ihres Mannes nicht dadurch entstanden sein könnte, dass er praktisch sein ganzes Leben lang Drogen konsumiert hat. Sie beharrte fest darauf, dass das nicht die Ursache sei. »Mit psychoaktiven Drogen und zu Visionen führenden Pflanzen haben bereits Hunderttausende von Menschen experimentiert, von denen viele sie als spirituelle Werkzeuge eingesetzt haben, und es gibt keinerlei medizinische Belege dafür, dass das der Fall sein könnte. Es stimmt einfach nicht«, erklärte sie.
12. www.homeoffice.gov.uk/publications/alcohol-drugs/drugs/annual-review-drug-strategy-2010/acmd-letter-to-prof-les-iversen
13. www.guardian.co.uk/commentisfree/2012/apr/07/latin-america-drugs-nightmare
14. www.guardian.co.uk/world/2011/nov/13/colombia-juan-santos-war-on-drugs
15. www.cdc.gov/nchs/fastats/smoking.htm
16. Sheryl Garratt, *Adventures in Wonderland: Decade of Club Culture* (Headline, 1999).
17. Matthew Collin, *Altered State* (Serpent's Tail, 1998).
18. »New drugs detected in the EU at the rate of around one per week, say agencies«; www.emcdda.europa.eu/news/2012/2; siehe auch »Drug Policy Profiles: Portugal«, Publications Office of the European Union (2011); sowie www.emcdda.europa.eu/attachements.cfm/att_137215_EN_PolicyProfile_Portugal_WEB_Final.pdf, S. 24.
19. »Portugal drug law show results ten years on, experts say«, AFP, 1. Juli 2011; www.google.com/hostednews/afp/article/ALeqM5g9C6x99EnFVdFuXw_B8pvDRzLqcA.
20. Independent Scientific Committee on Drugs, 2012: »Analogue controls: An imperfect law«; www.ukdpc.org.uk/publication/analogue-controls-an-imperfect-law/.

21. David Fisher, »›Revolutionary‹ legal high law means state regulated drug market«, www.nzherald.co.nz/nz/news/article.cfm?c_id=1&objectid=10822749

Kapitel 11: Das Ende der Straße?

1. http://gawker.com/what-was-on-alleged-silk-road-boss-laptopat-the-momen-1469122014/@adrianchen
2. https://docs.google.com/file/d/0Bzt0K7_O4qyqNjEtUG9USG5uQ3c/edit?pli=1
3. http://www.scribd.com/doc/172773407/Ulbricht-Criminal-Complaint-Silk-Road
4. Ebd.
5. http://www.shroomery.org/forums/showflat.php/Number/13860995
6. https://bitcointalk.org/index.php?topic=175.140%3Bwap2
7. http://gawker.com/the-underground-website-where-you-can-buy-any-drug-imag-30818160
8. https://bitcointalk.org/index.php?topic=47811.msg568744#msg568744
9. http://www.linkedin.com/in/rossulbricht
10. http://www.amazon.com/Europium-Oxide-Thin-Films-Exploration Epitaxy/dp/3639174763/ref=sr_1_1?ie=UTF8&qid=1385740077&sr=8-1&keywords=ross+ulbricht
11. http://www.liveleak.com/view?i=2b3_1380750540
12. https://www.rossulbricht.org/wp-content/uploads/2013/10/20131001-Ross-Ulbricht-Silk-Road-Maryland-Grand-Jury-Indictment.pdf
13. http://grugq.tumblr.com/post/62986125689/maryland-indictment-timeline; https://docs.google.com/file/d/0Bzt0K7_O4qyqNjEtUG9USG5uQ3c/edit?pli=1.
14. https://www.rossulbricht.org/wp-content/uploads/2013/10/20131001-Ross-Ulbricht-Silk-Road-Maryland-Grand-Jury-Indictment.pdf
15. https://docs.google.com/file/d/0Bzt0K7_O4qyqNjE-tUG9USG5uQ3c/edit?pli=1
16. https://medium.com/matter/157af08832e6
17. http://www.reuters.com/article/2013/12/20/us-silkroad-indictment-idUSBRE9BJ14H20131220
18. http://www.justice.gov/usao/nys/pressreleases/December13/JonesetalArrestsSilkRoad2PR.php
19. http://www.reddit.com/r/DarkNetMarkets/
20. https://crypto.cat
21. Re: Coindesk.com Special Report: 56% of Bitcoiners Think Bitcoin Will Reach US$10,000 in 2014.

22. http://www.coindesk.com/one-bitcoin-worth-ounce-gold-today/
23. http://www.reuters.com/article/2013/08/05/us-dea-sod-idUSBRE97409R20130805
24. http://www.gwern.net/Silk%20Road
25. http://pastebin.com/CETqkjfu. Pastebin-Dokument ohne Titel, dessen Verfasser behauptet, jede große Drogenhandelswebsite des vergangenen Jahrzehnts zu kennen.
26. http://www.theguardian.com/commentisfree/2014/jan/05/left-silent-state-power-government-market
27. http://www.bbc.co.uk/news/world-us-canada-25598791
28. http://www.v3.co.uk/v3-uk/news/2280234/prism-eu-approves-inquiry-into-nsa-cyber-snooping
29. http://www.wired.co.uk/news/archive/2013-07/27/pornwall

Epilog

1. euchinawto.org/index.php?option=com_content&task=view&id=347&Itemid=33&lang=eeu
2. »Veel xtc-pillen bevatten hoge dosis«, Associated Press, 31. Januar 2011; Dokument PZEEUC0020110131e71v0005n.
3. www.unodc.org/unodc/en/frontpage/2012/March/limitless-ways-to-disguise-ways-to-manufacture-party-pills-unodc-expert.html

Liste der verwendeten Abkürzungen

Advanced Research Projects Agency Network (ARPANET)
Advisory Council on Misuse of Drugs (ACMD)
Defence of the Realm Act (DORA)
Drug Enforcement Administration (DEA)
European Monitoring Centre for Drugs and Drug Addiction (EMCDDA)
Forensic Science Service (FSS)
Home Affairs Select Committee (HASC)
Independent Scientific Committee on Drugs (ISCD)
London Toxicology Group (LTG)
National Security Agency (NSA)
Research Chemical Mailing List (RCML)
Serious Organised Crime Agency (SOCA)
Temporary Class Drug Order (TCDO)
United Nations Office on Drugs and Crime (UNODC)

Glossar

Fachbegriffe

Funktionelle Gruppen: Zu Molekülen gehörende Atomgruppen, die die chemischen Eigenschaften und das Reaktionsverhalten dieser Moleküle maßgeblich bestimmen.

Ringsubstitution: Durch chemische Reaktionen herbeigeführter Austausch von Atomen in der molekularen Struktur eines chemischen Stoffes. Bei der chemischen Herstellung von Drogen wird dieses Verfahren gezielt angewendet, um die Wirkung oder den gesetzlichen Status einer Droge zu verändern.

Analog: Ein umstrittener und juristisch komplexer Begriff; in bestimmten Zusammenhängen wird darunter ein chemischer Stoff verstanden, der strukturell oder von seiner Wirkung her mit einer verbotenen Droge verwandt ist.

Reagenzien/Reaktanten: Substanzen, mit denen eine chemische Reaktion ausgelöst wird; in diesem Buch werden hauptsächlich Reagenzien erwähnt, mit denen sich bestimmte Inhaltsstoffe von Drogen nachweisen lassen. Ein Beispiel ist das Marquis-Reagenz, mit dem sich prüfen lässt, ob als Ecstasy verkaufte Pillen auch tatsächlich MDMA enthalten.

Vorläufer-/Grund-/Ausgangsstoff: Eine Substanz, aus der eine andere hergestellt werden kann; bei der Herstellung von Drogen wird zum Beispiel Safrol oder Methylamin verwendet, um daraus MDMA herzustellen.

Rezeptorenbindung: Ein für die Wirksamkeit einer Droge wichtiger Faktor; wie gut sich eine Droge an die Rezeptoren in Gehirn und Körper bindet.

Drogenarten

Phenethylamine: Psychedelisch und stimulierend wirkende Drogen, von denen viele von Shulgin erfunden und in *PIHKAL* veröffentlicht wurden. Die Wirkung der meisten Phenethylamine ähnelt entfernt der von Meskalin, einer natürlichen psychedelischen Droge, die in bestimmten Kakteen enthalten ist. Bei den synthetischen Drogen der 2C-Reihe, wie etwa 2C-B oder 2C-I, handelt er sich um künstliche Phenethylamine. Manche, wie DOM und DOC, sind extrem potent und wirken bereits ab einer Dosis von einem Milligramm oder weniger.

Tryptamine: Psychedelische Drogen, deren Wirkung der von psilocybinhaltigen Pilzen nahekommt.

Cathinone: Stimulanzien, deren Wirkung der von Amphetaminen ähnelt; das natürliche Vorbild ist in den Blättern des Kathstrauchs (*Catha edulis*) enthalten und wird in den Ländern Ostafrikas, vor allem im Jemen und in Äthiopien, traditionell als Stimulanzmittel eingesetzt. Die künstliche Droge Mephedron gehört zu den Cathinonen, ebenso die meisten sogenannten Badesalzdrogen.

Piperidine: Extrem potente Stimulanzien, zu denen auch das zur Behandlung von ADHS verwendete Mittel Ritalin gehört. Die Wirkung der Piperidine stellt sich in der Regel bereits ab niedrigen Dosen ein und ist von langer Dauer.

Methamphetamine: Stimulanzien, die strukturell und von ihrem Wirkprofil her Amphetaminen ähneln, jedoch oft ein längere Wirkdauer haben. Das auch als »Ice« bekannte Crystal Meth ist die gängigste dieser Drogen und wird in den USA besonders von ärmeren Drogenkonsumenten verwendet.

Benzodiazepine: Tranquilizer wie Valium (Diazepam); es gibt Hunderte Varianten dieser Stoffe, die auch alle erhältlich sind.

NBOMe-Reihe: Extrem wirkstarke psychedelische Stimulanzien. Die meisten dieser strukturellen Abwandlungen zu Shulgins substituierten Phenethylaminen der 2C-Reihe sind um das Fünfzigfache potenter. 25I-NBOMe zum Beispiel wirkt bereits ab einer Dosis von nur 300 Mikrogramm, während 2C-I erst ab 10 Milligramm Wirkung zeigt.

Danksagung

Mit großem Dank an ...

Earth und Fire von Erowid, für eure unermüdliche Arbeit und euren Pragmatismus; an alle bei Pillreports, für die vielen Menschen, deren Leben ihr sicherer macht; an F&B (ihr wisst, wer gemeint ist); an alle Forenteilnehmer bei Bluelight und Urban75 und besonders an den Redakteur Mike Slocombe für seine Beiträge zur Schadensminimierung; an Yetman, Where Wolf und Clapham Boy. An Agnetha Fältskog, wo immer und wer immer du auch sein magst.

An Max »Narcomania« Daly von Drugscope, der alles ins Rollen gebracht hat, John Ramsey vom St. George's für die Analyse, die Kommentare und die uneingeschränkte Großzügigkeit, Professor David E. Nichols für die großzügigen Interviews und die Familie Shulgin für die Unterstützung des Projekts sowie die Erlaubnis, ausgiebig aus *PIHKAL* zu zitieren.

An Fiona Measham, Adam Winstock, Duncan Dick von *Mixmag*, Danny Kushlick von Transform und Alex Stevens für die großzügigen Interviews und Kommentare.

An Andrew Davies und Andrew Preston vom *Live!*-Magazin für den Auftrag, der alles um einen Gang beschleunigt hat, und an Tina Jackson für eine Unterhaltung, die genau zur rechten Zeit stattfand. An Matthew Collin, für *Altered State* und viele erhellende Gespräche.

Unendlicher Dank an Andrew Gordon von David Higham Associates für seine unermüdliche Unterstützung und Motivierung ebenso wie für seinen Takt und seine Diplomatie. Und an Philip

Gwyn Jones, Laura Barber und Michael Salu von Granta/Portobello dafür, dass sie so unerschütterlich zu dem Projekt gestanden haben.

Besonderer Dank an Sara Holloway für das geradezu forensische und klarsichtige Lektorat sowie an alle vom Portobello-Herstellungsteam, speziell an Jennie Condell für die gewissenhafte Überprüfung von Stil und Schreibweisen sowie an Christine Lo dafür, dass sie das Virtuelle real hat werden lassen.

An Frank Broughton und Jason Underhill für euren Witz, eure Wärme und eure Weisheit. An Michal Cook für seine ermutigenden Worte an jenem Abend, als die Story eine seltsame und wichtige Wendung nahm. An Bill Brewster für die Partys und die Musik, und an Paul Byrne von testpressing.org für die Unterstützung und die Ablenkung.

An Jennifer Dunn für die Chemiestunden.

An die Baufirma Kiley & Nunn, die beste in Canning Town. Es lohnt sich, sie zu googeln.

Und an ...

all jene, die ich zitiert habe, ohne ihren Namen nennen zu können.

An John und Margaret Power sowie an Phil, Chris, Jon und Andy.

Schließlich und herzlichst das größte Dankeschön von allen an Sasha Dunn, für deine Toleranz und Logik und Liebe.

mpx

Register